Zunge zuerst

Zum Buch

Warum ist es in Ordnung, sich einen Goldring durch das Ohrläppchen zu ziehen, nicht jedoch durch die Nase? Wer bricht Tattoo-Tabus? Warum darf man sich von anderen den Rücken massieren lassen, nicht jedoch die Genitalien? Emily Jenkins läßt uns teilhaben an ihrer persönlichen Abenteuerreise zu extremen Situationen. Sie läßt sich piercen und kahlrasieren, in einen leeren Tank sperren und auf einen Herointrip schicken. Eine faszinierende Entdekkungsfahrt mit vielen überraschenden Stationen!

Zur Autorin

Emily Jenkins ist Doktorandin für Englische Literatur an der renommierten New Yorker Columbia-Universität. Daneben schreibt sie regelmäßig für verschiedene amerikanische Zeitschriften wie *Swing*, *Feed* und *Mademoiselle*. Sie hat bereits mehrere Bücher veröffentlicht.

Emily Jenkins

Zunge zuerst

Abenteuerreisen in Begleitung meines Körpers

Aus dem Amerikanischen
von Ulrike Bischoff

Econ & List Taschenbuch Verlag

Meinem Vater, Len Jenkins,
ohne dessen Inspiration ich keine Autorin wäre.

Veröffentlicht im Econ & List Taschenbuch Verlag 1999
Der Econ & List Taschenbuch Verlag
ist ein Unternehmen der Econ & List Verlagsgesellschaft, München
Deutsche Erstausgabe

Titel des amerikanischen Originals:
»Tongue First«, erschienen bei Henry Holt and Company, New York
Aus dem Amerikanischen übersetzt von: Ulrike Bischoff
Umschlagkonzept: Büro Meyer & Schmidt, München – Jorge Schmidt
Titelkonzept und Umschlaggestaltung: Reinhard Soll, München
Titelabbildung: Jason Schmidt
Gesetzt aus der Caslon, Linotype
Satz: Josefine Urban – KompetenzCenter, Düsseldorf
Druck und Bindearbeiten: Ebner Ulm
Printed in Germany
ISBN 3-612-26556-3

Inhalt

Streck die Zunge raus

Meinen ersten Kuß, meinen ersten richtigen Kuß, der sich wirklich wie ein erster Kuß anfühlte, bekam ich erbärmlich spät von einem großen Jungen namens Ace. Er trug nichts weiter als eine Toga aus der amerikanischen Flagge. Wir gaben uns in einem Hinterhof voller Bierdosen einen Zungenkuß, während von der Party drinnen Frat-Rock dröhnte. Das rot-weiß-blaue Tuch, das über seine mageren weißen Arme drapiert war, sein stacheliger Punk-Haarschnitt, sein fast nackter Körper, der im Mondlicht zitterte – dieser nach Marlboro schmeckende Kuß ist mir jahrelang in Erinnerung geblieben.

In Wirklichkeit war es rundum eine ziemlich armselige Angelegenheit. Ich hatte so gut wie keine Ahnung, was ich da tat, und Ace stürzte sich mit der Zunge zuerst in die ganze Sache. Zu viel Spucke, zu besäuselt. Aber in mir markierte es eine Befreiung, eine Neubewertung meines Körpers und seiner Funktion in der Welt. Ich fing an, mich als Mädchen zu sehen, das Jungen küßte. Ich hatte einen Körper mit Bedürfnissen, die Erfüllung finden konnten. Das ist cool, dachte ich. Wen kann ich sonst noch küssen?

Dein Körper ist das Vehikel deiner wildesten Abenteuer. Er treibt dich zu Geknutsche auf dem Rücksitz, zu Sprüngen vom Dreimeterbrett, Orgasmen, Tequila-Gelagen, wirbelt dich durch Drei-Punkt-Körbe beim Basketball, durch Schokoladenmoussetorten und Adrenalinschübe. Streck die Zunge raus und schmeck den Wind, der sie streift.

Wenn dir von der ganzen Bewegung schlecht wird, kannst du natürlich nicht aussteigen. Du kannst nicht mal bremsen. Keiner von uns kann das, weil der Körper auch ein Gefängnis ist, in dem wir unser ganzes Leben verbringen müssen. Du bist für immer in deiner Haut gefangen. Sie bekommt Falten, Narben und Wunden und blutet. Dein Körper rebelliert gegen dich und trotzt deinen Versuchen, ihn zu beherrschen. Während dein Geist immer noch vor kinetischer Rastlosigkeit summt, schlafft dein Körper schon vor Alter oder Krankheit ab. Du bist gefangen in deinem Geschlecht, gefangen in deinem Schmerz, gefangen in deinen körperlichen Grenzen.

Es gibt viele Bücher über das Gefängnis des Körpers – Bücher über Kindesmißbrauch, Eßstörungen, Drogenmißbrauch und Aids –, die für mich äußerst wichtig und interessant waren, aber das vorliegende Buch gehört nicht in diese Reihe. Ich bin zu sehr daran interessiert, mich schick anzuziehen, abzuheben und rumzuflippen, um lange mit meinen Ketten zu rasseln. Es ist auch kein Buch über einen persönlichen Reifungsprozeß. Ich habe nicht vor zu erzählen, was ich gelernt habe, wie verständnisvoll und tolerant ich geworden bin, seit ich ein paar neue Erfahrungen gemacht und all meine vorgefaßten Ansichten über Körper und Geist aufgegeben habe. Und über die Seele. Ich habe sie keineswegs aufgegeben. Vielmehr möchte ich diese vorgefaßten Ansichten klar erkennen und benennen, in Frage stellen und in einen kulturellen Kontext einordnen.

Was mich fasziniert, ist der Widerspruch – der Körper, der gleichzeitig ein Gefängnis *und* ein Vehikel des Abenteuers ist. Dieser Widerspruch prägt unsere Kultur und unser Verhalten. Man stelle sich die verrücktesten Körperpraktiken, aber auch die alltäglichsten Körperrituale vor. Beide sind eine Untersuchung wert. Ich möchte Nudistenclubs verstehen. Frauen mit Glatze. Frauen, die in Wirklichkeit Männer sind. Sensorische Deprivation. Heroinsüchtige. Lederdessous. Gezupfte Augenbrauen. Mittagsschläfchen. Boxershorts. Abschiedsküßchen. Happy Hour. Aerobic-Kurse. Da drücken wir uns nun Kleckse geronnenen Fetts aus den Poren, lesen Sex-Ratgeber, fesseln unseren Liebhaber an Bettpfosten oder dröhnen uns zu, aber wir nehmen nie genauer unter die Lupe, was wir eigentlich tun, es sei denn, mit Hilfe eines Zwölf-Punkte-Programms. Was geht da eigentlich vor?

Das Gefühl für unseren Körper ist von verschiedenen gesellschaftlichen Institutionen geprägt. In der Schule lernen wir Sexualkunde und sportliche Betätigung. In der Familie lernen wir Sauberkeit, Tischmanieren und Tabus. In Krankenhäusern lernen wir eine ganz besondere Art, Krankheit zu analysieren und zu behandeln. Wenn wir Zeitschriften lesen und Filme sehen, lernen wir, welches Erscheinungsbild gesellschaftlich akzeptabel ist. Das heißt jedoch nicht, daß wir unsere Lektionen ohne Protest schlucken würden, und es heißt auch nicht, daß es nicht viele kleinere Institutionen gäbe, die vielleicht Alternativen anbieten. Es heißt vielmehr, daß man uns beibringt, nach einer Fülle unsichtbarer institutioneller Regeln zu leben, durch die wir uns definieren, ganz gleich, ob wir nun gegen sie rebellieren oder sie strikt einhalten.

Jeder lebt und handelt in einem Geflecht solcher Regeln. Ich habe mir vorgenommen, einige von ihnen und die Funktionen, die sie in unserer Gesellschaft erfüllen, genauer zu untersuchen. Wir bewegen uns auf einem gewundenen Grat zwischen zwei Extremen, die uns ängstigen und zugleich faszinieren. In gewisser Weise errichten wir Abwehrmechanismen und schützen uns vor Bloßstellung, Krankheit, sexueller Zurückweisung, Vergewaltigung, Versagen oder schlicht vor dem Anderssein von uns oder anderen. Angst kann entscheidend zur Kulturentwicklung beitragen. Doch schon hinter der nächsten Wegbiegung stellen wir fest, daß wir mit eben jenen Gefahren flirten, vor denen wir uns bisher zu schützen versucht haben. Nun locken Nervenkitzel, Eroberungen, Leistung und Erleuchtung. Ein Tattoo kann zum Beispiel eine Verschandelung, aber auch eine Rückeroberung des Körpers sein. Die gleiche Kosmetik, die eine Frau in Übereinstimmung mit gesellschaftlichen Schönheitsnormen bringt, kann sie auch in einen extremen Glamour katapultieren, der ans Parodistische grenzt. Ein anderer Bewußtseinszustand kann zu psychotischen Wahnvorstellungen oder zu spirituellen Einblicken führen.

Ich habe mich mit der *Zunge zuerst* in dic Arbeit an diesem Projekt gestürzt. Ich wollte erleben, wie die Dinge schmecken. Der Titel dieses Buches bezieht sich also nicht nur auf eine ungeschickte Art zu küssen, wie Ace und verschiedene andere Knutschkünstler, die ich kennengelernt habe, sie praktizieren – er besagt vielmehr etwas über meine Herangehensweise an das Schreiben über Kultur. Ich habe mich vielen meiner eigenen Ängste gestellt und mit lockenden Nervenkitzeln mehr als nur geflirtet. Ich habe eine ganze Bandbreite körperlicher Erfahrungen ausprobiert, wie die Inhaltsübersicht erkennen läßt. Vom »Abheben« in andere Bewußtseinszustände über die »Dekoration« meines Körpers und soviel »Sex« wie möglich, von »Blößen«, die ich mir in der Öffentlichkeit gab, bis hin zum Ausprobieren alternativer Verfahren des »Heilens« und schließlich zum Erkunden der Angst vor der »Rebellion« des Körpers, habe ich meine Empfindungen und meine Umgebung mit mikroskopisch genauer Aufmerksamkeit beobachtet. Ich habe mich »rolfen« lassen. Ich habe mir Striptease angesehen. Ich habe Freak-Shows besucht. Ich habe mich tätowieren lassen. Ich habe Techniken ausprobiert, über die ich in Sex-Handbüchern gelesen hatte, und habe mir eine Glatze schneiden lassen. Ich habe Kontakt zu anderen gesucht, deren Beziehung zu ihrem Körper mich faszinierte: zu Achtzigjährigen, zu einem Heiler mit Out-of-body-Erfahrungen, Heroinabhängigen, Transvestiten, einem blauen Mann. Ihre Einstellungen zur Körperlichkeit haben mir etwas über meine eigenen Einstellungen beigebracht.

Mein Körper und seine Erfahrungen sind vermutlich ziemlich durchschnittlich. Ich bin nicht drogensüchtig, nicht magersüchtig und keine Prostituierte und war es auch nie. Meine Laster fallen in die Kategorie Bier und Doppelkekse. Meine Traumata

beschränken sich auf einen gebrochenen Daumen, hin und wieder langweiligen Sex und eine entnervend langwierige Behandlung beim Kieferorthopäden mit Zahnspange und Gummibändern. Ich kaue Fingernägel. Ich gebe Aerobic-Kurse, allerdings jetzt, wo ich auf die Dreißig zugehe, nicht mehr so oft wie früher. Mein Haar ist blond (war es aber nicht immer). Ich benutze keine Zahnseide, obwohl ich behaupte, daß ich es tue, aber ich mache es nicht. In meinem Arzneischränkchen stehen vier verschiedene stark riechende Tinkturen gegen Muskelschmerzen. Ich schlafe mit Männern, wenn ich welche mit hohen Wangenknochen und einem entsprechenden IQ finde.
Doch während ich das schreibe und versuche, meinen Körper einem Außenstehenden zu erklären, weiß ich, daß alles wesentlich komplizierter ist. Ich habe nicht erklärt oder zugegeben, welche Elemente mein Verhalten mit Drogenabhängigkeit, Magersucht und Prostitution gemeinsam hat – daß es mich fasziniert und zugleich abstößt, sich an den Grenzen dieser Erfahrungen zu bewegen. Ich habe nicht gesagt, was ich mit »Mit-Männern-schlafen« meine oder wie oft das vorkommt. Ich habe nicht gesagt, warum diese Tinkturen in meinem Arzneischränkchen stehen, warum ihr Eukalyptusgeruch mir ein Gefühl der Sicherheit gibt und warum ich sie benutze. Ich habe nicht gesagt, warum ich in Aerobic-Kursen herumhüpfe, obwohl die Olympiasiegerin Jackie Joyner-Kersee mein Idol ist. Wenn ich also sage, daß ich mit Männern schlafe oder zuviel Bier trinke, habe ich noch nicht erklärt, was wirklich mit meinem Körper vorgeht. Es gibt noch so viel mehr zu sagen.
Zeitschriften schreiben immer, jeder Mensch habe ein bestimmtes Bild vom Körper, aber das ergibt für mich keinen Sinn. Sie schreiben, Magersüchtige sähen Zellulitis schon ab 45 Kilo. Bodybuilder, die als Kinder schmächtig gewesen seien, hätten das Gefühl nie überwunden, Schwächlinge zu sein. Völlig normale Männer seien überzeugt, ihr Penis sei kleiner als der aller anderen. Ich verstehe die verzerrten Bilder, über die diese Leute

reden. Ich begreife nur nicht, wieso sie sich auf nur eins beschränken.
An manchen Tagen ist mein Körper matronenhaft und beherbergt eine Hausfrau im Freizeitanzug, die in einer hinterwälderischen Gemeinde ihre Nachmittage damit verbringt, Wackelpudding zu kochen. Mein Bauch wölbt sich vor, als stünde ich kurz vor der Niederkunft, und meine Schultern sind vom jahrelangen Schrubben gebeugt. An anderen Tagen ist er zerbrechlich: Ich kann die Knochen in meinen Händen und Füßen sehen; meine Schienbeine sind scharf; mein Rücken tut weh; blaue Venen laufen über meine Haut wie bei einer Oma. Dann wieder gibt es Tage, da fühle ich mich wie eine Superheldin: Meine muskelstrotzenden Schenkel, breiten Schultern, geschwollenen Venen sind Bestandteile meines athletischen Körpers.
Mein Körper ist nicht jeden Tag gleich. Nicht einmal von einer Minute zur anderen. Ich betrachte mich im Spiegel und denke: »Dieser Klumpen Fleisch und diese Flüssigkeiten, da wohne ich drin.« Manchmal empfinde ich ihn wie ein Zuhause, andere Male mehr wie ein billiges Motel bei Pittsburgh.
Der Körper ist der einzige Ort, den niemand je verlassen kann. Er ist zwar massiv, aber fragil und quecksilbrig. Seine Formänderungen, Ängste, Ekstasen und Beschwerden beeinflussen die Interaktion eines Menschen mit den Leuten, die diesem Körper dienen. Der Kontakt zu meinem Zahnarzt ist völlig anders als der zu einer Maniküre, Masseurin, Akupunktur-Ärztin, Apothekerin, Prostituierten oder Sportlehrerin. Auch die Substanzen und Produkte, die wir unserem Körper verabreichen, offenbaren unsere Einstellung zu unserem körperlichen Wesen. Bier besagt etwas völlig anderes als Heroin. Die Kleider und die Kosmetik, die wir tragen – Lippenstift, Perücken, alte Klamotten, die falschen Brüste eines Transvestiten –, können unsere Selbstwahrnehmung ändern. Körperrituale enthüllen unsere verborgenen Annahmen über uns und unseren Körper:

Warum gehen wir Arm in Arm mit dem Menschen, den wir lieben? Warum vögeln wir in der Missionarsstellung? Durchleben alle, die Yoga treiben, ihre Kindheit noch einmal? Warum mögen Männer Striptease mehr als Frauen? Und was passiert, wenn wir alles ausziehen und nackt herumlaufen?
Oscar Wilde hat einmal gesagt: »Wer zwischen Seele und Körper irgendeinen Unterschied sieht, besitzt keines von beidem.« Obwohl ich hier mehrere Metaphern benutzt habe, um über die Art zu sprechen, wie die Seele den Körper bewohnt, stimme ich Wilde im Grunde zu. Körper und Seele sind tatsächlich eins, aber es ist eher eine so flüchtige Verbindung wie die von Essig und Öl als eine endgültige Fusion. Gewisse Erfahrungen, die ich während der Arbeit an diesem Buch gemacht habe, vermittelten mir das Gefühl, als könne ich den Essig, der sich oben abgesetzt hat, in ein anderes Gefäß gießen. Andere schüttelten die Bestandteile so fest durcheinander, daß ich das Gefühl hatte, sie könnten sich unmöglich wieder trennen.
Als ich klein war, bemalte ich mir das ganze Gesicht mit bunten Filzstiften. Meine Mutter ließ mich gewähren, weil sie einfach nichts dagegen tun konnte. Ich ließ mich nicht aufhalten. Ich bemalte mich nach der Vorschule, bis sie mich vor dem Abendessen in ein heißes Bad steckte. Mir vor dem Spiegel die Wangen zu bemalen war sehr schwierig, und die Bilder gelangen mir nie ganz so, wie ich sie haben wollte. Aber irgendwie bekam ich das, was ich im Kopf hatte, auf meinen Körper. Ich versuchte, außen so auszusehen, wie ich mich innen fühlte, Körper und Seele zu versöhnen und umgekehrt. *Zunge zuerst* ist eine Weiterführung dieser farbigen Nachmittage.

Abheben

Die Sehnsucht nach Vergessen

Der Schlaf ist mein Erzfeind. Mein Uriah Heep.[1] Er ruft mich, zieht mich an sich, umschlingt mich und läßt mich nicht mehr los. Er stiehlt mir die Zeit und schlägt meine benommenen Morgen und benebelten Nachmittage in seinen einschläfernden Bann. Mein Schlafbedürfnis verlangsamt meine Arbeit, dämpft meinen Sextrieb und läßt mich von Verabredungen zum Mittagessen schleppend nach Hause wanken, um in seine Arme zu sinken. »Ich stärke dich«, raunt er mir zu, »verjünge dich, heile dich.« Meine beiden warmen Katzen, meine vier dicken Kissen und die alte Patchworkdecke neben dem offenen Fenster, an dem die Vorhänge in einer kühlen Brise wehen, flüstern mit leisen Stimmen, die zu mir in die Küche dringen: »Komm her! Komm zu uns ins Bett. Komm, komm. Du bist erschöpft. Du könntest eine Grippe haben. Fühlt sich deine Kehle nicht wund und geschwollen an? Hast du nicht heute schon zwei Seiten geschrieben? Du hast ein bißchen Ruhe verdient. Wirklich.«
Mein Kopf wird schwer, mein Atem flach und beklommen. Es ist zwei Uhr nachmittags. Unter Protest beuge ich mich, schalte das Telefon aus und nehme meine Arbeit mit ins Bett: Buch, Brille, Stift, Haftnotizen und Büroklammern.
»Endlich!« schreit mein Körper, wenn er in den Daunenberg sinkt: gemütlich, streßfrei. Innerhalb von Minuten bin ich ein-

---

1 Figur aus *David Copperfield* von Charles Dickens; ein scheinbar unterwürfiger Angestellter, der seinen Arbeitgeber aber mit infamen Mitteln völlig in seine Gewalt bringt, betrügt und bestiehlt. Anm. d. Übers.

geschlafen und schlafe stundenlang. Ein fließender Zustand, süß und weich, die Füße in die Bettdecke verheddert, die Kleider zerknittert. Taumelnd wache ich auf, leicht benommen und voller Reue. Verschwendete Zeit. Ich stolpere mit benebeltem Kopf umher. Lege mich noch einmal kurz hin. Drehe mich um und schaue aus dem Fenster. Es wird dunkel.

Tastend suche ich meine Brille, die verbogen unter dem Kissen liegt. In schlafzerknitterten Kleidern hocke ich aufgestützt vor meinem Computer und wühle nach vergrabenen Gedanken. Wenn ich sie finde, sind sie klebrig und dick von einem öligen, triefenden Rückstand überzogen, den mein Mittagsschlaf hinterlassen hat. Ich torkele in die Küche, starre in den Kühlschrank, dann in den Schrank. Keinen Hunger. Ich kauere mich auf die Couch.

»Komm zurück!« ruft mein Tröster, der Agent meiner Nemesis. »Ist es nicht kalt da draußen im Wohnzimmer? Leg dich noch ein bißchen hin.«

»Hau ab!« schreie ich, auf dem Sofa eingerollt wie ein Fötus, aber mein Kopf sehnt sich schmerzlich danach, wieder abzuschalten und in die Behaglichkeit zu sinken, die aus dem Schlafzimmer lockt.

Ich fürchte den verlockenden, zeitraubenden Schlaf, und ich fürchte mein schlafendes Ich, das Alter ego, hervorgegangen aus den Freuden der Ruhe. Ich werde faul, unproduktiv, ungesellig. Es ist ein tagtäglicher Kampf, den der Feind gewinnt. Meine Standardwaffen sind schwach: Koffein, körperliche Bewegung, eine ausgewogene Ernährung. Immer wieder versagen sie. Drei Tassen Kaffee, und immer noch ruft mich der Mittagsschlaf. Frische Luft und Bewegung lassen mich nur noch zufriedener in den Hafen meines Bettes sinken, wenn ich endlich nach Hause komme. Gestern bin ich um acht Uhr aufgestanden und um zehn wieder ins Bett gegangen. Mittags bin ich aufgewacht und um halb zwei wieder für eine Stunde ins Bett gegangen. Um elf Uhr abends schlief ich schon wieder, und heute morgen habe ich verschlafen.

Im ganzen Land schlucken Leute tagtäglich Melatonin, um gegen ihre Schlaflosigkeit anzukämpfen, aber es gibt keine legale Droge, die mich wachhält. Alle Krankheitstests fallen bei mir negativ aus: Anämie, Hepatitis, Pfeiffersches Drüsenfieber. Es ist kein chronisches Müdigkeitssyndrom. Keine Depression. Ich habe keine Diagnose. Und ich bin nicht allein damit. Vierzig Prozent der gesunden jungen Erwachsenen, die in einer Untersuchung erfaßt wurden, erfüllten die Kriterien für »exzessive Schläfrigkeit über Tag«. Bei Tests, die die Wachheit messen sollten, schnitten sie schlecht ab, was man auf chronischen Schlafmangel zurückführte. Aber warum muß das so sein? Vielleicht haben diese gesunden jungen Menschen ebenso wie ich ein Verlangen, das nicht einmal aufhört, wenn sie regelmäßig acht Stunden Schlaf bekommen. Vielleicht haben einige von ihnen ebenfalls eine Nemesis und nicht genügend Medizin, sie zu vergiften.
Wenn bewußte Wahrnehmung die Norm ist, läßt Schlaf sich sicher als Bewußtseinsänderung einstufen. J.G. Ballard nennt es »eine achtstündige Peep-Show infantiler Erotika«. Ebenso wie Alkohol oder Drogen bietet auch der Schlaf eine Entlastung von der Tyrannei des Bewußtseins und von der Langeweile der Wirklichkeit. Wie Zigaretten und Koffein ist auch seine Lust Teil unserer Tagesroutine. Und wie die meisten Bewußtseinsänderungen übt er einen heimtückischen Sog auf die Anfälligen unter uns aus. Der Mißbrauch ist so einfach. Gegen den Schlaf anzugehen ist ein Kampf gegen die Versuchung, gegen eine süchtigmachende Tätigkeit, ohne die ich nicht leben kann, selbst wenn ich die Gewohnheit überwinden sollte. Der Reiz des Mittagsschlafs ist wie das Locken des Freßgelages für die Bulimikerin; sie kann das Essen nicht *ganz* sein lassen, weil sie essen muß, um zu leben. Doch wenn sie einmal anfängt, kann sie nicht mehr aufhören.

Ich nehme mir vor, zwei Tage und Nächte oder länger wachzubleiben. Cold Turkey – Entzug. Ich schwäche den Bann, mit dem der Schlaf mich belegt, indem ich ihn völlig meide, wenn auch nur vorübergehend, und indem ich die Bewußtseinsänderung, nach der ich mich sehne, durch ihr Gegenteil ersetze – das Hochgefühl des Schlafentzugs. Ich rüste mich: Ein Pfund äthiopischen Kaffees, eine geliehene CD-Sammlung, drei Videos, ein Haufen Arbeit, meine Steuererklärung und ein Computerspiel. Und ein Sexpartner, ein geliebter jüngerer Mann, der darauf besteht, um zwei Uhr morgens zu gehen, obwohl ich ihn bitte zu bleiben.

Die Nacht vergeht wie im Flug. Ich esse Süßigkeiten, trinke Kaffee und baue virtuelle Städte, die von Riesenspinnen und Hurrikans bedroht sind. Meine Steuererklärung ignoriere ich. Im Hintergrund läuft Rockmusik und ein bißchen Fernsehen. Gleich mache ich mich bestimmt an meine Arbeit, aber zuerst baue ich noch eben einen Yachthafen und sehe, ob das die Zufriedenheit der Bürger hebt. Tut es nicht. Ich dusche drei- oder viermal und beginne mehrmals den Tag. »Jetzt hab' ich's geschafft!« ruft meine innere Uhr jedesmal. »Es ist Morgen!«

Fast bevor ich es merke und lange bevor die Bürger meiner virtuellen Stadt beschließen, mir zu Ehren eine Parade abzuhalten, kriecht ein diesiges Blau am Himmel herauf, wechselt zu Orange, und mir wird klar, daß ich den Sonnenaufgang sehe. Toll. Ich gehe kurz nach draußen, um ihn mir anzuschauen, bin aber zu aufgekratzt, ihn auf mich wirken zu lassen. Das einzige, woran ich denken kann, ist, ob noch Mokkapralinen da sind, ob die Einwohner meiner Stadt gegen meine jüngste Steuererhöhung protestieren werden, ob um diese Zeit etwas im Fernsehen läuft, ob meine Haut vom vielen Duschen austrocknet. Ich fühle mich dreckig, irgendwie klebrig und wund, obwohl ich weiß, daß ich sauber bin.

Es ist erstaunlich, wie leicht ich mein übliches Laster, den Schlaf, durch andere ersetzt habe. Es fällt gar nicht so schwer, auf den gewohnten Luxus zu verzichten, wenn ich mir manch anderen Luxus erlaube, den ich mir normalerweise verkneife. In einer einzigen Nacht habe ich tonnenweise schlechte Gewohnheiten angenommen. Besonders lieb sind mir die billigen Vergnügungen, die Amerikaner die ganze Woche auf Trab halten: Schokolade, Süßigkeiten, Kaffee, Videospiele, Filme mit nackten Blondinen. Meine üblichen Tätigkeiten kommen mir langweilig und einschläfernd vor. Allein schon den Gedanken an Gemüse finde ich abstoßend, Lesen würde mich nur in den Schlaf wiegen, Zeichnen oder Schreiben ist zu anstrengend. Selbst anspruchsvolle Vergnügungen haben ihren Reiz verloren: Ich mag weder Austern noch Ballett oder guten Wein, so sehr mich diese Dinge sonst auch locken. Was ich suche, ist schnelle, seichte Unterhaltung, die meinem Koffeinrausch entspricht. Plötzlich befriedigt das MTV-Programm meine innersten Bedürfnisse; das gleiche gilt für Essen von McDonalds. Meine Augen mögen schmerzen, meine Haut Ausschlag bekommen, meine Zähne faulen und mein Magen sich umdrehen, aber ich bin zufrieden.

Ohne Schlaf auszukommen hat mich auf die Produkte eingestimmt, die für die amerikanische Masse verbreitet werden. Normalerweise mag ich diese Dinge nur in Maßen – sie sind angenehm, aber ich bin nicht sonderlich daran interessiert, viel von ihnen zu konsumieren. Heute, da ich seit vierzig Stunden wach bin, lassen sie mich vor Freude hüpfen, was zum Teil aus dem Schock der Erkenntnis rührt: Etwas an diesem Essen, diesen Bildern ist genau das, was ich will. Ich werde mich nie mehr fragen, warum der Nachtwächter kein Buch liest, warum die Mutter eines schlaflosen Kindes sich solchen Schund im Fernsehen anschaut, warum die Sexarbeiterinnen in meiner Nachbarschaft immer Süßigkeiten essen. Der überdrehte Körper weiß nicht, was für ihn am besten ist, und in den mit ihm verbundenen Geist darf man nicht allzu tief eindringen, sonst fällt er in sich zusammen wie ein angestochener Ball. Sind wir eine Nation, die nur einen guten Mittagsschlaf bräuchte? Würden wir wieder dazu übergehen, abends *David Copperfield* vorzulesen und gutes, nahrhaftes Essen zu uns zu nehmen, wenn wir nur einen ordentlichen Nachtschlaf bekämen? Vielleicht würde eine landesweite Siesta das Problem des kulturellen Bankrotts unseres Landes lösen.

Am Nachmittag des nächsten Tages wird mir seltsamerweise bewußt, daß ich niemandem in die Augen sehen kann. Die Welt wirkt unscharf, und ich muß mich zwingen, mich zu konzentrieren und auf das zu reagieren, was Leute mir sagen. Ich bin unfähig, Entscheidungen zu treffen. Möchte ich mit dem geliebten jüngeren Mann und seinen Eltern zu Abend essen, die ausgerechnet heute und nur für dieses Wochenende über den Atlantik in die Stadt gekommen sind? Ich weiß es nicht. Draußen ist es kalt. Ich möchte ihn sehen. Aber ich fühle mich dem nicht gerade gewachsen. Ich möchte ausgehen. Aber ich bin so müde. Was soll ich machen? Was soll ich nur machen? Was soll ich anziehen?

Nein, wirklich, was soll ich anziehen? Ich kann mich nicht anziehen. Eine unerwartete Nebenwirkung des Schlafentzugs ist eine gewisse Losgelöstheit und sogar Feindseligkeit gegenüber meinem Körper. Ich habe eine Entscheidung gefällt – nicht zu schlafen –, die meine körperlichen Bedürfnisse als verboten definiert. Nicht nur seine Bedürfnisse (denn vermutlich *brauche* ich wohl nur sechs oder sieben Stunden Schlaf in der Nacht), sondern auch seine Behaglichkeit (die fünf Stunden darüber hinaus, die ich normalerweise schlafe) sollen ihm verwehrt bleiben. Es wundert mich, daß eine vorübergehende Verpflichtung zu einer so feindseligen Haltung einen derart großen Unterschied in meinem Gefühl zu mir bewirkt. Ich fühle mich auch losgelöst von allen anderen Bedürfnissen, die ich normalerweise habe: Ich habe kaum Hunger, ich möchte keinen Sex, ich habe Durst und lasse mich austrocknen. Und zum erstenmal wohl seit der High School bin ich entsetzt, wenn ich mich im Spiegel betrachte. Nicht auf meine körperlichen Bedürfnisse einzugehen hat mich dazu gebracht, meine körperliche Seite zu hassen.

Überall entdecke ich Mängel: dicke Beine, schlechter Haarschnitt, Hängebrüste, knochige Schultern, fleckige Wangen. Ich fühle mich ausgesprochen unglücklich in dieser Haut.
Also gehe ich zum Abendessen, wo alle sehr nett zu mir sind, nur kommen meine Artischocken mit dieser widerlichen Eiersoße, und ich kann sie nicht essen. Dann quetsche ich den Freund des jüngeren Mannes über eine Katastrophe in seinem Liebesleben aus, die erst gestern passiert ist, trinke etwas Wein und zeige einem netten Computerprogrammierer und Freund der Familie die Flecken vom Giftsumach an meinem Bein und, o Gott, ich hoffe, daß er meine Unterwäsche nicht gesehen hat. Ich überlege, ob ich nicht besser einen Espresso trinken sollte, und erzähle diesem Mädchen, das für *Ms.* arbeitet, daß ich die Zeitschrift nie lese, obwohl ich es doch gelegentlich tue. Aber ich kann mich jetzt nicht auf Feminismus konzentrieren, und der jüngere Mann sieht angespannt aus, und ich frage mich, ob ich mich wohl danebenbenehme, und bin sicher, völlig falsch angezogen zu sein. Dann gebe ich allen einen Gutenachtkuß, bedanke mich ganz herzlich bei den netten Eltern und hopse davon zu einer Geburtstagsparty für meinen Ex-Freund, auf der es nur so wimmelt von verrückten Literaten und Leuten, die in Harvard studiert haben.
Auf der Party herrscht ein Riesengedränge, aber sie entspricht meiner Stimmung. Mein ganzer Körper brummt wie eine Stereoanlage, die ohne Musik weiterläuft. Ich rede eine Weile mit einer bekannten Musikerin und ihrer Agentin, bis die Musikerin laut erklärt, sie habe der Agentin eine Menge Persönliches zu sagen, was sie in dieser Gesellschaft nicht könne. Ich verschwinde. Mir ist nicht klar, ob sie unhöflich oder ich lächerlich nervig war. Ein Dichter im Angorapullover spricht mich mit dem Namen der neuen Freundin meines Ex-Freundes an, aber das kümmert mich nicht. Vielmehr hasse ich sie auf ewig und belege sie mit einem Bann. Munter falle ich über eine Frau her, die ich kenne, und erkläre, daß ich den bedeutungsvollen Jemand ken-

nenlernen möchte, von dem ich schon so viel gehört habe, aber wie sich herausstellt, hat sie gerade beschlossen, ihn zu verlassen. Statt meinen Fauxpas zu erkennen und entsprechend wiedergutzumachen, hypnotisiert mich der Anblick einer flachbrüstigen Stripperin, die wie durch ein Wunder aufgetaucht ist und sich vor meinem Ex, dem Geburtstagskind, dreht, der mit schamrotem Gesicht in einem Sessel sitzt. Als sie nur noch ihre Dessous im Leopardenmuster trägt, hört sie auf und steht da, als wisse sie nicht weiter. Er steht auf, und die beiden tanzen einen gestelzten Twostep, bei dem er ihr behutsam den Arm umlegt, als könne sie zerbrechen. Alles ist so surreal, daß ich mich frage, ob ich eine Vision habe, die mir etwas Tiefgreifendes über das Wesen unserer früheren Beziehung offenbart. Inzwischen knutscht die Musikerin in der Küche mit einem Mann, der nicht ihr fester Freund ist, und ich beäuge sie unverhohlen und stoße meinen Freund Jeff an, um zu sehen, ob er schockiert ist. Dieser Uriah Heep, meine Erschöpfung, bedrängt mich von einer neuen Seite. Ich denke, ich sei wach, aber ich habe jedes Gefühl für Anstand verloren.

Schlafentzug ist nicht wie Betrunkensein, obwohl es eine billige Art ist, seine Hemmungen zu verlieren. Es ist vielmehr so, als ob einem der Boden unter den Füßen wegbröckele. Der eigene Geschmack gerät aus dem Gleichgewicht, der Körper fühlt sich schmutzig und verdrängt, die Prinzipien, auf denen soziales Verhalten beruht, entgleiten. Gegen Mitternacht verschwimmt mir alles vor Augen und verschmilzt zu Farbklecksen. Ich nehme ein Taxi nach Hause und setze mich an den Computer. Ich ringe mit meiner Steuer, bastle an meiner Stadt herum (immer noch keine Parade), mache Kaffee und tanze zu Discomusik. Dann gehe ich noch einmal duschen.

Die nächsten vierzehn Stunden (von vier Uhr morgens bis sechs Uhr abends) fehlen mir völlig. Ich hätte mir Notizen machen sollen. Ich habe keine Ahnung, was passiert ist. Ich schwöre, ich schwöre, ich schwöre, ich habe nicht geschlafen. Ich weiß, daß ich irgendwann John Travolta in einer alten Folge von *American Bandstand* gesehen habe und er einen roten Rollkragenpulli und eine Goldkette trug und die Playback-Version eines Liebeslieds sang, das *I'm Gonna Let Her In* hieß. Ich weiß, daß mir eine ganze Reihe schlüpfriger Interpretationen des Textes einfielen. Ich weiß, daß ich nicht aus dem Haus gegangen bin, weil ich es nicht ertragen konnte, all diese glücklichen, munteren Leute zu sehen, die Besorgungen machten. Ich weiß, daß ich die Reste eines chinesischen Gerichts aß und mir nicht sicher war, ob mein Kopf richtig am Körper befestigt ist. Vermutlich habe ich mehrmals geduscht. Der Rest ist ein Rätsel.

Um sechs Uhr abends bin ich wieder wach, die Betäubung ist abgeschüttelt. Der jüngere Mann kommt im Anzug. Er war bei einem Familientreffen. Ich sage ihm, daß es mir gutgeht, und frage, wie sein Tag war. Ich funktioniere mit einer Art synthetischer Energie, die ihre Wurzeln in Selbstverleugnung hat. Ich bitte ihn nicht, mir die Schultern zu massieren und mir noch eine große Tasse Espresso zu machen, ich beklage mich auch nicht, daß mir der Schlaf ständig auf den Fersen ist. Ich kann ihn nicht abschütteln; seine schmeichlerische Bedrohung schleckt unablässig mit lasziver Begeisterung an mir. Ich frage den jüngeren Mann nur etwas aus und gebe ausweichende, fröhliche Antworten auf seine Erkundigungen. Ich habe keine Bedürfnisse und Gedanken, die mir bewußt wären, nur Trivialitäten: John Travolta und Schokolade. Wir kochen Nudeln und schauen uns einen Film im Fernsehen an, aber ich starre auf die Mattscheibe wie eine Untote. Ich glaube, ich sabbere sogar.

Schließlich bemerkt es der jüngere Mann und erinnert mich sanft, daß er bei sich zu Hause schlafen möchte, weil er am nächsten Morgen früh zur Arbeit muß. Ob ich vielleicht ein paar Sachen zusammenpacken könnte, damit wir durch die Stadt zu ihm gehen, bevor ich zu müde werde? Ich sage, in Ordnung, und fange an, die Küche aufzuräumen, aber kurz darauf breche ich in Tränen aus. Wie kann ich mit zu ihm gehen, wenn ich seit

58 Stunden wach bin? Wie soll ich es schaffen, das Geschirr zu spülen und Schlafanzug, Pillen und sonst was in einen Rucksack zu packen, die Lichter auszuschalten, die Treppe hinunterzugehen, ein Taxi zu suchen und dann fünf Stockwerke zu seiner Wohnung hinaufzusteigen, wo ich mich mit seinen Mitbewohnern unterhalten und sogar in ganzen Sätzen sprechen muß? Und dann ein Bad benutzen, wo ich meine Lieblingsseife nicht habe, und meine Zähne mit der falschen Zahnpasta putzen, um mir dann das Leuchten seines Radioweckers im Dunkeln ansehen zu müssen? Was ist mit meinen Bedürfnissen? Wieso kann er nicht einfühlsamer sein? Er denkt nur an das, was er will, und ich kann immer nur geben, geben, geben, und ich kann ihn einfach nicht mehr länger bedienen, und er braucht einfach nur daherzukommen und den Kaffee zu riechen, der die ganze Zeit vor seiner Nase stand, nur daß er auf dem hohen Roß sitzt und keinen trinken will! Weitere Tränen fließen.
Natürlich bietet der jüngere Mann auf der Stelle an, hier zu schlafen, sagt, es spiele wirklich keine Rolle, ob er überhaupt nach Hause geht oder nicht. Er ist ein anständiger Kerl, ein Schatz von einem jüngeren Mann, den ich nur nicht genügend zu würdigen weiß, der all meine verrückten Projekte über sich ergehen läßt und einfach lächerlich gut aussieht und den süßesten Akzent hat – und ob er nicht etwas Schokolade haben will, denn eines Tages mache ich es wieder gut, ganz bestimmt, es ist nur, daß Uriah Heep hinter mir her ist und ich den Boden unter den Füßen verliere.
Ich torkele ins Bett und lasse mich meiner Sucht hingebungsvoll in die Arme sinken. Sie zieht mich an sich, überhäuft mich mit serviler Liebe und überzieht meine angespannten Nerven mit den Liebkosungen ihrer öligen Zunge. Fast sechzig Stunden war ich wach: die beste Entschuldigung, lange zu schlafen.

Ich kenne einen jungen Mann namens Grant, der einmal fünf Tage lang wach blieb. Grant ist ein Fan von Grateful Dead und ein reformierter Acid-Süchtiger. Außerdem ist er ein glänzender Fotograf. Er ist erst achtzehn und blieb mit seinen Freunden wach, als er im Sommerlager war. Es gab da nichts anderes zu tun, sagt er. Von seinem älteren Bruder hatte er gehört, daß extremer Schlafentzug zu Halluzinationen führt, also überredete er seine Freunde, sie sollten alle zusammen aufbleiben – Geschichten erzählen, sich den Himmel anschauen und ihre Gefühle vergleichen.

Für Grant war das Wachbleiben kein Kampf gegen die potentielle Sucht nach Schlaf; vielmehr war es fast das Gegenteil – ein Versuch, ein Echo jener psychedelischen Höhen zu erzeugen, die er schon einmal erlebt hatte. Ich glaube, er schaffte diese übermenschliche Ausdauerleistung, weil er nicht auf der Flucht vor dem Vergessen war. Er jagte ihm nach. Sein manisches Aufgeputschtsein entsprang nicht wie meines einer Selbstverleugnung. Grant lief vielmehr einem anderen Bewußtseinszustand hinterher, während ich vor einem, der mich lockte, davonlief. Deshalb trieb es ihn, seinen Körper härter ranzunehmen als ich meinen. Allerdings denke ich, daß Grant es auch deshalb schaffte, so lange wach zu bleiben, weil er die Gesellschaft seiner Mitcamper hatte, denn ein veränderter Bewußtseinszustand, den man allein erlebt, ist völlig anders als einer, den man mit seinen Freunden gemeinsam erlebt.

Grant und ich unterhielten uns viel über Kontexte für Stimmungsänderungen. Er befaßte sich tiefgehend mit dem wissenschaftlichen Einsatz von LSD, vor allem mit den Experimenten, die Therapeuten in den Anfangsjahren damit angestellt haben. Sie gingen mit ihren Patienten in Hütten im Wald gemeinsam auf einen Trip, bei dem sie die Droge als eine Art Abkürzung zum Unbewußten nahmen, die die Therapie beschleunigen sollte. Man nahm an, daß sich in sieben Tagen soviel erreichen ließe wie sonst in sieben Jahren Analyse. Ich finde es höchst interessant, daß eine legitime soziale Einrichtung wie die Psychotherapie früher einmal LSD-Trips billigte. Später folgte dem therapeutischen

Kontext die bunte Regenkultur von Tänzern bei Dead-Konzerten und der Mystizismus von Timothy Leary.

Grants Freundeskreis gab seiner Bewußtseinsänderung die gleiche Unterstützung, wie ein Therapeut oder ein Woodstock-Festival sie einem Menschen auf LSD-Trip bot: eine soziale Billigung. Die Billigung reduziert die Angst, die eine veränderte Realität auslösen könnte. Grants Freunde konnten seine Erfahrungen bestätigen, entweder direkt (Booah, Mann. Seht euch an, wie die Wolken da treiben. Seht ihr das?) oder indirekt, indem sie neben ihm saßen und wach blieben. Ich dagegen brachte mich in meinem Zustand von Schlafentzug in soziale Situationen, in denen es nicht nur anomal war, was ich tat, sondern in denen man von mir auch noch erwartete, daß ich mich besonders gut benahm – Abendessen mit den Eltern meines Freundes und eine Party für meinen Ex-Freund. Ich war nicht wirklich bereit, den Weg zu Ende zu gehen: Als ich merkte, daß ich mich immer weiter von den gesellschaftlichen Normen entfernte – von gutem Benehmen, Konzentrationsfähigkeit, freundlicher Vertrautheit mit meinem Körper –, gab ich mich meinem selbsterwählten Vergessen hin. Schlaf ist in dieser Hinsicht eine ungewöhnliche Art von Bewußtseinsänderung. Er unterstützt das sogenannte normale Verhalten, statt es zu sprengen. Wenn man genug schläft, ist man ein glücklicher, funktionierender Mensch.

Sehr oft macht man etwas mit seinem Körper – bleibt die ganze Nacht auf, trinkt einen Martini, schnupft Kokain, schwebt in einem Isolationstank –, und etwas Greifbares und Dramatisches passiert mit der Selbstwahrnehmung und der Wahrnehmung der Welt. Der Durchschnittsmensch erlebt diese modifizierte Wahrnehmung nur in wenigen Momenten seines Lebens. Manche Menschen erleben sie jeden Tag. Um ein erholsamer Luxus zu sein, muß eine Bewußtseinsänderung einen Flirt mit den Extremen des Bewußtseins beinhalten. Gesellschaftliche Institutionen erlauben Flirts dieser Art, indem sie Verhaltensnormen für diese Erfahrung aufstellen und sie in eine Gemeinschaft einbetten: das Ritual eines Gongs, der vor dem Abendessen im Studentenwohnheim ertönt, die Versammlung der verbitterten Exilanten, die draußen in der Kälte vor dem Büro Zigaretten rauchen, das Bloody-Mary-Gemurmel beim Brunch-Gedränge oder die Club-Kultur, die Drogen wie Speed und Special K. sanktioniert. In diesen Flirts liegt Lust und Leid, und wir spielen mit dem Gedanken, die Kontrolle zu verlieren, mit der Möglichkeit, uns der Sucht oder dem Wahnsinn hinzugeben.

Die Cocktailstunde

Die Party, die ich in meinem Zustand von Schlafentzug besuchte, war nicht gerade eine Cocktailparty. Die Leute tranken zwar Cocktails, aber sie mixten sie, indem sie mit zusammengekniffenen Augen einen Plastikbecher beäugten, um zu sehen, ob er die richtige Menge Gin enthielt, bevor sie Tonic zugaben. Sie verwässerten ihre Getränke mit übermäßig viel Eis und gingen nach der Hälfte des Abends zu Bier über. Es gab dort, was meine Großmutter »Cocktailfutter« nannte; fälschlicherweise hätte man es auch für Knabberzeug – Kekse und Taco-Chips – halten können. Zigaretten lagen in Dessertschalen aus.

Solche Parties feiert man, wenn man kurz davor steht zuzugeben, daß man erwachsen ist, es sich aber noch nicht eingestanden hat. Erwachsensein könnte den Abstieg in den stillen, gesetzten Genuß eines Glas Weins als einzigem Luxus in einem Leben bedeuten, in dem man um halb elf abends zu Bett geht und die Ernährung sich auf Salat und pochierte Hähnchenbrust beschränkt. Es könnte auch den Abstieg in die formalisierte Dekadenz der Cocktailstunde bedeuten, die den Alkoholismus unserer Vorfahren glorifizierte.

Das eben Gesagte ist weniger praktisch als ideologisch gemeint. Zum Erwachsensein gehört sicher mehr als nüchterne Askese in der Ernährung oder ritualisierte Trunkenheit. Viele Leute, ob jung oder alt, mögen keine Cocktailparties und werden sich gewiß nie an den Beginn der Cocktailstunde um sechs Uhr nachmittags gewöhnen. Und noch mehr Menschen hatten nie Vorfahren, die einer derart teuren Mittelschichtgewohnheit frönten. Nüchternheit wie auch die Gewohnheit, Cocktails zu trinken, besitzen jedoch als *Vorstellungen* über Alkoholkonsum eine nachhaltige gesellschaftliche Macht, und die Party, die ich besuchte, stand mit beiden in einem Dialog.

Nick Charles verkörpert die Idee des Cocktailtrinkens. Er kippt Martinis wie Limonade. Mitten in der Nacht steht er für einen Whiskey-Soda auf. Er läßt in der Öffentlichkeit durchblicken, daß er seiner Frau Nora, die wesentlich jünger und besser aussieht als er, untreu ist. In den Filmen *Der dünne Mann* nach Romanvorlagen von Dashiell Hammett spielt William Powell den unvergleichlichen Cocktailtrinker Nick. Wir sollen ihn umwerfend attraktiv, hinreißend und weltgewandt finden. Objektiv ist er jedoch ziemlich hager und runzelig und besitzt nicht einmal ein sonderlich ausgeprägtes Kinn. Der Charme, den er ausstrahlt, hängt irgendwie mit der Tatsache zusammen, daß er trinken kann, soviel er will, ohne betrunken zu werden. Wir sollen ihn mögen, weil er gewagte Ansichten vertritt, jegliche Konventionen mißachtet und gern schöne junge Frauen küßt – kurz, um seines Alkoholismus willen.

Das Publikum der dreißiger Jahre lernte Nick anfangs kennen, wie er Cocktails zum Rhythmus von Tanzmusik schüttelte. Ein trockener Martini mußte zu einem Walzer, ein Manhattan zu einem Foxtrott, ein Bronx zu einem Twostep geschüttelt werden. Ein Glas Milch zu trinken brachte ihn fast um: Sofort mußte er es mit einem alkoholischen »Gegengift« neutralisieren. Ein Tag ohne Alkohol kam so selten vor, daß er erwähnenswert war: In *Der dünne Mann, 2. Fall* erzählt Nora einer Freundin am Telefon: »Wir hatten eine herrliche Reise. Nick war in Kansas City nüchtern!« Und beim Geräusch eines Cocktailshakers kommt er angelaufen wie ein Hund.

Heutzutage ist die Vorstellung eines Alkoholikers ohne Reue nur noch nostalgisch. Alkoholabhängigkeit ist nichts, worüber man Witze macht. Vielmehr ist sie ein Gegenstand für einfühlsame, künstlerische Dramen über Selbstmord und Heilung. Zu Dean Martin, berühmt als unverbesserlicher, bewundernswerter Säufer (»Du bist nicht betrunken, wenn du auf dem Boden liegen kannst, ohne dich festzuhalten«), gibt es in der heutigen Zeit der Betty-Ford-Center und Promi-Geständnisse kein zeitgenössisches Pendant. Übertroffen wurde Nick Charles als fröhlicher, heldenhafter Süchtiger nur noch von Cheech und Chong. Kein unbekümmerter Crack-Konsument ist in den Komödien der neunziger Jahre an ihre Stelle getreten. Kein Kokainsüchtiger kriegt am Ende das Mädchen. Irgendwann im Laufe der Reagan-Regierung hörte der ultimative Kick auf, lustig zu sein.

Doch während Cheech und Chong ausschließlich für das Vergnügen leben, Marihuana einzuführen und zu rauchen, stellt das Martinitrinken für Nick nur eine Nebenbeschäftigung dar. Schließlich ist er Detektiv. Obwohl er der beste Trinker ist, den es je gegeben hat, ist es für ihn nur ein Hobby – was uns einiges darüber sagt, wie das Cocktailtrinken in unserer Gesellschaft im Gegensatz zu anderen Arten des Drogenkonsums funktioniert. Nick muß nie zugeben, wie dringend er einen Drink braucht, weil er immer Alkohol hat. Da Alkohol legal ist, braucht er sein Leben nicht der Beschaffung dieser Droge zu widmen. Er mag vielleicht von einem vollkommenen Martini träumen, aber ein halbwegs ordentlicher ist überall zu bekommen, wohin er auch geht.

Die primäre Institution, die den Alkoholgenuß aufrechterhält, ist die Bar, gefolgt von der Cocktailstunde. Ob sie sich nun erwachsen-puristisch mit Martinis oder kindlich-raffiniert mit Brandy-Alexanders oder Piña Coladas mit Miniaturschirmchen gestaltet, die Cocktailstunde ist ein Konsumritual wie kein anderes in unserer Kultur. Der blumige Prozeß, einen Cocktail zu mixen, unterscheidet das Trinken vor dem Abendessen von anderen Arten des Alkoholgenusses und von den Ritualen, die andere Drogen umgeben. Die psychische Energie, die mit dem Mixen und Trinken eines Park Lane (Gin, Zitronensaft, Granatapfelsaft, Orangensaft und Aprikosengeist) verbunden ist, unterscheidet den unausgesprochenen Alkoholismus eines umwerfenden Wooster[2] vom gemeinen Herumlungern eines selbstvergessenen alten Kauzes. Cocktails zu mixen befreit das Trinken von Sorgen und Nöten, von seinem schlechten Ruf und seiner finsteren Vergangenheit. Der Prozeß bleibt gewissermaßen unbefleckt vom berauschenden Wesen seines Produkts: Nick Charles hat seine Philosophie der Tanzrhythmen, nach der sogar ein Kind lernen kann, einen guten Martini zu mixen. Tante Mame aus dem Film *Die tolle Tante* ist eine weitere Verkörperung der idealen Cocktailtrinkerin. Mames Vorstellung von einem Frühstück besteht aus schwarzem Kaffee und einem Sidecar, und Patricks Martinis sind so trocken, daß er den Wermut wegschüttet, nachdem er das Glas damit ausgespült hat. »Möchten Sie eine Olive?« fragt er einen Gast. »Tante Mame meint, in einem so kleinen Glas nehmen Oliven zuviel Platz weg.«

Patricks Können bestätigt das Mixen von Cocktails als harmloses Vergnügen. Tante Mame hat ihm lediglich eine Erwachsenenversion des Chemickastens gezeigt. Als der Gast einwendet, ob es ratsam sei, einem Kind beizubringen, wie man Martinis mixt, erwidert Tante Mame: »Wissen ist Macht!« In der Welt der Cocktails ist Trinken eine Kunst oder eine Marotte – jedenfalls ist es alles andere als ein Problem. Park-Lane-Trinker in ihren Gartensesseln sind ganze Straßenzüge von dem Betrunkenen an der Ecke mit seiner billigen Flasche Gin entfernt. Weit genug, um sich in Sicherheit zu wiegen.

Cocktails zu mixen heißt kreative Energie auf etwas zu verwen-

---

2 Bertie Wooster ist der Ich-Erzähler in den Erzählungen, die P.G. Wodehouse über den Kammerdiener Jeeves schrieb; ein liebenswerter, aber geistloser Lebemann. (Anm. d. Übers.)

den, was man seinem Körper einzuverleiben gedenkt oder was die eigenen Freunde sich einverleiben sollen. Doch anders als ein Essen, das man kocht, besitzt es den zusätzlichen Reiz einer potentiellen Toxizität. Man geht mit starken, ja sogar entflammbaren Mixturen um. Es besteht die Wahrscheinlichkeit, daß man sich selbst und seine Gäste vergiftet oder allen mit seiner ausgeklügelten neuen Version des Zombie zu einem ekstatischen Schwips verhilft. Dieses Rezept kann man dann zusammen mit Oma Pinkies hauseigenem Rezept für Eierflip und Onkel Bonzos Butterrum an seine Kinder und Kindeskinder weitergeben. Es macht auch Spaß, Cocktails auf den jeweiligen Geschmack abzustimmen. Einer bevorzugt seinen Kamikaze stark und mit Eis, ein anderer mag ihn pur und besonders trokken. Bei keiner anderen Droge und keinem anderen Trinkritual geht es so sehr darum, die individuellen Vorlieben des jeweiligen Konsumenten zu befriedigen, und zwar gemütlich zu Hause.
Der Kolumnist der Zeitschrift *Harper's*, Bernard DeVoto, veröffentlichte 1951 mit *The Hour* ein Buch, das die Cocktailstunde feierte und zugleich viele ihrer fanatischsten Anhänger verächtlich niedermachte. Rumtrinker, Eierfliptrinker und sogar Gimlettrinker traf seine Verachtung ebenso wie all jene, die Cocktailservietten benutzten oder sich verstiegen, Cocktails nach Rezept zu mixen. Der Manhattan ist seiner Ansicht nach eine Beleidigung der Ehrfurcht. »Es gibt nur zwei Cocktails«, schreibt DeVoto: ein Glas Whiskey und einen trockenen Martini. Er führt die Degenerierung des Trinkens auf den korrumpierenden Einfluß des Bronx zurück, jenes modischen Lieblingsgetränks des Park-Row-Sets der flotten neunziger Jahre. Bronx ist eine Art Minimartini aus Gin und Wermut, gesüßt mit einem beträchtlichen Schuß Orangensaft. »Er brachte den noch bedauerlicheren Orange Blossom hervor«, beklagt DeVoto. »Die Infektion breitete sich aus, und es gab noch schlimmere Mischungen auf dieser Basis ... sehr rasch entwickelte sich das zur Seuche, und in ihrem Gefolge kamen die Barbaren, und

sämtliche Säfte des Obstgartens wanderten in Cocktails... Nicht Badewannen voll Gin zerstörten nahezu den Magen, das Nervensystem und das Streben der Amerikaner nach einem feineren Leben. Nicht der Gin, sondern die Fruchtsäfte, die man so niederträchtig mit ihm mischte: alle schädlich, verderblich und abscheulich.«

Süße Liköre trinkt man laut DeVoto aus einer regressiven Fantasie heraus, »einer traurigen Hoffnung, die kindliche Freude an der Limonade wiederzufinden... Ein Eisbecher mit Sirup und Sodawasser kann ein Kind auf jenen Weg bringen, der bei Granatapfelsaft endet, und wenn man jemanden Drambuie, Crème de Menthe, Old Tom Gin oder alle drei zusammengemixt trinken sieht, gekrönt mit einer Maraschinokirsche, sollte man daran denken, daß ihn Ananasmilchshakes vor langer Zeit auf den Geschmack gebracht haben. Wenn man mag, kann man ihn bedauern wie den Überträger eines Typhuserregers. Denn wenn die Republik jemals zusammenbrechen sollte, so gehen die Ruinen auf das Konto der Lust an süßen Drinks.«

Wenn DeVoto schrullige Cocktails für den Niedergang der Republik verantwortlich macht, so meint er das nicht nur als Spaß. Auch wenn er es nicht explizit sagt, unterstellt er, daß die subtile Kombination von kaltem Gin mit Wermut ein kurzlebiges Geschmacksparadies erzeugt, das jene flüchtigen künstlerischen Impulse verkörpert, die die Zivilisierten von den Barbaren trennen. Die empfindliche Verbindung der Elemente (Martinis werden schlechter, wenn man sie vorab mixt und im Kühlschrank aufbewahrt) symbolisiert eine harmonische Ehe, die zusammenbrechen würde, wenn man sie der Einmischung eines aufdringlichen Dritten wie Oliven oder Orangensaft aussetzen sollte.

Fünfundvierzig Jahre, nachdem DeVoto seine Abhandlung schrieb, ist die Tradition, nach der wir gegen sechs in Abendgarderobe die Treppe hinuntertrippeln, um an einem Cocktail zu nippen, so gut wie verschwunden, obwohl uns ihr Geist immer noch verfolgt. Unsere Parties definieren sich nach wie vor in bezug auf jenes Zeitalter alkoholisierten Chics, dem sie jedoch nie wieder gleichkommen. Die Cocktailstunde, die aufgegeben wurde, nachdem die sechziger Jahre Martinikonfekt und den Cocktailmatic hervorgebracht hatten, der Cocktails auf Knopfdruck lieferte, ging trotz der wackeren Bemühungen der Werbekampagnen von Tanquerays Mr. Jenkins verloren, der versuchte, den Trinkritualen der Oberschicht neues Leben einzuhauchen. Sie wurde (zumindest fast) vollständig durch ein vermutlich älteres Ritual ersetzt: die Happy Hour oder den Drink nach Feierabend. Gleiche Zeit, gleiche Droge. Allerdings eine andere Schicht und ein anderes Gift. Bei der Happy Hour trinkt kein Mensch auch nur einen Whiskey Sour, ganz zu schweigen von Grashoppers (Crème de Menthe, weiße Crème de Cacao, Sahne) und Copacabanas (zu schrecklich, um sie zu beschreiben – ich kann nur sagen, daß sie Ananassaft und Schokoladensirup enthalten). Es gibt nur Wein, Bier, Wodka-Tonic, Screwdrivers und Scotch on the rocks.

Es ist durchaus möglich, daß die Beschränkung auf die Grundausstattung der Bar einen Schritt hin zur Reinheit darstellt. Der Tod des Damencocktails beinhaltet eine Rückkehr zur Schlichtheit und den Verlust jener fantastischen Kreationen, die DeVoto im goldenen Zeitalter der Mixgetränke nie zu zerschlagen vermochte. Doch auch der Geschmack des kritischen Alkoholikers ändert sich, wie Peter Mayle feststellt: »Das Bier ist leichter, die Spirituosen sind blasser und trockener, Wein wird mit Wasser verdünnt, und der Umsatz mit geschmacksfreiem Wodka boomt. Eis findet in so gewagten Mengen Verwendung, daß ... der ernsthafte Trinker mittlerweile eher Frostbeulen an der Zunge als Leberzirrhose riskiert.« Dank der Anonymen Alkoholiker und anderer Antialkoholikerbewegungen des ausgehenden zwanzigsten Jahrhunderts weicht die Cocktailstunde – eine gesellschaftliche Institution, die den Exzeß fördert – der Happy Hour, einem Forum zur öffentlichen Demonstration von Selbstdisziplin.

DeVoto und seine Freunde tranken zu Hause in ihren Wohnzimmern. In ihren Ratschlägen für die Ausstattung der Hausbar gingen sie davon aus, daß jeder Gast vier Cocktails trank, und falls es ein Abendessen gab, zwei Cocktails, zwei Gläser Wein und anschließend einen Likör und zwei Highballs. Heutzutage trinken wir in der Öffentlichkeit. Bei meinen Bekannten ist die Wahrscheinlichkeit höher, daß sie gegen sechs Uhr ein Bier mit dem Kollegen aus dem Marketing trinken, als daß sie zu Hause mit Freunden Wodka trinken. Das öffentliche Forum bedeutet, daß wir einen Fremden um das bitten müssen, was wir haben möchten, und daß wir dafür bezahlen müssen – beides gute Mittel, die Lust auf Alkohol in Grenzen zu halten. Wir verlangen einfache Drinks, in denen wir den Alkohol schmecken, so daß die Süße eines Singapur-Punschs uns nicht verleitet, mehr als angebracht zu trinken. Jeden, der wie Nick Charles vor halb acht Uhr abends vier Long-Island-Eistees tränke, würden seine besorgten Freunde drängen, sich sofort den Anonymen Alkoholikern anzuschließen.

Warum sollte man die snobistischen Grenzwanderungen einer Gruppe hochbezahlter, gebildeter Trinker verteidigen, die sich mit Hilfe von ausgefallenen Rezepten und teuren Spirituosen um ihre Sucht herumdrücken? Wozu sind frivole rosa Cocktails gut, die nach Maraschinokirschen riechen? Oder was soll die selbstbewußte Reinheit eines trockenen Martini? Die Cocktailstunde, werden manche sagen, ist nichts weiter als eine snobistische, unsinnige Rechtfertigung, die Sinne zu benebeln, und eine gesellschaftliche Einrichtung, auf die wir gut verzichten können. Wir sollten es alle bei einem ehrlichen Glas Bier oder Whiskey nach dem Essen bewenden lassen, wenn wir etwas im Magen haben. Diese Tendenz zur Mäßigung – öffentlicher Konsum, die Bar mit Grundausstattung – ist durchaus gesund. Alkohol braucht nicht den Schrein der Cocktailstunde, der seine riskanten Freuden vergöttert.

Das ist schon wahr. Aber dennoch habe ich das Verlangen nach einer eigenen Hausbar, nach einem Regal voller Martinigläser, Sektgläser und Highballgläser, nach klebrigen Gläsern mit leuchtendroten Kirschen. Die dicht gedrängten Flaschen mit Anisette, Crèmes, Siruparten und Gin vermitteln ein Gefühl von Überfluß. Jede einzelne war teuer, und ihr kostbarer Inhalt hält manchmal jahrzehntelang. Bier und Wein halten sich nicht lange, sobald die Flasche erst einmal geöffnet ist, aber ein Schrank voller Spirituosen wirkt, als könne er Jahrhunderte überdauern. Funkelnde Flaschen mit umwerfendem Aroma stoßen klingend aneinander wie Weihnachtsglocken. In winzigen Schälchen gibt es salzige Kostbarkeiten: ölige grüne Oliven, geröstete Nüsse, Cracker in lustigen Formen.

Die Cocktailstunde besitzt eine heitere Gelassenheit, die der Geschäftigkeit der Happy Hour oder einer nächtlichen Spritztour fehlt. In Bars und Clubs zu trinken vermittelt ein Gefühl von Betriebsamkeit, man schiebt sich durch das Gedränge und geht auf müden, wackeligen Beinen durch die Stadt nach Hause. Der Cocktail um sechs ist wie eine flüssige Oase. Er macht jeden Abend zu einem Fest, das es rechtfertigt, sorgsam Zitronenschale zu reiben und Eis zu zerkleinern, selbst wenn alle den Rest des Abends vor dem Fernseher verbringen oder Rechnungen bezahlen. Er suggeriert einen Luxus, den wir uns in anderen Lebensbereichen nur selten gönnen. Wann nehmen wir uns sonst Zeit für eine Aktivität, die nicht gut für uns ist? Wann machen wir uns sonst gegenseitig kleine Geschenke in Form von Kunstwerken, die wir uns mit ein klein wenig Pomp präsentieren? Wann halten wir sonst einmal inne und sehen zu, wie es dunkel wird?

Der Luxus des Cocktails und sein ritualisierter Konsum schaffen eine andere Realität, die sicher ist, weil sie von allen geteilt wird, und die wenig bemerkenswert, weil weithin akzeptiert ist. Es gibt eine Stunde am Abend, in der es erlaubt ist, in den transformativen Zustand des Beschwipstseins zu gleiten. Zudem ist der Cocktail legal. Illegale Drogen haben verdecktere Rituale und weniger reizvolle Begleitumstände. Und was wichtiger ist, ihnen fehlt die vornehme Geschichte der Cocktailstunde, die ihr als Freizeitbeschäftigung weltmännischen Glanz verleiht. Sehr oft haftet ihnen vielmehr der finstere Schatten des Straßenkonsums an.

Heroin

Ich kenne drei Leute, die regelmäßig Heroin nehmen. Oder es zumindest bis vor kurzem getan haben. Vermutlich kenne ich sogar mehr, aber das ist nicht gerade ein Gesprächsthema für Cocktailparties. Selbst wenn alle sich mit Alkohol und Antidepressiva abfüllen und die meisten in der Abgeschiedenheit der Toilette ein bißchen was Skandalöseres schnupfen, wird Heroinkonsum unter der Decke gehalten. Die drei erwähnten Freunde leben alle in Großstädten und haben künstlerische Berufe, die ihnen zu Einladungen für Parties von bemühten Zeitschriften und berühmten Erzählern verhelfen. Keiner von ihnen entspricht meiner Vorstellung von einem Heroinabhängigen, und das ist vermutlich auch der Grund, weshalb sie nicht viel darüber reden. Heroin ist mit einem Tabu belegt, das für andere Drogen nicht gilt.
Als ich erfuhr, daß diese Freunde Heroin nahmen, war ich leicht schockiert. Aber ich dachte mir, daß sie es genauso machten wie ich, als ich auf dem College Drogen probierte – ich wollte sehen, wie es war, mir rebellisch und cool vorkommen und den Rausch ausschlafen. Damit war die Sache abgehakt. Warum sollte ich es wiederholen? Aber sehr bald wurde mir klar, daß eine Frau, die ich kannte, seit ich nach New York gezogen war, fast ein halbes Jahr lang jeden Tag Heroin genommen hatte. Und mein Freund Jeff erzählte mir, daß er seit mittlerweile drei Monaten davon losgekommen sei, aber vorher jeden Abend ein Tütchen genommen habe.

Jeff und seine Freundin Rachel nahmen es einen Monat lang regelmäßig, setzten es einen Monat lang ab und fingen wieder an. An den ersten Tagen, wenn Jeff es nahm, war es immer ein tolles Gefühl, doch dann merkte er es fast gar nicht mehr, saß herum und schaute fern, trank mit seinen Freunden Bier und arbeitete sogar am Computer. Da er sich nicht erlaubte, die Dosierung zu erhöhen – manche Süchtige nehmen bis zu zehn Tütchen pro Tag –, war die Wirkung nach ein paar Wochen kaum noch spürbar. Dennoch ist er eindeutig abhängig, wie er sagt, und leidet jedesmal, wenn er aufhört, unter Entzugserscheinungen. Schmerzen in den Fingern. Jetzt, wo er clean ist, schläft er besser, seine Haut ist nicht mehr so trocken, und er hat zugenommen. Er hat sogar angefangen zu joggen.

Jeffs Sicht der Heroinsucht ist fast verlockend. Sie scheint aus einem Hunger nach großen Erlebnissen zu erwachsen, nach einem verbotenen, erweiterten Bewußtsein. Wenn ich mit ihm spreche, vergesse ich die Menschen, deren Leben vorzeitig durch eine Überdosis endete, die kaputten Rockstars und die Teenager, die von zu Hause abgehauen sind und keuchend und verquollen in zahllosen Toiletten auf dem Boden liegen. Ich vergesse den jugendlichen Junkie, der lallend an einer Ecke in East Village steht, mit stacheligen Haaren wie Johnny Rotten, einen traurig aussehenden Hund tätschelt und einen Becher mit Kleingeld hält. Statt dessen denke ich an die andere Geschichte des Heroins. Ich denke an Sherlock Holmes, der abwechselnd Kokain und Morphium nahm, das chemisch mit Heroin verwandt ist. Holmes spritzte auf der Suche nach dem lebendigen Geist: »Gib mir das abstruseste Kryptogramm oder die komplizierteste Analyse, und ich bin in meinem Element«, sagt er zu Watson. »Dann kann ich auf künstliche Stimulantien verzichten. Aber ich verabscheue die dumpfe Routine des Daseins. Ich brauche geistige Anregung.« Ich denke auch an Thomas de Quincey, den 1,50 Meter großen Autor der *Confessions of an English Opium-Eater*, dessen narkotische Halluzinationen den

Stoff für die interessanteste Autobiographie des 19. Jahrhunderts lieferten. »Ich glaube kaum, daß ein Mensch, der einmal den göttlichen Luxus von Opium gekostet hat, anschließend zu den groben und sterblichen Freuden des Alkohols herabsteigen wird . . .«, schrieb er. Ich denke an Samuel Taylor Coleridge, der Opium nahm, und an die kranke Kraft seiner lyrischen Vision: Der Albatros, der dem alten Seefahrer um den Hals hängt, ist ein Sinnbild für eine Last, die sich nicht abschütteln läßt, wie es bei einer Sucht ist. Ich denke sogar an William Burroughs, dessen hohle Augen ihm Werbespots für Nike eintrugen. Coke mag die Droge für die Bret Easton Ellises dieser Welt sein und Acid die Droge für alle, die Jerry Garcia vergöttern; aber Heroin ist die Droge literarischer Unsterblichkeit.

Die Sirene lockt. Jeff ruft mich an, um mir zu sagen, daß er mir etwas zum Ausprobieren besorgt hat. Ich sage ihm, daß ich es am Montag abhole, aber er antwortet, nein, er macht es mit mir zusammen. Er kann es problemlos, schwört er.

»Und was ist mit mir? Was ist, wenn ich dir auf den Boden kotze?« frage ich. Heroin verursacht Übelkeit.

»Das macht mir nichts aus«, sagt er fröhlich. »Du brauchst nicht nervös zu sein.« Ich lege auf und spüre, wie Angst mich befällt.

Wovor habe ich Angst?

Im vergangenen Herbst saß ich in meiner Wohnung, trank Bier und las ironischerweise Gedichte von Coleridge, als die häßliche Seite des Heroin ihren dunklen Schatten in den sicheren Hafen meines Wohnzimmers warf. Eine Frau schrie im Korridor meines Hauses.

Als ich mich mit zwei Männern, die auf der anderen Seite des Ganges wohnen, und ein oder zwei alten Männern aus dem oberen Stock die Treppe hinunter in den grell erleuchteten Flur drängte, wurde mir klar, daß ich als einzige eine Vorstellung hatte, was zu tun war. Ein umwerfender junger Mann, der aussah, als stamme er aus einer wohlhabenden, alteingesessenen

Ostküstenfamilie, lag in der Eingangshalle auf dem Boden. Er wohnte in unserem Haus. Ich hatte ihn und seine Freundin ab und an auf der Treppe gegrüßt. Manchmal spielte er draußen auf der Feuerleiter Gitarre. Sein Gesicht war tödlich blau.

Seine Freundin, eine ziemlich gewöhnliche Rothaarige, schrie atemlos und versuchte, ihn aufzusetzen. »Nein, Mädchen«, sagte ich zu ihr, »du willst doch, daß sein Gehirn Sauerstoff kriegt. Wir müssen ihn hinlegen.« Er glitt zu Boden, sein Kopf schlug leicht auf, und ich begann mit Mund-zu-Mund-Beatmung.

»Hat er Drogen genommen, oder was?« fragte ein massiger Mann, dessen Hunde in den Hausflur laufen wollten.

»Ja, Heroin«, antwortete sie, während ich meinen Mund auf seinen legte und die Luft schmerzlich in seine Lungen rauschen hörte. Keine Zeit, nach Einstichen zu suchen, keine Zeit, auf offene Wunden zu achten. Die kleinen Stoppeln seines Fünf-Uhr-Bartes stachen mir in die Lippen. Sein Puls verlangsamte sich. Ständig beteuerte die Rothaarige, das müsse sein Asthma sein. Ich konnte nichts tun, als ihn weiter zu beatmen und auf die Sirene des Krankenwagens zu warten.

Scott, der Junkie, starb, kurz nachdem die Sanitäter mich abgelöst hatten.

Sekunden später holte eine Adrenalinspritze ihn schlagartig wieder ins Leben zurück. »Willkommen zurück aus der Hölle, Scott«, bellte ein Polizist mit rosigem Gesicht, der dem Sanitäter die Treppe hinauf gefolgt war. Sein Kollege, der aussah wie ein Jüngelchen, befragte die Rothaarige nach ihrer Dosis.

»Ich habe kein Heroin im Körper«, antwortete sie. »Ich bin letzte Woche in ein Methadonprogramm gekommen. Mich haben sie genommen, weil ich ein Mädchen bin, aber er –«, sie deutete auf den aschfahlen Körper am Boden, »er ist auf die Warteliste gekommen.«

»Wer ist er?« fragte der Polizist.

»Mein Mann«, antwortete sie.

»Ich habe Asthma«, murmelte Scott, sobald er flatternd die Augen aufschlug.
»Wir haben dir nichts gegen Asthma gegeben«, maulte eine Frau in Uniform mit Gummihandschuhen. »Wir haben dir was gegen Heroin gegeben, und das hat gewirkt, Scott. Wieviel hast du genommen?«
»Nicht viel. Nur ein Tütchen«, antwortete die Rothaarige für ihn. »Da muß was drin gewesen sein. Ich bin nach Hause gekommen, und da lag er bewußtlos auf der Couch.« In den Nachrichten hatte es in jener Woche Meldungen über China Cat gegeben, ein superreines Heroin, das viele Junkies ihre Dosis falsch einschätzen ließ.
Sobald Scott sich aufsetzte, lief ich in meine Wohnung und spuckte ins Waschbecken. Immer wieder spülte ich mir den Mund aus, als könne ich den Makel des Todes und der Drogen von den Lippen waschen. Ich putzte mir die Zähne und warf die Zahnbürste weg.
In den Monaten danach begegnete ich Scott und seiner Freundin ab und an auf der Straße und im Treppenhaus. Sie schienen mich nie zu sehen. Eines Tages schaffte sie Sachen – Müllsäcke, Plattenstapel – in den Hausflur. Drei Katzen und ein rattenhaftes Hündchen wieselten ihr um die Füße. Sie hielt inne und rief mir zu: »Hey! Bist du nicht die ...?«
»Ja, bin ich«, antwortete ich.
»Danke«, lächelte sie. »Er ist nicht mehr hier. Sein Vater und sein Bruder haben ihn in die Therapie entführt. Sie sind einfach eines Tages vorgefahren und haben ihn in den Wagen gezerrt. Daß ich schwanger bin, ist ihnen egal. Sie wollen nicht, daß er mich noch mal sieht, nicht mal, wo ich das Baby kriege, aber ich weiß, daß er mich liebt.«
»Ziehst du aus?« erkundigte ich mich.
»Sie schmeißen mich raus trifft's wohl eher.« Sie deutete auf die Katzen. »Ich habe Freunde, die die beiden nehmen, weil sie reinrassige Abessinier sind, aber Babydoll will keiner haben. Die

Leute, bei denen ich unterkomme, wollen nicht, daß ich sie mitnehme. Kennst du vielleicht jemanden, der sie nehmen würde?« Babydoll, eine schwarzweiße Langhaarkatze, sah mich traurig an.

»Ich habe schon zwei«, sagte ich wahrheitsgemäß. Aber in Wirklichkeit hatte ich irgendwie Angst vor ihr und wollte mich nicht mehr um sie kümmern, als ich es bereits getan hatte. Ich wollte weder für ihre Katze sorgen noch ihr meinen Namen und meine Nummer sagen. Ihre Sucht und die Probleme, die sie mit sich brachte, überforderten mich, und mir war unwohl dabei, daß sie direkt unter mir wohnten – wußte ich doch, daß sie und Scott hinter verschlossenen Türen ihre Sozialhilfe in Drogen umgesetzt, in ihren Sofakissen rumgehangen und in ihrer abgestandenen Wohnung vermodert waren wie alte Invaliden, obwohl sie nicht einmal legale Säufer waren. Ich schlug vor, sie solle sich erkundigen, wie lange der Tierschutzverein Babydoll nehmen würde.

»Vielleicht setze ich mich einfach mit ihr auf die Straße und hoffe, daß jemand vorbeikommt, der sie nimmt«, sagte sie und sah mich mit Triefaugen an. »Oder ich lasse sie einfach in der Wohnung, wenn ich gehe.«

Mir kam es vor, als überschatteten die schäbigen Sorgen von Scott und seiner Freundin mein Leben und machten mich für Babydolls Leid verantwortlich. Ich zog mich unter Entschuldigungen zurück, beschämt über mein mangelndes Entgegenkommen und verärgert über ihre emotionale Erpressung. Zwei Tage später war sie fort. Ich bat den Hausverwalter, in ihrer Wohnung nachzusehen, ob sie die Katze zurückgelassen hatte, und er sagte mir, sie habe sie mitgenommen. Ihr Baby und ihre Tiere taten mir mehr leid als sie. Vielleicht habe ich den Medienslogan »Sag einfach nein« so sehr verinnerlicht, daß ich wenig Mitleid für ein Mädchen aufbringen konnte, das offenbar überhaupt nicht nein zu sagen vermochte; aber eigentlich glaube ich nicht, daß es daran lag. Ich hatte Angst vor den vielen Notlagen, die die Drogenabhängigkeit in ihrem Leben geschaffen hatte. Sie hatte offenbar viele Leerstellen – keinen Liebhaber, keine Familie, kein Zuhause, kein Geld; selbst ihr Verantwortungsgefühl für ihre geliebte Babydoll war ihr abhanden gekommen. Ich hatte Angst vor ihrem heftigen Verlangen und ihrer Selbstaufgabe, ihrem hageren kleinen Körper, ihrem verstellten Anflehen einer Fremden im Hausflur.

Heroin ist eine Droge, die die Angst nimmt. Dennoch verbindet man, oder zumindest ich, in unserer Kultur damit die Vorstellung von einem monströsen Tor zu einem unstillbaren Verlangen – wenn man es erst einmal probiert hat, kann es erschreckend schnell zur Sucht führen, und wenn man sich ihm erst einmal ergibt, kann man nicht genug davon bekommen. Gerade die Rückkehr der Angst erzeugt das Verlangen nach mehr, um die Angst mit der Droge zu ersticken. Als mich die Süchtige mit ihrer blanken Not konfrontierte, reagierte ich mit dem Versuch zu helfen, verweigerte aber gleichzeitig jedes Bemühen angesichts einer so unverhohlenen Bitte um Trost. Es ist beängstigend zu erleben, daß eine Süchtige es nicht schafft, für ihre meiner Meinung nach grundlegendsten Bedürfnisse zu sorgen: Essen, ein Dach über dem Kopf, Gesundheit und Sicherheit. Was für eine Urangst, nicht versorgt zu sein! Sie befindet sich immer in diesem Mangelzustand, selbst wenn ihre Adern voller Stoff oder Methadon sind.

Den ganzen Tag, bevor ich zu Jeff gehe, bin ich unglaublich nervös. Ich denke darüber nach, wovor ich Angst habe, und wundere mich über mich. Jahrelang hat man Heroin und verwandte Opiate als Schmerzmittel verschrieben, bevor sie für illegal erklärt wurden. Wenn ein Arzt mir diese Droge als effektives Schmerzmittel verschrieben hätte, das ein Gefühl des Wohlbefindens vermittelt, und mich behutsam vor der Nebenwirkung Übelkeit gewarnt hätte, würde ich überhaupt keine Angst empfinden. Diese offizielle Erlaubnis bedeutet mir sehr viel, weil meine Angst in gewisser Weise auf der Illegalität von Heroin beruht, auf seinem – erst in diesem Jahrhundert erlangten – Status der Straßendroge für obdachlose Kids und Rockstars, als bevorzugtes Mittel zum Selbstmord. Ich habe keine Angst, daß es mir allzu gut gefallen könnte. Ich habe keine Angst, abhängig zu werden. Ich habe Angst vor der Vorstellung von Heroin und auch vor dem, was es unmittelbar aus mir machen könnte: einen zitternden Ball chemisch bewirkten Gelees, eine infantile Erwachsene, ausgeflippt durch eine Droge, die fast schon ein schmutziges Wort ist.

Als ich zu Jeff und Rachel komme, bestellen sie gerade bei einem Italiener etwas zu essen. Sie fragen mich, ob ich auch etwas möchte, aber Jeff rät mir, vorsichtig und sowenig wie möglich zu essen. Rachel hat sich am Abend vorher übergeben, bestellt aber fröhlich eine Minestrone. Ich esse ein Stück Bananenbrot und trinke Mineralwasser, während sie die Drogen herausholen.

Man bekommt sie in winzigen wiederverschließbaren Plastiktütchen, die wesentlich kleiner sind, als ich es mir vorgestellt hatte. Darin befindet sich eine Papiertüte, die eine mikroskopisch kleine Menge Pulver enthält, kaum genug, um zwei dünne Linien auf einem Buchrücken auszustreuen. Die Reste muß man sorgfältig mit einer Kreditkarte vom Papier kratzen. Wir schnupfen durch eine Zwanzig-Dollar-Note, die vom Geldautomaten noch ganz spröde ist. »Ich habe eine Pawlowsche Reaktion auf den Geruch von Geld entwickelt«, sagt Jeff lachend.

Sie kaufen ihre Drogen auf der Straße. »Du sagst ihnen, daß du D willst, das ist Heroin«, erklärt Rachel, »im Gegensatz zu C, das ist Kokain.« Heute abend haben sie eine Sorte, die Paradise heißt, früher nahmen sie Fire, was aber nicht mehr zu kriegen ist – alle Dealer sind aufgeflogen. Andere Sorten heißen Snake Eyes oder Lethal Injection. Ich frage sie, warum sie nicht einen Lieferservice (ah, New York!) kommen lassen, wo ein sauberer junger Mann mit Fahrrad, Aktentasche und Handy die Drogen

nach Hause bringt. Sie erklären mir, daß diese Aktentaschenburschen normalerweise kein Heroin verkaufen.
Wir schnüffeln das Pulver nach und nach, wie man an einem Drink nippt, statt gleich zu Beginn des Abends drei Gläser Scotch zu kippen. Meine Freunde sind zu eifrigen Führern meines ersten Drogentrips geworden. »Spürst du was?« fragen sie besorgt. »Vielleicht sollte sie noch ein bißchen mehr nehmen. Emily, deine Pupillen sind ganz klein. Das ist ein Zeichen!«
Fast bin ich stolz, als ich allmählich ein komisches Gefühl im Magen spüre und Lust bekomme, mich mit einer Tasse Tee auf die Couch zu kuscheln. Ach, herrliche Couch. Das sind die besten Kissen, und das ist genau mein Plätzchen, an dem ich so lange sitzen kann, wie ich möchte. Es ist sehr warm hier. Meine Hände strahlen Hitze ab. Meine Augen jucken ständig wie von einer leichten Pollenallergie an einem heißen Sommertag. Ich bin gesprächig, ohne sonderliche Emotionen, erzähle lange Geschichten, die lustig oder traurig sein mögen, aber anscheinend keines von beidem sind, und genieße meine Couch. Ich mache mich über das kleine Häufchen weißen Pulvers her, das man mir anbietet.
»Nicht so fest schnüffeln«, rät Rachel mir freundlich. »Du brauchst wirklich nur ganz leicht einzuatmen.«
»Laß die Unterkante des Geldscheins nicht über das Buch schleifen«, sagt Jeff auf dem Weg in die Küche. »Dann mußt du fester schnüffeln.« Er bleibt stehen, um Rachel die Minestrone zu klauen. »Ich weiß nicht, ob du die essen solltest«, sagt er, als er die Suppe wegschlürft. Sie kichert und versucht, sie ihm abzunehmen.
Auf ihrem College war Heroin eine Freizeitdroge wie Kokain an meinem. Nach der Graduierung fingen ein paar Leute, meist aufstrebende Schriftsteller mit Stipendien, an zu spritzen und kombinierten Heroin mit Koks. Rachel meint, die Kombination fördere den ernstlichen Konsum, weil man genug Energie verspüre auszugehen. In gewisser Weise macht Kokain die Heroin-

sucht funktioneller. Sie hat nur einmal probiert, sich einen Speedball zu spritzen. Sie meint, es sei das intensivste Drogenerlebnis gewesen, das sie je gehabt habe, ein Ansturm starker Gefühle, Heiterkeit. Sie und Jeff sind allerdings vorsichtig mit dieser Kombination. Ein Ex-Süchtiger hat ihnen erzählt, daß man den Rest seines Lebens dem Hochgefühl nachjagen kann, das der erste Speedball vermittelt hat, ohne es zu finden. Sie hüten sich auch vor dem Spritzen und machen einen Unterschied zwischen Leuten, die spritzen, und Leuten, die schnüffeln. Einer der aufstrebenden Schriftsteller ist im vergangenen Februar gestorben, nachdem er fast sein ganzes Erbe für Heroin ausgegeben hatte. Er war »sozusagen dabei, clean zu werden«. Ein anderer hat eine Reha gemacht und trinkt nicht einmal mehr. Zwei haben sich fast umgebracht. Einige andere kombinieren ihren Heroinkonsum mit schwerem Alkoholismus.

Jeff und Rachel sind das, was harte Drogenabhängige als »chipper« bezeichnen, also Amateure. Das ist abwertend gemeint, so wie die Einwohner von Manhattan die Nachtschwärmer, die samstagabends aus New Jersey kommen und die Bleecker Street säumen, abfällig als *bridge and tunnel crowd* bezeichnen. Im Augenblick bedeutet das, daß Jeff und Rachel Heroin nur allein nehmen. Es gibt keine soziale Szene oder Einrichtung, die ihren Konsum unterstützt. Ihnen ist es unangenehm, mit schweren Drogenabhängigen zusammenzusein, und in ihrem Bekanntenkreis kennen sie sonst niemanden, der leichten Drogenkonsum betreibt. Also nehmen sie sie gemeinsam zu Hause. »Aber schreib bloß nicht, daß ich ein ›chipper‹ bin!« schreit Jeff, der mir gegen zehn Uhr abends Fotos von sich in Badehose zeigt und sein T-Shirt hochhebt, um mir zu demonstrieren, wie dick sein Bauch seit seiner Jugend geworden ist. Wie herrlich, wie komisch. Bäuche sind schon verrückt. Ich revanchiere mich und erzähle eine lange, unpassende Geschichte darüber, daß mein Ex-Freund in Flugzeugen nicht neben mir sitzen wollte, was Jeff und Rachel spannender finden, als die Geschichte es verdient.

»Hat die Eisdiele noch auf?« erkundigt sich Rachel, die ihre Minestrone erfolgreich verdaut hat. Wir beschließen auszugehen. Als ich mir den Mantel anziehe, trifft es mich wie ein Schlag. Eine Welle unangenehmer Energie wirbelt umher und rührt eine Art magnetischen Schlamm auf, der sich in mir abgesetzt hatte, als ich auf der Couch kauerte. Sie vibriert mit einem fast sexuellen Rauschen durch meine Glieder, hat aber mehr Ähnlichkeit mit einem Nachglühen als mit Begierde. Wir nehmen den Aufzug. Auf der Fahrt nach unten wird mir schwindelig, übel. Ich habe das überwältigende Bedürfnis, wieder stillzusitzen. Draußen zieht sich der Häuserblock in die Länge wie Bürgersteige aus Kaugummi. Das Ende des Blocks ist unerreichbar. Jeffs Haus ist sehr nett zu mir und stützt mich, als ich Halt suche. Ich bleibe hier, genau an dieser Stelle. Nur ein bißchen. Rachel geht allein los, Eis holen. Jeff leistet mir Gesellschaft, während ich mich an den Ziegelsteinen festhalte. Liebe Mauer. Eine schöne Nacht. Nieselregen. Die kalte Luft ist das einzige, was mich hindert, mich in eine Pfütze auf dem Bürgersteig aufzulösen und langsam mit einem Rutsch im Gully zu versickern.
Rachel kommt zurück, und schließlich überreden sie mich, wieder nach oben zu gehen. Es ist ziemlich schrecklich. Meine Füße gehen über festen Boden, aber der Körper darüber ist wacklig und schwankt labberig von einer Seite auf die andere. Ich gehe in die Knie, damit mein Magen die Fahrt reibungslos übersteht. Sobald ich auf der Couch hocke, ist das Leben wieder toll. Worüber habe ich mir je Sorgen gemacht? Schlecht? Mir ist nicht schlecht. Wem war denn schlecht? Also mir nicht und Rachel auch nicht. Sie ißt Mangosorbet und erzählt mir etwas über Friseure. Jeff ist eifersüchtig, weil ich mich mehr für die Vorzüge von Haargel interessiere als für einen Stapel Schallplatten, die er mir zeigen möchte, aber ich könnte ohnehin nicht einmal zu der Stelle kriechen, an der die Stereoanlage steht. Was erwartet er eigentlich? Ich habe auf der Couch meinen Winterschlaf ange-

fangen. Wie mollig. Er gibt eine Erklärung ab. »Wir lassen Emily zu viel reden. Sie kriegt gar nicht das volle Erlebnis. Wir müssen alle aufhören zu reden, uns hinlegen und versuchen zu schlafen.«

»Jeff!« säuselt Rachel. »Du bist so ein Drogenfaschist.« Aber sie geht zum Fernsehapparat und spielt Videospiele, während er und ich dasitzen und die Köpfe auf die Kissen legen.

In einen Herointran hinüberzudämmern sei das beste, erklärt mir Jeff. Du siehst alle möglichen Bilder an dir vorüberziehen. »Das ist der Punkt, an dem du die Augen schließt, ein bißchen träumst und anfängst, ›Kublai Kahn‹ zu schreiben, Emily. Dann kommt ein Fremder, unterbricht dich, und du kannst nicht aufhören zu schreiben.«

Wir liegen da. Rachel redet. Jeff sagt ihr, sie soll still sein. Dann redet er. Ich sage ihm, er soll still sein. Wir sind Achtjährige bei einer Schlummerparty. Sei still. Nein, sei du still. Ich döse ein bißchen. Meine Gedanken laufen in Farbe ab, sind aber nicht sonderlich tiefgründig. Hübsche Dinger in Matrosenanzügen bimmeln mit glänzenden Silberglöckchen und wälzen sich im grünen Gras. Kein Gedanke dauert länger als einen Moment. Sie sind auch nicht greifbar. Wenn ich versuche, ihnen näherzukommen, huschen sie davon, und wenn ich versuche, sie festzuhalten, zerfallen sie zu Staub.

Plötzlich ist es halb zwei nachts. Ich bin so müde, daß meine Augen sich nach hinten drehen, wenn ich spreche. Ich sehne mich nach meinem Zuhause, nach meinem eigenen Bett. Ich wünschte, es würde einfach um mich herum aus dem Boden wachsen, während ich hier sitze, aber es ist meilenweit entfernt. Meine Sachen. Ich muß meine Sachen zusammenpacken. Zum erstenmal seit Stunden stehe ich auf. Innerhalb von Sekunden überfällt mich die schrecklichste Übelkeit, die ich je erlebt habe. Ich ziehe mich wieder auf die Couch zurück. Unmittelbar nachdem ich wieder sitze, läßt die Übelkeit nach. Ich kann nirgendwohin gehen. Ich könnte nicht zum Aufzug gehen, ins Badezimmer oder zum Kühlschrank, und schon gar nicht in einem Taxi durch die Stadt fahren.

Jeff und Rachel tut es so leid; statt mich zu sich kommen zu lassen, hätten sie zu mir kommen sollen. Sie möchten, daß ich bei ihnen schlafe. Das wird lustig. Wir könnten morgens zusammen frühstücken. Sie haben ein Laken, das genau auf die Couch paßt. Ich bleibe still und bin nur froh, daß ich ihnen nicht das Bananenbrot auf den Sofatisch kotze.

Rachel macht das Bett unter mir. Jeff bietet mir einen Schlafanzug an, aber ich möchte lieber in meinen Kleidern schlafen, als den Versuch zu starten, mich auszuziehen. Sie stellen mir Wasser in greifbare Nähe und versprechen, mich rechtzeitig für mein Kunstseminar am nächsten Tag zu wecken. Ich habe mich in das bedürftige Kind meiner ängstlichen Vorahnungen verwandelt. Ich sauge ihre großzügige Hilfe auf, unfähig, mich auch nur allein zuzudecken. Ich möchte nicht nur, daß andere sich um meine Bedürfnisse kümmern, ich selbst kümmere mich nicht einmal um die grundlegendsten Dinge, zum einen, um der Übelkeit aus dem Weg zu gehen, zum anderen aber auch aus dem schlichten Wunsch heraus, still zu bleiben. Ich sinke auf das Kissen und tauche unter.

Heroin macht unbeweglich. Die Nebenwirkungen hindern den Konsumenten daran zu funktionieren, aber die Droge bewirkt auch, daß diese Unbeweglichkeit angenehm und sogar als etwas erscheint, das man kultivieren sollte. Welcher Idiot will schon essen, tanzen oder Sex haben, wenn wir doch alle ganz still dasitzen können? Der Körper hört auf, eine Lustquelle zu sein, außer wenn er in Stagnation verharrt. Der Geist arbeitet weiter wie gewohnt, nur etwas glanzvoller und farbiger, da er annimmt, in der üblichen Dialektik von Geist und Körper die Oberhand gewonnen zu haben. Der Körper ist nicht betäubt, aber zur Vermeidung von Unbehagen so lahmgelegt, daß seine Bedürfnisse und Lüste vergessen sind. Es ist fast, als genieße der Geist, daß sein Gegenstück auf eine triefende Pfütze reduziert ist, und nutze eine Phase, die frei ist von den üblichen Zwängen, sich zu bewegen, zu urinieren oder sich zu strecken. Darin liegt der Zusammenhang zwischen den fantastischen Visionen Coleridges und dem traurig aussehenden Teenager auf der Straße oder der bleichen Rothaarigen, die ihre Katze nirgendwo unterbringen kann. Ein Körper an der Schmerzgrenze und ein Geist, den das nicht kümmert.

Sensorische Deprivation

Ich habe den Eindruck, den Körper zu fliehen müsse bedeuten, *in* den Geist zu fliehen oder vielleicht auch in die Seele. Das Problem ist nur, daß ich mich auf die ein oder andere Weise auf meinen Körper zurückgeworfen fühle, ganz gleich, wie ich meinen Bewußtseinszustand ändere. Heroin bietet dem Konsumenten ein Gefühl der Loslösung vom Körper, während es ihn gleichzeitig durch Übelkeit und Müdigkeit versklavt. Schlafentzug wirkt ganz ähnlich: Er entfremdet mich von meinen körperlichen Bedürfnissen und stürzt mich in eine Feindseligkeit gegen diesen Körper, der mir Streiche spielt. Cocktails zu trinken rückt körperliche Lust in den Vordergrund: In der sicheren, sanktionierten Umgebung einer Bar oder des Wohnzimmers weckt ihr Geschmack, ihr Geruch und das Klirren von Eis ein akutes Bewußtsein für Sinneseindrücke. Kann man dem Körper nicht entrinnen?

Sensorische Deprivation, auch als sensorische Reduktion bezeichnet, zielt darauf ab, die Stimulation durch die Sinnesreize, die der Körper normalerweise empfängt, auszuschalten. Der Geist, der soweit wie möglich von den Einschränkungen des Körpers losgelöst ist, erlangt eine neue Dominanz und gerät, übersättigt von Macht, außer Kontrolle. Menschen werden besonders anfällig für Suggestion, ihr Zeitgefühl ändert sich radikal, sie entwickeln ungewöhnliche Schlafrhythmen und halluzinieren häufig. Die Reduktion der Sinnesreize läßt sich in abgedunkelten, schalltoten Räumen erzielen, durch starke Einschränkung der Ernährung, Brillen, die das Licht streuen, Handschuhe, die die Bewegung einschränken, oder durch Isolationstanks. Der Körper taucht dabei in einen Tank, der mit körperwarmem, stark salzhaltigem Wasser gefüllt ist, in dem er mühelos schweben kann. Das Gefühl für Berührung fällt einfach von einem ab. In Isolationstanks zu schweben ist die einzige Form sensorischer Deprivation, die auch zu Erholungszwecken genutzt wird. Es gibt eine kleine Gemeinde von Anhängern – und eine ausgeprägte soziale Vorstellung von Tankerlebnissen, die zu dem tatsächlichen Vorgang etwas in Widerspruch steht.

Die Vorstellung, die Menschen in Amerika von Isolationstanks – oder Schwebetanks, wie sie auch genannt werden – haben, ist geprägt von Ken Russels Film *Der Höllentrip* von 1980. Die erste Einstellung des Films zeigt William Hurt in der Rolle des Jessup mit verzerrtem Gesicht, das vom Licht blau gefärbt ist. Zwei Glasschichten entstellen unseren Blick: Das Fenster des Isolationstanks und ein schwerer Taucherhelm, der Jessups Kopf umgibt. Als die Kamera zurückfährt, sehen wir den ganzen Tank: ein hochkant stehender Quader, in dem Jessup aufrecht schwebt. Er trägt eine Taucherbrille und hat kreuz und quer Kabel über dem Gesicht. Wir hören seinen rauhen Atem und das Geräusch der Geräte, die seine Körperreaktionen aufzeichnen. Eine Stimme aus dem Off erklärt, daß einige von Jessups Studenten bei solchen Taucherfahrungen Halluzinationen hatten. Er selbst probiert den Tank zum erstenmal aus. Als Jessup auftaucht, berichtet er: »Ich habe wie wild halluziniert. Eine Vielzahl von Traumzuständen, mystischen Zuständen, viele religiöse Allegorien, meist aus der Offenbarung.« Auch den Tod seines Vaters hat er durchlebt. Er war fünf Stunden lang unter Wasser.

Später injiziert Jessup sich eine Pilzlösung, die er aus Mexiko mitgebracht hat, und experimentiert mit einem Tank anderer Art. Es ist eine Art Sarg, der mit Salzkristallen überzogen ist und im Untergeschoß eines Labors der Harvard University steht. In diesem Behälter kehrt Jessup zu seinem ursprünglichsten Wesen zurück. Der enge, abgeschlossene Raum fördert eine innere Reise durch seine mentale und emotionale Geschichte, die sich letztlich körperlich umsetzt. Er erlebt eine körperliche Regression auf eine frühere Form der Menschheit, eine frühere Stufe der Evolution. Dieses primitive Wesen ist kompakter als der anämisch wirkende Wissenschaftler aus gutem Hause, den Hurt spielt; es ist klein, muskulös und dicht behaart. Der Tank hat eine Kompression des Wesens, das in ihm saß, hervorgerufen und es auf seinen Kern reduziert.

Beide Isolationstanks in *Der Höllentrip* würden bei jedem normalen Menschen Klaustrophobie und Angst auslösen. Der erste steht in der antiseptischen Umgebung eines Krankenhauses. Der zweite ist nur über verliesartige Kellergänge zu erreichen, wie man sie aus blutrünstigen Horrorfilmen kennt. Jessup steckt entweder in einem schweren Glashelm und atmet gefilterte Luft oder ist in einen Sarg gesperrt. Kein Wunder, daß er schrumpft, sich auf die kleinere Muskulatur des primitiven Menschen reduziert und sich später in einem Rückfall auf die sensorische Deprivation zusammenrollt wie ein verstümmelt wirkender Embryo. Seine Tanks könnten entweder ein Ersatz für den Mutterleib oder ein Grabersatz sein. Er ist *von Sinnen,* und zwar buchstäblich im Zustand sensorischer Deprivation und im übertragenen Sinne, da er verrückt wird.

In einer Episode der britischen Fernsehserie *Absolutely Fabulous* steigt das tablettensüchtige, neurotische Starflittchen Edina in ihrem Badezimmer in den »Isotank«. Aus Angst vor Entspannung, so scheint es zumindest, hat sie ihr Handy und ihre beste Freundin, das Biest Patsy, mitgebracht. Die Episode, in der Edina viele rumänische Babys adoptiert und ihre Tochter bittet, sie zu einer wissenschaftlichen Präsentation einzuladen, stellt sich als reine Halluzination heraus, die Edina erlebt hat, als sie in den Tank getaucht war. Sie war nur dreißig Sekunden in dem aus Los Angeles importierten weißen Tank. Er hat eine Aufschrift, die an die Lackierung von Surfbrettern erinnert, und Edina schwebt in einem leuchtend bunten Taucheranzug darin. »So einen hat hier niemand«, brüstet sie sich.

»Ich habe gehört, Fergie hat einen«, erwidert Patsy.

»Nein!« Edina ist schockiert. »O Gott! Ich muß sofort versuchen, ihn loszuwerden!«

Absolutely Fabulous zeigt den Isolationstank als ein lächerlich starkes Halluzinogen. Edina hat so viel Angst vor dem, was passieren könnte, daß sie sich mit dem Telefon von dem Erlebnis ablenkt und darauf besteht, daß Patsy die Tür angelehnt läßt, als sie hinausgeht. Edinas modischer Taucheranzug und das Surfbrettlogo auf der Kunststofftür des Tanks erinnern eher an den Geschwindigkeitsrausch, dem kalifornische Wellenreiter nachjagen, als an eine abgeklärte New-Age-Meditation, und am Ende ist die Halluzination so stark, daß Edina Schwierigkeiten hat, sie von der Realität zu unterscheiden.

Das Medienimage des Isolationstanks ist von der frühen Forschung über sensorische Deprivation geprägt. Um 1954 experimentierte ein Wissenschaftler namens John Lilly mit Isolationstanks. Lilly, ein Mediziner, der in der ersten Hälfte seiner beruflichen Laufbahn die Sprache der Delphine erforschte, wollte ursprünglich herausfinden, in welchem Zustand sich das Gehirn befindet, wenn man die Stimulation von außen auf ein Minimum reduziert. Er entwickelte das Modell für die heutigen Tanks, insbesondere die Verwendung körperwarmen Salzwassers. Lilly war in erster Linie an den Auswirkungen von LSD in Verbindung mit der Isolation in einem Tank interessiert und stellte ab 1964 unter Drogeneinfluß Schwebeversuche an. Diesen Experimenten folgten ein kurzer Flirt mit der Hypnose, die Verabreichung von LSD an Delphine, die Lehren einer chilenischen Mystik und ein kurzes Koma. Abschließend kam er zu dem Ergebnis, daß das Eintauchen unter Wasser es einem Menschen (unter LSD-Einfluß) ermöglicht, den Geist vom Körper zu trennen und die Existenz Hunderter anderer Seinszustände zu erkennen, darunter auch Traumreisen in andere Welten und Kontakte mit Außerirdischen.

Eine weitere Versuchsreihe zu sensorischer Deprivation und Halluzinationen wurde an der McGill University in Montreal durchgeführt. Teilweise sollten diese Tests Wissenschaftlern zum Verständnis jener Phänomene verhelfen, die Gefangene in Isolationshaft, ans Bett gefesselte Krankenhauspatienten und Menschen erleben, die an isolierten, monotonen Orten arbeiten: in polaren Wetterstationen, Atom-U-Booten, Raumschiffen. In solchen Situationen haben Menschen manchmal bizarre Halluzinationen und Sinnestäuschungen. Frühe Forschungen richteten sich auch auf die Erforschung von Techniken der Gehirnwäsche, obwohl Wissenschaftler später behaupteten, es gebe so gut wie keinen Zusammenhang zwischen reduzierten Sinnesreizen und geistiger Kontrolle. Die Wissenschaftler an der McGill University stellten Experimente mit einem dämmrigen, relativ schalldichten Raum an. Die Versuchspersonen trugen Taucherbrillen, die zwar Licht durchließen, aber keine strukturierte Sicht ermöglichten. Fast alle halluzinierten wie verrückt, und zwar nicht nur die schwebenden geometrischen Formen und Lichtblitze eines zwielichtigen Visionärs, sondern vollständige alternative Realitäten. Bei einem dieser Experimente sah die Versuchsperson ein Miniaturraumschiff so realistisch Kugeln abschießen, daß sie beim Kontakt Schmerz verursachten.

Eine Reduzierung der Sinnesreize führt jedoch nicht immer zu Halluzinationen. So schlossen Wissenschaftler in Princeton hundert junge Männer nacheinander vier Tage lang in einem dunklen, schallisolierten Raum ein. Man forderte sie auf, still zu liegen. Die Wissenschaftler nahmen verschiedene kleine Veränderungen der Umgebung vor – in der Hoffnung, ähnliche Halluzinationen auszulösen, wie sie an der McGill University erzielt wurden. Sie gaben weißes Rauschen oder ab und an schwache Lichtblitze in den Raum. Ohne Erfolg. Die Princeton-Studenten zeigten keinerlei Neigung zu Bewußtseinsänderungen. Anscheinend bedurfte es ganz spezifischer Bedingungen. Manche Wissenschaftler hielten Angst, gefördert durch die Bedingungen der Isolation, für eine wichtige Vorbedingung von Halluzinationen. Andere nahmen an, daß ein Eintauchen in Wasser eher Halluzinationen auslöse als die Isolation in einer Kammer. Ein dritter Faktor könnte die Zeitspanne sein, die man unter sensorischer Deprivation verbringt.

Ich neige zu der Ansicht, daß der dominierende Faktor in dem Maß an Kontrolle liegt, das die Versuchsperson zu haben oder nicht zu haben meint. Ebenso wie beim Schlafentzug kann man auch in einem Isolationstank die Bewußtseinsänderung von einem Moment auf den anderen beenden. Man muß dazu lediglich aus dem Wasser steigen. Bei Bewußtseinsänderungen, die man durch Rituale erreicht, wie Cocktails zu trinken, einen Joint herumzureichen oder bei einem Konzert LSD zu schlucken, erzeugt der soziale Kontext ein Gefühl von Sicherheit und Gemeinschaftserlebnis. Es existiert eine externe Kontrolle (das etablierte Ritual oder die Gegenwart anderer), die den Beteiligten die Sicherheit gibt, ihre Selbstkontrolle aufzugeben und sich der neuen Stimmung hinzugeben.

Vielleicht bot die klinische Umgebung der Isolationsexperimente nicht genug – oder zuviel – des Guten. Vielleicht hatten die Versuchspersonen zuviel Kontrolle. Man hatte es ihnen in ihrem antiseptischen Mutterleib so gemütlich gemacht, ihnen so viele Versicherungen gegeben – daß sie jederzeit heraus konnten, wenn sie es nötig fanden, und essen konnten, wann sie wollten –, daß es unmöglich zu Halluzinationen und einer Kompression des Ich kommen konnte, wie Jessup sie erlebt hatte. Freundliche, ethische Versuchsleiter beteuerten ihnen, sie könnten auf Verlangen heraus und man würde sich um ihr Wohlbefinden küm-

mern, und damit waren sie genau das Gegenteil jener Kriegsgefangenen und verrückten Leuchtturmwärter, die ursprünglich den Anstoß zu diesen Forschungen gegeben hatten. Vielleicht hatten die Versuchspersonen auch nicht genug Kontrolle. Sie waren ohne Zeitgefühl in ihrer Isolation gefangen, während mächtige Vertreter der Medizin ihre Erfahrungen erzwangen und beaufsichtigten. Das Gefühl, unter Aufsicht zu stehen, könnte Halluzinationen ernstlich verhindern: Wie jeder weiß, der ziemlich schnell wieder nüchtern wurde, wenn die Eltern nach Hause kamen, können Bewußtseinsänderungen recht schnell verschwinden, sobald man mit Autoritätspersonen konfrontiert ist.
Damit ein Mensch ohne künstliche Stimulantien oder chemische Fehlfunktion des Gehirns halluziniert, bedarf es meiner Ansicht nach eines gewissen – allerdings höchst begrenzten – Maßes an Kontrolle über seinen Körper und die Umgebung, in der er sich befindet. Selbst bei künstlichen Stimulantien bewirkt das Maß an Kontrolle, das die Umgebung über einen Menschen hat, einen radikalen Unterschied in der Art der Reaktion auf die Substanz. Allein zu trinken ist etwas anderes, als in der Öffentlichkeit zu trinken, und auch die Art der Öffentlichkeit, in der man sich befindet, macht viel aus. Die Frage ist also, in welcher Art von Umgebung ich mich befinde, wenn ich mich einer sensorischen Deprivation unterziehe. Wie wirkt sie sich auf mich aus, und bietet sie mir die Möglichkeit, meinem Körper zu entfliehen, wie es keine andere Bewußtseinsänderung bisher vermocht hat?

Ein bartloser Weihnachtsmann im Hawaiihemd begrüßt mich und führt mich in einen kleinen Raum. Es gibt eine Dusche, einen Kassettenrecorder, einen Stapel Handtücher und eine Schale mit Ohrstöpseln. In einer Wand der Duschkabine ist eine etwa 1,20 Meter hohe Tür. »Sind Sie schon mal geschwebt, Emily?« erkundigt er sich.

»Noch nie.«
Der Weihnachtsmann tritt in die Duschkabine und öffnet die Tür. Dampf, vermengt mit Salzgeruch, quillt heraus. Dahinter liegt ein Raum von etwa 90 Zentimetern Breite und 2,40 Metern Länge, der hoch genug ist, um darin zu stehen. Faulig wirkendes Wasser bedeckt den Boden. Kleine Bläschen überziehen die Wasseroberfläche. Es sieht schleimig aus. »Zwanzig Zentimeter Wassertiefe...« steht auf einem Schild. »450 kg Epsomer Bittersalze garantieren eine sterile, keimfreie Lösung...«
Ich bin mir nicht so sicher.
»Die Tür hat einen Magnetverschluß, Sie können sie also ganz leicht öffnen«, erklärt mein Gastgeber. Er zeigt mir zwei dicke weiße Knöpfe unmittelbar über der Wasseroberfläche. Mit einem schaltet man den Kassettenrecorder ein, mit dem anderen das Licht. Blaßlila Glühbirnen glimmen an der Decke. Der Weihnachtsmann erklärt, ich solle vor und nach dem Schweben ausgiebig duschen, und schaltet die Heizstrahler über der Dusche ein. Wir leuchten orange. »Das Wasser trägt sehr gut«, sagt er. »Aber oft glauben die Leute nicht, daß ihr Kopf schwimmt. Der ganze Körper ist entspannt, aber die Nackenmuskulatur verspannt sich bei dem Versuch, den Kopf hochzuhalten.« Er zeigt mir, wie ich meine Hände hinter den Kopf legen soll, bis mein Nacken sich entspannt, und dann die Arme seitlich an den Körper führen muß. »Sie können die Hände ausstrecken, bis Sie die Seiten des Tanks berühren, und dann die Arme ein bißchen einziehen«, erklärt er. »So haben Sie eine Orientierung.« Sobald meine Stunde abgelaufen ist, wird er an die Wand klopfen.
Ich steige hinein. Anfangs dringt Licht durch den Türspalt, aber nach ein oder zwei Minuten schaltet sich der Heizstrahler aus, und ich liege im Dunkeln. Es ist still. Ich habe die Musik nicht eingeschaltet. Ich möchte allein sein mit meinem Geist, wenn ich den Grenzen meines Körpers entfliehe.
Ich treibe wie ein Stück Styropor im Wasser. Meine Glieder

bestehen nur aus Schaum und Luftbläschen. Aber die Ohrstöpsel jucken. Es kommt mir vor, als steckten sie in unterschiedlichen Winkeln in meinen Ohren. Und überall, wo ich mich morgens rasiert habe – an Unterschenkeln und Unterarmen –, reagiert die Haut mit Giftalarm auf das Salzwasser. Die verhängnisvolle Bitterkeit des Toten Meeres und die klaustrophobische Mormonenmoral des großen Salzsees sickern in meine offenen Poren und dringen mit stechendem Schmerz in meine wunde Haut. Als ich den Kopf anhebe, um in der Dunkelheit nach meinen Füßen zu schauen, trieft mir das bittere Wasser aus den Haaren in Augen und Mundwinkel. Die Augen brennen. Ich schließe sie fest und lasse sie tränen. Mein Atem ist so laut, daß er mich ablenkt. Während meine Arme und Beine in eine dumpfe Abwesenheit aus meinem Bewußtsein abtauchen, bleiben Füße und Hände seltsam präsent. Immer wieder stoßen sie gegen die Wände des Tanks und erinnern mich, daß ich keineswegs in einer sternklaren Nacht meilenweit über der Erde auf einer Wolke schwebe, sondern nackt in einer Fiberglaskammer irgendwo in Manhattan liege. Es scheint unmöglich, den Beschränkungen meines Körpers zu entfliehen.

Nach einer Weile, die mir vorkommt wie zwanzig Minuten, dringen mir plötzlich Geräusche aus dem Gebäude um mich her ins Bewußtsein: Schritte auf Treppen, rätselhaftes dumpfes Pochen und Stoßen aus dem Massageraum. Keine Stimmen, nur vage Geräusche durch das Wasser. Nicht viel später klopft mein rosiger Weihnachtsmann an die Wand. Meine Stunde ist um.

Die Schwebekammer, die ich benutzt habe, war allem Anschein nach dafür konzipiert, die mentale Kompression und Regression zu eliminieren, wie die grabähnlichen Schrecken jener Tanks sie begünstigten, die Jessup in *Der Höllentrip* benutzte. Zudem förderte die Umgebung keineswegs die modischen Halluzinationen, in denen die Beruhigungsmittel schluckenden Serienheldinnen von *Absolutely Fabulous* schwelgten. Vielmehr blieb ich angstfrei und hatte das Erlebnis bequem unter Kontrolle. Ich schloß mich nicht ein. Ohne weiteres hätte ich aufrecht stehen können, wenn ich gewollt hätte. Mir stand eine Bandbreite von Möglichkeiten offen (Licht, Musik, Ohrstöpsel), und ich hatte Anweisungen (zur Entspannung der Nackenmuskulatur und Armhaltung), die mir das Gefühl ermöglichten, meine Umgebung und meine Lage in ihr zu bestimmen, statt mich der desorientierten Klaustrophobie hinzugeben, die die alten Tanks produziert hätten. Das Schwebebad förderte Entspannung und spirituelles Bewußtsein.

Auf der Suche nach einer stärkeren, besseren Gehirnwäsche, als mein sanftes Schwebebad es mir bot, erkundigte ich mich bei dem Weihnachtsmann, ob es in der Umgebung von New York auch traditionellere Isolationstanks gebe. Er sagte mir, früher habe es einige Einrichtungen gegeben, die jeweils verschiedene Tanks anboten, innerhalb der letzten zehn Jahre hätten sie aber alle geschlossen. Es bestehe offenbar kein Interesse mehr daran. Ich schlug im Branchenbuch unter den Stichwörtern »Schweben«, »Isolation« und »sensorisch« nach, aber ohne Erfolg. Vielleicht brauchen die Menschen in New York keine Hilfsmittel, um von Sinnen zu sein.

Als nächstes rief ich Samuel Brandon an, einen Millionär, der Kraftfahrzeugteile verkauft und ein aufstrebender spiritueller Heiler ist. Vermutlich hält er den Weltrekord im Schweben in Isolationstanks; seit 1978 tut er es fast täglich. Wie er mir erklärt, ist der Tank »die beste Droge, von der man je abhängig werden kann«. Samuel wuchs mit seinen sieben Geschwistern in einem Haus mit einem Badezimmer und einem »verrückten Arsch« von Vater auf und kämpfte später in Vietnam. Einer seiner Brüder starb an Agent Orange. Nach dem Krieg fuhr Samuel mit 265 Dollar in der Tasche nach Westen und machte sich daran, sich ein neues Leben aufzubauen. Er wurde Guru, war high, bekam Darmspülungen, fastete und fing mit Schwebebädern an.

Der erste Tank, den Samuel kaufte, war aus schwarzem Kunststoff und sah aus wie ein Sarg. Er stellte ihn in seine Garage, aber er leckte, und bei kaltem Wetter fror die Pumpe ein, also kaufte er später ein neueres Modell und baute seine Garage in einen Meditationsraum mit holzverkleideten Wänden und Kissen um. Anfangs ging er in den Isolationstank, wenn er abends aus dem Büro kam. Er mußte es nach der Arbeit tun, denn »nachher fühlte ich mich wie ein Marshmellow und hätte nicht mehr arbeiten gehen können. Mit der Zeit habe ich festgestellt, daß es doch besser ist, es morgens zu machen. Es umgibt meine Nerven mit einer Schutzschicht... Wenn der Mist im Geschäft losgeht, habe ich das Gefühl, damit fertig werden zu können.«

Als Samuel anfing, den Tank zu benutzen, brauchte er etwa vierzig Minuten, bis er eine Bewußtseinsänderung erzielte, aber mit der Zeit schaffte er es in etwa fünf Minuten. An diesem Punkt versuchte er allmählich, ein Out-of-body-Erlebnis zu haben. Fünfzehn Jahre lang versuchte er es tagtäglich, aber ohne Erfolg. »Ich rief die aufgestiegenen Meister und Engel und das Licht an, mich zu beschützen, und verankerte meine unteren Chakras am Boden für den Fall, daß ich meinen Körper verlassen sollte... Ich versuchte alle möglichen Verfahren, und schließlich klappte es.« Er flog über den Tank und schaute darauf hinunter. Er schwebte durch seinen Garten und sogar über die Stadt. Das wiederholte er ein Jahr lang jeden Tag. »Mein Ziel war, zum Haus meiner Mutter nach Dayton oder nach Ägypten zu fliegen.«

Eines Tages fuhr Samuel nach Aspen und hörte dort einen Redner, der erklärte, man solle nicht nach einer Out-of-Body-Erfahrung streben, sondern sich auf Reisen nach innen konzentrieren. Sofort gab Samuel sein fünfzehn Jahre währendes Interesse auf, seinen Körper zu verlassen, und begann seinen Blick auf die Landschaft in seinem Inneren zu wenden. Dabei arbeitete er intensiv mit einer brasilianischen Mystikerin namens Shoshana zusammen, die als Medium eines gewissen Dr. Q. diente. Durch

Shoshana fing er an, sich für Schall zu interessieren. Er besuchte einen Workshop, bei dem er in eine Schallkammer kam, erbaut von einem Mann, der als Medium Kontakt zu König Salomon hatte. Wie Samuel mir erzählte, geht diese Kammer »auf das Verjüngungszentrum in Atlantis zurück« – er nahm an, daß ich es kennen müßte –, »das mit einer Kombination von Gasen, vor allem Ziongas, alle Krankheiten heilte und Menschen zu einem längeren Leben verhalf.« Bei diesem Seminar hatte Samuel das Gefühl, alle Leute, denen er dort begegnete, bereits aus seinem früheren Leben in Atlantis und im antiken Ägypten zu kennen. Sie waren zusammengekommen, um an der »Neuerfindung des Verjüngungszentrums auf diesem Planeten« beteiligt zu sein. Einer der Männer, die er dort kennenlernte, ein Jamaikaner, der seit zehn oder zwölf Jahren regelmäßig Schwebebäder in einem Isolationstank nahm, erklärte, er habe ein enormes medizinisches Wissen erworben, indem er sich in seinem Tank Kassettenaufnahmen angehört habe, insbesondere eine von John Lilly.

Samuels Verwendung des Isolationstanks änderte sich radikal, als er anfing, Schallreize einzubeziehen. Er hatte sich fast als Analphabet durch die Schulzeit gepfuscht und benutzt nun den Tank als Lernhilfe. Im Alter von 45 Jahren ist er gerade dabei, seinen zweiten Roman zu lesen. »Es hat mir dabei geholfen, lesen zu lernen. All diese großen Worte, und ich verstehe, was sie bedeuten!« In seinem Isolationstank hört er nicht nur Unterrichts- und Inspirationskassetten, sondern konzentriert sich zudem bei Musik auf sein Inneres. In den letzten vier Monaten hat ihm seine neue Orientierung auf akustische Reize zu massiven spirituellen Durchbrüchen verholfen. Zur Zeit arbeitet er mit Shoshana daran, ein Heiler zu werden und bis zum Jahr 2000 das Verjüngungszentrum zu entwickeln.

Ich bezweifle, ob Samuel seine Erfahrungen im Isolationstank als »Halluzinationen« bezeichnen würde, wie es wohl viele täten. Aber er hat in seinem Leben einiges an Pot geraucht und findet

mein weltliches Interesse an Halluzinationen und Loslösung von meinem Körper offenbar berechtigt. Er rät mir zu Geduld und täglicher Übung. Zudem empfiehlt er mir dringend, akustische Reize einzubeziehen. »Ich habe in den letzten vier Monaten mit den Bändern im Tank mehr gelernt als je zuvor.«
Überall suche ich nach der John-Lilly-Aufnahme, kann sie aber nicht finden und gehe also mit leeren Händen wieder in das Bad. Über die New-Age-Musik, die der Weihnachtsmann mir gibt, bin ich alles andere als begeistert. Sie erinnert mich an die Aufzüge im Marriott, aber ich versuche es dennoch. Als ich im Dunkeln liege, dringt die Musik mit überraschender Klarheit durch das Wasser, trillert, zischt und beschwört insgesamt einen ganzen Regenwald voller Engel herauf, die mit unangenehmer Aufrichtigkeit singen. Ich versuche, bei dieser Musik zu entspannen, und allmählich merke ich, daß ich die schwächeren Stimulationen durch Berührung, Geruch und Geschmack vergesse, die mich beim erstenmal so abgelenkt haben. Meine Aufmerksamkeit richtet sich ausschließlich auf meinen Hörsinn. Mein Körper tritt in den Hintergrund, vor allem weil ich das Geräusch meines eigenen Atems nicht mehr höre. Ich habe nicht mehr das Gefühl zu schweben. Ich spüre mich überhaupt nicht mehr. Aber die Musik widerstrebt mir wie Glasur, die für meinen Geschmack viel zu süß ist. Meine Augen sind in der Dunkelheit offen, könnten aber ebensogut geschlossen sein. Heute habe ich keine Visionen. Als das Band nach der Hälfte meiner Badezeit zu Ende geht, bin ich erleichtert.
Ich beschließe, es noch einmal zu versuchen, und gehe mit der Musik in das Bad, die nach meinem Dafürhalten am ehesten Halluzinationen auslösen dürfte. Die Wahl fällt schwer: Pink Floyd? Nina Hagen? Beethoven? Ich habe gehört, John Lennon soll Isolationstanks ausprobiert haben. Vielleicht wäre die Platte cool, auf der John und Yoko Ono Sex haben. Ich möchte etwas ohne die beruhigenden Chimes spiritueller Sphärenmusik: etwas, das mit den Säuren des Wahnsinns durchtränkt ist, etwas,

das mich auf einen Trip bringt. Ich entscheide mich für *Use Your Illusion* von Guns N'Roses. Das ist das Doppelalbum mit dem Videoclip, in dem Axl Rose nackt analysiert wird und Fantasien hat, wie er mit Delphinen im Meer schwimmt und lebendig begraben wird – die perfekte Szenerie für meine Suche nach einer Bewußtseinsänderung. John Lillys Delphine, gruselige Mutterleibgräber und ähnliches. Auf der Hülle klebt als Rat für Eltern ein Sticker mit einer Warnung vor freizügigen Texten.
Guns N' Roses schafft eine gewisse aggressive Teenageratmosphäre, die meinen Geist herumwirbeln läßt wie eine Schickse in einer Schlammgrube, während mein Körper sich entspannt. Doch das einzige, was passiert, als ich in der Dunkelheit die Augen öffne, ist, daß ich ein paar Lichtblitze sehe. Das passiert ja wohl jedem, wenn er die Lider fest zukneift, oder jeder Achtjährigen, die am Nachthimmel nach fliegenden Untertassen Ausschau hält. Die Decke wirkt viel niedriger als bei Licht, aber das unterscheidet sich auch nicht sonderlich von dem sicheren Gefühl, eine Mauer vor sich zu haben, wenn man eine Weile mit geschlossenen Augen geht. An einem gewissen Punkt wird Axl Rose wirklich irritierend, und ich muß ihn abschalten. Ich liege nur da, entspannt und ein bißchen gelangweilt. Die Lichtblitze schweben träge dahin und machen nicht viel. Verdammt. Soll das alles sein, was an einem natürlichen Gefühl des Highseins dran ist?
Ich ziehe Drogen in Erwägung, entscheide mich aber dagegen. Sie würden das zunichte machen, was für mich an Halluzinationen in einem Isolationstank am faszinierendsten ist. Mit dem Einsatz von Musik habe ich das Projekt, wie es mir vorschwebt, schon zum Teil gesprengt – nämlich die Idee, daß ein Mangel an Sinnesreizen die Sinnesorgane veranlassen kann, sich wirbelnd um sich selbst zu drehen und sich in einer Art Masturbation der Augen und Ohren selbst zu erregen. Ich jage diesem Moment körperlicher Reaktion auf die Deprivation nach, jenem Augenblick, in dem meine Augen anfangen, es mit meinem Geist zu

treiben. Oder mein Geist anfängt, es mit meinen Augen zu treiben. Die Halluzinationen, die man aus einem kleinen Streifen Löschpapier saugt oder mit dem dicken Rauch der Wasserpfeife einatmet, erscheinen mir nicht so fesselnd. Ich weiß, was sie ausgelöst hat: eine chemische Reaktion in mir, eine Droge, die durch meine Adern rast. Die Experimente eines Jessup oder eines John Lilly gefallen mir weniger als die Studien, bei denen Menschen Bewußtseinsänderungen lediglich dadurch erzielten, daß sie im Grunde einer extremen Langeweile ausgeliefert waren. Es wäre faszinierend, an den Embryo des Wahnsinns in meiner Psyche heranzukommen, zuzusehen, wie die Verbindung zwischen Körper und Geist sichtbar wird, aus erster Hand zu erleben, welche Streiche das Gehirn sich selbst auch ohne Unterstützung durch eine kontrollierte Substanz zu spielen vermag.

In einem Buch hieß es, Bewußtseinsänderungen stellten sich unter sensorischer Deprivation nur allmählich ein, weil die erste Reaktion auf Reizreduzierung in einer erhöhten Aufmerksamkeit für Körperempfindungen und Umgebungsmerkmale bestehe. Und Samuel brauchte fünfzehn Jahre für seine erste Out-of-body-Erfahrung. Ich denke, ich sollte es noch nicht aufgeben.

Beim nächstenmal ist der Weihnachtsmann nicht da. Ein Mädchen mit hoch aufgetürmtem Haar und runzeliger Haut kassiert gerade bei einer sehr großen Frau, die offenbar eine Darmspülung bekommen hat. Sie erörtern ausführlich, welche Gemüsesäfte die Frau trinken sollte, um die Reinigung ihres Verdauungssystems zu unterstützen. Sich auf diese Weise den Hintern ausspülen zu lassen ist vermutlich ein größerer Trip als sensorische Deprivation es je sein kann, aber ich denke, daß ich diese Erfahrung trotzdem auslassen werde.

Das runzelige Mädchen bringt mich in den Tank. Ich bin fest entschlossen, mich diesmal von all den lästigen Ablenkungen freizumachen, die meine Wahnvorstellungen verhindern könnten. Ich reibe mir Vaseline rund um die Augen, um sie zu schützen, und stecke mir die Ohrstöpsel ganz tief in die Ohren. Ich habe daran gedacht, mich nicht zu rasieren. Ich lege mich in den Tank und versuche abzuschalten, aber schon bald merke ich, daß das Violettlicht nicht richtig funktioniert. Von einer der Birnen kommt ein blaßgrünes Leuchten. Ich versuche, das Licht auszuschalten, an und wieder aus, aber nichts passiert. Als ich das Leuchten anstarre, bewegt es sich leicht. Bilde ich mir das ein?

Kurze Zeit später schlummert mein Körper ein. Er entspannt sich nicht nur, sondern zuckt, wie Leute es tun, wenn sie einnikken, nur daß ich wach bin und es merke. Nach einer Weile, die mir wie zehn Minuten vorkommt, gebe ich einen Laut von mir. Es geschieht völlig unwillkürlich, wie im Schlaf, wenn man einen unheimlichen Traum hat. Nur schlafe ich durchaus nicht. Ich liege da, mache mir Gedanken über das grüne Licht, frage mich, ob es wohl real ist, und überlege, was wohl in einem Menschen vorgeht, wenn er sich entschließt, es nur zum Spaß mit einer Darmtherapie zu versuchen. Mein Körper, der schläft, löst sich von meinem Gehirn, das nicht schläft. Ich habe den Eindruck, daß es etwas völlig anderes ist als Meditation, bei der der Körper sich entspannt und der Geist klar und friedvoll wird. Das hier ist eher wie eine gewaltsame Stillegung des Körpers, die den Geist keineswegs zwangsläufig entspannt. Vielmehr ist der Geist mit etwas beschäftigt, das dem Träumen nur einen Schritt näher ist als das alltägliche Denken.

Meine Lektüre über Isolationstanks hat mir klargemacht, wie schmal der Grat zwischen Erleuchtung und Wahnsinn ist; das gilt auch für den Grat zwischen Langeweile und Meditation. Die Offenbarungen, die Samuel erlebt hat, sind fast nicht von einem wohltuenden Wahnsinn zu unterscheiden, zumindest sehe ich das so. John Lillys Arbeit verknüpfte LSD-Trips mit spirituellem Wachstum – war er ein Drogensüchtiger oder ein Visionär? Vermutlich beides. Während ich ohne Sicht in einer Pfütze aus warmer Salzlösung liege, treibe ich vielleicht auf der

Grenzlinie, die den einsamen Trucker, der durch die Nacht fährt, von dem Mystiker trennt, der mit gekreuzten Beinen in einer Berghöhle hockt. Das ist die Grenze, die die LSD-Süchtige, die sich auf ihrer Liege im Irrenhaus wälzt, vom zutiefst gelangweilten U-Boot-Kommandanten trennt, der einen Riesentintenfisch sieht, oder auch vom Dalai Lama. Was ist der Geist, der sich aus Mangel an Stimulation vom Körper löst? Ob ich es wohl je herausfinden werde?

O blumer Tag.[3] Ich habe tatsächlich eine Art Halluzination! Das Problem ist nur, daß sie extrem blöd ist. Gefallen würde mir eine Vision von mageren, nackten alten Männern, die auf schneebedeckten Berggipfeln herumhüpfen und die Grenzen ihrer zerbrechlichen Körper überschreiten; eine paranoide Wahnvorstellung, die mir plötzlich die Stellen offenbart, an denen die Gedankenpolizei ihre Abhöranlagen versteckt; die monströse seibernde Gestalt von Carol Channing, die in weißem Satin durch eine Bar in Las Vegas hopst; eine wilde Motorrollerjagd, vorbeiflitzendes Neon, ein Zeitlupenfilm unserer Techno-Kultur; eine dürre Wüste, schmerzende Glieder, eitrig von Lepra, eine Mahnung an den unausweichlichen Verfall des Körpers.

Und das bekomme ich: ein paar Skizzen in dünnen Linien über mir in der Luft, ein paar Häuser, eine Art Smiley-face, ein paar Striche. Alle sind fröhlich wie aus einer Werbung für Leihbibliotheken oder Gesundheitsversorgung für Familien. Das soll alles sein, was mein Unterbewußtsein ausmacht? Das soll mein Embryo des Wahnsinns sein? Wenn das alles ist, was in mir steckt, ist es lächerlich fade. Der Gedanke ist erschreckend, daß mein Hirn auf den Mangel äußerer Reize reagiert, indem es etwas produziert, was *Schoolhouse Rock* sehr nahekommt. Wie kommt es, daß Samuel zum Haus seiner Mutter in Dayton

---

3 Zitat aus einem Unsinnsgedicht über den Zipferlaken in Lewis Carroll, *Alice im Wunderland. Hinter den Spiegeln.* (Anm. d. Übers.)

fliegt, ein Student der McGill University mit Miniaturkugeln beschossen wird und John Lilly tatsächlich Gott begegnet, aber ich nur Cartoons sehe – und nicht einmal sonderlich gute?
Eine mögliche Antwort lautet: Da der meditative Zustand, den man durch sensorische Deprivation erreicht, fast nicht von extremer Langeweile zu unterscheiden ist, sind die Visionen, die das Gehirn in dieser Zeit produziert, ein notwendiger Stimulus. Da dem Körper alles ferngehalten wird – akustische und optische Reize, Gerüche, Berührungen –, muß das Gehirn entscheiden, welches von zahlreichen Bedürfnissen das grundlegendste ist, und dann versuchen, es zu stillen. Samuel stellte eine Verbindung zu seinem Zuhause her: seinem Garten, seiner Stadt und seiner Mutter. Lilly stellte eine Verbindung zum Göttlichen her. Der arme Student der McGill University war vermutlich insgeheim ein Flagellant, dessen im tiefsten Inneren schlummerndes Bedürfnis durch den Schmerz der Kugeln befriedigt wurde. Wenn ich zu einer kindlichen Vision zurückgekehrt bin und mit fröhlicher Zuversicht Häuser und Gesichter gezeichnet habe, so entsprach diese Schlichtheit wohl dem, was ich am dringendsten brauchte.
Eine andere Möglichkeit ist, daß ich instinktiv auf gesellschaftlich anerkannte Symbole der Sicherheit zurückgriff, als ich mich von den behaglichen, vertrauten Grenzen meines Körpers löste. Ohne die Gesellschaft anderer, die die Cocktailstunde zum Fest erhebt und meine Heroinerfahrung zu einem verbindenden Erlebnis machte, fühlte ich mich allein. Die blitzsaubere Atmosphäre des Badezentrums sanktionierte meine Schwebeerfahrung auf die gleiche Weise, wie eine anerkannte Einrichtung wie meine Kneipe um die Ecke das Trinken sanktioniert oder gegenkulturelle Institutionen wie Drogentreffs, Cheech-und-Chong-Filme oder der Dealer auf dem Fahrrad, der an der Schule Koks verkauft, Drogenkonsum sanktionieren. Doch als ich tatsächlich anfing, die Grenzen zu überschreiten, die das Badezentrum errichtet hatte, und wirklich die Verbindung zu meinem Körper

zu verlieren begann, erschien mir das Schweben keineswegs mehr sicher: Es kam mir vielmehr so fremd und unkontrolliert vor wie die wirbelnde Welt des Schlafentzugs. Es mag sein, daß mein Geist mir die Sicherheit verschaffte, die ich brauchte. Vielleicht gab es aber noch eine dritte Möglichkeit: Die fröhlichen Gesichter und Lebkuchenhäuser meiner Halluzination könnten auch das Produkt der sozialen Einrichtung des Badezentrums gewesen sein, wo jeder sauber und zufrieden ist und niemand Gott oder dem Teufel in der Dunkelheit des Isolationstanks begegnet.

Dekoration

Farbtupfer

Als ich neunzehn war und noch die Vorstellung hatte, es wäre gut, meine Unschuld loszuwerden, arbeitete ich einen Sommer lang bei einer Frau namens Rebecca in einem Laden für Modeschmuck. Sie war sanft und großzügig und kam mir mit ihren 34 Jahren sehr alt vor. An den Wochenenden arbeitete sie als Masseuse und sprach mit der beschwichtigenden Künstlichkeit, die die Erbringer von New-Age-Dienstleistungen auszeichnet. Ich hing meist herum und las Romane von Charlotte Brontë, während sie Perlen sortierte und mit Lieferanten telefonierte. Eines Morgens kam ein Mann mit seiner Frau in den Laden – er hatte die stämmige Figur eines Hafenarbeiters, sie war eine füllige Blondine mit einem Baby auf dem Arm, das eifrig an einem rosa Gummiigel nuckelte. Auf dem roten, fleischigen Oberarm des Mannes prangte eine Tätowierung, die nach Jahren in der Sonne zu einem kaum noch lesbaren blauen Fleck verblaßt war: SUSAN. Sie kauften mehrere Säckchen Perlen, die seine Frau mit einem Scheck bezahlte. Ihr Name war Joan.

»Die Tätowierung von dem Burschen war grauenhaft«, knurrte Rebecca, als sie zur Tür hinausgingen. Ich rechnete mit einem Vortrag über das Sakrileg bleibender Körperveränderungen. Dornige Rosen auf den Brüsten von Motorradfahrerinnen, die in freizügigen Magazinen gezeigt wurden, verschwommene Anker auf den Unterarmen ehemaliger Seeleute – die Tätowierungen, die ich bislang gesehen hatte, stellten allesamt Verstöße gegen die fürsorgliche Einstellung dar, die Rebecca ihrem Körper entgegenbrachte. Allein schon der Vorgang erschien mir schlimm – dunkle Tinte und scharfe Nadeln, ein fetter Mann mit fleckig blauen Armen, der Blut vom pickeligen Rücken eines Jungen wischt, kurzrasiertes Haar und Freunde, die im Wartezimmer Bier trinken. Welche drei Merkmale haben Massenmörder gemeinsam? Sie sind weiß, männlich und tätowiert. Rebecca war genau das Gegenteil von allem, was ich mit Tätowierungen verband; sie war der Inbegriff bequemer Schuhe, fleischloser Ernährung, koffeinfreier Getränke und süßlich duftender Massagen.

Aber sie überraschte mich: »Eine Tätowierung kann deine Seele an die Oberfläche bringen«, erklärte sie so leise, daß die Kunden sie nicht hören konnten. »Sie sollte bewirken, daß dein Körper deine Seele widerspiegelt.«

»Hast du eine?« fragte ich sie. Wir verschwanden hinter dem Vorhang zum Lagerraum, und Rebecca hob ihr Kleid hoch. Ein Phönix in flammendem Rotorange und Violett prangte auf ihrem Leib. Der im Profil gezeigte Kopf befand sich unter einer Brust, die Schwingen reichten bis hinauf auf ihre Schultern und über den gesamten Bauch. Die Schwanzfedern verschwanden unter einer unförmigen Unterhose und endeten auf einem Oberschenkel.

Dieser Phönix verwandelte Rebecca von einer unscheinbaren Frau, die allein mit einer Katze und sechs Paar Birkenstock-Sandalen lebte, in eine rätselhafte Person, die sich willentlich Schmerzen aussetzte und geheime Momente der Zurschaustellung genoß. Sie hatte ihren Körper als Ort definiert, den es zu schmücken, ja zu feiern galt. Es machte sie nicht schön. Keineswegs. Vielmehr machte es sie auf eine Weise sichtbar, die ich nie für möglich gehalten hätte.

Einige Monate später lebte ich zum erstenmal in meinem Leben allein in New York City und fing an zu zeichnen. Ich lernte fotografieren und las alles von Jane Austen. Ich hatte nicht viele Freunde, und abends spät schwelgte ich in Träumen von einem intensiveren Leben. Ich hatte gewisse Vorstellungen, Greenwich Village gerecht zu werden. Es gibt ein Selbstporträt von mir, auf dem meine Hände mit Kugelschreiberstrichen bedeckt sind. Kreuz und quer über meine Finger laufen Linien, und auf meinen Knöcheln schwimmen traurig dreinblickende Fische. Ich trage falsche Fingernägel und rauche eine Zigarette. Ich habe das Vollmondgesicht einer Neunzehnjährigen, die kaum über Alcotts Jungmädchenbuch *Kleine Frauen* hinausgewachsen ist, aber meine Hände wirken seltsam wild und künstlich. Auch meinen Rumpf bemalte ich damals mit falschen Tätowierungen, blauen Linien, die sich um meine Taille schlängelten. Eine Tätowierung, so dachte ich, würde mir Tiefgründigkeit verleihen, die ich dringend nötig hatte. Sie wäre ein Beweis für etwas, für Erfahrung. Im Fernsehen hatte ich einen unheimlichen Mann namens Spider Webb gesehen, der das Gesicht tätowiert hatte. Seine Telefonnummer war auf der Rückseite der Zeitschrift *The Village Voice* zu finden. Vielleicht sollte ich mich von ihm tätowieren lassen.

Mittlerweile sind zehn Jahre vergangen, und ich habe immer noch keine Tätowierung. Statt dessen habe ich Lippenstifte. Jede Menge, und ich benutze sie täglich. Mein Lippenstift in seinem kleinen phallischen Röhrchen kommt auf Befehl nach oben und verschwindet wieder, wie ich es will. Er begleitet mich überall hin, er ist immer in meiner Tasche. Ebenso wie Männer sich an die Hose fassen, um sich zu vergewissern, daß ihre Ausrüstung an Ort und Stelle ist, klopfe ich mir auf die Jeans, um mich zu vergewissern, daß mein Röhrchen Desire da ist. So heißt er wirklich. Wenn ich ihn nicht in der Tasche habe, fühle ich mich unvorbereitet. Wie ein Kondom ist er eine Hülle für meine sexuellsten Körperteile. Ohne ihn würde ich zu keiner Verabredung gehen. Ihn bei sich zu tragen ist ein Zeichen von Erwachsensein, aber ich nehme ihn natürlich in der Öffentlichkeit nicht heraus. Ich schmücke mich mit ihm in der Abgeschiedenheit der Restauranttoilette und komme gerüstet wieder zum Vorschein.

Vor Desire war meine Lieblingsfarbe Media. Sie war praktisch schwarz, fast ledrig. Jetzt ist sie aus der Mode gekommen, und die Namen, die in der obersten Schublade meiner Kommode herumrollen, sind weniger offenkundig. Sanfte, fröhliche Namen wie Cherries Jubilee oder Spicy Rose erwecken den Eindruck, als dächten wir an Früchte und Blumen, wenn wir die Aufmerksamkeit auf unsere Lippen lenken. Ha! Nennen wir sie doch so, wie es ihrer wahren Bedeutung entspricht: Koitusrot, Bloody Valentine, Teurer Bordeaux, Vampirhafte Sexgöttin, Ehebrecherische Glut, Haifischbiß. Namen, die erkennen lassen, daß der Mund blutig ist von rohem Fleisch oder Mord oder daß frau skrupellos in ihrem Appetit auf Wein und Sex geschwelgt hat – denn beim Lippenstift geht es um raubtierhaften Konsum auf dem Markt und auf dem Körper. Ich brauche zusätzlich immer noch einen weiteren, eine Mattierung, ein Gloss, eine hellere oder dunklere, blassere oder kräftigere Version meines üblichen Farbtons. Mit einem komme ich nie aus. Ich brauche einen für meine Handtasche, einen für meine Jackentasche, einen fürs Badezimmer und einen fürs Büro. Mindestens. Und da ich sie so viel mit mir herumtrage, gehen sie verloren: Tawny Lust rollt im Kino unter den Sitz. Scarlet Indiscretion erliegt einem ungeschickten Taschendieb. Der Hund frißt große Teile von Steak Tartare. Mein Lieblingslippenstift, Manischewitz, ging auf der Toilette einer Bar in Lansing, Michigan, verloren. Ich muß mehr kaufen. Der Konsumprozeß ist wieder in Gang gebracht.

Meine Freundin Roxy stiehlt ihre Lippenstifte in der Drogerie. Sie muß an die Hundert haben. Wie sie erklärt, hat sie *Der Mythos Schönheit* gelesen und ist zu dem Schluß gekommen, die wahre Unterdrückung der Frauen durch das Patriarchat liege darin, daß wir zuviel für Kosmetika bezahlen.

Rote Lippen erfordern ständige Wartung. Frauen lutschen den Lippenstift beim Essen ab, küssen ihn ab, tupfen ihn mit der Serviette ab, nutzen ihn beim Sprechen ab. Also legen wir neuen

Lippenstift auf. Wir konsumieren ihn buchstäblich, indem wir ihn von unseren Lippen lecken. Er schmeckt chemisch, wächsern. Wenn wir alt werden, blutet der Lippenstift in die Falten um unseren Mund und läßt die körperlichen Entstellungen offensichtlich werden, die das Alter prägen, wenn die Schritte unsicherer werden und der Körper die Spuren seiner Lebensführung erkennen läßt. Alte Damen mit haufenweise halb verbrauchten Röhrchen im Badezimmer sammeln Lippenstifte wie vergangene Lieben – als Würze, die sie einst genossen haben. Jede Farbe mag nur eine vorübergehende Spur gezeichnet haben, aber sie kann sie nicht wegwerfen. Die derzeitigen Farbtöne sickern mit etwas mehr Dauerhaftigkeit in rissige alte Lippen.

Auf der Suche nach dem perfekten Lippenstift schlendere ich durch die glitzernde Kosmetikabteilung eines großen Kaufhauses. Eine Clique junger Mädchen schiebt sich von einem Stand zum nächsten. An dem Tisch neben mir probieren sie Lipgloss aus.

»Der gefällt mir, ich mag blasse Farben«, sagt die Anführerin. Sie schmiert sich zwei Farbstriche auf den Handrücken und zeigt sie ihrer Freundin. »Welche ist besser?«

»Für deinen Teint die da«, erklärt die Freundin und deutet auf einen der Striche.

»Iihh!« kreischt die Anführerin. »Die ist ja widerlich. Bin ich so häßlich? Gott, bist du gemein!«

Als ich durch ein glitzerndes Regal mit öligen Farbtönen schaue, begegne ich im Spiegel dem Blick einer großen, sommersprossigen Frau, die sich kürzlich erst Unmengen Kollagen hat in die Lippen spritzen lassen. Sie sehen aus, als würden sie gleich platzen, besonders die obere. Sie ist sehr hübsch, und ihr Kleid zeigt viel Brust. Ihre Schuhe sind billig.

»Wollen Sie noch einen Lippenstift?« fragt die Verkäuferin nasal und wendet sich desinteressiert ab.

»Jaa«, antwortet die Kundin mit leicht herausforderndem Unterton, als wolle sie sagen: *Na und wenn schon?* An ihrem schleppenden Tonfall höre ich, daß sie aus Kalifornien kommt. Sie beugt sich zu mir und flüstert: »Ich hasse es, hier einzukaufen. Die Leute sind so unfreundlich. Sie helfen einem kein bißchen.«

»Erst wenn man seine Kreditkarte zückt«, pflichte ich ihr bei.

»Sie sind immer so gemein«, fährt sie fort und schmiert sich eine bräunliche Farbe auf ihre geschwollenen Lippen. »Als ich das letztemal hier war, hat eine von denen mich zum Weinen gebracht.«

»Was ist denn passiert?«

»Das war bei Shiseido«, erklärt sie. »Und die Frau war so gemein! Ich war völlig geschafft von der Arbeit und so. Ich sage Ihnen, bei Shiseido kaufe ich nie wieder.«

Zwei Indianerinnen in Strickjacken drängen sich zwischen uns, um an das Regal zu kommen. Wie ich sind sie auf der Suche nach einer Phantomfarbe, nach jenem Rot, das ihnen vorschwebt, das sie aber nicht finden können. Eine von ihnen macht sich Notizen auf einer Karteikarte und beklagt sich bei ihrer Begleiterin über ihren Pekinesen, der einen ganz neuen Lippenstift von ihr zerkaut hat. »Warum hat er das denn gemacht?« fragt ihre Begleiterin.

»Er riecht gut«, biete ich als Erklärung an.

»O nein«, sagt die Besitzerin des Pekinesen. »Ich glaube nicht, daß es der Geruch war. Ich denke, das Röhrchen hat ihn an eins der Tablettenröhrchen erinnert, die er so mag.«

»Schauen Sie sich den an«, kreischt die Collagenfrau. »Der sieht ja aus, als hätte ich mich übergeben!« Ich frage mich, ob sie wohl eine Prostituierte ist und die Verkäuferinnen deshalb so unfreundlich zu ihr sind.

Lippenstift bringt mich, eine Studentin in College-Sweatshirt, mit diesem Vielleicht-Call-Girl und der Vorstadtindianerin zusammen, die ihre Drogen auf Rezept bekommt. Wir haben eine winzige, frivole Passion gemeinsam. Anstelle des Labellos, der auf den Lippen der Siebtkläßlerinnen auf der Rollschuhbahn glänzte, sind nun dunkel klaffende Wunden in Erwachsenenfarben getreten, aber das eigentliche Wesen der Kosmetik bleibt das gleiche. Wir Frauen verschwinden auf Parties gemeinsam auf der Toilette und tauschen durch Lippen, auf denen dick die gleichen Farbpigmente prangen, unsere Geheimnisse aus. Lippenstift ist eine Bestätigung sexueller Potenz. Lippenstifte sind Sammlerstücke, die frau horten muß, weil sie die Farbe ständig neu auftragen muß. Im feuchten Moment seiner Benutzung verschmilzt der sich ewig fortsetzende Konsum mit flüchtigen erotischen Gelüsten.

Lippenstift ist für mich ein so ausgesprochen feminines Accessoire, ein Aushängeschild gemeinsamer Weiblichkeit, daß ich überrascht bin, als ich zwei Männern begegne, die sie für sich selbst kaufen. Ein blasser, weißer Europäer in Jeans probiert einen Lippenstift aus, ohne ihn vorher, wie Amerikaner es tun, mit einem Tuch abzuwischen, um sich vor Krankheitserregern zu schützen. Eine kleine Amerikanerin asiatischer Abstammung, die einen Angorapullover trägt, hilft ihm. Sie hat die Augenbrauen rasiert und einen Lidschatten in Dottergelb aufgetragen. Der Europäer ist ziemlich unsicher, und sie versucht, ihn zu einem farblosen Gloss zu überreden. Sein Englisch ist nicht sonderlich gut, aber ich merke, daß er einen farbigen Lippenstift haben möchte.

Einen Stand weiter hilft ein ledrigbrauner Verkäufer, der viel Augen-Make-up und ein Namensschild mit der Aufschrift MONTANA trägt, einem großen, adrett gekleideten Mann im Nadelstreifenanzug. Montana ist eifrig beschäftigt, den Verkauf von zwei glitzernden Lidschatten zu quittieren. Der adrette Mann ist rundlich, hat lange Fingernägel und einen gepflegten Schnurrbart. Er fragt nach farblich passenden Lippenstiften und zeigt mir eine Hand voller purpurfarbener Kosmetikaproben. »Ich weiß nicht, ob das nicht aussieht, als hätte jemand einen schweren Unfall gehabt«, kichert er. Ich lächele ihn an. Ist er ein

Transvestit? Ob er sich dann den Schnurrbart abrasiert? Oder schminkt er sich allein zu Hause? Oder für jemand besonderen?

»Ich brauche ihn für heute abend«, ruft er Montana zu, der sich auf die Suche nach einem etwas weniger gewaltsamen Farbton gemacht hat. Als er zurückkommt, reicht der adrette Mann ihm seine Kreditkarte.

Eine Frau mit erschreckend dramatischem Aussehen, deren Vorliebe für Kosmetik fast ihre Menschlichkeit verdeckt, lockt mich an einen anderen Stand. Ihre schweren Wimpern sind dick verklebt und viel dunkler als ihre fast nicht vorhandenen Brauen. Sie trägt einen schwarzen Lippenstift, der in der Mitte ihrer Unterlippe von einem Tupfen Rost aufgehellt wird. Sie muß an die Siebzig sein und trägt ihr rotbraun gefärbtes Haar straff aus dem Gesicht gekämmt und zu einem riesigen Knoten aufgesteckt, der sie nach hinten zu reißen droht. Sie möchte mich schminken. Ich bringe eine Entschuldigung vor und ergreife erleichtert die Flucht, als könne der Makel ihrer Sehnsucht nach einer verlorenen Jugend auf mich abfärben. Das Gesicht der Frau verriet eine peinliche Einfalt, die den Kern meiner schlimmsten Befürchtungen vor der Benutzung von Make-up bildet. Vermutlich hatte sie ein völlig anderes Bild von sich als das, das ich wahrnahm. Ihre Leichtgläubigkeit macht das Wesen von Wimperntusche aus.

Wer Wimperntusche benutzt, ist gläubig. Die Frauen glauben, die Wimpern in der Werbung seien echt. Sie vertrauen darauf, daß der komplexe Vorgang, sie aufzutragen, natürlich wirke, obwohl dick aufgetragene Wimperntusche zu den auffälligsten Kosmetika gehört. Die weit geöffneten Augen vermitteln den Eindruck von Jugendlichkeit und charmanter Dummheit. Als ich in der Junior Highschool war, erklärte eine Make-up-Expertin in der Zeitschrift *Seventeen,* auf schwarze Wimperntusche oben und unten könne frau von allen Kosmetika am wenigsten verzichten. Ich nahm das als Evangelium.

Der vertrauensvolle, unerschrockene Blick mit Wimperntusche war das große Verdienst von Twiggy, das es ihr ermöglichte, eine Ära zu verkörpern, in der Nacktstrände und freie Liebe für den blauäugigen Glauben der Menschen an eine universelle Einheit standen. Dieser Blick besitzt einen wahrhaft überzeugten, nicht korrumpierbaren Optimismus, der letztlich als Ziel hinter Tammy Faye Bakkers schweren Wimpern stand. Wie hätten diese offenen Augen etwas Böses im Schilde führen können? Es ist das »Oh-Mr.Grant«-Gesicht, an dem Mary Tyler Moore nicht mehr festhalten kann, seit ihre Jahre die mädchenhafte Unschuld Lügen strafen, die ihre Wimperntusche aufrechtzuerhalten versucht. Es ist das Gesicht, an dem Bette Davis als Baby Jane festzuhalten suchte, jener engelhafte Kinderstar, aus dem eine verkommene Säuferin wurde.

Vielleicht macht gerade dieser offensichtliche Glaube an das, was Make-up für eine Frau tun kann, mir ein so unbehagliches Gefühl angesichts der fast surrealen Exzesse eifriger Benutzerinnen von Wimperntusche. Offenbar haben sie die Kontrolle über ihr Aussehen verloren, schämen sich für ihre verlorene Unschuld und vertrauen darauf, daß sie eine Illusion erzeugen, wo sie sich doch nur zum Narren machen.

Wenn es bei Wimperntusche um Leichtgläubigkeit und beim Lippenstift um die Freude am Konsum und Sich-Schmücken geht, dann geht es bei Nagellack um Verweigerung. Um Ablehnung. Um Macht. Um Selbstdisziplin. Die Frau mit den langen, schön lackierten Fingernägeln sagt der Welt: »Ich tippe nicht. Ich spüle kein Geschirr. Ich treibe keinen Sex mit den Fingern. Ich arbeite nicht im Garten. Ich wechsele keine Windeln. Ich putze mir nicht die Nase. Verdammt, ich wähle nicht einmal eine Telefonnummer.« Selbst wenn sie all diese Dinge mit ihren zwei Zoll langen Krallen tut, sieht es nicht so aus, als ob sie es könnte. Denn sobald sie all dies macht, muß ihr Nagellack abspringen oder sie muß jemandem das Fleisch zerkratzen.

Der makellos scharlachrote Glanz zeugt sowohl von der Verweigerung traditioneller Frauenarbeiten wie Saubermachen und Tippen als auch von Distanz zu den handfesteren Aspekten eines menschlichen Körpers voller Flüssigkeiten und Ausscheidungsprodukten. Die Frau mit derart perfekten Nägeln hat die Hände, die bei Arbeiten und Körperkontakt schmutzig werden könnten, in Dekorationsobjekte verwandelt, die kaum eine Funktion haben – also in traditionelle Symbole der Weiblichkeit. Lange Fingernägel sind ein Widerspruch in sich. Sie betonen die Weiblichkeit und verleugnen zugleich die Beteiligung an jenen Aktivitäten, die man mit Frauen assoziiert. Die Frau mit makellos gepflegten Händen lebt auf einem Podest – oder sie gehört zum Topmanagement und hat so viel Macht, daß sie sich um Hausarbeit, Windeln und Tipparbeiten nicht kümmern muß. Sie hat eine Haushälterin, ein Kindermädchen und eine Sekretärin oder zumindest einen gehorsamen Ehemann. Ihre Hände verkünden ihre Freiheit von derart unterbezahlten, geringgeschätzten Arbeiten. Barbara Streisand ist berühmt für ihre Fingernägel. Imelda Marcos ebenfalls.

Vier der vierzehn Kunden, die am vergangenen Wochenende das Nagelstudio bei mir um die Ecke besuchten, waren Männer. Zwei waren große, gutaussehende Brüder auf dem Weg zu einer Familienfeier. Einer war ein weißer Büroangestellter im Anzug und einer ein hünenhafter Landarbeitertyp (ich schwöre bei Gott) mit militärischem Haarschnitt. Warum gingen sie dorthin? Vielleicht hatten ihre Mamis ihnen nie beigebracht, sich ihre Nägel selbst zu schneiden? Vielleicht suchen sie ebenso wie die Männer am Stand für Lippenstifte jene kleinen Vergnügungen, in denen so viele Frauen tagtäglich schwelgen. Möglicherweise wollen sie sich aber auch Zugang zu jener Stärke verschaffen, die eine manikürte Hand vermittelt, zu jener ursprünglichen Macht fernab von der rauhen Wirklichkeit der Handarbeit und dem tagtäglichen Schmutz körperlicher Existenz.

Die Damen, die im Nagelstudio arbeiten, wissen über die

Bedeutung der Fingernägel Bescheid, obwohl ihre eigenen Nägel kurz und von Chemikalien gelb gefärbt sind. Sie kichern über meine abgeknabberten Nagelstummel und sagen freundlich: »Klarlack, nicht wahr?« Sie erkennen sofort, daß ich nie zur Fingernagelelite gehören werde. Meine Nägel verleugnen nichts, sondern verraten all meine Sünden – schmutzig, zerkaut. Es ist zum Heulen.

Ich verlange rosa Nagellack, nur einen ganz blassen, aber meine Handpflegerin will ihn mir nicht zugestehen. Sie überredet mich zu einem fast klaren Lack und versichert mir, der passe besser. Es gibt Regeln für die Schönheit von Fingernägeln, die ich nicht begreife. Ich lasse ihr ihren Willen. Als ich gehe, sehen meine Nägel fantastisch aus, kleine Perlen der Sauberkeit. Drei Tage später sind sie nur noch ein einziger Hilferuf. Farbton Nummer 14 blättert an den Rändern ab, von mehreren Duschen und einem Becken voller Abwasch angelöst. Der Niednagel an meinem Daumen ist aus seiner vorübergehenden Verbannung zurückgekehrt, und einen Nagel hatte ich schon mehrere Schichten weit abgeknabbert, bevor ich den Nagellack schmeckte und aufhörte. Meine Verleugnung ist nicht sonderlich effektiv, schätze ich. Meine schlechten Gewohnheiten und meine Hausarbeit wollen heraus.

Wenn ein Mensch Make-up trägt, tritt er in einen Dialog mit allgemein verbreiteten Vorstellungen über Weiblichkeit. Das gilt für die Dreizehnjährige mit Mamas altem blauen Lidschatten ebenso wie für die Angestellte, die hinter geschlossener Bürotür Rouge aufträgt. Es gilt für den Mann, der nervös am Kosmetikstand steht, und für die Ballerina, die ihre Augen für die Vorstellung als sterbender Schwan schminkt. Make-up ist eine Art der Selbstdekoration, mit der man sich leicht wohlfühlen kann, weil es im Gegensatz zur Tätowierung einem Geist entspricht, der sich seiner selbst nicht sicher ist. Es ist seinem Wesen nach vergänglich. Jeden Tag kann man es anders auftragen, und trotz aller Behauptungen, daß es haltbar sei, läßt es sich jederzeit mit einem Tuch abwischen. In der Regel hilft Make-up uns, die gesellschaftlichen Rollen klar auseinanderzuhalten. Männer tragen es nur, wenn sie die Konvention in Frage stellen. Frauen tragen es. Indem ich mir das Gesicht schminke, bringe ich mich aktiv besser mit der Konvention in Einklang, was eine Frau hier und heute ist.

Ich schminke mir das Gesicht nur innerhalb gewisser unausgesprochener Grenzen und nur auf eine Weise, die seine angeblich natürlichen Eigenschaften unterstreicht: rosige Wangen, rote Lippen, umschattete Lider, dicke Wimpern. Lippenstift ist fast nie blau. Augenbrauen sind fast nie rot. Menschen in unserer Kultur malen sich selten gegenständliche Zeichnungen oder auch nur dekorative Zeichen ins Gesicht. Gesellschaftlich akzeptables Make-up versteht sich als Hervorhebung, nicht als eigenes Kunstwerk, das den Körper als Leinwand nutzt.

Das waren die Dinge, die sich leicht über Make-up sagen lassen. Ich denke, sie entsprechen der Wahrheit, aber es passiert noch etwas anderes, wenn Menschen Make-up tragen. Etwas Spielerisches, das zur Erklärung beitragen könnte, weshalb ich die beiden Männer am Lippenstiftstand gesehen habe. Etwas, das mit Sex zu tun hat und über die Art hinausreicht, in der wir unsere Weiblichkeit oder Männlichkeit konstruieren. Etwas, das mit der Neuerfindung des Ich zu tun hat, mit der Freiheit, ein wandelbares Aussehen zu besitzen. Mit Produkten und Einkaufserlebnissen, mit dem sinnlichen Vergnügen an schimmernden Fläschchen und Tiegeln mit Gloss und glitzernden Pudern. Mit Künstlichkeit und Kunst, mit der Herausforderung, die Grenzen der *Verschönerung* zu überschreiten, um den Körper als Ort der *Dekoration* zu feiern. Jene Neuerfindung des Ich, die durch Make-up möglich wird, geht mit einer intensiven Lust einher, und das ist alles andere als trivial.

Make-up ist ein Mittel, mit dem wir auf dem Weg über unser Äußeres die Landschaften unseres Inneren verschämt oder stolz zur Schau stellen und gestalten. Es ist voller Bedeutungen, die wir jederzeit außer Kraft setzen oder entsprechend unseren Vorstellungen verändern können. Es ist sündig und abweichend. Es ist normal, notwendig für gesellschaftliche Anerkennung. Es ist offenkundig. Es ist geheimnisvoll. Die Lust liegt in der Illusion, daß es nicht vorhanden und nicht nötig sei. Die Lust liegt in seiner Offenkundigkeit. Es ist sexuell attraktiv, weil es eine Täuschung darstellt. Aus dem gleichen Grund ist es sexuell abstoßend. Und weil es vorübergehend ist, löst Make-up nur flüchtig jene Scham oder jenen Stolz aus, die dauerhaftere oder stärkere Mittel dramatischer hervorrufen. Kleider. Frisuren. Operationen.

Kleidung

Verschüchtert stöbere ich im Fan Club in New York City die Ständer voller glitzernder Kleider durch. Die Stangen biegen sich unter der Last der Kleider, die von gescheiterten Broadway-Shows gestiftet wurden, glitzernde Hosenanzüge und blaßfarbene Wäsche, so zart, daß sie zerreißen würde, wenn man darin schlafen würde oder Sex hätte. Ein Mann mit einem roten Band am Revers hat meinen Mantel überprüft. Der größte Teil der Einnahmen geht an Vereinigungen, die gegen AIDS kämpfen. Die Kleider werden von Prominenten und Theaterproduzenten gestiftet. Die einzigen anderen Kunden sind im Augenblick ein grauhaariger Mann im Rollstuhl und seine Begleiterin, ein alterndes Mannequin. Das heißt, sie ist um die Dreißig. Offenbar braucht sie ein Kleid für eine Party.

Ich schaue mich suchend nach einer Umkleidekabine um, finde aber keine. Das macht allerdings nicht viel, da hier alles so fabelhaft aussieht, daß ich mich gar nicht traue, es vom Ständer zu nehmen. Ich glaube kaum, daß ich mich für rote Federn eigne. Und wo sollte ich dieses goldene Stretchkleid mit Rollkragen von 1976 tragen? Als ich schließlich ein hochgeschlossenes chi-

nesisches Kleid hochhalte, piepst eine Stimme hinter mir: »Möchten Sie es anprobieren?«
Die Verkäuferin ist um die fünfundsiebzig Jahre alt und nur gut 1,20 Meter groß. Ich drücke das Kleid an mich und folge ihr in eine Ecke des Ladens, die einige Bügelbretter als Bereich nur für Angestellte ausweisen. Ob das die gesuchte Umkleidekabine ist? Anscheinend. Ein Mann mit Schnurrbart lehnt an einem Kleiderständer und unterhält sich mit einer Näherin, die Änderungen sofort ausführt. Meine Verkäuferin führt mich zwischen zwei Regale und läßt mich allein.
»Soll ich Ihnen helfen?« erkundigt sich der Mann und beugt sich um das Regal, das uns trennt. Seine Stimme ist bemerkenswert frei von lasziven Untertönen. Ich lehne ab und weiche etwas zurück. Er verschwindet, aber noch immer können mich die Näherin und die anderen Kunden ohne weiteres sehen. Offenbar herrscht hier die Einstellung, daß die Kleider das eigentlich Wertvolle und die Körper, an denen sie hängen, eher beliebig sind. Ich ziehe meinen Pulli aus.
Das Kleid paßt nicht recht. Also, eigentlich sitzt es peinlich eng. Ich kann den seitlichen Reißverschluß nicht schließen, und die Nähte protestieren krachend, als ich sie über meine Hüften schiebe. Die Wahrheit ist, ich kriege es gar nicht erst an. Meine Verkäuferin kommt wieder. »Zu klein?« erkundigt sie sich mitfühlend. »Diese europäischen Größen fallen immer winzig aus.«
China ist nicht in Europa, aber ich sage nichts. Sie und ich setzen uns zwischen Berge von Kleidern, während sie die zahlreichen Knöpfe schließt, um das Kleid wieder zurückzuhängen. »Ich war Mannequin für Hüte«, erzählt sie mir. »Ich habe die kleinste Kopfgröße. Und einmal schickten sie Hüte aus Europa herüber und ich weiß nicht, ob sie sie wie ein Pillbox-Hütchen trugen oder nur seitlich auf dem Kopf oder was, jedenfalls paßten sie mir nicht. Sie saßen einfach obendrauf. Winzige Dinger.«
In diesem Laden wird eine Frau durchschnittlicher Größe wie

ich zu einer grobknochigen, gut genährten Amerikanerin, die sich ihrer breiten Schultern und fetten Hüften bewußt ist. Sie wird auch zur Konsumentin des Secondhand-Glamours anderer – im Bewußtsein, daß sie sich mit dem Leben einer anderen kostümiert. Ein hautenges Fransenkleid war vielleicht die Arbeitskleidung einer Ballettänzerin, die acht Vorstellungen in der Woche bei Tanzschritten schwitzte. Ein Wollmantel mit Pelzkragen hielt vielleicht eine Operndiva mehrere Winter lang in der Metropolitan Opera warm. Mein chinesisches Kleid hat vielleicht an einer gesetzten Dame der Gesellschaft Cocktailparties besucht und sie im Glanz des Orients gewiegt.

Alte Kleider machen mehr als neue die Konstruktion der Identität greifbar, die stattfindet, sobald wir uns anziehen. Das begann ich zu begreifen, als meine Großtante Lee mir den Inhalt ihres Schuhschranks per Post schickte. Als junge Frau hatte Tante Lee eng anliegende Kostümchen getragen und ihr Haar zu einem Krönchen hochfrisiert. Sie hatte in Europa und China gelebt, und wie die stark entstellte Familienlegende wissen will, war ihr Mann nach nur zweimonatiger Ehe die grandiose Treppe eines vornehmen Hotels hinuntergefallen. Danach rauchte sie stangenweise Zigaretten, nahm Zeichenunterricht und wurde dick. Sie hatte eine tiefe, sandige Stimme, die Krebs versprach. Als sie alt wurde, blieb sie im ersten Stock ihres Hauses in Georgetown im Bett liegen und las Krimis. In den Ferien besuchte ich sie, und einmal fragte sie mich bei dieser Gelegenheit, welche Schuhgröße ich habe. Acht.

Meine Antwort war ihr anscheinend eine Offenbarung. Ein paar Wochen später kam ein großes Paket von Tante Lee, in ihrer spillerigen Handschrift an mich adressiert. Es war voller Schuhe: Riemchenpumps, Sandalen mit Silberspangen, bestickte rosa Seidenschuhe, Krokodilleder. Gut ein Dutzend Paare, in Seidenpapier gewickelt. Alle hatten zehn Zentimeter hohe Absätze. Die Größe war hineingekritzelt: »8 aaaa, handgemacht.«

Als ich die Silbersandalen anzog, verwandelte ich mich in eine vornehme Dame. Männer führten mich in Nachtclubs aus und zündeten mir die Zigarette an. Ich hatte einen anderen Gang. Ich war groß, glamourös und schick. Außerdem taten mir höllisch die Füße weh, aber das war mir egal. Ich zog mein Lieblingskleid an, ein schwarzes Cocktailkleid, und tanzte zu Frank-Sinatra-Platten in der Wohnung herum. Ich fing an, diese Schuhe jeden Tag eine Weile zu tragen, und ließ mich vom Luxus handgemachter Schuhe verwöhnen, auch wenn sie für eine andere angefertigt worden waren.
Ich bekam schon Blasen, wenn ich nur in meiner Wohnung herumlief. Außer Haus hätte ich diese Schuhe gar nicht tragen können, weil meine Füße viel zu sehr schmerzten. In den hohen Absätzen konnte ich mich weder schnell bewegen, noch große Schritte machen. Manchmal zog ich sie nur an, um mich auf die Couch zu setzen und meine Füße anzuschauen, während ich einen Plausch am Telefon hielt.
Vor kurzem ist Tante Lee gestorben, verhutzelt lag sie in einem Pflegeheim, ohne zu wissen, wo sie war, wenn sie morgens aufwachte. Sie weigerte sich, das Bett zu verlassen. Weder für Besucher noch zu den Mahlzeiten oder zu besonderen Anlässen. Sie wollte nicht in einem Rollstuhl nach draußen gefahren werden, um die Frühlingsblumen zu sehen, die sie in jüngeren Jahren gezüchtet hatte. Obwohl sie körperlich dazu imstande gewesen wäre, konnte sie sich nicht aufsetzen. Wenn sie schon in diesem verkommenen Körper mit kranken Hüften, einem kranken Knie, verstopften Lungen und verwirrtem Geist gefangen sein mußte, würde sie nicht zulassen, daß andere die Illusion schufen, sie habe Spaß am Leben. Den hatte sie nämlich nicht mehr. Ich habe sie nicht mehr gesehen, bevor sie starb.
Jetzt bekomme ich noch mehr von Tane Lees Kleidern. Einen Wintermantel mit echtem Tigerfellkragen, den meine Mutter in ihrem Schrank aufbewahrt hat. Meine Oma gibt mir noch einen Kamelhaarmantel. »Ich kann ihre Kleider nicht tragen«,

sagt Oma. »Sie machen mich zu traurig. Nimm du ihn.« Sie schickt mir per Post ein schulterfreies Ballkleid.

Tante Sandy schickt mir ein Kostüm mit unzähligen Knöpfen vorn. »Für deine Vorstellungsgespräche«, schreibt sie. Aber eigentlich gibt sie es mir, weil es Lee gehört hat, und irgendwie bin ich in meiner Familie diejenige, die dazu ausersehen ist, diese Dinge zu bekommen, diese Relikte eines Lebens. Sie sind auf eine Weise getragen und voller Bedauern, wie es der Schmuck, den sie meiner Mutter hinterlassen hat, nicht ist. Das Kostüm paßt. Ich kannte Lee noch nicht, als sie so dünn war, aber vor langer Zeit muß sie es wohl gewesen sein. Es ist ein trauriges Kostüm, es erinnert an eine Figur, die mit den Jahren schlaff und unförmig wurde, an einen ehemals schlanken, lebendigen, modischen Körper, der später zum unbehaglichen Gefängnis und zum körperlichen Hemmschuh wurde.

Vielleicht schickte Tante Lee mir mit diesen handgemachten Pumps eine zwiespältige Botschaft. Sicher, sie waren glamouröse Erinnerungen an eine vergangene Epoche. Daß sie so viele verschiedene Paar Schuhe brauchte, für jede Gelegenheit ein anderes, machte mir den Unterschied zwischen ihrem und meinem Leben klar: Ihr Leben erforderte Kleider, die sinnlich und förmlich zugleich waren, während in meinem ein Paar Turnschuhe normalerweise ausreichen. Die eleganten Schuhe weckten in mir ein Gefühl für das Leben, das sie geführt hatte, bevor Alter und Krankheit ihre Füße anschwellen ließen und sie zwangen, praktischeres Schuhwerk zu tragen. Ich stelle mir ihre Ausflüge auf die Rennbahn vor, in ein kleines Café in Cannes, einen beschwipsten Tanzabend mit Marineoffizieren, eine Reihe förmlicher Dinnerparties, durchsetzt mit Zigaretten.

Das Leben in ihren Schuhen war aber auch unbequem. Ich denke, diese Pumps vermittelten Tante Lee ein Gefühl für die Beschränkungen, denen sie ausgesetzt war oder die sie sich selbst gesetzt hatte. In den zehn Zentimeter hohen Absätzen war ich zwar groß, konnte aber nur winzige Schrittchen machen. Meine

Füße sahen hübsch aus, aber die Schuhspitzen zwickten meine Zehen, obwohl die Schuhe perfekt paßten. Sie hatte diese Schuhe getragen, weil sie sich sexy fühlte, aber auch weil sie sich klein fand. Die Extravaganz, so viele handgemachte Paar Schuhe zu besitzen, erinnert mich daran, wie gern sie sich verwöhnte. Allerdings suchte sie sich einen Luxus aus, der ihre Bewegungsfähigkeit einschränkte und die meiste Zeit in einer Schachtel im Schrank lag.
Ich habe Tante Lees Kleider in den Secondhandshop meines Viertels gebracht, der die Einnahmen wohltätigen Zwecken zukommen läßt. Jedenfalls die meisten. Die Geschichte dieser Kleider und die Identität, die sie meinem Körper aufnötigen, ist zu gewichtig, zu einschränkend. Der Kamelhaarmantel, das schulterfreie Kleid, die Riemchenpumps – sie alle liegen jetzt in Haufen oder hängen auf spindeldürren Ständern, um sich von Schnäppchenjägern im Neonlicht begrapschen zu lassen. Ein trauriger Mann im Pullover gibt mir eine Quittung dafür. Der Laden riecht muffig wie Dosenananas. Es ist warm hier, und nur mit Mühe gelingt es mir, mich zwischen die übervollen Ständerreihen zu zwängen. In einer Ecke häufen sich Bücher. In einer anderen sammeln sich Kleider Prominenter aus glänzendem Acetat. Sie kosten etwa 15 Dollar das Stück.
Eine Kundin, an der ich vorbeigehe, eine respektable Erscheinung in schwarzer Jeans und mit schwerer Silberhalskette, riecht beunruhigend nach Shit. Ein Paar um die Vierzig stöbert die Wintermäntel durch. Sie probiert einen an. Sie unterhalten sich leise auf spanisch. Die Atmosphäre, die hier herrscht, erkennt die Nostalgie gebrauchter Kleider nicht an, wie es bei den grellen Federboas im Fan Club der Fall war. Auf den ersten Blick eignen sich die Kleider nicht für Fantasien. Es ist größtenteils praktische Kleidung: Sweatshirts und Wollhosen. Es sind Kleider, in denen man einkaufen geht, den Abfluß repariert, Besorgungen macht. Die Hochzeitskleider, die hoch oben an der Wand hängen, wirken traurig, als hätten sie ihren Glanz verbraucht. Ich

entdecke ein Kapuzen-Sweatshirt in verblichenem Blau mit einem Aufdruck von Coors Light. Es weckt Assoziationen an einen Dreizehnjährigen, der Mädchen belauert, sich in einem Sweatshirt mit Bierwerbung stark fühlt und auf einem leeren Platz Bälle herumkickt. Die Ärmel sind zu kurz, aber ich kaufe es trotzdem. Zwei Dollar.

Ich trage das Sweatshirt ständig; es ist alt und weich. Es erinnert mich an das Sweatshirt eines Freundes aus der Mittelschulzeit, als andere Mädchen Briefchen an Jungen schrieben, die halb so groß waren wie sie, und Witze über Zahnspangen machten, die sich verhaken könnten. Ich saß damals still hinten im Schulbus und staunte über ihre Vertrautheit mit dieser beängstigenden, Bluejeans tragenden Spezies. Ich liebte Stone Gossard, der mittlerweile in Pearl-Jam-Videos über die Fernsehbildschirme tobt; damals war er der King der achten Klasse, während ich in die siebte ging. Er wußte nicht einmal, daß es mich gab. Dieses Sweatshirt könnte seines sein. Vielleicht gehörte es ja auch dem blonden Jungen mit dem Muttermal im Gesicht, der im Kunstunterricht so nett zu mir war.

Die Kleider anderer Leute tragen ihre Geschichten in sich. Es ist zu spüren, daß sie von Geschichte durchtränkt sind. Sie zu tragen weckt Erinnerungen an Zeiten, die ich nie erlebt habe, an Abenteuer, die dem Vorbesitzer des Kleidungsstücks gehören. Sie erinnern mich, daß mein Körper nicht nur eine einzige, einfache Art hat zu sein oder auszusehen – vielmehr kann ich eine neue Silhouette, eine neue Identität annehmen, indem ich in Tante Lees Kostüm mit den vielen Knöpfen, Opas alten Rundhalspullover oder das Lieblingsjackett meines jüngeren Mannes schlüpfe.

Aus der Mode gekommene Schnitte, Farben oder Saumlängen empfinde ich fast als bedrohlich, so sehr verändern sie das Bild, das ich gewohnt bin, im Spiegel zu sehen. Am einfachsten ist das festzustellen, wenn man an Tournüren oder alte Gehröcke denkt, aber es gilt genauso für die übergroßen T-Shirts und

Neonfarben von Mitte der achtziger Jahre oder auch für die Karottenhosen meiner College-Zeit. Diese Kleider lassen meine Schenkel, meinen Teint anders wirken. Sie haben Proportionen, die nicht mehr zu dem Ich passen, das ich jeden Morgen konstruiere.

Ein kleiner Laden namens »O Mistress Mine« verkauft alte Kleider, Schmuck und Trödel. Der Schaufensterpuppe im Fenster fehlen ein paar Finger. Drinnen sitzt eine füllige Weiße in Polyester-Bluse hinter einer Vitrine mit Ohrklipsen. Ein blinzelnder Mann mit sandfarbenem Haar verkauft ihr alte Uhren, Broschen und Halsketten. Er hat drei Schachteln voller Modeschmuck. Der größte deutsche Schäferhund, den ich je gesehen habe, stürmt heran, um mich zu begrüßen. »Basil!« schreit die Frau. »Komm her. Du machst die Kundin nervös!« Aber Basil beschnüffelt mich weiter, während ich mich umsehe.

Ich bin auf der Suche nach einem umwerfenden Kleid. Ich bin zur Party einer der schönsten Frauen eingeladen, die ich kenne, einer Autorin, die es schafft, trotz ihrer spitzen Feder mit ausnahmslos allen Leuten befreundet zu sein. Ich möchte fabelhaft aussehen, weil ich besser Small talk machen kann, wenn ich angezogen bin wie ein Filmstar. Ein Paisley-Mantel mit Ziegenfellkragen erregt meine Aufmerksamkeit. »Sie bringen die Ziegen nicht dafür um«, ruft die Frau, als ich in den Spiegel schaue. »Nur falls Sie Bedenken wegen Pelz haben.« Aber Basil beschnüffelt den Mantel voller Interesse. Ich hänge ihn zurück.

Ich probiere ein blaßgelbes Kleid mit Samtgürtel an, das etwa von 1958 stammen muß. Es paßt wie angegossen, zeigt viel Haut um die Schultern, ist züchtig und doch sexy. Aber ich gefalle mir nicht darin. Die Hüften, die ich in diesem Kleid habe, sind für die neunziger Jahre nicht angemessen. Breite, volle, frauliche Hüften, die nur schön sind, solange ich mit meinen Fantasien von Promis und Corsagen allein in der Umkleidekabine bin; ausführen lassen sie sich nicht gut. Nicht auf eine

Verlagsparty in New York City. Nicht in Gelb. Nicht im Oktober, nicht abends, vielleicht nie. Dieses Kleid stattet mich mit einem Körper aus – mit Kurven, die sexy und zugleich von mädchenhafter Unschuld sind –, der sich nicht anfühlt wie mein eigener. Es macht mir bewußt, wie sehr ich mich an die Konventionen halte, die in meiner sozialen Welt für Kleidung gelten – dunkle, hautenge Kleider mit schmaler Silhouette für den Abend –, obwohl ich mir vormache, an meinem eigenen Geschmack festzuhalten. In Wahrheit habe ich nur eine begrenzte Auswahl an Kleidung zur Verfügung, wenn ich die prekäre Akzeptanz meines Körpers und meines Aussehens nicht gefährden und nicht riskieren will, von meinem Bekanntenkreis verurteilt zu werden. Mir gefällt das gelbe Kleid, aber ich hänge es zurück. Ich werde mein schwarzes Lieblingskleid zu der Party anziehen, ein Kleid, mit dem ich vertraut bin.

Das schwarze Kleid strukturiert das Bild, das ich von mir habe, ebenso wie Stones Sweatshirt oder Tante Lees Sandalen – nur fällt es mir nicht auf, vielleicht weil ich es neu gekauft habe. Es hat keine andere Geschichte als meine eigene. Dennoch hat es eine vorgeprägte Bedeutung wie die meisten Kleidungsstücke. Wie alles in meinem Kleiderschrank: meine Springerstiefel, meine Cordjeans, mein Lieblingsrollkragenpulli. Kleider sind dazu gemacht, öffentlich etwas über Identität auszusagen, lange bevor sie einen Besitzer finden. Sie sind darauf angelegt, etwas über die Zugehörigkeit zu einer Gesellschaftsschicht, den Beruf, das Einkommen, die sexuelle Verfügbarkeit und eine Fülle subtilerer Dinge auszusagen, die die innere Einstellung zugleich maskieren und prägen, während sie den Körper schmücken. Ein Nadelstreifenanzug schreit Macht und konservative Politik heraus. Ein kurzer, hautenger Rock besagt, daß sie auf Männerfang ist. Eine Lederjacke zeugt von Härte. Leichte Slipper signalisieren sorgenfreien Wohlstand und so weiter. Solche vorfabrizierten Bedeutungen lassen mich den Mann im sportlichen Maschenhemd leichter lesen als die Tageszeitung. Es ist ein hei-

ßer Tag, und seine Haut glänzt schweißnaß durch die Maschen des Stoffes. Ich vermag zu sagen, wie er seinen Körper sieht: Er mag seine Brust, er findet kräftige Muskeln an Männern attraktiv. Allerdings fühlt er sich mit dieser Selbstdarstellung nur wohl, wenn sie im Kontext eines Männersports erfolgt, dennoch hat sie für ihn einen gewissen Reiz. Ich kann auch etwas über seinen Charakter sagen: Er lebt nicht in einer Großstadt; das Kochen überläßt er den Frauen; sein Lieblingsgetränk ist Bier; er bastelt allein in seinem Keller; seine Unschuld hat er auf dem Rücksitz eines Chevy verloren.
All diese Annahmen mögen falsch sein. Vielleicht sind auch nur einige von ihnen falsch. Aber das Maschenhemd vermittelt eine Botschaft, und die Identität des Mannes steht in gewisser Weise in Wechselwirkung mit dieser Botschaft. Indem er es trägt, tritt er in einen Dialog mit gesellschaftlich konstruierten Vorstellungen von Männlichkeit und Schichtzugehörigkeit. Er demonstriert jene Versuchung, seinen Körper gleichzeitig zu verstecken und zur Schau zu stellen, die für unsere Ängste, uns bloßzustellen, in unserem Land typisch ist.
»Du wirst nackt geboren, und alles, was du danach anziehst, ist Verkleidung«, sagt RuPaul und benennt damit diese Fragen der Kleidung und Präsentation. Im Kern will sie damit sagen, daß ich mich ebenso verkleide, wenn ich meinen alten Lieblingsrolli anziehe, wie wenn ich Silbersandalen mit zehn Zentimeter hohen Absätzen trage. Ein Mann verkleidet sich, wenn er einen Anzug oder ein sportliches Maschenhemd trägt genauso, wie wenn er ein Kleid anzieht. Eine Verkleidung mag extremer sein als die andere, aber sich überhaupt anzuziehen bedeutet – ebenso wie Make-up zu tragen –, ein wie auch immer geartetes Rollenbild zu schaffen. Selbst wenn ich einen Schlafanzug anziehe, trage ich ein Kostüm – voller imaginärer Erinnerungen und einem Hauch längst vergangener Zeiten, oder überfrachtet mit vorfabrizierten Anklängen an einen zeitgenössischen Designer. Verflixt, sogar wenn ich nur meine Uhr trage. Und das gleiche gilt für Sie.

Transvestiten

Ich gehe zu einer Gartenparty im Viertel der Fleischindustrie von Manhattan. Die Tore eines Industriegebäudes der Lebensmittelbranche sind weit geöffnet, und auf den schmutzigen Metallböden prangen Blumen. Auf der Laderampe steht ein üppiges Büfett, und ein DJ spielt lautstark Songs aus den siebziger Jahren ab, durchsetzt mit den Pop-Divas aus MTV. Donna Summer. Salt-n-Pepper. Noch weit jenseits der Holzzäune und einiger abgestellter Lastwagen, die die privilegierten Partygäste schützen, ist die Musik laut und deutlich zu hören. Als ich durch gepflasterte Straßen, die an Werktagen in Blut und Fleischabfällen versinken, zu der Party gehe, fängt die Frau vor mir an zu tanzen. Sie trägt eine hautenge, knallgelbe Hose und ein schulterfreies Top. Sie ist Afro-Amerikanerin und in ihren hohen Pumps wohl 1,80 Meter groß. Sie bewegt sich mit erschreckendem Selbstvertrauen, die Arme werfen scharfe Schatten in der Frühlingsdämmerung, und ihr Hintern wackelt auf ihren Fahnenmastbeinen. Plötzlich wird mir klar, daß sie ein Mann ist.
Kurze Zeit später tanzt diese Amazonenkönigin mit zwei Freunden einen wilden Boogie mitten auf einer großen Straßenkreuzung, sie bewegen sich wie eine Mischung aus einer vielarmigen indischen Gottheit und einer alten Supremes-Nummer. Das ist ihr letzter Anlauf, bevor sie an den Fluß hinuntergehen, um in der Dunkelheit unter der Brücke Sex zu verkaufen. Die Gäste der Gartenparty applaudieren begeistert.
Ein Transvestit erfindet sein Aussehen auf eine Weise, wie die meisten von uns es nicht tun. Seine Kleidung wirft die vorfabrizierten Bedeutungen, die sie auf dem Kleiderständer einmal besaß, über Bord. Er nimmt Schuhe, die »Nutte« sagen, und zwingt sie, »Amazone« zu sagen. Seine Kosmetika lassen ihn nicht natürlich wirken, sondern absichtlich ungemein künstlich. Der Körper des Transvestiten mag seinem Inneren nicht entsprechen, aber seine Aufmachung spiegelt es perfekt wider. Und

während ich meine Cordhose und meinen geliebten Rollkragenpullover trage, ohne es auch nur zu merken, und ihren Einfluß über mich rieseln lasse wie warme Milch, nimmt er die Dinge ausdrücklich und auf spezifische Weise in die Hand. Er ist durchaus bereit für rote Federn und das goldene Stretchkleid von 1976. Er ist eine große Plastikblume, während ich ein schüchternes Veilchen bin.

Ein Transvestit existiert (zumindest meiner Definition nach) im Alltagsleben gar nicht. Er existiert auf der Bühne, in Nachtclubs, sogar auf dem Strich; aber wenn er seine Wäsche wäscht, ist er vermutlich einfach nur Ralph. Auch viele andere Arten von Männern tragen Frauenkleider, aber sie legen nicht jene Extreme der Künstlichkeit und Selbstdarstellung an den Tag, die einen Transvestiten zum Transvestiten machen: Männer, die ihrer Leidenschaft in der Abgeschiedenheit ihres Zuhauses frönen; Transsexuelle, die schon vor der Geschlechtsumwandlung als Frauen leben; Transvestiten, wie sie der Film *Paris brennt* dokumentiert und für die es das höchste Ziel ist, als Frau durchzugehen. Zudem tragen auch viele Männer Frauenkleider, die sich der Etikettierung als »Transvestiten« irgendwie entziehen. Monthy Python, die Theateraufführungen von Hasty Pudding in Harvard, die Kids in the Hall und die Budweiser-Anzeigen für die »Ladies' night« – sie alle zeigen Männer, die sich aus Jux Frauenkleider anziehen. Viele heterosexuelle Männer meines Bekanntenkreises nutzen begeistert die Chance, ein Kleid anzuziehen. Mein Ex-Freund verkleidete sich an Halloween als Courtney Love. Er trug eine billige blonde Perücke und schwarz lackierte Fingernägel. Der Freund meiner Freundin Marnie stach sie beim jährlichen Kostümfest Wigstock in New York aus. Ich habe ein Foto von meinem High-School-Freund in einem süßen roten Prärie-Kleid, und der Bongospieler Roo empfing mich tatsächlich einmal im weißen Ballkleid, als ich ihn auf eine Tasse Tee in seiner Wohnung besuchte. Es war erst unsere dritte Verabredung. Er meinte, er wolle mir sein Halloween-Kostüm zeigen, aber ich glaube, in Wirklichkeit genoß er es, diesen Rüschentraum der Fünfziger zu einem Rendezvous zu tragen.

Eine Art von Transvestitentum, die nicht als solche bezeichnet wird, sind prominente Machos, die Frauenkleider tragen wie Howard Stern und Dennis Rodman bei ihren Signierstunden. Sie sind glamourös, machen aber immer deutlich, daß sie die Frauenkleider nur tragen, um zu schockieren, nicht aus Spaß. Es ist eine Verkleidung, die auf einer so etablierten maskulinen Identität basiert, daß sie es sich leisten können, ihre Pfauenfedern selbst in einer Kultur zu zeigen, die eine solche Zurschaustellung für weibisch hält. Wenn sie in Frauenkleidern auftreten, ändern sie weder ihren Gang noch ihre Stimme oder ihre Gestik, um eine Frau zu verkörpern.

Mir geht es um folgendes: Obwohl keiner von diesen Männern als Transvestit bezeichnet wird – ich glaube sogar, daß sie sich vehement gegen eine solche Etikettierung wehren würden –, machen ihnen ihre gelegentlichen Ausflüge in Künstlichkeit und Selbstdekoration vermutlich Spaß. Selbst wenn sie es tun, um zu schockieren, einen Lacher zu ernten oder zu einem Kostümfest zu gehen. Die Transformation besitzt für sie einen Reiz, sonst würden sie sie nicht initiieren.

In der High School experimentierte ich sehr viel mit Make-up und wurde deshalb aufgezogen. Ich trug glitzernd grünen Lidschatten, grüne Wimperntusche und weißen Lippenstift, den ich mir aus Abdeckcreme und Vaseline selbst mischte. Später ging ich zu Blau über – blaßblauem Lidschatten, knallblauem Lidstrich, blauer Wimperntusche und kräftigen Streifen Rouge auf den Wangen.

»Ohne das Zeug siehst du viel besser aus«, schmeichelte mir jener High-School-Freund, der, wie ich glaube, nett sein wollte. Er mochte Mädchen ohne Make-up. Aber ich mochte Mädchen mit massenhaft Make-up und hatte eine Freundin, die meine Einstellung teilte. Sie hieß Nicola und färbte ihr Haar, trug teigig dickes Make-up und sang wie eine Broadway-Diva. Eine ganze Serie anämisch wirkender Freunde mit schmalen Krawatten fuhr sie auf ihren Motorrollern spazieren. Die meisten gingen auf andere Schulen. Sie hatte jene tolle, hektische, nasale Art zu sprechen und ging später nach Europa, um Schauspielerin zu werden. Nicola hatte einen großen Schminkspiegel mit Beleuchtung rundherum. Sie saß davor, hantierte mit Cremes und Puderdosen und schminkte sich, bis sie aussah wie Theda Bara. Dann motzten wir uns auf und fuhren mit dem Bus in die Stadt, um Punk-Rock zu hören und uns mit Jungen in Lederjakken zu unterhalten.

In einem Sommer gegen Ende der College-Zeit sah ich Nicola wieder. Wir waren beide völlig ungeschminkt. Vielleicht war es ja nur eine Teenager-Phase, aus der wir herausgewachsen waren, ich denke jedoch, daß es die Sache eher trifft, zu sagen: Nachdem wir nun tatsächlich zu Frauen herangewachsen waren, hatten wir das Gefühl, das Frausein nicht mehr spielen zu können. An die Stelle unserer offensichtlichen Künstlichkeit war Subtilität getreten. Keine Theda Bara, keine grüne Wimperntusche, kein Schminkspiegel. Als Schauspielerin hatte Nicola einen Weg gefunden, ihre theatralische Ader zum Beruf zu machen, aber offenbar infiltrierte sie nicht mehr ihr Leben. Ich hatte schlicht gelernt, natürlich zu sein, auch wenn ich dabei einen Teil dessen aufgeben mußte, was ich für wirklich natürlich in mir hielt.

Wenn ich an diese verrückten, extravaganten Nächte in der Stadt zurückdenke, kommt es mir vor, als hätten damals die Verkleidungskünstler in unseren schlaksigen Teenager-Körpern nach außen gedrängt. Jetzt, wo ich bald dreißig werde, habe ich den Eindruck, daß meiner mittlerweile an Auszehrung und Vernachlässigung eingegangen ist. Nicola, wo immer sie stecken mag, hat ihren hoffentlich nicht eingehen lassen.

Ich bewundere die Künstlichkeit und Offenkundigkeit der Maskerade eines Transvestiten. Dabei geht es nicht um Subtilität oder Wirklichkeitstreue, sondern um kreative Neuerfindung des Ich, um eine Sicht des Körpers als flexibler Kern, der sich an jede

Menge theatralischer Realitäten anpassen läßt. Frauen – die meisten Frauen –, deren Weiblichkeit von jener alltäglichen Pumps-im-Büro-Sorte ist, halten ihre Künstlichkeit versteckt. Sicher, wir tragen Lippenstift, aber unsere gezupften Augenbrauen und das aufgehellte Haar sollen natürlich wirken. Sehr oft sind Elemente unserer alltäglichen Künstlichkeit – Gestik, Tonfall, Handschrift – selbst für uns nicht wahrnehmbar.

In Blake Edwards Spielfilm *Victor/Victoria* spielt Julie Andrews die Victoria, eine zweitklassige Sopranistin, die in Paris Furore macht, als sie sich als Transvestit ausgibt. Die erste und beste Gesangsnummer, die Andrews in Frauenkleidern singt, ist »Le Jazz Hot«. Sie trägt alle Regalien einer Diva: Kopfschmuck, dramatisches Make-up, Pailletten und Schulterpolster. Sie zeigt viel Bein, wenig Arm und keinen Brustansatz, eben wie ein Mann es machen würde, der vermeiden möchte, einen muskulösen, behaarten Oberkörper zu zeigen. Als Victoria ihren Kopfschmuck abnimmt und das kurzgeschorene Haar zum Vorschein kommt, dreht das Publikum durch. Sie sieht wirklich aus wie ein Mann, der sich als Frau ausgibt. In späteren Gesangsnummern werden Andrews' weibliche Geschlechtsmerkmale stärker in den Vordergrund gerückt. Bei »The Shady Lady from Seville« trägt sie ein tief ausgeschnittenes, rückenfreies Blümchenkleid mit kurzen Ärmeln. Anstelle des Kopfschmucks hat sie eine einfache, natürlich wirkende Perücke. In dieser Aufmachung ist sie weniger eine androgyne Sängerin und wirkt weit weniger elegant. Als sie die Perücke abnimmt, sieht sie aus wie eine Frau mit kurzen Haaren. Nach dieser Gesangsnummer hat ihr Verehrer, King Marchand, genügend Feuer gefangen, um sich von ihrem Geschlecht zu überzeugen, indem er sie in der Badewanne belauert. In dem Blümchenkleid mag sie zwar etwas plump aussehen, aber er ist doch ziemlich überzeugt, daß sie eine Frau und kein Transvestit ist. Ein Mann, der sich als Frau verkleidet, wäre stärker aufgedonnert.

Ich beneide Transvestiten um ihren Glamour, der ganz enorm ist

– ein Glamour, der so groß und selbstbewußt auftritt, daß er Stärke und Weiblichkeit zugleich signalisiert. Die legendäre Playback-Sängerin Aphrodite hat den Körper eines Superman im Slip. Lady Bunny, die in weißen Strümpfen und Baby-Doll-Kleid herumwirbelt, sieht aus, als könnte sie jeden Rüpel zusammenschlagen, der sie in den Hintern kneift. Chicklet, der nette jüdische Junge, der sich in ein lateinamerikanisches Go-go-Girl verwandelt, erklärt, wenn ein Bursche ihr unter den Rock greifen sollte, würde sie ihm die Zähne austreten. In dem Buch *Drag Diaries* sagt Joey Arias von seinem Alter ego Justine DeSade: »Frauen kommen zu mir und sagen: ›Ich wünschte, ich wäre wie Justine.‹ Weil zu Justine Männer kommen und ›O Baby!‹ zu ihr sagen und sie sie mit den Worten wegstößt: ›Verschwinde hier!‹, wird Justine auch zu einem starken Sexsymbol. Frauen berühren immer die Brüste. Sie berühren dich wie eine Göttin.«

Nur wenige Frauen würden riesige falsche Brüste tragen, so sehr sie es sich auch wünschen mögen. Unsere Liebhaber wären enttäuscht, wenn wir die Attrappen abnähmen und unsere schrumpeligen Brüste zeigten, also lassen wir uns Silikon unter die Haut stopfen oder finden uns mit einer kleinen Körbchengröße ab. Der Transvestit sieht sich nicht dem Zwang zur Natürlichkeit ausgesetzt, also macht er seine Brust so homogen, wie er will.

Den großen Brüsten entspricht die große Attitüde, eine Attitüde, die aus der anerkannten Künstlichkeit des Transvestiten erwächst. Die neue Identität, die ein Mann annimmt, wenn er in Frauenkleider schlüpft, unterscheidet sich auf fabelhafte Weise von Ralph, der die Wäsche wäscht – während ich, wenn ich mich aufdonnere, Brustattrappen, rote Federn und eine große rote Perücke anziehe, immer nur Emily in einem verrückten Outfit bleibe. Die Gesten eines Transvestiten sind nicht feminin, sondern weibisch. Das heißt, sie sind dem ähnlich, was eine echte Frau tun würde, aber sie sind nicht gleich. Meine eigene Persönlichkeit mitsamt der Gesten, die ich seit meiner Kindheit

benutzt habe, verbieten die Entfaltung einer Persönlichkeit wie Justine. Sie ist meinen Alltagskleidern zu nah.
»Aber du hast doch das Echte!« schreit Josiah, ehemals Miss Coffy. »Ich kenne eine Menge Transvestiten, die so empfinden.« Josiahs Frauenrolle basierte auf Pam Grier, der Heldin einiger Siebziger-Jahre-Filme über die Ausbeutung von Schwarzen. Im Gespräch mit ihm gewinne ich den Eindruck, daß er mit dem »Echten« etwas meint, was mit sexuellen Möglichkeiten zu tun hat – etwas, wovon ein Transvestit in gewisser Weise ausgeschlossen ist. »Es macht dich irgendwie weniger anziehend, wenn ein Schwuler weiß, daß du Frauenkleider anziehst«, erklärt er. »Schwule wollen die Fantasie ausleben, mit einem anderen Mann zusammenzusein, alles inbegriffen, was das ausmacht: daß er ein Macho ist, sexy, idealerweise passabel, männlich« – das heißt, daß er als heterosexuell durchgehen würde. »Mit einem Schwulen in Frauenkleidern zusammenzusein ist für einen anderen Schwulen seltsam. Aber das wußtest du, oder nicht?«
Ehrlich gesagt, nein. Ich finde Transvestiten sexy. Das liegt teils daran, daß sie Attribute zur Schau stellen, die ich mit Sex zu assoziieren gelernt habe. Das heißt, ich bin daran gewöhnt, daß die Fallen weiblicher Sexualität – Busen, Make-up und kurze Röcke – für Sexualität als Ganzes stehen. Ich spreche darauf an, selbst als heterosexuelle Frau. Aber noch wichtiger ist, daß ich Transvestiten als Männer erkennen kann. Die weiche Fleischlichkeit von Julie Andrews in ihrem Blümchenkleid sagt mir gar nichts, aber Wesley Snipes im Stretch ist etwas völlig anderes.
Mein Freund Stu lebt in Südflorida. Für seinen einzigen Ausflug in Frauenkleider (er sah aus wie eine bayerische Gräfin) mußte er sich das Körperhaar entfernen, ein so traumatisches Erlebnis, daß er seitdem nie wieder Frauenkleider angezogen hat – aber er kennt die Szene. Er nimmt mich mit ins Swirl, ein Lokal, in dem Transvestiten Betty-Ford-Bingo leiten und bis in die Morgenstunden tanzen. Dort sehe ich Miss Ash, einen amerikanisch-

asiatischen Transvestiten in hautengen schwarzen Kleidern. Sie hat einen unverkennbar männlichen Körper: sehr schmale Hüften, breite Schultern, kräftiges Kinn. Zudem trägt sie ein naß wirkendes Hemd, das am Hals tief ausgeschnitten und unten nicht ganz zugeknöpft ist, damit man ihren Bauch sehen kann. Sie hat Plateauschuhe, Strähnchen im Haar und ein dramatisches Make-up.

Mein Gott, Männer sind so schön, und sie zeigen es nie. Obwohl Miss Ash feminin wirkt, bleibt ihre Männlichkeit unverkennbar. Sie wird durch ihre Selbstdarstellung sogar noch unterstrichen. Weiblichkeit – das Signal für Sex in unserer Kultur – kann an einem männlichen Körper äußerst attraktiv sein. Mit anderen Worten, ich fühle mich stärker zu einem biologischen Geschlecht als zu bestimmten Geschlechterrollen hingezogen, und ich habe immer angenommen, daß die meisten Schwulen ebenso empfinden.

Josiah meint, ich habe unrecht. »Irgendwie willst du nicht, daß die Leute wissen, daß du Transvestit bist. Damit ist eine gewisse Scham gegenüber anderen Schwulen verbunden ... Das ist einer der Gründe, weshalb ich aufgehört habe, Frauenkleider zu tragen. Das geht auf die Zeiten zurück, als man als warmer Bruder oder Schwuchtel bezeichnet wurde. Schwule wollen nicht an solche Orte.« Als Josiah noch als Miss Coffy in New Yorker Clubs sang und tanzte, war er ein heimlicher Transvestit. Von den Männern, mit denen er sich traf, wußte keiner, daß er in Frauenkleidern auftrat. In dem Buch *The Drag Queens of New York* gibt Chicklet eine Erklärung für solche Entscheidungen: »Kein Muskelmann will eine schwuchtelige Schlampe, die zu Hause in Pantoffeln rumschlufft.«

Josiah weist darauf hin, daß manche Leute sich stärker zu Geschlechterrollen als zu einem natürlichen Geschlecht hingezogen fühlen. »Ich trat dreimal wöchentlich als Go-go-Tänzerin in einem Siebziger-Jahre-Kostüm auf, mit einem großen Afro-Look. Das war im Pyramid Club, und an einem Abend für

Heteros ... da kam dieser Mann zu mir und sagte: ›Ich möchte den Abend mit dir verbringen.‹ Ich war erschüttert, weil ich mir wie ein Clown vorkam wirklich wie ein Clown, überhaupt nicht sexuell. Ich ignorierte ihn eine Weile und tanzte weiter, aber er kam wieder und sagte: ›Ich möchte den Abend mit dir verbringen.‹

Ich sagte: ›Ich bin ein Mann. Sie wollen bestimmt nicht den Abend mit mir verbringen. Ich bin ein Mann!‹ Er antwortete (und das hat mich umgehauen): ›Das ist mir egal‹ ... Erst da, und das ist jetzt ein paar Jahre her, ist mir klargeworden, daß es Männer gibt, heterosexuelle Männer, die Sex mit Männern in Frauenkleidern haben wollen.«

Heterosexuelle Männer begehrten Miss Coffy. Vielleicht hätte ich sie auch begehrt: Josiah ist unheimlich nett. Aber sie würde keinen von uns haben wollen, würde nicht einmal erotische Gefühle haben. Sie hat nicht das »Echte«, das Gefühl sexueller Möglichkeiten, das die biologische Weiblichkeit vermittelt. Komisch, ich habe es, und in gewisser Weise möchte ich es loswerden. Es bringt eine solche Verwundbarkeit mit sich, so viele Gebote der Zurückhaltung, Natürlichkeit und Selbstbeherrschung.

Als nächstes nimmt Stu mich mit ins Amnesia, einen Nachtclub in South Beach, wo jeden Sonntagabend eine Transvestitenshow läuft. Die Nachtluft dringt durch die offenen Türen. Auf der Tanzfläche drängen sich Männer mit nacktem Oberkörper und kurzen Jeans und ein paar Mädchen mit zuviel Haarspray. Jemand hat seine Mutter mitgebracht. Sie schwenkt beim Tanzen eine Hand über dem Kopf wie die Freiheitsstatue. Zwei osteuropäisch wirkende Jungs, die nicht weit von uns entfernt herumwirbeln, haben Haftnotizen auf die nackte Brust geklebt. Auf einem Zettel steht: »Es geht nur um uns«, auf dem anderen: »Wer ist der hellste?«

Die Show fängt an. Die Moderatorin ist über zwei Meter groß in ihren offenen Schuhen, die ihr viel zu klein sind. Sie trägt ein purpurfarbenes Fransenkleid und hat sich Hintern und Brust ausgepolstert. Ihr Afro-Look ist fast einen Fuß hoch, und ihre Lippen glitzern. »Heute abend«, donnert sie ins Mikro, ohne auch nur den geringste Versuch zu unternehmen, ihre Stimme zu verstellen, »ist der Gloria-Estefan-Ähnlichkeitswettbewerb.«

Die erste Teilnehmerin, Sugar Baby, ist knapp 1,40 groß. »Komm her, kleiner Kerl«, bellt die Moderatorin und setzt sich mit gespreizten Beinen auf ein Geländer am seitlichen Bühnenrand. Ganz in Weiß mit einer langen, platinblonden Perücke erscheint Sugar Baby wie ein Sahnebällchen. Sie ist ein vollkommener Engel, so makellos blond und rein, daß ich den Verdacht hege, sie quält kleine Kätzchen, wenn die Oma gerade nicht hinsieht. Sie tanzt einen recht verkümmerten, lateinamerikanischen Cha-Cha-Cha und hält die Hände zu Fäusten geballt.

Die nächste Teilnehmerin tritt unter Applaus auf die Bühne. Wie Stu mir erzählt, kennt sie hier jeder; Paloma ist ein stadtbekannter Transvestit. Sie ist, wie soll ich sagen, bereits etwas in die Jahre gekommen, aber das hindert sie nicht, ein ganz hautenges gelbes Kleid mit einem so tiefen Ausschnitt zu tragen, daß ich mir sicher bin, sie muß ihren Brustansatz der Hilfe von Silikon verdanken. Ihr Haar fällt lose herunter, und sie wedelt mit einem leuchtend blauen Schal durch die Luft. Dicke Streifen Rouge betonen ihre Wangenknochen. Ebenso wie Sugar Baby versprüht auch Paloma Sex – trotz ihrer reizlosen Figur. Ihre Arme sind schlaff, und ihr Bierbauch ist in ein Korsett gezwängt. Ihr maskulines Kinn verhindert, daß sie wirklich feminin wirkt. Trotzdem strahlt sie ein fantastisches Selbstvertrauen in ihre Vorzüge aus und stellt sie so stolz zur Schau wie eine Lolita, deren Brüste gerade erst zu knospen beginnen.

Nach Paloma kommt India, der femininste Transvestit, den ich je gesehen habe. Sie ist ein grobknochiger Model-Typ und hat Ähnlichkeit mit Brooke Shields oder Renee Russo. Ihr Haar ist echt, ihre Brust sieht implantiert aus, ihre Waden sind nicht zu muskulös, ihre Arme weich und rund. India sieht zwar echt aus, könnte aber in Wirklichkeit nie als echt bestehen. Sie ist zu sehr herausgeputzt. Sie trägt Bühnen-Make-up und ein bodenlanges, purpurfarbenes Paillettenkleid mit einem Schlitz vorn, der fast bis zum Schritt reicht. Mit unerhörtem Stolz wirbelt sie ihr Haar herum. Sie ist also ein bißchen lächerlich, und diese Kombination aus Lächerlichkeit und Sex-Appeal würde eine Frau nur selten riskieren – aus Angst, daß das erstere das zweite ausschließt. Ebenso wie wir niemals Joey Arias gigantische falsche Brüste tragen würden, würden die meisten Frauen (vor allem wenn sie im Rampenlicht der Medien stehen) es nicht wagen, einer satirischen Zurschaustellung von Weiblichkeit so nahe zu kommen wie India: Dazu sind wir viel zu engagiert.

Sich den Gloria-Estefan-Ähnlichkeitswettbewerb anzusehen (den übrigens niemand gewann; alle bekamen nur ein signiertes Foto und die Möglichkeit, Gloria in ihrem Plattenstudio zu treffen) ist wie kleinen Kindern zuzusehen, die Verkleiden spielen. Bevor die Jungen lernen, daß Frauenkleider Schwäche signalisieren, und bevor die Mädchen lernen, daß natürliche Schönheit in ihrer Kultur wertvoller ist als künstliche und sie mit ihrer Weiblichkeit nonchalant und würdevoll umzugehen haben, heben kleine Kinder auf Übertreibungen ab. Sie ziehen Mamas alten BH und ihre höchsten Stöckelschuhe an, schmieren Lippenstift auf Lippen, Wangen, Kinn, Augenbrauen und überallhin, wo es ihnen Spaß macht, und paradieren schamlos mit Geschlechtsmerkmalen einher, die sie noch nicht haben und vielleicht nie haben werden. Darin liegt der Spaß der Weiblichkeit – nicht in Julie Andrews' Blümchenkleid, das echte Fraulichkeit signalisiert, sondern im Eingeständnis der Künstlichkeit.

Letzten Endes geht es beim Transvestitentum, beim Sich-als-Frau-Verkleiden um den Spaß, eine Täuschung zu sein. Ich bin unfähig, mich so offen zur Schau zu stellen, so gern ich es auch möchte. Ich möchte mich nicht mit den Belästigungen auseinandersetzen, denen ich möglicherweise ausgesetzt wäre. Obwohl ich mir sicher bin, daß Transvestiten in dieser Hinsicht genauso zu leiden haben, wenn nicht gar mehr, da nicht jeder die Kunst der Abfuhr so meisterhaft beherrscht wie Chicklet oder Justine. Der wichtigere Grund ist jedoch, daß mir zuviel daran liegt, »echt« zu sein, als ob Natürlichkeit eine Art Paß zu Liebenswürdigkeit und Erfolg als Frau wäre. Ich bin nicht bereit zu riskieren, daß ich wie eine Nutte aussehe, mich am Rand der Lächerlichkeit bewege oder einen Liebhaber enttäusche, der erwartet, daß meine aufgepolsterte Figur echt ist. Ich würde mir niemals den Vorwurf einhandeln wollen, zu sehr oder zu verzweifelt hinter Männern her zu sein. Das ist der Grund, weshalb ich aufgehört habe, grünen Lidschatten und weißen Lippenstift zu tragen, und ich schätze, daß Nicola aus diesem Grund aufgehört hat, sich fingerdick zu schminken. Obwohl Josiahs Geschichte bestätigt, daß die Scham, Frauenkleider zu tragen, auch heute noch viele Transvestiten plagt – kein Wunder in einer Kultur, in der eine so winzige Revolution der Kleiderordnung wie, ein rosa Hemd im Büro zu tragen, nach wie vor die sexuelle Ausrichtung eines Mannes in Frage stellen kann –, überwinden Transvestiten das Stigma, das offenkundiger Selbstdarstellung und Künstlichkeit anhaftet, und treten es mit dem Absatz eines Plateauschuhs in Grund und Boden.

Bleibende Veränderungen

Für die meisten Menschen ist der Körper ein Thema der Kunst, aber kein Ort für Kunst, obwohl die Grenze zwischen beidem schwer auszumachen ist. Gemälde nackter Körper sind in Ordnung. Gemälde auf nackten Körpern nicht. Subtile Künstlichkeit ist gut. Offenkundige Künstlichkeit nicht. Verschönerung ist angemessen. Dekoration nicht.

Viele Menschen sehen den Körper in gewisser Weise als heilig an und glauben, man solle die Welt so verlassen, wie man geboren wurde. Je weniger dauerhaft etwas ist, desto akzeptabler ist es daher. Make-up hält einen Tag oder kürzer, daher ist es in Ordnung. Kleidung kann man rasch wechseln. Maniküre hält eine Woche. Haarschnitte halten zwei Monate. Aber Piercing, Tätowierungen und Hautritzungen halten fast ewig und werden von vielen als Bedrohung angesehen. Da bleibende Veränderungen des Körpers beinhalten, mit und auf dem Körper Kunst darzustellen und nicht nur seine natürliche Schönheit zu betonen (wie man es von Make-up und Kleidung meist sagen könnte), und weil sie relativ dauerhaft sind, stellen sie unsere kollektiven Vorstellungen über Selbstdekoration in Frage.

Hier gelten komplizierte Regeln. Nicht alle permanenten Veränderungen sind tabu. Die gesellschaftlich sanktionierten längerfristigen Veränderungen des Körpers wie Haarentfernung mit Wachs, Dauerwellen oder das Glätten des Haares erfordern ein gewisses Maß an Engagement und sogar Schmerz. Für wallende Locken und haarlose Beine behandeln wir unsere Haut mit giftigen Chemikalien und setzen die intimsten Teile unseres Körpers den geschulten Händen einer Schönheitsspezialistin aus. Diese Prozesse unterscheiden sich nicht sonderlich von einer Tätowierung, aber ihre Resultate unterscheiden sich von der sogenannten Körpermodifizierung in zwei wichtigen Aspekten: Der Körper wird mühelos und auf natürliche Weise zu seinem vorherigen Zustand zurückkehren, und die Behandlungen im Schönheitssalon werden fast immer angewandt, um das Äußere eines Menschen an die gesellschaftliche Norm anzupassen.

Die Entfernung von Körperhaar läßt sich eigentlich nicht als Dekoration oder auch Verschönerung bezeichnen. Sie mag die Zurschaustellung des Körpers ermöglichen und es auch behaarten Menschen erlauben, selbstbewußt am Strand entlang zu stolzieren, aber sie stellt keine Hinzufügung von etwas Positivem dar. Vielmehr wird ein Attribut entfernt, das als negativ gilt.

Wenn wir uns die gerupfte Hühnerhaut und die ungewöhnlich glatten Haaransätze daneben nicht allzu genau anschauen, gibt die Körperhaarentfernung vor, gar nicht stattgefunden zu haben. Auch die modische Aufbereitung des Haares bedarf hier keiner Erwähnung. Ist sie naturblond? Natürlich nicht, aber sagen Sie nichts. Er trägt ein Toupet, aber wir tun so, als merkten wir es nicht. Weiße Frauen sind oft noch mit 83 Jahren lebhafte Rothaarige. Asiaten haben eine Naturkrause.

Künstlichkeit, die manche Frauen deutlich zu erkennen geben – wie bei kurzen Afro-Frisuren, die in graphische Muster geschnitten sind, oder bei den toupierten Hochfrisuren der sechziger Jahre, die vor Haarspray starrten – ist oft äußerst vergänglich. Innerhalb einer Woche wächst das Haar nach, und die Hochfrisur läßt sich über Nacht auswaschen. Je dauerhafter eine Veränderung des Körpers ist, desto mehr möchten wir, daß sie natürlich wirkt, selbst wenn jeder weiß, daß sie es nicht ist.

Schönheitsoperationen, die dauerhaftesten Verschönerungen, sind gesellschaftlich akzeptiert, weil sie sich nicht offen als künstlich zu erkennen geben. Sie sind unsichtbar – oder sollen es zumindest sein. »Meine Brüste waren immer schon so groß und straff«, behaupten wir. »Ich bin schon mit einer Stupsnase geboren. Meine Lippen sind mit den Jahren voller geworden, meine Augen größer, meine Haut straffer. Ist es nicht erstaunlich, was eine gesunde Ernährung bewirken kann?« Obwohl Schönheitsoperationen dauerhafter sind als Piercing, dessen Löcher häufig wieder zuwachsen, wenn man den Schmuck entfernt, und dauerhafter als Tätowierungen, die sich mit Laserstrahlen entfernen lassen, fühlen wir uns dabei wohler, weil sie nicht so offensichtlich sind. Wir haben Angst zuzugeben, daß wir für die Schönheit gelitten haben. Es stempelt einen Menschen als eitel ab, erinnert damit andere an ihre eigene Eitelkeit und rückt den Stellenwert ins Licht, den wir der Schönheit und dem Leiden, das sie erfordert, beimessen. Wir hassen es, an dieses Leiden erinnert zu werden, weil es für unsere Selbstverachtung steht.

Michael Jackson, dessen sich ständig änderndes Gesicht immer mehr nach einem Jack-Russel-Terrier aussieht, und Cynthia Jackson, die sich mehr als 90 Schönheitsoperationen unterzogen hat, um wie Barbie auszusehen, sind so beunruhigend, weil ihre chirurgisch erzielte Künstlichkeit so offensichtlich ist. Wir schrecken vor der Erkenntnis zurück, wie ähnlich wir ihnen sind und daß wir uns genügend hassen und zugleich lieben, um Schmerzen und Risiken für den Schönheitstyp auf uns zu nehmen, den wir bewundern.

Unsere Kultur reagiert also sittenstreng auf Dekoration, die offensichtlich ist, im Gegensatz zur Verschönerung, die versteckt ist. Wenn wir uns überhaupt dekorieren, sollte es vorübergehend sein. Und wenn wir uns schon permanent dekorieren müssen, sollten wir es für uns behalten. Eine tätowierte Schulter ist eine Sache, aber Piercings und Tätowierungen an öffentlichen Hautpartien (Gesicht, Hals und Händen) bewirken garantiert ein ausgesprochenes Unbehagen bei einer ganzen Schar von Amerikanern und Amerikanerinnen – die mit Collagenspritzen vollgepumpt sind, die Ohrläppchen durchstochen haben, sich mit Estée Lauder einschmieren und von den Hüften bis zu den Knöcheln das Körperhaar entfernen. Löcher in den Ohrläppchen sind die einzige Form permanenter Körperdekoration, die wir in diesem Land akzeptieren.

ThEnigma (ausgesprochen The Enigma – »das Rätsel«) hat Entscheidungen getroffen, die die Vorstellungen fast aller Menschen über Selbstdekoration in Frage stellen. Selbst die eines Tattoo-Fans, wie ich es bin. War ThEnigma früher – laut Jim Rose von der Jim Rose Circus Sideshow – ein »gesund aussehender Bursche mit nettem Gesicht« namens Paul, so ist er heute wahrhaftig ein Rätsel. Sein ganzer Körper ist mit Tätowierungen bedeckt, als wäre er ein Puzzle, dessen Teile einen Durchmesser von etwa vier Zentimetern haben. Seine Haut ist an sichtbaren und unsichtbaren Stellen tätowiert: Gesicht, Hals, Arme, Handflächen, Hintern. Sein Kopf ist kahlrasiert und ebenfalls tätowiert. Nach und nach läßt er sich die Puzzleteile blau ausfüllen, manche uni, andere mit Mustern. Er arbeitet auf Jim Roses Wanderbühne und benimmt sich wie ein schweigendes, fast nacktes Monster. Er ißt lebendige Insekten, schluckt Schwerter und zeigt dem Publikum seinen nackten Hintern. In einer Episode der Serie *Akte X* spielte er »The Conundrum«, einen Circus-Akrobaten, der mit Mund und Händen fischte wie ein Tier.

ThEnigma wirkt kaum noch wie ein Mensch. Er wirkt übermenschlich. Auf Fotos erinnern uns nur einige winzige Details an den Mann unter der Tinte – eine Hautfalte am Bauch, wenn er sich vornüberbeugt, Fingernägel, die völlig abgekaut sind, ein Mückenstich am Fuß. Die Tätowierungen sind das Werk von über hundert Künstlern, und er hält den Weltrekord, was die Zahl der Menschen angeht, die gleichzeitig an ihm gearbeitet haben: zweiundzwanzig. Aber wie er sagte, fühlte es sich nur an wie zehn. All diese Tätowierungen bekommt er von Künstlern kostenlos, die zu seiner Eigenschöpfung beitragen wollen. ThEnigma sammelt Arbeiten von einigen der berühmtesten lebenden Tattoo-Künstler, aber auf den Titelseiten von *Savage* und *International Tattoo* ist er abgebildet, während sie unerwähnt bleiben, weil sie zu zahlreich sind. Er ist nicht nur die Leinwand, sondern zugleich auch der Sammler und der Künstler.

Ihm an einem Tisch in einem gutbesuchten Restaurant in Chelsea gegenüber zu sitzen ist eine der intensivsten Körpererfahrungen, die ich je hatte: Zwei Stunden mit einem blauen Mann, einem Mann, dessen Geschichte des Schmerzes ihm buchstäblich ins Gesicht gestochen ist, dessen babyblaue Augen zur Farbe seiner Haut passen. Er ist verwirrend sexy und strahlt ein unglaubliches Selbstbewußtsein aus, was die Macht seines Körpers angeht, zu interessieren, zu schockieren, anziehend und abstoßend zu wirken. Neben ihm ist kein Mensch einen Blick wert. Er bestellt Pasta.

Neben ThEnigmas Philosophie erscheint Rebeccas Vorstellung, daß der Körper die Seele widerspiegelt, recht beschränkt. Für ihn sind das Ich und die Kunst völlig verschmolzen. Der junge, weiße Schwertschlucker, der er vor nur wenigen Jahren war, ist völlig verschwunden. Als ich ihn frage, ob ihn jemand Paul nennt, schlägt er die Hände vors Gesicht. »O bitte! Paul!?... Wenn ich zu Safeway gehe, bin ich immer noch ThEnigma.«
Und wie nennt ihn seine Mutter?
»Bei meinem richtigen Namen.« Es widerstrebt ihm, ihn auszusprechen.
Einerseits hat es den Anschein, als realisiere er eine Vision, die ganz tief in seinem verschrobenen Inneren sitzt; andererseits droht sein Körper, alle Fetzen seiner Seele auszulöschen, die nicht mit Blau vereinbar sind. »Das Ich wird für die Kunst geopfert«, erklärt er mir ohne ein Spur von Bedauern. »Wenn du das mit deinem Körper machst, wirfst du alles über Bord, was vorher war. Vielleicht auch nicht. Vielleicht bist du ja auch schon gar nicht mehr da. Das hat mit mir nichts zu tun. Alles, was zählt, ist, daß eine Hausfrau mich sieht und vielleicht ein bißchen lokkerer wird. Vielleicht findet sie ja irgendeine Freiheit in sich, die sie vorher nicht gefunden hat... Einmal kam jemand zu mir und erzählte mir, ich bräuchte in meinem ganzen Leben kein Wort mehr zu sagen. Es sei schon alles gesagt. Richtig.«
Er heiratete die Frau, die die Puzzle-Umrisse auf seinen Körper tätowiert hatte. Sie ist The Kat, und ihre Haut ist gestreift wie das Fell eines Tigers. »Von oben bis unten«, erklärt ThEnigma stolz. Ich frage ihn, ob es eine romantische Geste gewesen sei, sich die Tätowierung machen zu lassen, etwa so, als ob er sich ihren Namen auf den Arm habe tätowieren lassen. »Es ging mehr Stück für Stück, wissen Sie?« Er lacht augenzwinkernd. »Eine Titte für ein Tattoo. Ich stelle mir das immer so vor wie in einer Parfümwerbung: ThEnigma – von einer Frau für eine Frau.«
Ich erzähle ihm von meinen Tattoo-Fantasien, die unglaublich

schnell gewuchert sind, seit wir uns zum Essen hingesetzt haben. ThEnigma ermuntert mich, aber es ist deutlich, daß er mein Interesse für amateurhaft hält. Abwechselnd erklärt er, es sei für jeden eine gute Idee (»Ich finde jeder sollte sich das ganze Gesicht tätowieren lassen. Wie bunt wäre dann unsere Welt!«) und ich solle es mir gut überlegen: »Das mußt du wirklich selbst wissen. Du mußt es wirklich wollen, um es machen zu lassen, weil es so schmerzhaft ist.«

ThEnigma ist sein Engagement ins Gesicht geschrieben – die Bindung zu seiner Frau, zu seiner kreativen Vision, der Tattoo-Gemeinschaft, die er jedesmal repräsentiert, wenn er das Haus verläßt, zu seiner Tochter. »Kinder zu haben ist eine stärkere Bindung, als sich den Körper tätowieren zu lassen«, argumentiert er. »Und das machen die Leute ständig. Die meisten wissen gar nicht, wer sie sind. Ich weiß, wer ich bin, also ist es unbedenklich, diese Entscheidung zu treffen.« Er meint, sich tätowieren zu lassen.

Er betont ausdrücklich, wieviel er gelitten hat, als er sich blau tätowieren ließ. »Ständig fragen mich die Leute, ob es weh getan hat. Also, die Haut ist voller Nerven. Wenn man von einer Nadel gestochen wird, senden die Nerven Signale ans Gehirn. Ständig erklärst du das den Leuten, sie sind einfach verdammt blöd. Es ist, als ob du sagen würdest: ›Nein, ich bin vom Kopf abwärts völlig taub.‹ Herrje! Klar hat das verdammt wehgetan.« Er zeigt mir eine kleine Stelle innen an der Armbeuge, die nicht richtig verheilt ist. Er hat blaue Kratzer.

Ich glaube, den Menschen, die diese Fragen stellen, ist nicht klar, daß ThEnigma ganz normale Haut hat. Sie glauben nicht, daß er blutet, wenn man ihn sticht, lacht, wenn man ihn kitzelt. Sie glauben nicht, daß sein Haar nachwächst, wenn er es nicht rasiert. Es fällt leicht, diese Dinge bei ihm zu vergessen. Als Repräsentant der Tattoo-Gemeinde bemüht sich ThEnigma, immer freundlich zu bleiben, zu zwinkern und zu lächeln, um andere daran zu erinnern, daß er ein Mensch ist. Als ich mit ihm zu Mittag aß, fiel es mir dennoch schwer, daran zu denken, daß er Gefühle hat, und zwar, weil er sich für diese seltsame Identität entschieden und bewußt beschlossen hat, sich zum ultimativ Anderen zu machen. Ich denke, selbst bei jenen unter uns, die ein ausgeprägtes soziales Bewußtsein besitzen, basieren Toleranz und Verständnis für Menschen, deren Haut anders ist als unsere – sei es aufgrund der Hautfarbe, einer Krankheit oder Behinderung –, auf der Vorstellung, daß Menschen sich ihren Körper nicht aussuchen. Sie werden damit geboren, oder es stößt ihnen etwas zu, und daran zu denken ermöglicht es uns, mit einem narbigen Gesicht oder einer anderen Hautfarbe einfühlsam umzugehen. Es fällt uns schwer, uns in ähnlicher Weise in einen Mann einzufühlen, der sich selbst blau gemacht hat, oder in einen Mann in Paillettenkleid und hohen Schuhen.

Völlig blau zu sein ist ThEnigmas höchstes Ziel, und er sieht darin einen Ausweg aus den Einstellungen, die unter weißen Amerikanern vorherrschen. Wenn er ganz blau ist, glaubt er von sich sagen zu können: »Dann bin ich dieser Schuld des weißen Mannes entkommen – ich bin ein farbiger Mensch, ein Mensch der Farbe.«

Als Teenager lebte er außerhalb von Seattle und sah sich fasziniert Filme wie *Unheimliche Schattenlichter*, *Kampfstern Galactica* und *The Outer Limits* an, war aber enttäuscht von der Tatsache, wie sie wissenschaftlich dargestellt wurde. »Im Chemieunterricht auf der High-School lernst du was über die Gesetze des Gleichgewichts. Du lernst, daß du nicht irgend was aus dem Nichts auftauchen lassen kannst, und das zerschmettert deine Träume, Biochemiker oder Alchimist zu werden. Es gibt keine verborgenen Türen zu anderen Dimensionen. Das ist nur im Fernsehen so. Also mußt du das Nächstbeste machen und das Unmögliche so möglich machen, wie es nur geht. Ja, es gibt Monster auf der Welt.«

Ein Monster wurde er erst 1993, aber in jenen Jahren von *Kampfstern Galactica* entwickelte er ein Gefühl für seine eigene

Handlungsfähigkeit und Kreativität. »Auf der High-School ging alles kaputt. Mein Vater war in Vietnam. Er kam mit Schrapnells im Gehirn zurück und entwickelte eine Art religiösen Wahn. Und dann Scheidung und Depression. Explosion, weißt du? Ich glaube, jeder macht das irgendwann durch. Und dann ein Gefühl völliger Freiheit, Verrücktheit – als ob du alles und jedes machen könntest. Etwas bewegen« – er schwenkt sein Wasserglas und seinen Löffel –, »woaah, da geht es! Etwas zu schaffen ist plötzlich alles. Kunst ist alles... Dann kannst du Visionär sein. Das hat mit der Vision von 7-Eleven und einem blauen Burschen da zu tun. Oder mit McDonalds, in Europa, und einem blauen Burschen da... Ich schaue auf die Bühne und sage, ich will einen blauen Menschen sehen. Zuerst ist er blau, und wenn man näher rangeht, sieht man all die Muster.«
Als einziger blauer Mensch der Welt kann ThEnigma leicht beeinflussen, wie die Menschen ihn wahrnehmen. »Wenn ich nicht möchte, daß Leute mich bemerken, tun sie's auch nicht, denn die Leute schauen mich an, um zu sehen, wie sie auf mich reagieren sollen. Als blauer Mensch kommst du mit viel mehr durch, als du es als normaler Joe kannst... Die Leute akzeptieren und erwarten das. Sie erwarten alles, was du ihnen gibst. Ich bin ihre erste Erfahrung mit einem vollständig tätowierten blauen Menschen. Sie wissen nicht, wie sie einen solchen Menschen beurteilen sollen... Was immer ich mache, ist für mich ein typisches Verhalten.«
Ständig bekommt ThEnigma Anträge. »Hey«, lacht er, »die wollen alle ein Puzzle machen!« Er tut die Avancen als Neugier ab, als Beweis für die Attraktivität, die Bühnendarsteller für die Menschen besitzen, aber ich glaube, er sieht die wahren Gründe nicht. Sein Sex-Appeal geht über den üblichen erotischen Reiz eines gut gebauten tätowierten Mannes hinaus, oder auch über die politisch suspekte, aber dennoch starke Attraktivität eines Menschen, der körperlich »anders« ist als man selbst. Es ist auch mehr als sein übermenschliches Vertrauen auf die Besonderheit

seines Körpers. ThEnigmas besondere Tätowierungen laden zu einem voyeuristischen Interesse ein, weil sie noch nicht fertig sind. Er ist ein Werk im Entstehen. Während bei den meisten Menschen mit großflächigen Tattoos noch weite Hautflächen auf die Kunst warten, hat ThEnigma insofern ein ungewöhnliches Szenario geschaffen, als sein ganzer Körper auf eine Weise bedeckt ist, die seinen teilweise unfertigen Zustand deutlich macht. Ich möchte nicht nur unter seinen Slip gucken (ist er blau oder pink?), sondern unter sein Tattoo. Aber das ist mir unmöglich. Ich kann nur durch die Löcher des Puzzles bis auf die Haut darunter schauen.

Sexy ist er auch aus demselben Grund wie Miss Ash in der Tanzbar in Florida. Obwohl ThEnigmas Tätowierungen hypermaskulin und sogar beängstigend sind, und Miss Ashs Verkleidung als Frau hyperfeminin und sogar lächerlich ist, sind doch beide dekorierte Männer. Sie haben den Reiz von Pfauen, die mit gespreizten Schwanzfedern über einen Hof voller plumper, grauer Tiere stolzieren. Besonders in den heterosexuellen Kreisen, in denen ich mich bewege, stellen Männer sich nicht zur Schau. Falls sie es doch tun, geschieht es meist, indem sie ihr Hemd ausziehen und zeigen, was (relativ gesprochen) natürlich da ist, statt es mit Kosmetika zu betonen oder mit Federn, Schmuck oder Tätowierungen zu dekorieren. Ein halbnackter Mann ist sehr hübsch – ich beklage mich ja gar nicht –, aber er läßt sich nicht auf jene subtilen, übergreifenden, widersprüchlichen Bedeutungen ein, die Selbstdekoration so interessant machen. Er gehorcht viel zu sehr ungeschriebenen Regeln der Männlichkeit, um unwiderstehlich zu sein. Michael Stipe mit seinem Lidstrich und mehreren Schichten Kleidung hat wesentlich mehr Pfeffer als manch ein süßes Bürschchen, das sein Polohemd um die Hüften schlingt. Und ich glaube nicht, daß Stipe androgyn oder als Frau verkleidet ist. Er ist nur dekoriert.

Ich möchte wissen, was unter Miss Ashs nasser Bluse, unter Miss Coffys geschminktem Gesicht, unter ThEnigmas blauer

Badehose vorgeht. Es gefällt mir, daß sie sich schmücken, das Geheimnis des neuerfundenen Ich macht mich an, ein männlicher Körper, der nicht von den üblichen Zwängen der Männlichkeit eingeengt ist, fasziniert mich.
Was besagt es über unsere Kultur, daß wir Verständnis für das Entfernen und Absaugen von Gewebe haben, das wir als beschämend empfinden (Haar, tote Haut, überflüssiges Fett), aber uns gegen offenkundige Dekoration von ähnlicher Dauerhaftigkeit wehren? Wieso ist Dekoration nur dann akzeptabel, wenn sie wieder zu entfernen oder als natürlich zu kaschieren ist, aber abstoßend, wenn sie sich als permanent zu erkennen gibt? ThEnigma zwingt jeden, mit dem er in Kontakt kommt, sein Verständnis von Kunst und Körper und der Möglichkeit des Andersseins zu überdenken. Sein Status als Mensch, der aus freien Stücken erotisiert und anders ist, zwingt uns, unsere uneingestandenen Definitionen des Menschseins zu revidieren. Wenn wir ihn anschauen, müssen wir uns unsere Ängste vor schreiend offensichtlicher Selbstdekoration eingestehen und zugeben, daß wir engagiert an der Illusion festhalten, unsere Künstlichkeit sei vergänglich, und unser Interesse an Selbstdarstellung unter einem Deckmantel der Natürlichkeit verstecken. ThEnigmas Präsenz, die so offensichtlich konstruiert und künstlich und so offensichtlich schmerzlich zu erlangen ist, bringt unsere normalen Präferenzen durcheinander.

Tätowierungen

Nach dem Essen mit ThEnigma kaufe ich eine Menge Tattoo-Magazine. Die meisten sind ziemlich schlecht und zeigen Unmengen marmoriertes Fleisch. Eine Ausgabe von *International Tattoo Art* enthält jedoch einen Artikel über Elisabeth Weinzirl, eine stark tätowierte Frau, die vor ein paar Jahren im Alter von 91 Jahren starb. Weinzirl war erstaunlich. Ihre Kunst bedeckte ihren Leib und ihre Schenkel. Blumige Ranken umspielten ihre Brüste, Schmetterlinge flogen ihren Rücken hinauf, eine Spinne hatte ihr Netz um ihren Bauchnabel gesponnen. In dem Artikel sind 27 Fotos von ihr abgedruckt, 20 davon zeigen sie nackt oder nur in Unterwäsche. Auf mehreren Fotos ist sie bereits Ende Achtzig, und in den Aufnahmen, die den Fortschritt der Tätowierungen dokumentieren, ist sie Ende Vierzig. Nirgendwo sonst habe ich je ein Aktfoto von einer alten Frau oder einer Frau in mittleren Jahren gesehen, die als schön vorgestellt worden wäre. Und sie war schön. Weinzirl zeigt ihren Körper voller Stolz, nackt am Schreibtisch, als sie Briefe an tätowierte Freunde schrieb, oder bescheiden vor dem Fernsehapparat in ihrem Wohnzimmer, und wir sollen ihren Körper voller Bewunderung anschauen.

In ihrem Essay *The Carnivalesque Body* schreibt Margo DeMello, daß tätowierte Frauen die Einstellungen der Mittelschicht ablehnen, wann der weibliche Körper gezeigt werden sollte, welches die Grenzen des Körpers seien, welche ästhetischen Entscheidungen ihn prägen sollten. Im Grunde sagt sie, Frauen, die sich tätowieren lassen, seien wie Männer, die Frauenkleider anziehen und sich auf eine gesellschaftlich unangemessene Weise dekorieren und definieren. Wenn ich mir Elisabeth Weinzirl anschaue, wird mir klar, daß ich trotz meiner Ängste und trotz des Drucks, natürlich zu sein, so sein möchte wie sie.

Das Tattoo-Studio ist nicht schwer zu finden. Obwohl in New York City das Tätowieren seit 1962, als es eine Hepatitis-Epidemie gab, verboten ist, drucken Anzeigenblätter Annoncen von Tattoo-Künstlern im ganzen Land, und die Mitglieder meiner Internet-Newsgroup geben mir nur zu gern ihre Empfehlungen. Inner City Ink ist nur ein paar Blocks entfernt. Ich drücke eine Klingel ohne Namensschild und gehe hinauf, vorbei an einem Piercing-Shop und einem Laden, der auf Bestellung Lederfesseln herstellt. Die Ladentür ist mit einem grinsenden Drachen

bemalt. Auf einem Schild steht: Kein Zutritt für Minderjährige. Ein Summen vibriert in der Luft.
Im Ladenlokal stehen vier Schreibtische, zwei vorn und zwei im Hinterzimmer. Auf jedem steht eine Tätowiermaschine, daneben Zeichnungen, Marmeladengläser mit Gummihandschuhen, Einmal-Rasierklingen und Mullbinden. Paravents schirmen Kunden vor Blicken ab, wenn sie es möchten, aber die Atmosphäre hat mehr von einer Performance als von Privatheit. Wartende Kunden beugen sich vor, um das entstehende Werk zu sehen, und machen Komplimente. Ein junger Mann ohne Hemd mit aufgeknöpftem Overall betrachtet im Spiegel die Vorlage, die auf seine Schulter gemalt ist. Es sind Flügel, von denen einer bis an sein Schlüsselbein reicht, der andere bis ans Rückgrat. Er ist nicht zufrieden mit der Plazierung und bittet den Künstler, sie abzuwischen und noch einmal aufzutragen. Ein großer junger Bursche mit rundem Gesicht und Stammestattoos – einige indianisch, andere afrikanisch – auf beiden Armen nimmt in starkem Brooklyn-Akzent einen Anruf entgegen.
Es ist viel zu tun. An der Wand hängen die »Flashs«, die Standardzeichnungen, aus denen die Kunden wählen können: Totenköpfe, Blumen, Zeichentrickfiguren, Stammeszeichen. Darunter liegen große schwarze Bücher, die Kundenarbeiten eines jeden Künstlers zeigen. Ein junger Mann mit glatt zurückgekämmtem Haar und Koteletten bietet mir seine Hilfe an. Wie sich herausstellt, ist er Jamie Worther, einer der Künstler. Sein Musterbuch, das er mir zeigt, ist anders als die übrigen. Es enthält kleine Farbfotos in einem schlichten Album mit geblümtem Einband. Die Tätowierungen in dem Album sind frisch, die Arme leicht geschwollen, die Haut glattrasiert. Sie sind sehr detailgenau und frei von dem testosteronstrotzenden Bildvokabular, das ich in der Arbeit seiner Kollegen sehe. Ein Foto von einem Armband, das auf Edward Goreys lustigen pseudo-viktorianischen Cartoons basiert, gefällt mir. Ich zeige Jamie ein Bild

von einem Tattoo, wie ich es haben möchte, und er meint, ja, das könne er machen. Er mache mir die Zeichnung bis zur nächsten Woche fertig.

Schon auf den ersten Blick sanktioniert das Tattoo-Studio ein völlig anderes Verhalten als andere Orte, die ich besucht habe, um zu erforschen, wie wir uns dekorieren. In der Parfümerie liegt der Schwerpunkt auf der Schönheit des Produkts – den Farben, den Düften, der Konsistenz – und auf der Unansehnlichkeit der Kundin. Sie ist in Neonlicht getaucht, spiegelt sich in Vergrößerungsspiegeln und wird allgemein so bloßgestellt, daß sie etwas kauft, um ihre Mängel zu verdecken. Es herrschen hygienische Konventionen, wie sie Produkte auszuprobieren hat, die ein leichtes Schamgefühl gegenüber den Keimen, dem Speichel und dem Schweiß schaffen, die wir alle mit uns herumschleppen. Im Fan Club türmen sich die Regale bis weit über meinen Kopf, und die Kleider schienen wichtiger zu sein als die Menschen. Der merkwürdige Mangel an Privatheit vermittelte mir den Eindruck, daß der Körper hier nichts weiter als ein formloser Kleiderständer sei, den die Kleider verstecken, aber nicht dekorieren. Im Secondhandshop für wohltätige Zwecke herrscht eine Atmosphäre praktischer Nüchternheit. Dort ist nichts schön, vermutlich wird nicht einmal etwas gewaschen. Der Kunde muß sein armseliges Fleisch bedecken und vor der Witterung schützen. Im Secondhandshop kann man das auf billige Weise tun. In solchen Einrichtungen herrscht unterschwellig immer eine gewisse Scham oder Mißachtung des Körpers, die die Freude am Sich-Schmücken dämpft, wenn auch nicht ganz auslöscht. Diese Gefühle sind im Inner City Ink nicht vorhanden.

Hier gibt niemand ein Urteil ab, welche Dekoration angemessen ist (obwohl die meisten Studios Tätowierungen an sichtbaren Hautstellen nur vornehmen, wenn der Kunde bereits viele Tattoos hat). Wenn jemand ein Feuerwehrauto auf seinem Schwanz haben will, ist das cool. Wenn jemand Jimi Hendrix auf dem

Hintern haben will, ist das ebenfalls cool. Wichtig ist, daß das Feuerwehrauto einen schönen leuchtenden Rotton hat, und die Zeichnung zur individuellen Form des Gemächts paßt. Wichtig ist, daß Jimis Afro-Look sich der Rundung der Hüften anpaßt und die Schattierungen des Gesichts sorgfältig herausgearbeitet sind. Tattoos schmeicheln weder der Figur, noch betonen sie gute Merkmale, daher ist es völlig egal, ob der Hintern die Größe eines Monster-Trucks hat oder der Schwanz die Größe einer Büroklammer. Wenn das Kunstwerk gut aussieht, sieht auch der Kunde gut aus.

In Modezeitschriften, Modenschauen, Kosmetikanzeigen und anderen öffentlichen Vorführungen von Dekorationsmöglichkeiten zeigt man Kleider und Make-up an vollkommenen Körpern. Im Tattoo-Studio heben Kunden, die sich kürzlich haben tätowieren lassen, einfach ihr Hemd, um das Werk zu zeigen und bieten sich als lebende Muster an. Die Fotografien in den Mustermappen sind Amateuraufnahmen von realen Menschen. Jeder Körper und jedes Bild ist einmalig. Das ist etwas völlig anderes, als die neue Kosmetikreihe auf dem Gesicht eines Models zu sehen oder ein Kostüm, das man kaufen möchte, auf einem Foto in einer Zeitschrift zu betrachten. Der dort abgebildete Gegenstand ist genau der gleiche wie der, den man kauft, und man zeigt uns seine empfohlene Verwendung. Man sieht ihn in seiner perfekten Form. Im Inner City Ink ist das Tattoo eines anderen nie ein Beispiel, wie man selbst aussehen sollte. Es ist schlicht und einfach ein Beispiel für das, was ist.

»Sehen Sie mal, was ich mir letzten Monat habe machen lassen«, können Sie sagen. »Sieht das nicht toll aus?« Eine Brustvergrößerung soll natürlich aussehen. Die Grundierung beim Make-up soll Mängel abdecken. Aber da es bei einem Tattoo nicht darum geht, wie gut man bestimmten gesellschaftlichen Normen entspricht, weil man mit den ungeschriebenen Regeln der Verschönerung bereits gebrochen hat, können auch die Regeln der Selbstdarstellung gebrochen werden. Das bietet einen sicheren

Kontext für die Bloßstellung, wie ich ihn noch an keinem anderen Ort gefunden habe, der Körperschmuck verkauft.
Als ich wiederkomme, um mir die Zeichnung anzusehen, ist Jamie gerade bei der Arbeit. Es ist Mittagszeit, und er ist der einzige Künstler im Studio. Eine junge Judy Garland in roter Cordhose liegt auf einem gepolsterten Tisch, das T-Shirt hoch- und die Hose heruntergeschoben, so daß ein schwarzer Synthetik-Slip zu sehen ist. Auf ihrem Leib befindet sich eine purpurfarbene Zeichnung von einem Baum mit knorrigen Wurzeln, der ihr bis über die Brüste reicht, die von dem T-Shirt bedeckt sind. Ein Nagetier klammert sich an den Stamm und starrt mit großen Augen in die Nacht. Es wirkt wie aus einem Cartoon, was sich neben dem relativen Realismus des Baumes seltsam ausnimmt. Wie ich sehe, hat sie im unteren Rückenbereich schon eine Tätowierung mit einem Sternenmuster. Es wirkt bewußt häßlich, ein tiefes Schwarz mit orange-blauen Streifen in Inneren. Sie plaudert beiläufig mit ihrem Freund, der gut drei Meter entfernt auf einer Couch sitzt und ein Grillhähnchen ißt. Offenbar haben sie gerade mit der Arbeit begonnen; nur die Wurzeln des Baums sind schwarz und an den Rändern geschwollen und zeigen Spuren von Jamies Nadel.
Ein kleiner, dicklicher Mann mit dickem Goldring in der Nase stürmt in den Raum. Er ist aus dem Laden für Lederfesseln nebenan. Lautstark verkündet er, daß wir uns wegen der Bullen keine Sorgen mehr zu machen brauchen. Joe aus dem (legalen) Piercing-Shop im Erdgeschoß hat einen Freund in irgendeinem Amt, der uns Bescheid geben wird, falls irgendwas läuft. Jamie und der Junge mit den Stammeszeichen auf den Armen sehen erleichtert aus. Sie bedanken sich bei dem Ledermann, der im Hinausgehen die Tür zuschlägt.[1] Nach einer Weile machen

1 Mittlerweile ist das Verbot von Tätowierungen in New York City aufgehoben worden. Tattoo-Studios gibt es inzwischen überall, und es ist schwierig, durch East Village zu gehen, ohne Tinte abzubekommen. (Anm. d. Übers.)

Jamie und Judy eine Pause, und ich schaue mir meine Zeichnung an. Jamies Schreibtisch steht vor einer Pinnwand, die mit Skizzen bedeckt ist – ein geflügelter Drache, Muster für Armbänder, ein dralles Baby in Raumanzug. Dort hängen auch Fotos von einem jungen Frettchen, das in unterschiedlichen Positionen schläft. Meine Zeichnung ist toll, obwohl sie noch nicht ganz fertig ist. Sie ist auf Pauspapier, und am Rand sind einige Alternativen leicht skizziert. Wir machen einen Termin: Mittwoch mittag. Jamie erinnert mich, daß sie nur gegen Barzahlung arbeiten.

Der große Tag beginnt damit, daß Jamie eine Schablone meiner Zeichnung anfertigt. Viermal muß er sie aufzeichnen, bevor ich zufrieden bin, und jedesmal ist mein Arm mit purpurfarbener Tinte verschmiert. Er wischt sie mit Papiertüchern und einer grünen Seife ab, die nach Krankenhaus riecht. Schließlich ist das Bild an der richtigen Stelle. Er rasiert mir den Oberarm mit einem blauen Damenrasierapparat.
Ich setze mich auf einen Spezialstuhl, der meinen Arm stützt, während die Tinte einzieht. Es tut weh. Hope, eine aufstrebende Malerin mit blauem Haar und tragischer Haut, schaut genau zu. Sie ist Jamies Lehrling. Gerade hat sie sich ihre erste Tätowierung gemacht und zeigt mir ihren Knöchel. Er ist um dicke rote Linien angeschwollen – die Zeichnung ist nicht zu erkennen. »Ich habe zu fest gedrückt«, erklärt sie. Auf ihrem Unterleib hat sie einen Davidstern, und ihre modische Bluse der Siebziger ist hochgeknotet, um ihn zu zeigen; ihr weiches Fleisch hängt über die Samthose. Ich unterhalte mich mit ihr über Malerei und Sport und andere Banalitäten, bin mir aber die ganze Zeit Jamies körperlicher Gegenwart bewußt. Er hat die Ärmel aufgekrempelt und zieht mit der linken Hand die Haut auf meiner Schulter straff, während sein nackter rechter Arm bei der Arbeit auf meinem liegt. So sitzen wir stundenlang da. Es ist wie Händchenhalten. Blut ist keins zu sehen, erklärt er mir, weil die Tinte schwarz ist.

Eine unscheinbare Frau in Jogginghose mit feuchten blonden Haaren und geröteter Haut kommt mit ihrem Freund herein. Er ist schwarz, hat Arme wie Baumstämme und trägt ein sauberes weißes T-Shirt. Sie knutschen auf der Couch und gehen wieder hinaus, um eine Zigarette zu rauchen, während sie warten. Als sie an der Reihe ist, bindet sie ihr Haar zu einem Pferdeschwanz zusammen, und ich sehe, daß ihr Nacken tätowiert ist: ein dämonische Gesicht in Schwarz und Grau, ein rachsüchtiger Geist, der aus ihrem Körper befreit sein möchte. Sie geht auf die Toilette, um sich umzuziehen, und kommt in einem olivgrünen Männerunterhemd wieder, das an den Armen so weit ausgeschnitten ist, daß man die Brustfalten sieht. Sie läßt sich ihren Namen, Tina, in Schmucklettern auf die Schultern tätowieren. »Geh sanft mit mir um, Will«, sagt sie, als sie den Kopf auf ein Kissen vor seiner Maschine legt. »Ich bin Exotik-Tänzerin und habe letzte Nacht bis vier Uhr morgens meinen Hintern geschwenkt. An manchen Tagen bin ich einfach nicht in Stimmung für Schmerzen, und heute ist einer davon.«

Ein brutal wirkender Mann im Achselhemd läßt sich von einem der anderen Künstler eine Jesusfigur auf die Schulter tätowieren. »Jesus mache ich nicht«, flüstert Jamie mir über meinen Arm gebeugt zu. »Auch nicht die Jungfrau Maria. Ständig wollen die Leute das, aber das ist mir zu unheimlich.« Wie sich herausstellt, ist Jamie nicht nur Tattoo-Künstler, sondern auch ein munterer Satanist, Freund der Frettchen und hat das Studium an der Schule für Graphikdesign geschmissen. In seiner Freizeit spielt er in einer Punk-Rock-Band. Sie spielen vorwiegend Songs über Massenmörder und behaupten, den Teufel anzubeten. »Aber das stimmt eigentlich nicht«, erklärt er. »Das ist nur Schau.« Er spielt eine Demokassette mit ihrem John-Wayne-Gacy-Song vor, aber ich verstehe den Text nicht. Nach einer Weile gibt er zu, daß er einmal ein Jesus-Tattoo gemacht hat: Jesus masturbierte durch die Löcher, die die Kreuzigung in seinen Händen hinterlassen hatte.

Trotz dieser verwirrenden Enthüllungen kümmert Jamie sich gut um mich. Er benutzt Gummihandschuhe und Wegwerfnadeln und wechselt beides häufig. Als wir eine Mittagspause einlegen, bietet er mir Reis und Bohnen an. Ich gehe uns Limonade holen. Er sagt mir, daß ich ganz schön in Ordnung bin, und nimmt sich zwei Stunden Zeit, um an Details zu arbeiten, die er mir nicht berechnet. »Das ist riesig!« sagt der Bursche mit den Stammeszeichen auf den Armen, was soviel heißt wie »gute Arbeit«. »Jamie, du bist krank! Schau dir dieses Detail an.« Ich bin stolz, weil ich nicht mehr die Leinwand bin. Ihre Schönheit ist zu meiner geworden, und der Bursche mit den Stammeszeichen-Armen bewundert einen Teil meines Körpers. Den einzigen, den ich mir ausgesucht habe. Jamie verbindet mich und schickt mich nach Hause.

Vor zehn Jahren habe ich mir vorgestellt, eine Tätowierung wäre ein Beweis meiner Erfahrung und würde eine latente Härte meiner zerbrechlichen Seele zum Vorschein bringen. Vielleicht hat sie das ja getan. Aber sie hat mir auch einen linken Arm verschafft, den ich ständig unheimlich toll finde. Auf einen Teil meines Körpers bin ich uneingeschränkt stolz. Die Schönheit der Literatur des 19. Jahrhunderts, die ich seit jenen Tagen mit Charlotte Brontë im Perlenladen liebe, ist nun ein Teil von mir. Auf meinem Arm prangt für immer eine Schriftrolle, die sich um meinen Oberarm schlingt und eine kleine Träne auf dem oberen Rand hat. In der Bildmitte steht Tennysons »Lady of Shalott« nach einer Zeichnung, die der Maler William Holman Hunt für eine Sonderausgabe eines Gedichtbandes von 1857 schuf. Die Lady lebt in einem Turmzimmer auf einer einsamen Insel. Sie webt einen Teppich und schaut gerade in einen Spiegel, der die Straße nach Camelot reflektiert, die durch das Fenster hinter ihr zu sehen ist. Sie betrachtet das Spiegelbild der Welt und webt es in das Muster ihres Gewebes. Ein Fluch wird sie treffen, falls sie direkt auf Camelot herabblicken sollte. Dann bringt die Schönheit von Sir Lancelot im Spiegel sie in Versu-

chung. Sie betrachtet ihn durchs Fenster statt im Spiegel: »Out flew the web and floated wide;/The mirror cracked from side to side;/ ›The curse is come upon me‹, cried/ The Lady of Shalott.« (Hinaus wehte das Tuch und entschwebte weit/Der Spiegel brach von Seit' zu Seit' /›Der Fluch, nun hat er mich ereilt‹/rief die Lady von Shalott)
Und genau diesen Moment hat Hunt in seinem Bild eingefangen. Die Lady ist riesenhaft dargestellt mit schwerem Kinn in der dunklen Manier der Präraffaeliten. Sie füllt den Turm völlig aus, in dem sie gefangen ist und der neben ihr zwergenhaft wirkt. Ihr Haar weht durchs Zimmer und verschmilzt mit den Fäden ihres Gewebes. Sie steht in der sich aufriffelnden Handarbeit verfangen, die durch das Fenster weht, und weiß, daß sie verloren ist.
Die Lady of Shalott vermengt ihren Körper (ihr Haar) mit ihrer Kunst (den Fäden ihres Gewebes). Sie hat aufgehört, in den Spiegel zu schauen, der nur blasse Reflexionen der lebendigen Welt außerhalb des Turmes wiedergibt. Sie hat sich entschlossen, ihren körperlichen Begierden nachzugeben, körperlich in der Welt zu leben, auch wenn es ihr Ende bedeutet.
Die alten Bücher, die ich so liebe, die Geschichte, die Kunst, die Poesie, sie alle sind nun unter meiner Haut. Spiegelt mein Körper meine Seele wider? Oder hat sich meine Seele durch die Veränderung meines Körpers verändert? Ich denke, beides. Allmählich begreife ich, was ThEnigma meinte. »Das ist nur die Kehrseite des Puzzles«, sagte er und streckte seine blauen Arme weit aus. »Die Kunst liegt innen.« Stolz und voller Freude krempele ich meine Ärmel hoch.

Sex

Striptease

Die Show bei Chippendales ist eine Fallstudie über die Verrücktheiten der Heterosexualität im heutigen Amerika. Ein Mann im Smoking mit lächerlich großem Kinn begrüßt mich an der Tür. Als er sieht, daß ich mich verstohlen umschaue, fragt er: »Wollen Sie sich hier mit einer anderen jungen Frau treffen, die genau solche Haare hat wie Sie?«
Er meint kurze Haare, scheint aber Angst zu haben, es auszusprechen, als würde er mit der Erwähnung meines Pilzkopfes meine Heterosexualität oder meine Weiblichkeit in Frage stellen. Erleichtert entdecke ich Jessica, die andere Kurzhaarige, die mir von der anderen Seite des Raumes zuwinkt. Das Publikum besteht aus einer rein weiblichen Gesellschaft aus Long Island, die hier eine Junggesellinnenparty feiert. Die meisten sind auf eine synthetische Art sexy zurechtgemacht, zeigen viel bestrumpftes Bein in der Farbe von Sonnenbräune, haben die Lippen mit starkem Konturenstift nachgezogen und viel Haarspray aufgelegt. Ausgelassen vor festlicher Erwartung machen sie Fotos und gehen von Tisch zu Tisch. »Wie viele sind zu einer Junggesellinnenparty hier?« erkundigt sich der Conférencier.
Der ganze Saal bricht in Gekreische aus. Meine Freundin Ruth, Weltreisende und Marathonläuferin, paßt mit ihrer lockigen Haarfülle und ihrer pinkfarbenen Bluse besser hierher als ich, aber sie ist ein bißchen entnervt, weil sie als erste da war. Während sie ihr Bier aus einem Plastikbecher trank und darauf wartete, bis Jessica und ich es durch den Schnee hierher schafften, war sie eine Zeitlang die einsame Wölfin, die den Kellner mit

seinem nackten Oberkörper beäugte und 35 Dollar Eintritt für ein bißchen Nervenkitzel blechte. Wir bekunden ihr unser Mitgefühl. Dieser wölfische Konsum sexueller Dienste ist für eine junge Frau eine völlig ungewohnte Rolle. Wir drei finden Erleichterung in einer mädchenhaften Kameraderie, die der der Junggesellinnen recht ähnlich ist.

Dem Besuch einer männlichen Strip-Show haftet etwas an, das die sexuelle Legitimität des weiblichen Publikums in Zweifel zieht. Wir unternehmen diverse Versuche, sie zu bekräftigen. Die Zurückhaltung des Portiers in Hinblick auf meinen Haarschnitt, die Junggesellinnenparty als rituelle Feier, daß es einer Frau gelungen ist, sich einen Mann zu angeln, die provozierende Abendgarderobe der Frauen um uns herum, Ruths Unbehagen, allein hier zu sein – all das sind Symptome für die heikle Lage, die der Rollentausch im Chippendales schafft.

Anfangs erscheint dieser Rollentausch überaus einfach. Wie Ken Siman in *The Beauty Trip* aufzeigt, sind die Kellner im Chippendales, die ohne Hemd, aber mit Fliege und weißen Manschetten bedienen, muskulöse männliche Ausgaben der Playboy-Bunnys. Auf der Bühne prangt die klassische Stripper-Stange. Der Conférencier stellt uns die Kellner namentlich vor und erklärt uns, daß sie da sind, um uns jeden Wunsch zu erfüllen. Doch sobald die Show beginnt, wird es komplizierter.

Das Licht wird gedämpft, die Musik dröhnt, und eine Parade von Tänzern hüpft durch eine Abfolge leicht abgedroschener Bewegungen und läßt die Brust blitzen, aber nicht viel mehr. Die Junggesellinnen kreischen, wackeln auf ihren Stühlen und verstecken ihre Gesichter, wenn ein Stripper seinen Hintern im Stringtanga unter einem Trenchcoat hervorstippt. Im Laufe der Show bemerke ich eine Hierarchie unter den Tänzern auf der Bühne. Eine Reihe durchschnittlich aussehender Männer in engen schwarzen Hosen, Stirnbändern und kurzen Hemdsärmeln bilden das Ballett. Ich nehme an, sie sind angehende Tänzer, die eine Karriere in einer Broadway-Show anstreben und hier ihre Brötchen verdienen. Etwas darüber stehen einige hübsche Jungs mit nacktem Oberkörper, die zwar keine Solostrips machen, aber ab und an ihre Hosen während einer Gruppennummer herunterlassen und muskulöse Hintern in leuchtend bunten Stringtangas zeigen. An der Spitze stehen die Solostripper; sie haben potente Namen wie Steve Cougar (Puma) und Chad Devereaux. Cougar ist eindeutig die Nummer eins der Nackttänzer; seine Spezialität sind Playback-Nummern zu romantischen Balladen, und er tritt mehrmals auf, einmal in Uniform und zweimal im Anzug ohne Krawatte. Übrigens auch ohne Socken, denn sie würden eine ernsthaft prosaische Note in die nahtlose Fickfantasie bringen, die die Show unabhängig vom Szenario dominiert. Und an dieser Stelle fällt mir auf, daß die Fantasie, die das Chippendales propagiert, sehr beschränkt ist, und ich frage mich, wieso.

Die Solostripper sind alle von einem bestimmten Typ. Abgesehen von ein paar Details der Frisuren (einer hat eine Fabio-Frisur, ein anderer einen Bob, wie ihn pubertäre Jungs in Sitcoms bevorzugen), sind sie sich so ähnlich, daß ich erst an dem winzigen Tattoo auf seinem Hintern erkenne, daß Cougar schon zum zweitenmal auftritt. In gewisser Weise ist das Bestandteil der Fantasie – »Oh, dich habe ich doch schon mal gehabt, Süßer? Ich meine, mich an diesen niedlichen kleinen Tintenfleck auf deinem Hintern zu erinnern. Nimm's nicht persönlich, Baby. Ein Gesicht mag ich vergessen, aber einen Stoßzahn wie deinen vergesse ich nie.« Körper und Gesichter der Stripper wirken erstaunlich homogen, selbst innerhalb der Grenzen dessen, was man bei Chippendales erwarten dürfte. Sie sind alle groß und kräftig, obwohl einige der Background-Tänzer zierlicher sind. Alle sind weiß. Ein Bursche heißt zwar Lopez, hat aber das gleiche Dick-Tracy-Kinn und die gleiche helle Haut wie die anderen.

Die thematischen Szenarien, in denen sie tanzen, sind blitzsauber. Eins ist eine falsche Calvin-Klein-Werbung, in der vier oder fünf Männer langsam in Unterhosen und Unterhemden herumstolzieren und sich allmählich im Licht vorgetäuschter Jalousien ausziehen. Als alle ihr Hemd ausgezogen haben, strippt einer bis auf den Stringtanga, während die anderen die Bühne verlassen. Dann simuliert er, mit einer riesigen Bananenattrappe auf einem bettähnlichen Gebilde, über dem ein Moskitonetz hängt, zu masturbieren. Sekunden bevor die Lichter ausgehen, speit die Banane weiße Flüssigkeit hoch in die Luft. Deutlicher wird es nicht mehr: eine Florida-Fantasie, dargestellt in den Bildern einer landesweiten Anzeigenkampagne, um ihr Klasse und Legitimität zu verleihen. Zwei fast identische Nummern zeigen Männer in einem Outfit, das sie als Manager des örtlichen Hard Rock Cafes oder eines Tennisclubs in Los Angeles zu erkennen gibt: dunkelroter Anzug mit geblümtem Hemd oder schwarzer Anzug mit bunt bedrucktem Hemd, aber ohne Socken. In einer anderen Szene strippt Cougar langsam zu einer Ballade der Top Forty und hört zwischendurch immer wieder auf, um mit zwei anderen Burschen in engen weißen Marineuniformen in militärischer Formation auf- und abzumarschieren.

Keiner der Männer gehört der Unterschicht an, aber auch keiner der Oberschicht. Seltsamerweise ist nichts von jenem Ungleichgewicht der Macht zu spüren, das so viele Fantasien schürt. Kein Traum, den Topmanager bei einem Vorstellungsgespräch zu vernaschen, ist hier erlaubt, kein kräftiger Klempner, der unter meinen Abfluß schaut. Nur ein guter Mittelschichtmann mit fragwürdigem Geschmack, der seine Liebe über ein schlechtes Playback zu einem altbekannten Song vermittelt. Selbst der Langhaarige in der Lederjacke ist perfekt manikürt und bar aller Anzeichen von Flegelhaftigkeit: Er trägt weder zerrissene Jeans oder Lederhosen noch raucht er. Keine Fünf-Uhr-Stoppeln, kein billiges weißes T-Shirt, kein Ohrring oder sonst etwas erlaubt mir die Vorstellung, daß er etwas anderes sein könnte als ein Junge mit einer Dauerwelle, der ein Kostüm trägt. Die Illusion scheint bewußt unvollständig angelegt zu sein.

Wo ist der UPS-Mann in Uniform? Wo ist der schmuddelige achtzehnjährige Schüler, der seine Lehrerin verführt? Wo der bleiche, hagere Vampir, der sich vor Begierde verzehrt? Der Transvestit, der langsam seine Frauenkleider auszieht, um seine wahre Identität zu enthüllen? Wo der ledrige Bauarbeiter, dem *ich* nachpfeifen kann? Ich würde mich sogar mit dem Stoff der Liebesromane zufriedengeben: einem Scheich, der für seinen Harem strippt, einem Piratenkönig in schwarzer Maske, einem Indianer in voller Kriegsbemalung. Aber das ist vermutlich nicht politisch korrekt, zu urwüchsig. Aber wozu ist Striptease denn da?

Wenn ein Tänzer seine letzte Darbietung gebracht hat, steigt er im Stringtanga ins Publikum. Frauen schwenken Geldscheine über ihren Köpfen, um Küsse zu kaufen. Bestenfalls legt der Mann seinen Kopf in ihren Nacken und stößt zuckend sein Bekken vor. Vielleicht haben die Empfängerinnen dieser Extravorstellung ihm einen Fünfer zugesteckt, denn manche Frauen bekommen nur einen flüchtigen Kuß auf die Wange. Johnny St. Claire, der langhaarige Muskelmann, der in der Lederjacke getanzt hatte, ist besonders züchtig. Er streift mit den Lippen leicht über die Haut der Frauen und schießt mit dem Geld in der Hand davon. Trotzdem ist er ebenso gefragt wie die anderen; offenbar wollen die Frauen ihnen gar nicht an den Hintern pakken oder an der Brust fummeln. Die meisten heben ihre Hände während des Kusses hoch in die Luft, als könnten sie die Tänzer wegen frisch lackierter Nägel nicht anfassen. Aber mich stört etwas an St. Claire. »Warum legt er sich nicht ins Zeug?« flüstere ich Jessica zu. »Er müßte ihnen doch das geben, wofür sie bezahlt haben.«

Die Aufwallung von Ärger entsprang, wenn ich es recht überlege, dem ersten Mal, daß ich einen Mann wirklich als Objekt gesehen habe, als Körper ohne Gefühle. Eine Sekunde lang sah ich St. Claire nur noch als Stricher, der seinen Job nicht sonderlich gut machte, statt als Menschen, der aus wirtschaftlicher

Notwendigkeit zu unerwünschtem Körperkontakt gezwungen war. Sicher, ich habe mir Brad Pitt in Filmen angesehen oder manchen Rettungsschwimmer am Strand, aber noch nie zuvor habe ich erlebt, daß ein Objekt der Begierde mich für Geld anfassen würde, für nur einen Dollar sogar.

Rick, ein schlaksiger blonder Verkäufer mit der Figur eines Surfers, arbeitete anderthalb Jahre lang als Oben-ohne-Kellner in einem Club am Rand von Chicago. An guten Abenden waren dort vierhundert Frauen, sieben Tänzer und vier Kellner. Es war eine thematisch angelegte Show ähnlich wie im Chippendales, wenngleich vielleicht ein bißchen zufriedenstellender: keine zahmen Gruppennummern, sondern ein Beach Boy mit Unmengen Sonnenöl, ein Latin Lover und mein ersehnter Bauarbeiter. Rick trug eine enge schwarze Hose und eine Fliege. Sonst nur noch Schuhe. Er erzählt mir, daß es nach der Show auf dem Parkplatz heiß herging. Gelegentlich war er selbst mit dabei, aber Geldangebote lehnte er ab. »Komm mit mir und meiner Freundin nach Hause«, boten Frauen ihm an. »Wir bezahlen dich.« Gewöhnlich waren die Kellner, wie er sagt, für bezahlten Sex nicht so begehrt wie die Tänzer. In der Garderobe hörte er, wie einer sagte: »Ich kann es gar nicht fassen, sie hat mir fünfzig Mäuse gegeben, nur um mir auf dem Parkplatz einen blasen zu können.«

Der Club hatte eine Menge Stammgäste, darunter eine Mutter mit Tochter, die nach Ricks Beschreibung mit dem Mob verheiratet waren. »Sie hatten einiges Geld flüssig«, erzählt er. »Wenn die anderen mit Einern winkten, schwenkten sie Fünfer oder Zwanziger.« Wie sich schließlich herausstellte, zahlte die Mutter einem der Tänzer Hunderte von Dollar für Sex. Eines Tages tauchte ihr Mann auf, drohte dem Besitzer und nahm ihm das Versprechen ab, seine Frau nie wieder ins Lokal zu lassen.

Trotzdem sahen Rick und seine Kollegen ihren Beruf nicht als Sexarbeit, sondern eher als Jux. »Es war nicht so, daß sie es für Geld gemacht hätten«, sagt er. »Sie nahmen ja schon jeden

Abend mehr als 200 Dollar mit nach Hause. Die fünfzig extra brauchten sie gar nicht. Es hat sie einfach angemacht, nackt vor vierhundert Frauen zu tanzen. Ich habe das nie als Prostitution empfunden, obwohl es das war, wenn ich jetzt darüber nachdenke.« Für drei oder vier Dollar zeigte Rick an einem Tisch, den er bediente, seine Hüften im Stringtanga, und für sieben bis zehn Dollar auch sein Hinterteil. »Übergriffe auf deine Privatsphäre gehörten zum Job«, sagt er über Kundinnen, die sich eine Berührung klauten. »Aber es hat Spaß gemacht, mit Hunderten kreischender, geiler Frauen zu flirten. Als Rettungsschwimmer wurde ich dafür bezahlt, mich den ganzen Tag bräunen zu lassen, und nachts wurde ich dafür bezahlt, diese Bräune zu zeigen... Es ist nicht so, daß ich mich verkauft hätte.«

Ich habe keine Probleme mit Sexarbeit, wenn niemand dabei zu Schaden kommt, aber ein Mann verkauft sich – oder zumindest seinen Körper – tatsächlich, wenn er 50 Dollar für eine Nummer auf dem Parkplatz bekommt oder einen Dollar für einen Kuß auf die Wange. Dieser Schritt in Richtung Prostitution, den die Männer im Chippendales tun, wenn sie im Stringtanga durch das Publikum gehen, statt sicher auf der Bühne zu bleiben, ermöglichte den einzigen Moment eines vollständigen Rollentauschs, zu dem es an diesem Abend kam, als ich Johnny St. Claire als Objekt sah. Ansonsten bot der pseudo-egalitäre Striptease nur einen schwachen Vorgeschmack darauf, wie man sich als Mann wohl in einem Striptease-Club fühlen mag.

In Spielfilmen führen Frauen häufig einen Striptease für einen bestimmten Mann vor. Wenn sie solche Privatvorführungen geben, gelten sie Männern, zu denen sie eine tiefere Beziehung haben: Die Schülerin in *Exotica* tanzt für einen Mann, den sie von früher kennt, und ermöglicht ihm Fantasien über seine tote Tochter, während die Schwarze in *Showgirls* für den Mann tanzt, den sie begehrt und mit dem sie später ins Bett gehen wird. In *The Crossing Guard* spielt Jack Nicholson einen Stammgast in einem Club; eines Abends wird er aufgefordert, auf die

Bühne zu kommen und mit einer Stripperin in einem Babykleid zu tanzen. Später geht er mit ihr nach Hause, wie er es schon früher getan hat. Solche Filme erlauben einzelnen aus dem Publikum, an einer Fantasie teilzuhaben, die meiner Ansicht nach typisch für männliche Besucher von Strip-Shows ist: daß nämlich die Tänzerin sich für ihn und nur für ihn auszieht. Selbst wenn sie sich noch nie begegnet sind, läuft zwischen ihnen etwas Besonderes.

Im Blue Angel, einem selbsternannten erotischen Kabarett, sah ich diese Fantasie am Werk. Man hatte es mir als das angesagte Lokal für Gäste beiderlei Geschlechts beschrieben, dessen Vorführungen Drew Barrymore einmal so erregten, daß sie auf die Bühne sprang und ihre Kleider auszog. Ich ging mit Jessica auf der Suche nach männlichen Striptease-Nummern dorthin, wurde aber enttäuscht. Was ich bekomme, ist ein Blick ganz aus der Nähe auf rasierte, gepiercte Schamlippen und die plötzliche Erkenntnis, daß ich eigentlich nie richtig verstanden habe, was das Wort *lap dance* (Schoßtanz) bedeutet.

An der Tür kassiert eine magere Frau mit bartähnlichen blauen Tattoos am Kinn unseren Eintritt. Es gibt nichts zu trinken oder zu essen, nicht einmal ein Glas Wasser. Die Gäste haben Kartons mit Saft und Limonade mitgebracht, aber seltsamerweise hat niemand Bier dabei. An einem Tisch ganz vorn sitzen männliche und weibliche Models und schauen zu, wie sich eine ziemlich dicke, 1,80 Meter große Blondine mit dem Puppengesicht eines pausbäckigen Engels aus ihrem glänzend schwarzen Kleid pellt.

Völlige Nacktheit, bis auf die Plateauschuhe; kichernde Zellulitis. »Ich wette, sie ist fruchtbar wie eine Kuh«, sagt der Architektentyp am Tisch neben mir zu seinem Kumpel. Die einzigen Männer, die auftreten, sind ein Feuerschlucker und der Conférencier (»Zwei Juden kommen in eine Bar… und kaufen sie! Was ist der Unterschied zwischen Muschi und Sushi? Der Preis!«), aber die Frauen sind erstaunlich unterschiedlich. Eine, die ein Bikiniunterteil über merkwürdigen roten Fischnetzen trägt und eine altmodische Burleske tanzt, sieht aus wie vierzig. Die anderen sind jung; es sind alle Hautfarben vertreten, und Brustimplantate fehlen völlig. Ich bin sicher, daß keine der Tänzerinnen mehr als Körbchengröße B hat, und viele haben kräftige Beine, flache Brüste, schlaffe Hintern und unscheinbare Gesichter. Eine hat eine Narbe am Unterleib. Anders als im Chippendales, wo die Fantasie scheinbar nahtlos inszeniert war, kriechen die Mädchen hier in der Stille, die ihrer Darbietung folgt, auf der Bühne herum, sammeln ihre Stringtangas und andere abgelegte Kleidungsstücke ein und ziehen sie manchmal wieder an, bevor sie durch das Publikum in ihre Garderobe zurückgehen.

Die dramatischste und schockierendste Darbietung (die sogar die lesbischen Dominas – die tatsächlich beide irgendwie dominant waren – mit ihrem heißen Wachs, den Sklavenhalsbändern und den Knebeln übertrifft) bringt eine Stripperin namens Chelsea. Sie ist zierlich, hat eine gewaltige Mähne und ist im Gegensatz zu den übrigen Tänzerinnen durch das Publikum geschlendert und hat männliche Kunden angesprochen. Zwei Männer um die Fünfzig in karierten Hemden, die in diesem Großstadtpublikum aussehen, als kämen sie aus der Muppets-Show, haben ständig Gesellschaft von zwei wechselnden Stripperinnen an ihrem Tisch. Chelsea trägt ein so kurzes Kleid mit Raubtierdruck, daß es im Supermarkt verboten wäre, und konzentriert ihre Aufmerksamkeit auf einen angeberischen jungen Amerikaner asiatischer Abstammung mit Brille und Baseballkappe, der den schmierigen Conférencier mit Zwischenrufen geärgert hat. Über weite Teile des Abends hat Chelsea neben diesem Mann gesessen, Witze gemacht und unaufhörlich die Beine übereinander geschlagen. Da im Blue Angel keine Getränke ausgeschenkt werden, kann ich mir nicht vorstellen, welche Motive sie hat, sich so angelegentlich um ihn zu kümmern. Später sehe ich, wie sie sich im Hinterzimmer auf seinem Schoß windet, während er zurückgelehnt auf einer Couch sitzt. Sie ist völlig nackt. Seine Hände liegen auf ihrem Hintern. Das muß wohl der wahre Grund sein.

Ihre Darbietung, die vor dem Schoßtanz kommt, beginnt in Schwesterntracht mit Häubchen und Erste-Hilfe-Koffer mit rotem Kreuz darauf. Nachdem sie ein bißchen herumstolziert ist und ein paar ihrer Kleidungsstücke abgelegt hat, setzt sich Chelsea rittlings auf einen Stuhl, mit dem Gesicht zum Publikum. Sie öffnet den Koffer und holt ein Rasiermesser und Rasiercreme heraus. Mit gespreizten Beinen rasiert sie sich das Schamhaar ab, was sie offenbar erheblich erregt. Sie benutzt viel Rasiercreme und spült sie mit rot gefärbtem Wasser aus einem weißen Eimer ab. Als sie fertig ist, schlängelt sie sich auf einen anderen Teil der Bühne, legt sich hin und spreizt die Beine für die Männer (die Baseballkappe inbegriffen) am Tisch in der ersten Reihe. Sie beugen sich vor und betrachten ihren gepiercten Schritt wie Gynäkologiestudenten. Ich bin sicher, der Mann mit Hut glaubt, sie tanze ausschließlich für ihn. Und in gewisser Weise hat er recht.

Die Prostitution in Ricks Club in Chicago fand außerhalb des Lokals auf dem Parkplatz statt und nicht im Hinterzimmer. Bei Chippendales sind die Männer vor eindeutigen Angeboten sicher. Sie sind nur selten allein. Wenn sie zwischen den Auftritten durch den Saal gehen, tragen sie einen Smoking und setzen sich nie an die Tische. Nach der Show haben sie alle Hände voll zu tun, Kalender zu verkaufen und Polaroidfotos zu machen. Die romantischen Szenen, die die Stripper auf der Bühne darbieten, spielen zwar in die Fantasie des privaten Tanzes hinein, aber da die Männer keinen Schoßtanz vorführen und ein flüchtiger Kuß auf die Wange alles ist, was eine Frau von ihnen zu erwarten hat, gibt es keine Frau, die auf den tweedbezogenen Sesseln des Chippendale zum Orgasmus kommt, wie es Männer im Hinterzimmer des Blue Angel tun. Wenn eine Frau tatsächlich glauben sollte, Johnny St. Claire tanze ausschließlich für sie,

kann sie nicht ernsthaft erwarten, daß er es ihr nach der Show unter dem Tisch für ein paar Dollar extra mit seinen Fingern besorgen würde. Wenn die Jungs im Chippendales speziell für eine bestimmte Frau tanzen, sitzt sie nicht gemütlich im Hinterzimmer. Sie sitzt auf der Bühne und wird angestarrt. Am Ende einer Nummer kniete ein Muskelprotz vor einem Party-Girl in schwarzem Minirock, packte ihre Knie, spreizte ihre Beine und schob sein Gesicht an ihren Schritt. Sie sah nicht aus, als ob es ihr gefiele. Vorher hatte derselbe Tänzer eine andere Frau aus dem Publikum, die er ebenfalls auf die Bühne geholt hatte, an die Brust gepackt. Manche Szenarien sind noch extremer. Rick erzählt von seinem Club: »Der Conférencier war schwul. Dem war alles egal, der setzte sich oben drauf [auf die Frauen] und malmte drauflos, sogar in einer neunundsechziger Stellung auf dem Laufsteg, bei einer alten Frau oder wem auch immer.« Am Ende seines Candle-Light-Dinner-Tanzes steht Cougar vor seiner sitzenden Partnerin, legt seine Hände um ihren Kopf und stößt ihr Gesicht mehrmals in schneller Folge gegen seinen Schwanz. Hinterher fragten wir Cougar, der vollständig bekleidet durch das Publikum ging, ob schon mal Beschwerden gekommen seien. Gelegentlich schon, antwortet er, aber nicht oft, und er frage die Frau auch vorher nicht ausdrücklich um ihre Einwilligung, obwohl er sich bemühe, ein Gespür zu entwikkeln, wie sie wohl reagieren werde. Manchmal möchte er diese Nummer einfach nicht vorführen, fügt er hinzu.
Ich denke, ich kann mit einiger Sicherheit sagen, daß erzwungene Fellatio ziemlich weit unten auf der Liste der Sexualfantasien durchschnittlicher Frauen rangiert. Selbst jene unter uns, die Vergewaltigungsfantasien haben, dürften die Vorstellung, daß ihr Würgereflex ausgelöst wird, wenig unterhaltsam finden. Außerdem sind Fantasien, zu Sex gezwungen zu werden, eine Sache, wenn sie den Solosex ein bißchen beleben oder einem Abend mit einem vertrauten Partner Würze verleihen, aber es ist etwas völlig anderes, wenn der ungewollte Kontakt echt und

unerwartet kommt. Das gleiche gilt für die Situation, daß ein Publikum von über hundert kreischenden Zuschauerinnen einer Frau unter den Minirock schaut oder zusieht, wie ein völlig Unbekannter ihr an die Brust grapscht. Daß man bei Chippendales solche Erfahrungen offenbar für sexy hält, statt sie ärgerlich oder peinlich zu finden, zeigt mir, daß hier ein profundes Mißverständnis darüber vorliegt, was Frauen erregt. Oder solche Momente sind dazu gedacht, die angebliche Absicht sexueller Erregung bewußt zu untergraben.

Jegliche Erregung, die die zahmen Fantasien bei Chippendales erzeugen mögen, verflüchtigt sich wie ausgeknipst, sobald der Mann den simulierten Höhepunkt erreicht oder kurz seinen Stringtanga lüpft, und weicht einer Vorstellung von gutem Sex, von der ich nur annehmen kann, daß sie männlich ist. Wenn diese Burschen es mit einer imaginären Frau treiben, erreichen sie ihren Orgasmus durch schnelle Stoßbewegungen, und der gesamte simulierte Geschlechtsverkehr dauert etwa 58 Sekunden. Wenn sie kommen, speien ihre explodierenden Bananen oder spritzenden Bierdosen Flüssigkeit hoch in die Luft und würden jeden olympischen Wettbewerb im Gruppenonanieren gewinnen. Ein Mann, der innerhalb von 58 Sekunden zum Orgasmus kommt, ist jedoch ein lausiger Liebhaber. Zuzusehen, wie er drauflosbumst und mit stolzem Grinsen zusammensackt, erinnert mich lediglich an den schlechten Sex aus College-Zeiten. Und der soßespritzende »goldene Schuß« aus der Männerpornographie, der hier kopiert wird, gehört nur aus einem Grunde zum Hauptrepertoire dieses Genres: Er macht Männer an.

Die Bandbreite des Angebotes und der Stil der Darbietung in Strip-Clubs für Frauen mag begrenzt sein, weil die Nachfrage gering ist. Mehrere Leute, mit denen ich mich unterhalten habe, meinten, daß Frauen auf visuelle Stimulation einfach nicht so ansprechen wie Männer. Das könnte stimmen, aber offenbar sprechen wir darauf nicht so an, weil wir keine sonderlich gute

Stimulation bekommen – und schon die kostet mehr als Opernkarten. Bei Chippendales ist mir klargeworden, daß Striptease mich durchaus erregen könnte – allerdings nicht diese Körper, diese Musik, diese Szenarien und diese Frisuren. Allmählich gewinne ich mehr und mehr den Eindruck, daß die Betreiber solcher Clubs, wer immer sie auch sein mögen, die Kundinnen eigentlich gar nicht anmachen wollen. So eindeutig die Show auch sein mag, sie bleibt ein gutes sauberes Vergnügen, weil sie so merkwürdig asexuell ist. Und ein anderes Lokal dieser Art gibt es nicht. Hier in New York, jener Stadt, in der es sicher viele der dekadentesten Frauen der Welt gibt, besteht die einzige heterosexuelle männliche Sexshow (mit Ausnahme von Sadomaso-Clubs) aus muskulösen Vorstadtmännern, die liebevollen, romantischen Striptease bei Kerzenlicht simulieren. Laut den Herausgebern von *The Exotic Dancers Directory* gibt es weniger als zehn heterosexuelle Strip-Clubs für Frauen – in den ganzen USA. Wo sind die Stripper für ungezogene heterosexuelle Frauen wie mich, die nicht ungezogen genug sind, eine Peitsche auf ihrem Rücken spüren zu wollen, aber ungezogen genug, um ein paar nackte Männer sehen zu wollen?

Unsere Kultur hat eine lange Geschichte, die weibliche Sexualität als so unersättlich anzusehen, daß man sie unter Kontrolle halten muß, zugleich aber auch als so tugendhaft, daß man sie nicht beleidigen darf. Im viktorianischen England verbarg sich zum Beispiel hinter der Vorstellung der Frau als liebevollem, aber verklemmtem und zartem Wesen, eine Angst vor dem zügellosen sexuellen Appetit der Frauen. Einmal losgelassen, wäre er gar nicht zu bändigen, daher hielten Korsetts und strikte Verhaltensregeln sie in Schach. Die Vorstellung der Tugendhaftigkeit ging Hand in Hand mit der ihr zugrundeliegenden Angst vor der fordernden und alles verzehrenden weiblichen Sexdämonin. Unsere heutigen Vorstellungen sind davon nicht allzuweit entfernt: Frauen sprechen nicht auf visuelle Stimulation an (aber woher wissen wir das, da wir nicht viel davon bekommen?);

Frauen mögen große, muskulöse Männer ohne Körperhaar (alle Leute, die ich kenne und die diesen Typ mögen, sind schwul); Frauen kaufen keine sexuellen Dienste wie Schoßtanz (und was ist mit den Frauen in Ricks Club?); Frauenfantasien drehen sich um liebevollen Sex zwischen gleichberechtigten Partnern (ich bitte Sie, lesen Sie nur mal Nancy Friday). Könnten diese Vorstellungen, die viele Menschen beiderlei Geschlechts teilen und Institutionen wie die Chippendales propagieren, wohl eine Angst kaschieren, was passieren würde, wenn Frauen tatsächlich auf Striptease ansprächen?

Sexlektionen

Der entscheidende Punkt ist, daß unsere sexuellen Erfahrungen nach gewissen Regeln strukturiert sind, nach denen sie ablaufen, auch wenn wir so tun, als sei das nicht der Fall. Aus diesem Grund fällt vielen Menschen gar nicht auf, was der Chippendales-Show fehlt. Sie folgt Regeln, von denen sie nicht einmal wissen, daß sie sie gelernt haben. Zum einen ist da die uralte gesellschaftliche Einrichtung heterosexueller Sexshows für Männer, die die Definitionen festlegt, wie angemessene Nacktheit, sexuelle Kontakte und körperliche Attraktivität auszusehen haben.

Zum anderen gibt es die unausgesprochene Regel in unserer Gesellschaft, Frauen so gut wie keine entsprechende Live-Unterhaltung zu bieten. Der zweite Faktor ist für die Dynamik meines normalen, alltäglichen Sexuallebens vermutlich ebenso wichtig wie der erste.

Ein später Freitagabend im ersten High-School-Jahr, Aufenthaltsraum im Untergeschoß, billiges Bier: Hector Burke, der schon ein paar gekippt hat, erklärt den Mädchen, die auf dem Sofa um ihn herumsitzen, ein Geheimnis. Er ist der einzige anwesende Junge. Durch einen Zufall des ständig wechselnden

Beziehungskarussells sind wir alle gerade ohne Freund, und er ist zum inneren Kreis zugelassen. Hector bekommt zwar Mädchen, aber irgendwie nie eine Schülerin unserer kleinen High School. Seine Freundinnen heißen Bitsy und besuchen reine Mädchenschulen. Wie er sie kennenlernt, wissen wir nicht. Das Geheimnis, in das er uns einweiht, katapultiert zumindest mich in ein neues Reich sexueller Verwirrung. Alle Regeln, die ich bislang zu kennen glaubte, sind anscheinend falsch.

»Auf die Gleitfähigkeit kommt es an«, erklärt Hector uns zur Handarbeit (worauf sich unser aller Erfahrungen bis dahin beschränken). »Das ist das allerwichtigste. Wenn du keine Lotion oder so was hast, leck einfach an deiner Hand.«

Lotion? An der Hand lecken? Wie sollte ich das in das äußerst saubere, ordentliche Geknutsche einbauen, das bis dahin meine sexuelle Erfahrung ausmachte? Ich konnte mir einfach nicht vorstellen, vor einem Jungen, den ich mochte, meine Hand abzuschlecken. Ich war mir sicher, daß er es abstoßend unweiblich finden würde. Und Lotion? Die gab es in den Camaros und Dodge Darts nicht, in denen sich die meisten meiner Peniskontakte bislang ergeben hatten, aber selbst wenn – ein so unvermittelter Schritt konnte doch wohl kaum angebracht sein? Ich konnte mir einfach nicht vorstellen, im Dunkeln nach einer Dose Vaseline zu kramen. Und selbst wenn sie greifbar wäre, müßte ich, um sie zu benutzen, mein zögerndes, jugendliches Vortasten unterbrechen – über dem T-Shirt, unter dem T-Shirt, über der Hose hinten, über der Hose vorn, ein bißchen in die Hose, ein bißchen weiter, dann vielleicht ein bißchen unter das T-Shirt, dann wieder hinunter. All dieses behutsame Gefummel, das in meiner Vorstellung neckisch feminin war, würde den Bach runter gehen. Ich müßte die Creme nehmen und dann einen direkten Vorstoß auf den Penis machen. Mit einem derartigen Überraschungsangriff mußte doch alles schiefgehen.

Von Gleitfähigkeit war bisher noch nie die Rede gewesen, es sei denn als natürliche Begleiterscheinung weiblicher Erregung, die verschiedene Aktivitäten praktischerweise erleichterte – keiner hatte sie erwähnt, weder meine Mutter noch meine Biologielehrerin der zehnten Klasse oder das Aufklärungsbuch *Our Bodies, Ourselves,* zumindest nicht in den Teilen, die ich gelesen hatte. Woher sollte ich wissen, wie man etwas gleitfähig macht, das nicht auf natürliche Weise gleitfähig wird? Wenn ich jetzt darüber nachdenke, bin ich sicher, daß sich manch eine Schwangerschaft bei Jugendlichen verhindern ließe, wenn die Leute ihre heranwachsenden Kinder über die erforderlichen Techniken manueller Stimulation aufklären würden.

Meine jugendliche Verwirrung war ein Symptom jener Realität, in der sexuelles Verhalten – zumindest für Heterosexuelle mit relativ normaler Praxis – durch die Regeln strukturiert wird, die die Menschen von den kulturellen Institutionen ihrer Umgebung lernen. Menschen nehmen diese Regeln, Tabus und Normen so gründlich in sich auf, daß sie sich schließlich selbst regulieren. Sie geben nicht einmal zu, daß sie diese Dinge gelernt haben, und sehen gar nicht mehr, wo die Instinkte enden und ihr erlerntes Verhalten anfängt. Im weitesten Sinne bedeutet diese Regulierung, daß sie lernen, das andere Geschlecht zu lieben, lernen, ein bestimmtes Aussehen und bestimmte Körperteile attraktiv zu finden, und lernen, sich je nach Geschlechterrolle sexuell aktiv oder passiv zu verhalten. Als Teenager hatte ich die Vorstellungen über geschlechtsspezifisches Sexualverhalten offenbar mit übermäßigem Glauben absorbiert.

Was Menschen über Sex im Gegensatz zur Fortpflanzung lernen, erfolgt in einer codierten Sprache, die die meisten Regeln unsichtbar bleiben läßt. Über Fortpflanzung sprechen wir laut und deutlich. Der Sexualkundeunterricht bringt uns allen bei, stolz Worte wie Vagina, Hoden und Klitoris auszusprechen. Die meisten Teenager wissen, wie Babys gemacht werden, und kennen die Standardbezeichnungen. Es gibt jedoch noch wesentlich mehr zu lernen, um über Sex Bescheid zu wissen, und darüber, wie man ihn in unserer Kultur praktiziert: Wie die üblichen Fantasien aussehen. Wann es vorbei ist. Was man anziehen sollte. Welche Geräusche man machen darf. Welche Vorgänge nach wie vor nicht erwähnt werden dürfen. Und daß beim Blasen nicht gepustet wird. Solche Dinge erfahren Menschen nach wie vor in einem versteckten Lernprozeß. So war ich zum Beispiel völlig perplex, als mein fünfter Liebhaber meinte, ich sei recht still im Bett. Ich hatte keine Ahnung, daß andere lauter waren als ich. Woher hätte ich das wissen sollen? Sollte ich mehr Geräusche von mir geben? Hatte ich mich bewußt still verhalten aus Gehorsam gegenüber einer Regel, wie man beim Sex sein sollte, die sich nun gar nicht als Norm erwies? War es nur eine Gewohnheit, die aus meinen ersten tastenden Versuchen mit High-School-Freunden auf dem Liegesitz des Familienautos übriggeblieben war? Oder war ich einfach von Natur aus still? Ich wußte es wirklich nicht. Jessica unterhielt dagegen mehrmals beschwipste Freundinnen mit Imitationen eines Exfreundes, den sie die Hyäne nannte. Sein gellendes, hündisches Sexgeheul verstieß gegen die ungeschriebenen Regeln für sexuelle Laute, zumal es schon anfing, noch bevor er überhaupt die Hose ausgezogen hatte. Wer die Regeln nicht lernt, wird zum Gegenstand sexuellen Spotts.

Wir lernen die Details der Etikette, Techniken und Reaktionen auf eine so indirekte Weise, weil die Institutionen, die den Ausdruck von Sexualität regulieren, sie uns nicht erklären. Es kommt sehr selten vor, daß Eltern einem Kind sagen, daß es beim Küssen besser ist, durch die Nase zu atmen, und noch viel weniger, daß es gar nichts nützt, die Klitoris zu finden, wenn man sie drückt wie eine Schreibmaschinentaste. Die schulische Sexualerziehung beschränkt sich darauf, daß Schüler und Schülerinnen Diagramme des Unterleibs zeichnen und die statistische Sicherheit verschiedener empfängnisverhütender Mittel auswendig lernen. Kein Lehrer und keine Lehrerin sagt Mädchen jemals, daß sie ihren Freund mit dem Mund stimulieren könnten (so sicher wie möglich, natürlich), bevor sie ihm ein

Kondom überziehen, um ihm die Benutzung zu versüßen und das peinliche Gefummel im Dunkeln zu erleichtern, indem sie mit den Augen ganz nah herangeht. Im Wortschatz des Biologieunterrichts kommen Begriffe wie Cunnilingus nicht vor, obwohl er Empfehlungen gibt, auf Geschlechtsverkehr zu verzichten und *Safer Sex* zu praktizieren. Das Gesundheitslehrbuch empfiehlt weder die wohltuende Verwendung von Kissen in bestimmten Positionen noch verweist es auf die Freuden eines verzögerten Orgasmus.

Unser Wissen über Sex erhalten wir auf Autorücksitzen, unter Zuschauertribünen, auf dem Flur bei Schulbällen oder in den Büschen. An all diese Plätze, die nicht gerade das Bett sind, bringen wir unsere Hemmungen, unser Bedürfnis nach Disziplin oder Disziplinierung, unseren Wunsch nach Bequemlichkeit und unsere Vorurteile mit. Fast wortlos bringen wir sie uns gegenseitig bei. Und dann halten wir mit unglaublicher Beharrlichkeit an diesen Techniken, Beschränkungen und Ansichten fest, vielleicht gerade weil wir sie auf so geheimnisvolle, unfaßbare Weise gelernt haben und weil diese Themen so unaussprechlich sind.

Das Gefühl, was natürlich ist, hat sich verändert. Früher war Oralsex tabu. Heute ist er so selbstverständlich, daß die Leute vergessen, daß sie ihn je für ein Verbrechen wider die Natur gehalten haben. Die meisten Paare ziehen die Missionarsstellung vor, ohne darüber nachzudenken, warum sie ihnen so natürlich vorkommt, obwohl sie in vielen Kulturen nur selten praktiziert wird und kein Tier, das ich kenne, sie benutzt. Die tragischen Heldinnen aus *Mississippi-Melodie* singen: »Fish gotta swim, bird gotta fly, I'm gonna love one man till I die« (Fische müssen schwimmen, Vögel müssen fliegen, ich werde einen Mann lieben, bis ich sterbe). Als dieses Musical entstand, waren sexuelle Treue und beschränkte Sexualerfahrungen bei Frauen so natürlich wie ein Fisch im Wasser. Heutzutage ist es anscheinend genauso natürlich, daß Mädchen auf dem College

mit verschiedenen Partnern experimentieren. Welche Körper und Körperteile für Liebende attraktiv sind, ändert sich ebenfalls im Laufe der Zeit. Frauen haben das Gefühl, es sei »völlig natürlich«, daß sie Prince und Johnny Depp begehren, aber gemessen an den Standards von vor vierzig Jahren wären beide Männer lächerliche Zwerge. Im 18. Jahrhundert trugen Männer eng anliegende Hosen und Strümpfe, die ihre wohlgeformten Waden zeigten. Heute besitzt ein geschwungenes Bein kaum noch Reize. Die Aufmerksamkeit konzentriert sich auf den Unterleib und die Arme. Der Knöchel einer Frau, der stark sexuell besetzt war, als ihre langen Röcke ihr fast immer bis auf die Füße reichten, übt heute in der Regel keine erotische Anziehungskraft mehr aus, und den mageren Sexobjekten des ausgehenden zwanzigsten Jahrhunderts gingen weichere, fleischigere Ideale voraus. Genitalien werden vermutlich immer als erotisch gelten, doch auch hier sind die Vorlieben kulturellen Zwängen ausgesetzt, wie jeder und jede bescheinigen kann, der oder die das eigene Geschlecht vorzieht.
Die Menschen sagen sich nie: »Ich werde es nicht in einer Position tun, die mich an Tiere oder Homosexuelle erinnert.« Es ergibt sich nur irgendwie nie. Sie sagen nicht: »Ich werde immer daran denken, meinen Partner auf die Lippen zu küssen, weil es romantischer ist und alles andere weniger fleischlich wirken läßt.« Sie tun es einfach, weil man es eben so macht. Sie nehmen sich nicht vor, still zu sein, sie sind es, weil es so einfach erscheint, ohne zuzugeben, daß sie es tun, weil sie nie gelernt haben, ihrer Begierde stimmlichen Ausdruck zu verleihen. Niemand denkt je darüber nach, warum die Lippen vom Hals über die Brustwarzen zu den Genitalien wandern und nicht umgekehrt. So ist das einfach. Laut *Hite Report* (erschienen 1976, aber dennoch ...) folgt 95 Prozent des heterosexuellen Sex dem gleichen Verlauf: Vorspiel, Penetration, Geschlechtsverkehr und Orgasmus (vor allem des Mannes), wonach der Sex offiziell beendet ist. Dieser Verlauf ist vielleicht in gewisser Wei-

se natürlich oder instinktiv, aber mit Sicherheit sollte er nicht die einzige Möglichkeit darstellen.

Aber welche anderen Möglichkeiten gibt es? Da ich niemanden habe, den ich fragen kann, suche ich professionellen Rat. Interessiert stöberte ich in der Sexabteilung der Buchhandlung in meinem Viertel herum und war zunächst peinlich berührt, als mich ein einsamer Perverser, der die Buchhandlung als Kontaktbörse benutzte, gerade in dem Moment fragte, was ich lese, als ich einen ganzen Stapel fast pornographischer Bücher in der Hand hielt. Aber schnell wurde mir klar, daß ich mich nicht für meine Lüste schämte, sondern für die Vorstellung, daß ich immer noch nicht weiß, wie man richtig Sex hat, obwohl alle anderen als meisterhafte Liebhaber geboren werden. Selbst der einsame Perverse wird mich als Idiotin abtun, die Sexhandbücher braucht. Sie zu lesen empfinde ich wirklich als ziemliche Bedrohung meines Selbstwertgefühls, weil die Vorstellung, sexuelles Verhalten sei instinktiv angelegt, so tief in mir verwurzelt ist.

Das alte Standardwerk von Alex Comfort, *The Joy of Sex,* ist wie ein Kochbuch aufgebaut. Der Untertitel der englischen Ausgabe lautet »A Gourmet Guide for Lovemaking« (Ein Gourmetführer für die Liebe), und die Kapitelüberschriften heißen »Zutaten«, »Vorspeisen«, »Hauptgerichte«, »Soßen« und so weiter. Der Grund für diesen Aufbau liegt in der Tatsache, daß Kochen eine der wenigen Fähigkeiten ist, die die Menschen nicht in der Schule, sondern aus Büchern lernen. Es ist keine Schande, in *Freude am Kochen* nachzuschlagen, wie man Shrimps zubereitet oder wie lange man eine Kartoffel backen muß. Das abgenutzte Nachschlagewerk bietet nicht nur Grundtechniken, sondern auch innovative Vorschläge, wie man Gerichte serviert und variiert. Und wer begnügt sich schon mit nur einem Kochbuch? Die Leute stapeln in ihren Küchen Bücher über ferne Länder und alternative Vorgehensweisen: über norditalienische Küche, indische Gewürze, vegetarische Köstlichkeiten, gesunde Ernährung. Stolz stellen sie ihre fleckigen Buchrücken als Beleg für ihr vielseitiges Interesse an neuen Geschmacksrichtungen und Techniken zur Schau.

The Joy of Sex umgeht das Unbehagen, das viele Leser dabei empfinden dürften, Sexualverhalten aus einem Buch zu lernen, indem es die Dinge in Worte kleidet, die die Lernerfahrung zu einer vertrauten Sache machen, obwohl sie es nicht ist. In der Einleitung erinnert mich Dr. Comfort daran, daß es sich hier um ein Menü handelt, nicht um ein Lehrbuch; und tatsächlich liest es sich eher wie die Speisekarte eines Restaurants und nicht wie eine Anleitung für Köche. Es werden Aktivitäten beschrieben, aber nur selten explizite Anweisungen gegeben. Comfort sagt mir, daß Gummi, Masken, Voyeurismus, Strümpfe und Frauen, die als Pferdchen angezogen sind, manche erregen. Andere treiben es auf Pferden, beim Baden oder auf dem Motorrad. Er sagt mir nicht, welche Aktivitäten sich in einem Gummianzug lohnen würden, wie ich es vermeide, in der Dusche auszurutschen, wie das auf dem Pferd überhaupt funktionieren soll und was ich mir unter einem Pferdekostüm vorzustellen habe (einen Sattel? einen Schwanz? Trägt er eine Peitsche?). Er teilt mir lediglich mit, daß manche solche Dinge mögen, und wenn ich herausfinden will, wie sie gemacht werden, muß ich sie schon selbst ausprobieren.

An anderen Stellen gibt Comfort überaus spezifische Anweisungen zu Gegenständen, ohne jedoch zu erklären, was man damit macht, wenn man sie erst einmal hat. »Benutzen Sie kein besonders stark gekühltes Eis, ganz zu schweigen von Trockeneis.« Okay. Und dann? Zum Geschlechtsverkehr im Stehen sagt er: »Viele Frauen müssen sich auf zwei Telefonbücher und das Branchenbuch von Manhattan stellen...« Aber er macht keine spezifischen Vorschläge, wie man effektiv bumsen soll, wenn man einen Fuß noch auf den Gelben Seiten hat, ein Geheimnis, das ich gern gelüftet hätte. Abgesehen von wenigen Ausnahmen (jede Variation zur Penetration von hinten hat einen eigenen

Eintrag), stellt *The Joy of Sex* Aktivitäten in einem extrem undurchsichtigen Stil dar – und das ist meiner Ansicht nach einer der Hauptgründe für die anhaltende Popularität des Buches. Es bleibt ein Klassiker, weil es zwar explizit erscheint, aber unsere Vorstellung nicht in Frage stellt, daß sich die Details des Sex ganz natürlich ergeben. Weil es so objektiv in seiner Darstellung ist und kaum eine Praxis als besonders lustvoll oder stimulierend empfiehlt, ermöglicht es den Menschen, die Regeln, die ihr Sexualleben bislang beherrscht haben, unangetastet zu lassen.

In der Buchhandlung bei mir um die Ecke gibt es in der Sexabteilung eine kleine Flut an Titeln von Dr. Ruth Westheimer, die auf eine Herangehensweise an das Sexhandbuch gestoßen ist, mit der Amerikaner sich noch wohler fühlen als mit dem illustrierten Smörebröd *Joy*. Zwar hat sie die Essensmetapher von Alex Comfort entlehnt, filtert jedoch jegliches explizite Material durch ihre Hauptperson, die sie Oma Hühnersuppe nennt. »Nur zu gern teilen wir die Entdeckungen, die wir in der Küche gemacht haben«, schreibt sie. »Warum sollten wir nicht ebenso ungezwungen Rezepte für ein besseres sexuelles Funktionieren austauschen?« Wie sie sagt, beendet sie ihre Radiosendung, indem sie ihren Hörern »guten Sex« wünscht, wie eine Großmutter Kinder auffordert: »Eßt! Eßt!«.

Ihre erfundene Figur ist ein Hauptbestandteil ihres Buches. Sie ist nicht nur beruhigend und kein bißchen bedrohlich (im Gegensatz zu Sexhandbüchern von berühmt-berüchtigten Puffmüttern oder Ärzten), sie läßt Sex auch so gesund erscheinen wie Hausmannskost. »Sprechen wir über Gurken ...«, schreibt sie. »Eine Gurke hat nichts Unanständiges oder Schmutziges. Sie ist ein schöner, natürlicher grüner Penis. Jede Einundsiebzigjährige kann sie ganz unverhohlen im Haus haben.«

Dr.Ruths muntere Empfehlung eines Gemüsedildos verrät all jene Ängste, die sie bei ihrer Leserschaft vermutet: Was ist, wenn jemand erfährt, daß ich masturbiere? Was ist, wenn ich etwas Perverses mache? Dr. Ruth bevorzugt für den Sex Hilfsmittel, die sauber, natürlich und am besten nicht als solche zu erkennen sind. Es muß ja niemand wissen – es ist so organisch, daß es unsichtbar ist. Zwar empfiehlt sie, ganz offen ein Regal mit erotischer Literatur zu Hause zu haben, betont jedoch ausdrücklich, daß sie den Begriff »sexuell freizügige Literatur« der Bezeichnung »schmutzige Bücher« vorzieht. Nicht einmal das Wort »Porno« möchte sie verwenden, weil es einen beschämenden Beiklang hat, obwohl sie einräumt, daß ihre sauberen, technischen Formulierungen manchen den Spaß nehmen. Dr. Ruth ist keine Frau für obszöne Ausdrücke. Tatsächlich widerstrebt es ihr so sehr, ihr konservatives Publikum zu schockieren, daß sie über Homosexualität, Krankheiten und Oralsex nur in Kapiteln spricht, die eigens diesen Themen vorbehalten sind. An anderen Stellen werden sie nicht erwähnt. *Dr. Ruth's Guide to Good Sex* (erschienen 1983), das nach wie vor im Handel ist, enthält keinerlei Informationen über die Übertragung von HIV.

Ich bezweifele nicht, daß das gesunde Bild von Sex, an dem sie arbeitet, dringend benötigt wird, obwohl es viele der begrenzten Vorstellungen über Lust propagiert, die auch die Chippendales-Show vermittelt. In dem Band *Dr. Ruth's Guide for Married Lovers*, das ich mir aus der öffentlichen Leihbibliothek holte, waren die Kapitel »Masturbation« und »Klitoral und Vaginal« ebenso herausgerissen wie die Seiten über »Du sagst, du liebst mich, aber du kommst nicht einmal«. Wer sich nicht einmal überwinden kann, solche Seiten an einem der Fotokopierer in der Nähe zu kopieren, hat Dr. Ruths beruhigende, natürliche Sicht der Sexualität sicher bitter nötig. Vermutlich war es derselbe unterdrückte Vandale, der unter Dr. Westheimers Namen auf der Titelseite schrieb »A pretty smart bitch« (ein ganz schön schlaues Flittchen).

Von vielen Titelseiten ihrer Bücher lächelt uns das berühmte Gesicht von Dr. Ruth an, doch die meisten Sexhandbücher, die ich mir anschaue, bringen entweder nur ein kleines Schwarzweißfoto des Autors, auf dem er sich bemüht, ansprechend auszusehen, oder überhaupt kein Foto. Ich bin sicher, daß diese Herangehensweise aus Marketingerwägungen die ratsamste ist. Ich hatte meine Zweifel angesichts eines Buches mit dem Titel *Erotic Games,* als ich sah, daß der Autor wirkte wie Newt Gingrich mit gefärbten Haaren und billigem Anzug. Wahrscheinlich ist er unglaublich sexy, aber er sieht wirklich nicht so aus. Im allgemeinen möchte ich mir vorstellen können, der Ratschlag über gute manuelle Stimulation käme von einer fantastisch erhaltenen Frau um die Sechzig, die sie nach wie vor mindestens fünfmal in der Woche von einem Adonis bekommt, den sie nicht dafür bezahlen muß. Vanessa Redgrave, sagen wir, oder Eartha Kitt. Allerdings hilft Dr. Ruths mangelnder Status als Sexobjekt ihrer Sache tatsächlich. Mit ihrem gebildeten Freudschen Akzent und ihrer kleinen, zierlichen Gestalt schafft sie es, Sextechniken zu lehren, ohne je auch nur im entferntesten erregend zu wirken. »Ich wirke nicht wie ein Voyeur«, behauptet Dr. Ruth. »Ich bin eine besorgte, sachkundige Ratgeberin.« Mit anderen Worten, sie selbst hat weder sexuelle Bedürfnisse, noch ist sie erregbar. Nie erzählt sie Anekdoten über ihr eigenes Sexualleben, und in ihrer Erklärung, wie sie dazu kam, Sexualtherapeutin zu werden, erwähnt sie weder ihre eigene Einführung in die Sexualität noch ihre Ehe. Es ist eine geschlechtslose Sexualerziehung.

Im großen und ganzen sind die grundlegenden Punkte laut Westheimer: Versucht es mit Vorspiel. Probiert mal was anderes als die Missionarsstellung. Ihr Frauen, masturbiert, wenn ihr noch nie einen Orgasmus hattet, und stimuliert den Penis eures Mannes, wenn er nicht erigiert ist. Ihr Männer (hauptsächlich), bemüht euch, nicht sofort hinterher einzuschlafen. Ein bißchen Information ist immerhin besser als gar keine, aber Oma Hühnersuppe schwelgt in Einzeilern und macht Vorschläge, die so offenkundig und selbstverständlich sind, daß ich mich wundere, daß es in diesem Land überhaupt Leute schaffen, Sex zu haben, wenn sie diese Dinge nicht wissen. Die erste explizite Anweisung (zum Masturbieren für weibliche Neulinge: ein Schaumbad, ein Spiegel, der Griff einer Haarbürste) taucht erst auf Seite 107 auf. Später erklärt Dr. Ruth, wie man Fellatio macht: frau stelle sich vor, der Penis sei ein Eishörnchen. Das ist die expliziteste Erklärung, die sie überhaupt dazu abgibt, wie man oder frau bei jener »Stimulation«, die sie für dieses Organ so häufig empfiehlt, vorgehen sollte.

Ebenso wie die beiden genannten Bücher benutzt auch Margo Anand in *Tantra oder die Kunst der sexuellen Ekstase* die Metapher eines Menüs, um den von ihr beschriebenen Methoden des Lekkens und Fickens die Peinlichkeit zu nehmen. Allerdings geht sie detaillierter und geordneter vor als jedes andere Sexhandbuch, das ich gesehen habe. Sie schlägt vor, ich solle meine sexuellen Beziehungen planen und eine Speisefolge aufschreiben, die die Schritte »Tischdecken«, »Hors d'œuvres«, »Tagessuppe«, »Vorspeise«, einen »Hauptgang« und ein »Dessert« umfaßt. Das Mustermenü, das sie anführt, sieht vor, daß ein heterosexuelles Paar von 19.00 bis 20.30 Uhr zusammen ist und sich dann auf eine »Streichel- und Zärtlichkeits-Session mit Federn« einläßt. Um 21.15 Uhr folgt eine »Selbstbefriedigungs-Session« und um 21.35 die »magische Vereinigung«, wie Anand den Geschlechtsverkehr nennt, der die Visualisierungstechniken und verzögerten Orgasmen umfaßt, die sie über weite Teile ihres Buches beschrieben hat. Die magische Vereinigung dauert 50 Minuten, und um 22.25 feiert das Paar mit Pralinen und Kognak. Anand erinnert mich daran, mein ganz persönliches Menü flexibel zu halten, falls sich etwas spontan ergeben sollte.

Spontaneität ist etwas, das in den von Anand beschriebenen Übungen auf überwältigende Weise fehlt. Mein geliebter junger Mann und ich waren fasziniert von den detaillierten Erklärungen, wie man einen Ganzkörperorgasmus erreicht, von den guten Instruktionen, wie man den G-Punkt findet, und den sorgfältig illustrierten Streicheltechniken, brachen aber in nervöses Gelächter aus, als wir auf Anweisungen stießen, magische Gewänder zu tragen, die sich praktischerweise vorn öffnen lassen, einen Raum mit unseren speziellen Kraftobjekten vorzubereiten und daran zu denken, daß wir uns umarmen, wenn alles vorbei ist. Angesichts ihrer komplexen Rituale könnte sich tatsächlich manch einer gezwungen sehen, den Cunnilingus zu unterbrechen, um in ihrem Buch nachzuschauen. Was ist aus dem Nervenkitzel geworden, es auf dem Badezimmerboden zu treiben; was aus der Spannung, nicht zu wissen, welche Unterwäsche sich hinter dem Hosenschlitz verbirgt; was aus der schnellen Nummer, unmittelbar bevor man zu einem Termin aus dem Haus muß; und was aus der grundlegenden Neugier, nicht zu wissen, was dein Liebhaber als nächstes tun wird?

Anand betont, wie wichtig es sei, das Buch Schritt für Schritt durchzugehen (keine Suppe, bevor der Tisch gedeckt ist!). »Das Ritual nimmt rohe sexuelle Energie und organisiert sie in eine Disziplin der Wonne«, schreibt sie. In ihrem ersten Buch *Tantra oder die Kunst der sexuellen Ekstase* erklärt Anand, daß sie bei ihrer Einführung in die Sexualität des Tantra, bei der sie vollständig angekleidet mit einem Körperbehinderten namens Rampal zum Orgasmus kam, zunächst gegen die kontrollierte Herangehensweise an die Erregung rebellierte; aber sie dachte, sie wisse bereits, wie sie wilden, spontanen Sex haben könne. Vielleicht gebe es ja auch noch einen anderen Weg.

Am Ende einer stundenlangen sexuellen Ekstase, die die Stimulation des männlichen Damms, verzögerte Orgasmen und sehr viel Einreibungen mit Öl umfaßte, meint sie: »Wiederholen Sie diesen Prozeß sooft, wie Sie möchten. Bringen Sie die Sitzung mit einer schmelzenden Umarmung zum Abschluß. Shiva, danke Shakti für ihre Bereitschaft, dir neue Dimensionen der Lust zu eröffnen. Mach eine kurze Pause, und komme dann zur Erwiderung. Ende mit einem Herzgruß.« Obwohl sie viel darüber schreibt, daß wir unsere kollektiven Einstellungen zur Sexualität überwinden können, indem wir unsere Genitalien feiern, unsere

Scham ablegen und einen behandschuhten Finger in den Anus des Mannes stecken, stellt der Prozeß, bewußt an einem geordneten Vorgehen festzuhalten, eine der größten Hemmschwellen dar, die zu überwinden sie uns auffordert.

Die erotischen Praktiken, die Anand empfiehlt – halb förmliche Etikette, halb New-Age-Gebet – sind so erstickend intim, daß sie für mich und meinen Geliebten unvorstellbar sind. Obwohl ich mich für relativ abenteuerlustig halte, könnte ich mich unter keinen Umständen zu der Übung überwinden, bei der mein Liebhaber meine Genitalien aus der Nähe anstarren soll, während ich mit der Stimme meines Schoßes eine Rede halte, gefolgt von einem Frage-und-Antwort-Spiel. Ich könnte meine Vagina nicht als verzauberten Garten bezeichnen und ihn auffordern, die Erlaubnis zum Eintritt zu erbitten. Ich könnte nicht mit vier bis zehn Freunden eine Gruppe bilden, in der wir alle anhand von »konkreten, praktischen« Beispielen erzählen, mit welchen Aspekten unseres Sexuallebens wir unzufrieden sind, und mich bereit erklären, ein Tagebuch unserer täglichen Bumserei zu führen, um es der Gruppe vorzulegen.

Ich weiß, ich bin sarkastisch und oberflächlich, während Anand ernsthaft versucht, durch die geordneten Übungen, die sie vorstellt, einen neuen Kontext für die Sexualität zu schaffen, eine neue Ebene der Empfänglichkeit und Wonne. Ich kann es nicht ändern. Anands Übungen stellen tatsächlich meine festesten Überzeugungen über Sex in Frage. Es mag sein, daß ich das, was ich tue, nicht für natürlich halte, das stimmt. Ich akzeptiere, daß meine sexuellen Praktiken ebenso wie die der meisten anderen Menschen von der Kultur strukturiert sind, die sie mich gelehrt hat. Dennoch sehe ich den Geschlechtsverkehr als einen intimen, spontanen Akt, nicht als etwas, das ich planen und in seinem Ablauf festlegen sollte, auch nicht als etwas, das ich mit meinen Freunden oder meiner Familie diskutieren müßte, es sei denn ganz allgemein. Diese Vorstellungen habe ich – zumindest bislang – nicht überwunden.

Öffentliches Zurschaustellen von Lust

Die Vorstellung, daß Sex etwas Intimes ist, hat tatsächlich etwas recht Kompliziertes. Mami und Papi und unsere Lehrer im Sexualkundeunterricht haben uns immer wieder gesagt, daß unsere intimen Körperteile intim sind und niemand sie ohne unsere Erlaubnis anfassen darf. Vielleicht haben deshalb so viele Menschen den dringenden Wunsch, sie offen zu zeigen. Diese das Selbstbewußtsein stärkende Lektion über intime Bereiche beinhaltet zugleich ein verstecktes Gebot: Halte deine intimen Körperteile intim. Halte deine Geschlechtsakte intim. Während also Anands Gruppenübungen lächerlich wirken, weil wir an der Vorstellung festhalten, daß sexuelle Intimität natürlich ist, sind wir zugleich doch häufig versucht, mit unserem Sexualleben und unseren Körperteilen innerhalb gewisser Grenzen an die Öffentlichkeit zu gehen. Der Nervenkitzel, das Intimitätsgebot zu brechen, ist mit ein Grund, weshalb so viele Leute Striptease mögen und die Shows in Gruppen besuchen. Es ist ein Grund, weshalb ein Mädchen, das ich am College kannte, in der Campus-Bar und auf dem College-Hof ihre Brüste zeigte. Vielleicht ist es auch ein Grund, weshalb Frauen sich entschließen, für den *Playboy* zu posieren. Und es ist ein Grund, weshalb Menschen es in der Öffentlichkeit treiben.

In ihrem Buch *Sex-Geheimnisse* schreibt Susan Crain Bakos, daß es in Amerika über zweihundert Swinger-Clubs gibt (Clubs für Partnertausch). Im Laufe ihrer Untersuchung besuchte sie Parties, auf denen Leute Sex mit mehreren Partnern hatten, während andere zuschauten. Sie besuchte einen Club, in dem ein Paar gegen einen Eintritt von 90 Dollar an einem öffentlichen Ort Sex mit Fremden haben konnte. Darüber hinaus berichtet sie, daß die Verbreitung hausgemachter Pornovideos ein blühendes Geschäft ist. Ganz normale Leute mit Pickeln auf dem Rükken und Bräunungsstreifen richten eine Kamera auf sich und bumsen ein paar Stunden auf einem Bett. Dann schicken sie das

Video an ein Versandhaus, das Kopien an jeden willigen Käufer abgibt.

Auch Menschen, die nicht bereit sind, die Partner zu tauschen oder ihre Orgasmen für die Nachwelt festzuhalten, verstoßen gegen das Gebot der Intimität, indem sie in der Öffentlichkeit oder an halböffentlichen Orten herumknutschen. Zwei Jugendliche, die ich bei einem Theater-Sommerseminar traf, verschwanden während eines Ausflugs in der Toilette des Busses und kehrten mit geröteten Gesichtern wieder auf ihre Plätze zurück. Auf dem Rasen im Central Park liegen Pärchen eng umschlungen kaum ein paar Meter von Familien entfernt, die ein Picknick machen. Sie sind zwar vollständig angezogen, aber ihre Hände sind verdächtig versteckt, und sie liegen auch nicht gerade still. Manche treiben es in vollbesetzten Kinos oder auf Parkplätzen. Solche Verhaltensweisen sind vielleicht weiter verbreitet, als Heimvideos zu verschicken oder vor Publikum in einem Sex-Club zu vögeln, aber allen liegt der gleiche Regelverstoß zugrunde.

Das Gebot der Intimität ist so stark, daß es bei vielen schon Mißfallen erregt, wenn die öffentliche Zurschaustellung von Zuneigung nur aus Händchenhalten oder einem flüchtigen Kuß besteht. Mir fällt auf, daß die Kritiker öffentlicher Liebesäußerungen sich nie darüber beklagen, wenn Eltern ihre Zuneigung zu ihren Kindern zeigen oder Paare um die Siebzig Arm in Arm gehen. Geschmacklos finden sie offenbar nicht den Körperkontakt an sich, sondern Kontakte mit einer sexuellen Komponente, auch wenn die Geste so harmlos ist wie Händchenhalten. Am deutlichsten haben sich Angehörige der Homosexuellenszene gegen öffentliche Zurschaustellung von Zuneigung geäußert. Einige homosexuelle Anwälte haben argumentiert, Küssen oder Händchenhalten in der Öffentlichkeit sei eine Zurschaustellung eines heterosexuellen Privilegs in einer Zeit, in der die Diskriminierung Homosexueller viele gleichgeschlechtliche Paare immer noch hindere, das gleiche zu tun. Mit einer solchen Zurschau-

stellung untermauere man die soziale und politische Überlegenheit Heterosexueller gegenüber Homosexuellen.
Ich persönlich habe nichts gegen öffentliche Liebesäußerungen. Ich gehe gern Hand in Hand mit meinem Freund über die Straße. Ich küsse ihn zur Begrüßung und zum Abschied. Es kann sogar vorkommen, daß ich ihn in einem dunklen Kino ein bißchen befummele, aber nur, wenn niemand neben mir sitzt und nur während des Vorfilms. Das Bedürfnis nach solchen Äußerungen erwächst, denke ich, aus der Zuneigung zwischen Liebenden, auch wenn nicht alle sie so zeigen. Und obwohl ich lieber nicht mitansehe, wie Körperteile massiert werden, die normalerweise von einem Badeanzug bedeckt sind, freut es mich zu sehen, wenn Menschen offen ihre Zuneigung zeigen, wo Haß und Mißachtung auf den Straßen so viel häufiger zu finden sind. Dennoch ist es interessant zu beobachten, wie viele Menschen sich in der Öffentlichkeit auf eine Weise verhalten, die sie auch dem flüchtigsten Passanten gegenüber als sexuell engagiert zu erkennen gibt. Ich habe den Eindruck, daß hier sehr häufig das Bedürfnis nach Zärtlichkeit durch eine Reihe sozialer Ängste gefiltert wird, die weitaus tiefer reichen als der Verstoß gegen das Gebot der Intimität, obwohl es mit dazugehört.
Einen Gutteil der Menschen, die in der Öffentlichkeit Sex haben, macht sicher die Möglichkeit an, erwischt zu werden. Ich wette, solche Leute treiben es versteckt im Gebüsch, auf Hausdächern, beengt im Wandschrank auf einer Party oder im Hauseingang einer Seitenstraße. Aber die Leute, die in einer Umgebung wie einem vollbesetzten Kino oder auf dem Rasen im Central Park herumknutschen, spielen nicht mit der beängstigenden Möglichkeit, entdeckt zu werden. Jeder kann sie sehen, und das wissen sie. Gerade die Zurschaustellung muß sie wohl erregen, und dabei ist eines der wesentlichen Elemente die Bestätigung des eigenen sexuellen Wertes: Ich habe Sex und du nicht. Ich habe einen Freund, eine Freundin, und wir treiben es, und ich will, daß alle wissen, daß mich das zu einem wichtigen

Menschen macht. Die Jugendlichen bei dem Ausflug im Sommerlager oder ein Paar, das in einen vornehmen Club geht und dann flüsternd erzählt, was es mit dem Tischnachbarn getrieben hat – solche Leute bumsen zwar nicht an Orten, wo sie jemand sehen kann, aber sie machen auf die gleiche Weise Reklame für ihre sexuelle Abenteuerlust und ihren Erfolg, einen Partner zu finden, wie das Paar im Kino es tut.

Ebenso wie öffentlicher Sex sind auch öffentliche Äußerungen von Zuneigung von der Bestätigung motiviert, Teil eines hetero- oder homosexuellen Paares zu sein, und zwar in einer Kultur, die Alleinstehende als Bürger zweiter Klasse einstuft. Die Medien stellen Menschen ohne Partner oder, schlimmer noch, sogar ohne Verabredungen dar, wie sie freitagabends mit einer Flasche Wein und einer Schachtel Eiscreme zu Hause sitzen und bei einer Wiederholung von *The Love Boat* seufzen. Wer nicht in einer Beziehung lebt *und* nicht deswegen in Therapie ist, muß irgendeine ernsthafte Blockade haben. Freunde diskutieren dein Sexualleben hinter deinem Rücken, überlegen, warum du in deinen persönlichen Beziehungen so unfähig bist. Warum will dich niemand? Ist deine sexuelle Orientierung fraglich? Bist du frigide? Hat Onkel Bonzo dich bei Familienfesten mißbraucht? Oder ist es nur Angst vor Nähe? Wieso kannst du dich nicht binden? Während sie dich analysieren, gehen deine Freunde Hand in Hand durch den Park, teils weil sie sich lieben und gern die Finger ineinander verhaken, teils aber auch, weil es ihnen zeigt, daß sie emotional ausgeglichene, sexuell aktive, erfolgreiche Wettbewerber auf dem Romantikmarkt sind. Diese unausgesprochene Aufwertung der Paare gegenüber Singles ist der Grund, weshalb Menschen sich auf einer Straße voller Fremder offener ihre Zuneigung zeigen als in einer Gruppe von Freunden. Nicht der Körperkontakt an sich ist unangenehm anzusehen. Vielmehr grenzt die Zurschaustellung von Zuneigung das Paar in seiner sexuell erfolgreichen Welt voller Stolz auf seine Leistung ab, und den meisten Menschen widerstrebt es, diese

Paardominanz über Menschen zu bestätigen, mit denen sie gewöhnlich als Individuen und Gleiche umgehen.

Tabellen

In meiner Junior High School fand jedes Jahr im März ein Tag der fünfziger Jahre statt. Es war ein unübertroffen lächerliches Ereignis, das wohl unsere kollektiven sexuellen Erfahrungen für die nächsten paar Jahre auf mehr als eine heimtückische Weise prägte. Das Fest war vermutlich stärker von der Nostalgie unseres alternden Schulleiters inspiriert als von unserer vorpubertären Liebe zum Bunny Hop (obwohl wir diesen Tanz durchaus mochten), aber es war die berauschendste Tanzveranstaltung unter den wenigen, die an unserer Schule stattfanden. Sie ermöglichte es uns, unsere Männlichkeit oder Weiblichkeit in Ledermänteln oder Röcken aus flauschigem Noppenstoff aufzubauschen und in eine Umgebung einzutreten, in der es tatsächlich zu einem verkümmerten sexuellen Akt kommen könnte. Mit anderen Worten, alle zogen sich Kleider der fünfziger Jahre an, und am Ende des Tages zogen wir unsere Schuhe aus und gingen zum Sockenball in die Cafeteria. Viele feste Freundschaften fingen in diesem dunklen Speisesaal an, aber die erste halbe Stunde des Balls war immer voll peinlicher Verlegenheit. Alle Lichter waren abgeschaltet, und der Diskjockey spielte Jitterbug-Platten. Keiner von uns wußte, wie Paartänze gingen, aber da die Jungen uns ohnehin nicht aufforderten, hopsten wir Mädchen herum und schwenkten unsere Hintern. Wenn wir keine Lust mehr hatten, machten wir Brustübungen (»Du mußt! Du mußt! Du mußt stärken deine Brust! Je größer der Busen, je straffer die Bluse, für Jungs ist das ein Muß!«). Dann legten wir Lippenstift auf und küßten die Jungen auf die Wange. Im Licht, das aus dem Flur hereinsickerte, zählten sie gegenseitig nach, wie viele Küsse sie bekommen hatten. Sie trugen aufgekrempelte

Jeans und weiße T-Shirts und viel Pomade im Haar, um die Tolle zu imitieren, und viele Gesichter waren über und über mit roten Flecken verschmiert. Ich nehme an, es war besser, von verschiedenen Mädchen Küsse gesammelt zu haben als nur von einer, aber manche Mädchen waren besonders begehrt. Je röter, desto besser.

Manche Menschen machen für sich als sexuell aktive Wesen Reklame, indem sie Listen führen, die sie allerdings meist nur im engsten Freundeskreis offenlegen. Vielleicht möchten sie die Verwundbarkeit nicht riskieren, die mit einer öffentlichen Zurschaustellung von Zuneigung verbunden ist, oder sie haben keinen ständigen Partner und möchten das Stigma vermeiden, das Alleinstehenden anhaftet: Man mag den Sammler zwar als infantil oder bindungsscheu bezeichnen, aber niemals wird man ihn oder sie als impotent oder frigide abtun. Sex zu dokumentieren ermöglicht es Menschen, die Kontrolle über den empfindlichsten und intimsten Bereich ihres Lebens unter Beweis zu stellen.

Eine Gruppe von über 25 jungen Männern aus Kalifornien, die sich selbst »Spur Posse« nannten, ging 1993 durch die Medien, weil sie eine Reihe junger Mädchen vergewaltigt und sexuell belästigt hatten. Insbesondere hatten die Mitglieder von Spur Posse ein Punktesystem, nach dem sie ihre sexuellen Eroberungen bewerteten. Sie wetteiferten um hohe Punktzahlen und waren so darauf erpicht, Punkte zu machen, daß sie Gruppensex veranstalteten und Mittelschülerinnen zum Geschlechtsverkehr zwangen. An der Tabellenspitze stand der neunzehnjährige Billy Shenan mit 66 Punkten. Daß die Spur Posse nicht begreifen konnten, daß Leute mit Vagina ebenso Menschen sind wie Leute mit Penis, macht sie zu einer der niedrigsten Lebensformen auf diesem Planeten, aber sie sind den Jungs beim »Tag der fünfziger Jahre« gar nicht so unähnlich. Sie unterlagen dem Zwang zur Dokumentation ihrer sexuellen Aktivitäten und machten sich sinnbildlich Kerben in ihre

Gürtel. In gewisser Weise kann ich mich mit ihnen identifizieren.

Vergangenes Jahr stellten meine Freundin Marnie und ich nach einer Flasche Rotwein Tabellen auf. Marnie ist ein Computergenie und hat drei Hunde, Möpse namens Small, Medium und Large. Eigentlich stellte sie ihre Tabelle auf, und ich zeigte ihr meine, die ich mit sechzehn Jahren begonnen und seitdem in unregelmäßigen Abständen geführt hatte. Küssen und Sex sind so intime Aktivitäten, selbst wenn man sie mit einem Fremden macht, daß ich meine Partner nicht vergessen möchte. Außerdem möchte ich wissen, wie viele es sind. Die Namen aller Jungen (und Männer), die ich je geküßt habe, sind in chronologischer Reihenfolge aufgeschrieben, und alle, mit denen ich geschlafen habe, sind mit einem Sternchen versehen. Die ersten sind mit rosa Tinte geschrieben und haben kleine Herzchen als i-Punkte. Insgesamt sind es 17 Namen, angefangen mit Ace von der Toga-Party und elf Sternchen. Nicht schlecht, fand ich, und ich bin froh, sagen zu können, daß ihre Zahl sich mittlerweile erhöht hat. Aber Marnie, der kleine Tramp, brachte es auf 44 Jungen und ein Mädchen, die sie geküßt hatte. Sie brauchte fast eine Stunde, die Liste zusammenzustellen. Manche waren ihr nur noch vage und ohne Namen in Erinnerung wie »der Junge mit dem Halskettchen beim Weezer-Konzert« oder »der süße Schauspieler, der mit mir in der Schlange vor der Toilette gewartet hat«. Ich kam mir regelrecht prüde vor, bis sie zugab, daß sie nur sechs Sternchen hatte. »Mein Mund war emsig, der Rest von mir nicht«, meinte sie.

Vor ein paar Jahren stellten meine alte College-Freundin Laurel und ich an einem Abend in einem italienischen Restaurant Listen auf weinfleckigen Servietten zusammen. Natürlich hatte ich meine Liste nicht dabei, also schrieben wir beide sie aus dem Gedächtnis auf, erinnerten uns gegenseitig an Indiskretionen, die wir gern vergessen hätten, und fügten Namen mit kleinen Pfeilen ein, um die richtige chronologische Reihenfolge beizubehalten. Wenn betrunkene Yuppies versuchten uns abzuschleppen, kreischten wir und versteckten unsere Servietten auf dem Schoß. Meine Freundin Roxy hat mehrere Listen: eine von allen Männern, mit denen sie geschlafen hat; eine von allen, denen sie einen geblasen hat, mit denen sie aber nicht geschlafen hat; und eine von allen, die sie geküßt hat. Aber sie meint, die Kußliste habe sich nicht bewährt. Solle sie zum Beispiel den Jungen mitzählen, der sich ihr in der zweiten Klasse an den Hals geworfen hat, oder den großen Trottel, mit dem sie vor zwei Jahren aus reiner Höflichkeit geschmust hat? Da es zu schwierig war, zu entscheiden, wer auf die Liste gehörte, gab sie sie schließlich auf. Auch Jessica hat Verständnis für meine Liste. Sie hat nicht nur eine von allen Männern, mit denen sie geschlafen hat, sondern auch eine von allen Frauen, mit denen ihr Ex-Freund geschlafen hat. Ich denke, Namen aufzuschreiben ist sowohl eine Überprüfung, ob man normal ist (Stimmen meine Zahlen? Ist meine Freundin so wie ich?), als auch ein Leitfaden für nostalgische Erinnerungen – ganz zu schweigen von ein paar bitteren Seufzern.

Ich weiß zwar, daß es nicht nett ist, es zu sagen, aber gelegentlich verteilen Frauen Noten, allerdings meist nur, wenn sie jung und neugierig sind. Eine Freundin von mir gab einem ihrer College-Freunde den Laufpaß, weil sein Penis nicht länger war als ihr kleiner Finger und sie einfach nicht sonderlich zu erregen vermochte. Und meine Freundin Abigail spürte einmal einen, der so lang war wie eine Oktave auf dem Klavier. In unserem Theater-Sommerseminar küßte sie fast jeden Jungen auf dem ersten Stock des Wohnheims – allerdings nicht wegen der Vergleichsmöglichkeiten. Doch da es nun einmal geschah, erstattete sie uns Bericht und gab ihnen Noten. Colin Westphalia war angeblich der Beste. Einmal hatte ich Gelegenheit, ihn zu küssen, ließ ihn aber fallen. Das war, bevor ich wußte, daß er auf Abbys Skala die Nummer eins war. Danach bekam ich nie wieder eine Chance, obwohl er mir einmal ein unanständiges Briefchen schickte. Statt dessen wurde ich häufig Opfer von Angriffen mit der Zunge zuerst. Diese Technik war die Spezialität von Lew Mason, obwohl sicher auch andere junge Männer meines Bekanntenkreises sie praktizierten. Lew war über vier berauschende Wochen hinweg mein Knutschpartner und begleitete mich zum Abschlußball der Sommerseminare. Er war auf eine wieselige Art umwerfend und heiß begehrt, weil er einen Wagen hatte. Das Problem war nur, daß er küßte, als müßten sich die Zungen vor den Lippen treffen, und wie eine Wasserschlange in meinen Mund tauchte, um mit großer Begeisterung und Energie darin herumzuwedeln. Weil er so süß und ich so unerfahren war, daß ich Schwierigkeiten hatte, die Lage richtig einzuschätzen, gab ich ihm keine Note. Rückblickend war er Drei minus, den Bonus für seinen Eifer schon eingerechnet.

Wenn Abby die Fähigkeiten der Jungs nach Handlängen abmaß, erfüllte das einen ähnlichen Zweck wie das Punktesystem der Spur Posse, es war eine Methode, persönliche Erfahrung festzuhalten, um sie an eine kleine Gemeinschaft weiterzugeben – in diesem Fall an eine Clique scharfer Mädchen im Erdgeschoß. Ebenso wie Spur Posse spürten auch meine Freundinnen und ich im Theaterseminar an der Graduate School das Verlangen, unsere sexuellen Begegnungen zu messen und zu dokumentieren.

Damit stehen wir nicht allein da. In einem Geschenkeladen meines Viertels fand ich zwei Bändchen mit dem Aufdruck »Für Sie« beziehungsweise »Für Ihn«. Sie begannen beide mit dem gleichen Gedicht: »Buch führen will ich Tag für Tag/ über jede Begegnung, die ich hab'/ Denn unter ihnen könnt' sich finden/ der Mensch, an den ich mich will binden.« Im Inneren befand sich ein Adreßbuch mit Pfiff: Es bot unter jedem Eintrag Platz für Fotos, Spitznamen und eine Beschreibung der Eigenschaften. Diese Bücher, die vorgeblich als Hilfe bei der Suche nach der wahren Liebe gedacht waren, gingen davon aus, daß es so viele potentielle Kandidaten gibt, daß der Besitzer oder die Besitzerin Notizen und Fotos brauchen würde, um den Überblick zu behalten, wie ein Regisseur es beim Casting für einen Film braucht. Das Gedicht zollte zwar der Bedeutung monogamer Beziehungen Lippendienste, doch zugleich feierte und ermunterte das Buch selbst zur Promiskuität. Ich denke, dieser Widerspruch ist ein wichtiger Indikator für den Zwiespalt unserer Wünsche, die in der heutigen Zeit nach der sexuellen Revolution einerseits nach Dauerhaftigkeit und andererseits nach Vielfalt streben. Tabellen zu führen ermöglicht es uns, jede Erfahrung festzuhalten und zu verhindern, daß sie uns entgleitet, indem wir sie aufzeichnen, wie wir eine Party oder einen Urlaub mit Fotos dokumentieren. Auf diese Weise können wir flüchtigen Begegnungen Dauer verleihen. Tabellen zu führen vermittelt uns ein Gefühl der Solidität, das es uns ermöglicht, Lust an der Vielfalt zu haben, die ansonsten wie eine verschwommene Reihe kaum erinnerter Kontakte erscheinen könnte.

In dem Film *Vier Hochzeiten und ein Todesfall* vergleichen Carrie (Andie Macdowell) und Charles (Hugh Grant), mit wie vielen Partnern beziehungsweise Partnerinnen sie geschlafen haben. Bei ihr sind es zweiunddreißig. Bei ihm neun, und er kommt sich bei diesem Vergleich ein bißchen stoffelig vor. In einer frühen Folge der Sitcomreihe *Friends* gibt Ross (David Schwimmer) zu, daß er nur mit einer einzigen Frau geschlafen hat, nämlich seiner Exfrau. Seine Kumpel sagen ihm, wie süß das ist, machen sich aber hinter seinem Rücken über ihn lustig. In einer späteren Folge erzählt Richard (Tom Selleck) Monica (Courtney Cox), sie sei erst seine zweite Geliebte; sie gesteht ihm eine höhere Zahl von Erfahrungen, die der Zuschauer nicht hört. In der nächsten Schlafzimmerszene fühlt sich Ross, der mittlerweile etwas mehr Erfahrung gesammelt hat, dennoch von Rachels (Jennifer Aniston) fünf früheren Liebhabern bedroht. In *Clerks* kommt sich Dante (Brian O'Halloran) vor wie ein Hengst, weil er mit zwölf Frauen geschlafen hat, während seine Freundin Veronica nur mit drei Männern Verkehr hatte. Nonchalant weidet er sich an seinem Status als erfahrenerer Liebhaber, bis sie beiläufig fallenläßt, daß sie bei siebenunddreißig Männern Fellatio gemacht hat. »O mein Gott, ist mir schlecht...«, stöhnt er. »Warum mußtest du an ihrem Schwanz lutschen? Warum konntest du nicht mit ihnen schlafen wie jeder anständige Mensch?« In *Reality Bites* schaut Vicki (Jeanne Garofalo) zu, wie ihr Liebhaber für eine Nacht aus der Tür stolpert. Sofort greift sie zu ihrem Notizbuch, um ihn in ihre Liste einzutragen, kann sich allerdings nicht an seinen Namen erinnern, weiß aber, daß er Nummer 66 ist.

In *Vier Hochzeiten, Friends* und *Clerks* haben die Frauen jeweils mehr Erfahrung als die Männer, die sich angesichts der Situation in unterschiedlichem Maße unwohl fühlen. Obwohl es nicht so sein sollte, wird das Listenführen bei Männern wesentlich schärfer kritisiert als bei Frauen, und zwar weitgehend wegen solcher Verbrechen, wie Spur Posse sie begeht. Das ist der Grund, weshalb die Männer, die Grant, Selleck, Schwimmer und O'Halloran darstellen, so unerfahren sind. Die Zahlen sind in Fernsehfilmen deutlich niedriger als in Kinofilmen, aber in beiden Fällen erhöht die Erfahrung den Reiz der Frauen. Ihre Tabellen machen diese Frauen begehrenswert, lassen sie unabhängig und selbstsicher wirken. Doch die Frauen, die Listen vor ihren Männern aufstellen, tun es flirtend und ein bißchen entschuldigend. Dagegen stellt Vicki in *Reality Bites* ihre allein und wahrscheinlich ein bißchen verkatert auf, und zwar mit einer kalten Nüchternheit, die der Wahrheit, wie ich sie erlebt habe, wesentlich näher kommt. Wenn wir solche Listen gemeinsam mit anderen Frauen aufschreiben, mögen sie bei uns nostalgische Erinnerungen oder Konkurrenzgefühle wecken. Wenn wir sie unseren Liebhabern präsentieren, wecken sie möglicherweise eine weibliche Scheu, die die Aufmerksamkeit von der Realität eines langen Katalogs ablenkt. Aber wenn wir allein sind, möchten wir einfach nur wissen, wie viele Penisse wir in uns gehabt haben.

Listen zu führen ermöglicht den Menschen, die Normalität ihrer eigenen Aktivitäten zu überprüfen, indem sie mit Abweichungen spielen. Unsere intimen Geheimnisse (und die unserer Partner) zu offenbaren erscheint rassig und dekadent, doch eigentlich vergewissern wir uns nur, daß wir »es richtig machen«, indem wir ein konkretes System aufstellen, an dem wir unser Verhalten messen können. Wenn eine Frau es einem Mann mit dem Mund besorgt und dabei seinen Penis mißt, damit sie ihren Freundinnen davon erzählen kann, distanziert sie sich von der Unmittelbarkeit des sexuellen Kontakts und damit auch von der Verletzlichkeit ihrer eigenen Lage. Das gleiche gilt für einen Mann, der sich nach einer Liebesnacht Punkte gibt. Die glänzende, glatte Oberfläche der Kompetenz und Eroberung, die Menschen der Welt so oft präsentieren, ist eine falsche Enthüllung, ein oberflächliches Geständnis. Sie bekennt sich zur Offenheit als Mittel, die Intimität besser zu wahren, die meiner Ansicht nach einen unserer unerschütterlichsten Glaubenssätze über sexuelle Erfahrung darstellt.

Wir leben in einer Zeit, in der Aids und andere durch Sexualkontakt übertragene Krankheiten das öffentliche Bewußtsein so sehr durchdrungen haben, daß jede neue Begegnung nach dem Grad ihres Risikos beurteilt wird. Jede neue Romanze wird zu einem weiteren Datensatz im Katalog der eigenen Sexualgeschichte. Hat er ein Kondom benutzt? Hat sie Samen geschluckt? Hat sie je gefixt? Hat er je mit Männern experimentiert? In dieser angespannten, von Mißtrauen geprägten Umgebung bestätigen öffentliche Zurschaustellungen von Zuneigung und Lust die emotionale Sicherheit des Paarlebens. Tabellen zu führen feiert dagegen Promiskuität, eine Feier, die es uns ermöglicht, uns von den emotionalen Nachwirkungen des Sex zu lösen. Vielleicht erweisen sich diese beiden nahezu entgegengesetzten Weisen, sexuelle Beziehungen zu dokumentieren, in unserer Kultur mittlerweile als Möglichkeiten, die relativ neu entdeckten Krankheitsängste zu beruhigen und zu kontrollieren. Sie erfüllen den Sex entweder mit der sozialen Stabilität der Paarbeziehung oder mit der lässigen Flippigkeit, die dem Kauf eines neuen Nagellacks oder eines Paars Laufschuhe entspricht. Sie ermöglichen es den Menschen, Sex als Selbstbestätigung, Unterhaltung und Leistung zu sehen. Auf jeden Fall als alles andere als eine Bedrohung.

Der innere Fetischist

Wenn eine von uns einen neuen Freund hat, gehen meine Freundinnen und ich einkaufen. Im Winter vor zwei Jahren zogen wir los, und ich kaufte mir einen kleinen schwarzen BH mit eingesetzten Streifen aus Netz. Dazu gab es passende Slips.

Beides fand die uneingeschränkte Zustimmung von Marnie (Computerspezialistin und Hundefreundin) und Jessica (Werbespezialistin und Tenniskönigin) sowie der beiden Verkäuferinnen im College-Alter. Gewagt, aber nicht flittchenhaft. »Sie bekommen das letzte Set«, sagte die Verkäuferin. »Da hat Ihr Freund aber Glück.«

Nachdem ich bezahlt hatte, gingen Jessica, Marnie und ich in eine Pizzeria, um die relativen Vorzüge von Oralsex zu diskutieren und zu überlegen, was Marnie gegen die Sammlung von Polyesterhemden ihres Freundes unternehmen könnte.

»Oh!« rief an diesem Abend Roo, der knackige Bongospieler und (wie sich herausstellen sollte, vorübergehende) Gegenstand meiner Zuneigung. »Du trägst Streifen!« Er zog mir gerade das Kleid aus und wirkte nicht sonderlich angetan.

»Das ist das Ergebnis meines Dessous-Einkaufsbummels. Raffiniert, was?«

»Mir gefällt das, was du letzte Woche anhattest«, murmelte er bei dem Versuch, mich zu küssen.

»Es kann doch nicht sein, daß dir das nicht gefällt. Meine Freundinnen fanden es alle toll. Es ist garantiert sexy!« schrie ich.

»Ich mag keine Streifen«, gestand er. »Ich mag Einfarbiges.« Unglaublich. Ich schlief mit einem Modekritiker.

Ich erklärte ihm, daß ich die weißen Feinrips nicht mag. Dann warfen wir unsere Kleider auf den Boden und vergaßen die Sache.

Bei unserem Einkaufsbummel schwelgten Marnie, Jessica und ich genau in jener Art sexueller Zurschaustellung, über die ich weiter oben gesprochen habe. Ich machte Reklame für mein ziemlich anständiges Sexualleben, die Verkäuferinnen gratulierten mir dazu, daß mich jemand flachlegte, und meine Freundinnen hörten sich einen deutlich aufpolierten Bericht an, wie Roo im Bett war. Unser Geplänkel ermöglichte es mir, gewagt intim zu werden und gleichzeitig meine Intimität und Verletzlichkeit zu wahren.

Roo und ich hatten einen Konflikt über unsere wechselseitigen Zielvorstellungen. Unsere Vorlieben harmonierten nicht miteinander. Und obwohl wir die momentane Verstimmung überwinden konnten, die Menschen manchmal über einen Partner verspüren, zeigt das Geschehene doch, wie sehr Kleidung eine sexuelle Identität zu erzeugen vermag und welches Potential sie besitzt, sexuelle Erfahrung zu beeinflussen. Ebenso wie die Kostüme in einer Strip-Show schaffen auch Dessous ein sexuelles Szenario. Sie wirken sich nicht nur auf die Stimmung und Erregung des Betrachters aus, sondern auch auf das Erleben des Trägers. Was ein Mensch beim Sex trägt – selbst die alltäglichste Unterwäsche –, hat unweigerlich etwas von einer Selbstdarstellung, weil es zum Sex gehört, sich von seinem Liebhaber auf eine aggressive, anerkennende Weise anschauen zu lassen, die sich völlig von den üblichen Blicken unterscheidet. Menschen stellen ihre Körper auf eine Weise zur Schau, wie es in der Öffentlichkeit unannehmbar wäre, und diese Blöße, die sie sich geben, macht sie verletzlich, besonders in einer Gesellschaft wie der unseren, in der Zurschaustellung etwas so Kompliziertes ist. Die Kleidung, die Menschen in Augenblicken sexueller Blöße tragen, hat entscheidenden Einfluß darauf, wie sie die Situation empfinden – als lüstern, romantisch, animalisch, neckisch oder peinlich.

Auf dem College hatte ich einen Freund, der es gern hatte, wenn ich mich für ihn zurechtmachte. Nichts allzu Ausgefallenes: Kniestrümpfe und kurze Röckchen (der Katholisches-Schulmädchen-Look) oder rote Corsage und schenkellange Strümpfe (der New-Orleans-Nutten-Look). Fast alle meine Freunde hatten ab und zu Spaß an Strapsen. Der Unterschied bei diesem Jungen war, daß er sie brauchte. Wenn wir anfingen zu knutschen, erregte ihn das kein bißchen – bis ich die Klamotten anzog. Ich behielt sie dann die ganze Zeit an, während üblicherweise ein geiler Liebhaber die Dessous herunterreißt, sobald er den BH aufkriegt. Der Reiz liegt in der Blöße.

Für mich beruht die Wirkung von sexy Dessous auf der Vorstellung, daß mein schwarzer Spitzen-BH zwar erregend sein mag, aber das, was drunter ist, noch besser ist. Der Mann, der diesen BH in Fetzen durchs Zimmer schleudert, verzehrt sich vor Lust nach der Frau, die ihn trägt, und kann es nicht abwarten, ihren Körper nackt zu sehen. Den Burschen, der möchte, daß ich ihn beim Sex anbehalte, erregt die Vorstellung von schwarzer Spitze, nicht die Frau, die er berührt. Wenn seine Erregung sich jedesmal verflüchtigt, sobald ich nackt bin, glaube ich, daß wir beide besser ohne einander auskommen.

Für manche muß einfach alles perfekt sein, sonst läuft sexuell rein gar nichts. Die Definition, was perfekt ist, variiert natürlich von Mensch zu Mensch. Doch ganz gleich, ob zu diesem Szenario einfarbige Unterwäsche, Stöckelschuhe oder sogar ein Taucheranzug gehören – sexualisierte Gegenstände besitzen immer die potentielle Macht, das Zittern im Innern des Körpers zu überschatten.

Die Lederfetischistin Pat Califia schreibt in ihrem Buch *Public Sex*, ein verbreitetes Mißverständnis über Fetischisten sei, daß sie den Menschen unter dem Leder nicht sähen. »Sadomasochisten wird häufig vorgeworfen, sie setzten Dinge anstelle der Menschen, sie liebten Leder, Gummi oder Pfennigabsätze mehr als den Menschen, der sie trägt.« Califia argumentiert, es sei ein Fehler, einen Anmacher wie Dessous oder Leder damit gleichzusetzen, einen Partner zum Objekt zu machen. Sie meint, wenn ein Kostüm dem Träger oder der Trägerin wie auch dem Partner Lust bereite, werde der Träger keineswegs zum Objekt degradiert. Außerdem sprächen die meisten Menschen erotisch auf gewisse Dinge, Stoffe oder Körperteile an. Der Fetischist liebt seine Frau, auch wenn er ihre Stöckelschuhe ebenfalls sehr mag; und eine Frau, die sich in hohen Absätzen kein bißchen sexy fühlt, gibt es nur selten. Für Califia gibt es keine klare Trennlinie zwischen Fetischismus und »normaler« Sexualität. Es ist vielmehr ein Kontinuum von Interesse und Reaktion, ein Spektrum, das von leichter Erregung bis zur Monomanie reicht.

Obwohl Califia es nicht explizit sagt, nehme ich an, daß sie in ihr Kontinuum von erotischer bis fetischistischer Reaktion auch Körperteile wie Brüste und Hintern und Substanzen wie Schweiß und Speichel einbezieht. Sie spricht nicht nur von Peitschen, Ketten und Wassersport; auch gängigere Aktivitäten und sexuelle Reize lassen sich zum Fetisch erheben. In ihrem Buch *Fetish* weist die Modehistorikerin Valerie Steele darauf hin, daß die meisten Gelehrten und Experten, die über Fetischismus sprechen, die Bedeutung der zum Fetisch erhobenen Gegenstände vernachlässigen und so tun, als sei jeder Fetisch gleich. Doch wie Steele zeigt, ist Gummi als Fetisch etwas völlig anderes als Pelz. Das eine erinnert an die frühe Kindheit, an den Körper, der in einem Bad eigener Säfte schwimmt; das andere animiert den Träger, weitet das Haar zu mythischen Dimensionen aus und hüllt den Körper in ein Symbol der Wildheit.

Selbst alltägliche Unterwäsche hebt die Geschlechterrollen hervor und erzeugt Bilder, die darauf abzielen, Erregung auszulösen. Das ist gar nicht so weit vom Fetischismus entfernt. Victoria's Secret, die wohl am weitesten verbreitete Einzelhandelskette für Dessous in den Vereinigten Staaten, baut bewußt eine doppeldeutige Fantasie auf. Die Konsumenten sind Komplizen der Illusion, daß die Atmosphäre des Geschäfts und der dort verkauften Produkte Überreste der lange vergangenen viktorianischen Zeit seien: zeitlose Spitze, altmodische Parfümfläschchen, zarte Unterwäsche mit frechem, aber unschuldigem Reiz. Die unter dem Label der Kette produzierten Kassetten mit klassischer Musik und die Schönschrift der Verkaufsschilder vermitteln eine Illusion von gutem Geschmack und Bildung, die wir allerdings durchschauen sollen. Das Image ist ein bißchen daneben. Der pfirsichfarbene Florteppich erinnert an eine Hotellobby. Die Synthetic-Stoffe und leuchtenden Farben widersprechen dem viktorianischen Konzept. Im Katalog wechseln Models, die in Spitzennegligés auf Himmelbetten liegen, mit Mädchen in Bikinis mit Hawaii-Drucken an einem Swimmingpool ab. Selbst die Schülerin einer High-School aus Arkansas weiß, daß ein Model in schwarzen Dessous normalerweise nicht das Cover einer Tschaikowski-Kassette ziert. Sie weiß, daß es Seife und Parfüm bei Crabtree & Evelyn am anderen Ende des Einkaufscenters in hübscheren Verpackungen gibt. Und mit Sicherheit weiß sie, daß die roten Strapse und Strümpfe, die sie für ihren Schulball kauft, nicht zur Ausstattung viktorianischer Romanzen gehören. Sie sind für eine heiße Nacht mit ihrem festen Freund, für den Nervenkitzel, sich flittchenhaft zu geben, für die Fantasie, eine Hure zu sein. Ihre stahlblauen Synthetic-Slips sind nicht nur schön und preiswert, was immer sie ihrer Mutter auch erzählen mag. Sie sind darüber hinaus auch die schrillen Plastikhöschen einer Nutte. Jenseits der sanktionierten Fantasie altmodischer Zartheit liegt bei Victoria's Secret ein futuristisches Bordell: schreiende Farben, grelles Licht, Brustimplantate, Teppichboden, Polyester und Nylon.

Im sauberen, offenen ersten Stock des Kaufhauses und auf den nüchternen, leicht verstaubten Regalen örtlicher Army/Navy-

Shops können Männer weiße Unterwäsche mit Gummiband kaufen. Der klassische weiße Feinripsslip mit Eingriff hat etwas Jugendliches. Der Mann, der ihn trägt, sagt: »Die Unterwäsche, die ich mit acht getragen habe, ist jetzt, wo ich dreißig bin, noch ebenso gut. Gerade erst habe ich meine Spiderman-Unterhosen ausrangiert. Ich sehe mir morgens im Fernsehen immer noch Zeichentrickfilme an. Zum Abendessen esse ich süße Cornflakes und hole mir mindestens einmal täglich einen runter. Sonntags zweimal.«

Vor ein paar Jahren bemühte sich Calvin Klein nach Kräften, das jugendliche Image des weißen Feinrips zu verändern, indem er Plakatwände in fünfzig amerikanischen Bundesstaaten mit ledrigbraunen Männertorsos tapezierte, manchmal sogar mit Halbständer. In jüngster Zeit zeigt seine berühmt berüchtigte »Kiddy-Porno«-Werbung allerdings schmuddelige Minderjährige und erkennt damit an, daß Kleine-Jungs-Unterwäsche erwachsenen Männern den leicht unmännlichen Reiz von Heranwachsenden verleihen soll – statt des hypermaskulinen Sex-Appeals, den seine früheren Anzeigen anstrebten. Aus diesem Grund sehen meiner Ansicht nach Männer, die behaart oder sehr muskulös sind, in Boxer-Shorts besser aus. Diesen Reiz des gerade erst flügge gewordenen Jungen können sie einfach nicht erreichen. Sie sehen aus wie Muttersöhnchen. Ein reifer Mann in weißem Feinrips läßt sich nach wie vor seine Socken und Unterhosen von seiner Mutter kaufen. Er sucht nach einem Mädchen, das genauso ist wie das Mädchen, das sein lieber alter Vater geheiratet hat.

Boxer-Shorts vermitteln eine ganze Bandbreite von Bedeutungen. Der Mann in Unterhosen aus Baumwollmischgewebe, die um die Taille ausgeleiert und auf Taschentuchgewicht abgetragen sind, spielt die Rolle des Intellektuellen oder Familienvaters. Er mag an den Seiten seiner weißen Shorts sogar Biesen im Stil der siebziger Jahre haben, die seine Mißachtung gegenüber der lockeren Paßform und den heute beliebten bunten Mustern zum

Ausdruck bringen. Sein erotischer Reiz ist der eines zuverlässigen Mannes, der seine Unterwäsche nicht in einem Stundenhotel verliert. Seine Kleider werden nicht vom gefräßigen Trockner im Waschsalon des Viertels gefressen, sondern in der behaglichen, leicht unordentlichen Gemütlichkeit seines Zuhauses gewaschen. Er trägt seine Unterwäsche auf. Das ist der Mann, der für seine Frau kocht, einen Bart trägt und Windeln wechselt. Seine ausgeleierten, verblichenen Unterhosen zeigen zugleich seine Verletzlichkeit und seine Zuverlässigkeit.

Der Mann in Seidenwäsche schwelgt in einer offenkundigen Sinnlichkeit, die relativ selten ist, weil sie zugleich leicht feminin und leicht anrüchig wirkt. Seide steht unausgesprochen für eine sinnliche, leicht bedrohliche Sexualität: für den Mann, der seine Hemdknöpfe offen läßt, mehrere Ringe trägt und einen Onkel in der Mafia hat. Er ist der Mann, der bereit ist, sich ziemlich ins Zeug zu legen, und der die Erwartung unserer Kultur nicht akzeptiert, daß Männer lässig mit ihrer sexuellen Attraktivität umgehen. Er ist bereit, seine Höschen jede Woche von Hand zu waschen, damit er die Glätte des Stoffes an seinem Hintern spüren und seinen Liebhaberinnen sein sinnliches Wesen schon demonstrieren kann, bevor sie das Bett erreichen. Seidene Unterwäsche deutet auf einen Mann hin, der den Namen des Models auf dem Mittelblatt des letzten Monats kennt, der Satinbettwäsche hat und dessen Whirlpool immer heiß ist.

Bunte Boxershorts mit niedlichen Mustern vermitteln die selbstbewußteste Botschaft von allen. Männer, die die ganze Woche seriöse Nadelstreifenanzüge und an Wochenenden Levi's tragen, haben keinerlei Bedenken, ihre Genitalien mit Bildern von Rentieren, fröhlichen Fischen oder großen roten Herzen – und selbst Mickey Mouse – zu bedecken. Sogar häufig mit Mickey-Mouse-Bildern. Diese modische Wahl stellt eine Erweiterung der Unterwäschenmentalität dar, die bei Jungen unter neun Jahren verbreitet ist, bei denen der Superheld, der ihren Pimmel verdeckt, auf die magischen Kräfte des Trägers hindeutet. Allerdings sind die kraftstrotzenden Schenkel des Incredible Hulk und die fantastisch spitzen Brüste von Wonder Woman wesentlich sexueller als die gesamten Polkatupfen und niedlichen Zeichentricktierchen, die die Boxershorts Erwachsener zieren. Shorts dieser Art zielen zwar offensichtlich auf eine gewisse kindliche Verspieltheit, meiden aber bewußt jenes verletzliche sexuelle Selbstbewußtsein, das unausgesprochen den jugendlichen Reiz des weißen Feinrips ausmacht. Unter den Boxershorts mit dem Kater Garfield kann sich unmöglich ein nervös erregbares, weiches Genital und ein pickeliger Hintern mit Hämorrhoiden verbergen. Das ist völlig unmöglich, weil sie in ihrer Hülle eines öffentlich erkennbaren Symbols der Heiterkeit unverwundbar sind. Das erklärt, weshalb der Wall-Street-Anwalt im Nadelstreifenanzug Unterhosen mit fröhlichem Erscheinungsbild bevorzugt: Der Anzug und die Boxershorts verleihen ihm eine Schutzschicht scheinbarer Unverwundbarkeit, und zwar eine für die Firma und eine für seine Frau zu Hause.

Fleischfarbene Damenunterwäsche aus Syntheticfasern in Schnitten, die den Bauchnabel bedecken, schwere Stretchkorsetts und BHs mit kräftigen Verschlüssen werden meist in kleinen, dunklen Wäschegeschäften in Vierteln verkauft, die noch auf ihren Aufstieg warten. Allein schon die enorme Größe dieser Teile, ihre falsche Fleischfarbe und ihre einzwängende Natur scheinen dazu angetan, sie zu einem Fetisch zu erheben. Solche schweren BHs sind oft gepolstert. Ein Korsett oder ein Formmieder schnüren die Taille ein. Solche Unterwäsche muß man sich einmal ansehen, wenn eine Frau Kleider darüber trägt. Ihr Körper ist stark sexualisiert: Brust raus, Bauch rein. Ihre Figur ist hart gepanzert. Die Fleischfarbe suggeriert, daß das Nylon sich als Haut verkleidet. Obwohl diese Wäsche den Körper so arrangiert, daß er nicht zu übersehen ist, verleugnet sie ihre eigene Existenz. Ihr armseliger Versuch, unsichtbar zu sein, hat den mitleiderregenden Charme von Blumen, die jemand hinter seinem Rücken versteckt. Der Überbringer der Blumen zollt der Geste der Überraschung Achtung, statt sie tatsächlich verstekken zu wollen, ebenso wie die Frau in dem fleischfarbenen, gepolsterten Mieder eine Geste gegenüber der Idee eines Frauenkörpers vollzieht, der in seiner kurvigen Bescheidenheit angenehm ist, auch wenn seine Künstlichkeit durchschaubar ist. Der Liebhaber dieser Frau erlaubt ihr sicher, sich allein und unbeobachtet auszuziehen und bleibt Komplize der Miederlüge.

Der Modetrend des Wonderbra ist gleichfalls eine Geste gegenüber den Kurven, die wir für fraulich zu halten gelernt haben. Anders als die beigefarbenen Polster schreit er jedoch danach, wann immer möglich bemerkt, diskutiert und analysiert zu werden. Der hochgepreßte Brustansatz, der über die schaumstoffgefüllten Minikörbchen quillt, ist ohne BH nicht zu erzielen. Dieser konstruierte Look berstender Fülle erinnert an Flirts aus der Zeit der Restauration, als Künstlichkeit in höchstem Maße herrschte. Männer polsterten ihren Schritt und spannten ihre bestrumpften Waden an, während sie in riesigen gepuderten Perücken herumstolzierten. Frauen klebten sich Schönheitspflästerchen ins Gesicht und ließen sich einschnüren, bis ihre Brüste ihnen oben aus den Korsetts hüpften. Keine Frau trägt rein zufällig einen Wonderbra; sie sind unbequem. Vielmehr zieht sie ihn an, um aufreizend zu wirken – sichtlich spielerisch erotisch. »Ich habe mir einen Wonderbra gekauft«, erzählte mir Ruth. »Und ich hasse ihn! Ich habe ihn zum Essen mit Steve angezogen. Als ich ihn fragte, ob er merkt, daß irgend was anders ist, fragte er mich, ob ich beim Friseur war.« Roxy trug ihren (ohne etwas drüber) zu Hause, als die Mutter ihres Mitbewohners zu Besuch kam, so aufregend fand sie es, zum erstenmal im Leben einen sichtbaren Busen zu haben. Seine Mutter reagierte keineswegs entsetzt, sondern interessierte sich lediglich, wie der Brustspalt zustandekam. Ganz gleich, ob es funktioniert oder nicht, der Wonderbra macht Titten zum Gesprächsthema und Vorzeigeobjekt. In einem Wonderbra heißen sie Titten, in weißer Baumwolle nicht.

»Weißt du, worüber ich mir Gedanken gemacht habe?« fragte meine College-Freundin Phyllis. Sie näht ihre Kleider selbst, gibt Videos heraus und schneidet anderen das Haar, aber in Dessous-Fragen wendet sie sich an mich. »Ich habe mir Gedanken über Stringtangas gemacht. Bei zwei meiner Freundinnen habe ich schwarze Stringtangas im Badezimmer hängen sehen. Seitdem sehe ich sie als Menschen völlig anders.«

Die Zweiteilung des Hinterns, die Stringtangas betonen, gehört erst seit kurzem zur gängigen Ästhetik der Damenunterwäsche. Ich glaube, sie sind so beliebt, weil Frauen sich erotischer fühlen, wenn sie ein Stück Stoff zwischen den Pobacken haben. Ruth schwört, daß sie einen Orgasmus hatte, als sie mehrere Meilen in einem Stringtanga herumlief, obwohl die meisten Frauen so etwas wohl nicht zugeben würden. Sie sagen, Strings seien süß und viel bequemer als übliche Bikinislips, und deshalb trügen sie sie. Aber sie lügen. Zum einen sind Stringtangas äußerst selten schmeichelhaft. Ich weiß es, weil ich einen ausprobiert habe. Wenn er absolut perfekt sitzt, sieht er ganz annehmbar aus, aber meistens rutscht er mehr zu einer Seite, sitzt zu locker oder zu fest und ist himmelweit vom perfekten Pospalt in den Buns-of-Steel-Videos entfernt. Abgesehen von der Tatsache, daß sich die Höschenränder nicht auf der Kleidung abmalen, ist das Aussehen nicht der Grund für die Beliebtheit von Stringtangas.

Andererseits sind viele Frauen, die diese Unterwäsche tragen, auf der Stelle bereit, eine Frau zu verdammen, die ihren Stringtanga öffentlich trägt. Im Aerobic-Kurs meines Colleges gab es eine hyperaktive kleine Sexbombe, die einen Stringtanga trug. Sie hatte einen Pferdeschwanz, den sie zusammen mit ihrem Hintern wackeln ließ, als sei der ganze Kursus nur dazu da, damit sie ihre beweglichsten Körperteile schwenken konnte. Phyllis und ich stöhnten in unseren Sweatshirts und haßten ihren Mumm. Was war dran an diesem Stringtanga, fragten wir uns. Was glaubte sie eigentlich, wer sie war? Dieselbe irrationale Verbitterung gibt es auch heute noch. Meine Freundinnen und ich liegen sicher in unseren schwarzen Einteilern in Jones Beach am Strand, einen Stapel Zeitschriften und eine Flasche Limonade neben uns, und machen uns über die arme Frau lustig, die absichtlich ihren Hintern heraushängen läßt. »Der ist gar nicht schön, warum muß sie uns den zeigen?« sage ich.

Wieso reagieren wir so biestig? Weil diese Mädchen in Stringtangas öffentlich eine Art von Analerotik zur Schau stellen, bei der sich die meisten Frauen – einschließlich vieler, die unter ihrer Jeans selbst Stringtangas tragen – nicht wohl fühlen. Meine Freundinnen und ich, die wir in einer vorwiegend heterosexuellen, vorwiegend weißen, urbanen Mittelschicht leben, rücken nur bestimmte Körperteile in den Vordergrund, wenn wir sexy erscheinen wollen: Beine, Dekolleté, im Sommer vielleicht auch einen nackten Rücken. Alles andere ist tabu. Den Hintern in engen Jeans, kurzen Shorts oder Stringtanga zur Schau zu stellen gilt als geschmacklos. Der Stringtanga ist am schlimmsten, weil er praktisch ein Wonderbra für die unteren Regionen ist. Unser Unbehagen rührt aus unserem Widerstreben her, öffentlich zuzugeben, daß der Hintern erotisch ist, und zwar unabhängig davon, was wir privat tun mögen. Später kauft Phyllis sich einen Stringtanga, läßt sich aber nicht zu seinen Vorzügen bekehren. »Ich habe das Gefühl, meine Fürze können nicht raus«, erklärt sie mir. »Irgend was blockiert sie!«

Eines der Unterscheidungsmerkmale zwischen einem sexuellen Fetisch und einem anziehenden Reiz ist das Maß der Notwendigkeit. Welcher der Partner wünscht die Rolle, die mit bestimmten Dessous oder Objekten verbunden ist? Menschen, die nur eine Vorliebe für einen potentiellen Fetisch haben, tragen ihn mit größerer Wahrscheinlichkeit selbst, ohne ihren Partner um etwas zu bitten: Das Mädchen, das sich für ihren Schulball lange Strümpfe kauft, der Junge in der Lederjacke, ich in meinen Netzstreifen (die ich übrigens weiter getragen habe) oder der junge Mann, mit dem ich einmal ausging und der darauf bestand, enge schwarze Tacho-Unterhosen zu tragen. Mir gefielen sie nicht, aber ich bat ihn nie, andere anzuziehen, weil er sich darin eindeutig attraktiv fand, was für besseren Sex sorgte. Wenn meine Freundinnen und ich Dessous einkaufen, suchen auch wir Wäsche aus, in der wir uns besonders sexy fühlen. Ich glaube nicht, daß eine von uns die Vorlieben ihres Partners sonderlich aufmerksam analysiert hat, außer vielleicht, daß wir eine positive Reaktion auf einen Push-up-BH bemerkt hätten. Während wir also klassische Symbole weiblicher Attraktivität suchen, kaufen wir in Wahrheit Dinge, die unsere eigene Lust fördern.

Wenn dagegen der Partner nach Leder oder Spitze als Stimulus verlangt, neige ich dazu, die Situation anders einzuschätzen. Obwohl Califia behauptet, der Fetisch ersetze den Liebhaber nicht, spricht sie vorwiegend über sexuelle Beziehungen, die mit einem gegenseitigen Interesse an einem Fetisch beginnen. Ein Paar, das sich in einer Lederbar begegnet, braucht nicht erst darüber zu diskutieren, ob einer von beiden sich unwohl fühlt, wenn er oder sie beim Sex Leder trägt. In einer normaleren Sexualbeziehung, die vermutlich mit ein paar Drinks und der Missionarsstellung anfängt, kann es problematisch sein, wenn ein Partner den anderen bittet, ihn mit einem nahezu zum Fetisch erhobenen Objekt zu stimulieren. Der Durchschnittsmensch in dir fühlt sich unbehaglich und in den Schatten gestellt, wenn ein paar Strümpfe sämtliche sexuellen Begegnungen zu dominieren beginnen oder ein Körperteil wichtiger zu werden scheint als das Ganze, mit dem er verbunden ist. Man nehme nur mich und meinen Möchtegern-katholischen-Schuljungen.

Vielleicht haben wir aber auch nur Angst vor unserer Reaktion. Wie ich gezeigt habe, bietet sogar die alltäglichste Unterwäsche die Möglichkeit zum Fetischismus. Verstecken wir nur unsere eigenen Fetische unter der Bettdecke und geben sie nicht einmal uns selbst gegenüber zu? Warum trägt eine Frau, die ich kenne,

ausschließlich weiße Unterwäsche, und warum lackiert sich eine andere immer ihre Zehennägel? Hätten sie es gern, wenn ihre Partner es ebenso machten?
Valerie Steele unterscheidet vier Stufen des Fetischismus: Stufe 1 ist nur eine leichte Vorliebe für gewisse Arten von Sexpartnern, Stimuli oder Aktivitäten und wird normalerweise gar nicht als Fetischismus bezeichnet. Stufe 2 ist eine ausgeprägte Vorliebe, Stufe 3 die Notwendigkeit bestimmter Stimuli als Voraussetzung jeglicher sexueller Erregung, und Stufe 4 ist eine Situation, in der die Stimuli anstelle eines Partners treten. Später verkompliziert Steele ihre Definition, indem sie behauptet, Fetischismus sei in Wirklichkeit nur eine Übertreibung der normalen sexuellen Reaktionen, die die meisten Männer (wie Studien zeigen) an den Tag legten. Ihrer Ansicht nach läßt sich Fetischismus nicht anhand des Tuns, sondern anhand der inneren Einstellung definieren, die ihn umgibt. Das heißt, benimmt sich der Bursche, der in die Stöckelschuhe wichst, krankhaft und destruktiv oder ist es für ihn nur ein lustvolles Hobby? Steele argumentiert darüber hinaus, daß viele klinische Definitionen des Fetischismus unausgesprochen einseitig gegen Homosexualität gerichtet seien.
Nach Steeles grundlegender Aufschlüsselung des fetischistischen Kontinuums könnte man mich wohl ebenfalls als leichte Fetischistin bezeichnen, obwohl es eine so verbreitete Art von Fetischismus ist, daß sie wohl meist unbemerkt bleiben dürfte, da sie nichts von meinem Partner verlangt. Ich fühle mich nicht sexy, wenn ich nicht gebadet habe, und ich möchte meinem Freund nicht in den verwaschenen Baumwollhöschen mit dem ausgeleierten Gummiband begegnen, die ich trug, als ich noch ein Single war. Ich brauche bestimmte Bedingungen und sogar bestimmte Dinge, um in Erregung zu geraten – einen sauberen Körper und relativ neue Unterwäsche. Ich könnte es zwar schaffen, auch ohne diese Voraussetzungen Sex zu haben, aber es würde wahrscheinlich nicht von mir ausgehen, und es könnte

sogar sein, daß ich die Annäherungsversuche meines Liebhabers abwimmeln würde. Möglicherweise unterscheide ich mich doch nicht so sehr von dem Mann, der seine Lederjacke braucht.
Andererseits erregen mich die Utensilien der Sauberkeit (Seife, Badewanne) nicht. Meine Unterwäsche erregt mich ebenfalls nicht. Ich kann die schwarzen Netzstreifen den ganzen Tag tragen, ohne je Erregung zu verspüren. Die notwendige Voraussetzung für meine Erregung liegt nicht im Vorhandensein eines bestimmten Stimulus, sondern im Fehlen von etwas, das ich als unsexy empfinde – wenn mein eigener Körper schmutzig oder ungepflegt ist. Sauberkeit und Dessous besitzen für mich keinen eigenen sexuellen Reiz.
Es ist ein Unterschied, Begierde zu empfinden oder sich begehrenswert zu finden. Aber sich begehrenswert zu finden kann auch Begierde wecken; bei mir ist das sicher der Fall. Gewisse Bedingungen und Gegenstände können einen Menschen erregen oder sind für ihn eine *notwendige* Voraussetzung seiner Erregung. Und ein ganz harmloser Reiz kann sich plötzlich in einen notwendigen verwandeln. Vielleicht ist er auch nur manchmal notwendig, bei manchen Menschen. Er könnte für den Partner erregend werden, weil er signalisiert, daß er oder sie begehrenswert ist. Bedingungen: Intimität, Gummitücher, Handschellen oder ausgeschaltetes Licht. Objekte: große Brüste, behaarte Brust, Reitpeitsche oder Korsett.
Mir geht es darum, daß das Verhältnis von Fetischismus und normalerem erotischen Verhalten kein geradliniges Kontinuum ist, wie Steele und Califia es sich vorstellen. Es ist vielmehr ein Irrgarten, der ständig in sich zurückführt, ein dunkles, unterirdisches Labyrinth, in dem jeder sich seinen Weg ertasten muß. In der Nähe des Eingangs leuchtet hell das Licht des Alltags. Wer tief im Inneren der Dunkelheit steckt, in Leder oder Handschellen, mag sich meilenweit von diesem sonnigen Ausgangspunkt entfernt fühlen, aber in Wirklichkeit ist der Weg gar nicht so weit. Der Irrgarten hat sich zum Anfang zurückgewunden. Die

Gänge laufen nebeneinander her. Nur eine dünne Wand trennt den eingefleischten Fetischisten in der Tiefe des Tunnels von dem jungen Mann mit der Mickey Mouse auf den Boxershorts, der gerade zum Eingang hereinkommt.

***

Ein gemeinsamer Nenner in den Geschichten, die ich über Sexualität erzählt habe, ist das Bedürfnis, die eigene Normalität zu messen. Ich möchte wetten, daß manche dieses Bedürfnis nicht verspüren. Ich bin sicher, manche behaupten, es nicht zu spüren, denn als ich diese Frage gesprächsweise anschnitt, bekam ich viele Beteuerungen zu hören, daß meine Freunde und Freundinnen sich so verhalten, wie es sich natürlich ergibt – ohne sich Gedanken über Regeln, Techniken oder das zu machen, was andere tun.

Was sich natürlich ergibt. Ha! Sexuell betreiben meiner Ansicht nach die meisten Menschen eine gewundene Gratwanderung zwischen Extremen, die sie erschrecken und zugleich faszinieren. Unsere gesellschaftlichen Regeln und Institutionen halten sie von diesen Extremen ab, beschränken sie auf sehr spezifische Verhaltensweisen, die als normal sanktioniert sind, und etikettieren dieses Verhalten als »natürlich«. Allein schon das Beharren meiner Freunde, daß sich alles ganz natürlich ergibt, ist ein Beleg dafür, wie wichtig ihnen dieses Etikett ist.

Viele Männer, die ich schon als Teenager kannte, verloren ihre Unschuld an ein Mädchen, von der ich nur als »Easy Fuck Ashley« gehört hatte. Einer im Zelt, ein anderer im Auto. Von den anderen weiß ich nicht, wo. Persönlich habe ich Ashley nie kennengelernt, sah sie aber einmal bei einer Party auf der anderen Seite des Raumes. Ich erinnere mich an honigblondes Haar und ein ungeschminktes Gesicht. Sie war groß und ein bißchen plump um die Taille. Gar nicht so, wie ich sie mir vorgestellt hatte, nämlich als Zeichentrickversion einer Nutte, die sich ausschließlich über ihre Accessoires definierte: bonbonroten Nagellack, Stöckelschuhe, Minirock, toupiertes Haar. Und obwohl Easy Fuck Ashley aussah wie ein ganz normales Mädchen deutscher Abstammung, das viel im Freien war, war sie ein Mythos, ein Schrein, an den ein unerfahrener Junge gehen konnte, um seine Unschuld abzuschütteln.

Das entscheidende war, daß Ashley nicht wählerisch war. Sie machte es mit fast jedem, fast überall, also brauchte der Junge nicht viel darüber zu wissen, wie Sex vor sich ging oder wie er sich vorher und nachher benehmen sollte. Er mußte auch nicht attraktiv, beliebt, reich oder auch nur nett sein. Wäre Ashley eine Prostituierte gewesen, hätte die finanzielle Transaktion den Mythos, den sie verkörperte, völlig verändert. Dann wäre klar gewesen, was sie für den Fick bekam, der dann letztlich doch nicht so »easy« gewesen wäre, weil er die Jungs ihr Taschengeld für den Monat und ihre Würde gekostet hätte. Wie die Dinge lagen, denke ich, daß der Fick nicht nur in dem Sinne leicht war, als es nicht schwerfiel, Ashley zu überreden. Er war auch insofern leicht, als für die Jungen kein Druck bestand, sich hart zu geben und keine Schwäche zu zeigen. Sex mit Ashley lief außerhalb der Bewertung. Vielleicht war es auch das Gegenteil eines harten Ficks in dem Sinne, den Menschen meinen, wenn sie sagen »Ich habe ihn wirklich hart gefickt« oder »Fick mich härter, Baby«. Sie war vielleicht sanft und nett.

Was wirklich vorging, werde ich nie erfahren. Vielleicht war Ashley ein armes Dummchen, das von den Jungs ausgenutzt wurde und vier Abtreibungen hinter sich hatte, noch bevor sie zwanzig war. Vielleicht war sie eine Sexgöttin mit einer offenen Einstellung. Ich weiß jedoch, daß all diese Jungen das Gefühl hatten, einen leichten Fick zu brauchen, was vermuten läßt, daß sie Ficken im allgemeinen schwierig fanden – und genau darum geht es mir.

Ich glaube wirklich nicht, daß überhaupt ein Fick leicht ist, ebensowenig wie ich glaube, daß irgendein Fick natürlich ist.

Und das ist nicht unbedingt schlecht – es bedeutet nur, daß jede Begegnung ein schwieriger Balanceakt zwischen sicheren Normen und Extremen ist, Extremen, die abstoßend oder aufregend sein können. Die Normen können von einem Partner mit Nachdruck zur Geltung gebracht und von einem anderen gebrochen werden. Jede Begegnung erfordert eine Anpassung an den anderen Körper im Bett. Jede beinhaltet die Konstruktion der Identität auf einer intimen Ebene durch die (möglicherweise unausgesprochene) Äußerung von Vorlieben und Abneigungen und durch den Prozeß der Selbstdarstellung. Jede ist ein Balanceakt zwischen dem natürlichen Zustand des Körpers und künstlichen Elementen wie Unterwäsche, Haarspray, entferntem Haar und Parfüms. Es ist ein Dialog mit früheren Liebhabern. Der schwierige Fick, der harte-nicht-weiche Fick, der harte-nicht-sanfte Fick, der schwierig zu bekommende Fick – das ist der Sex, den wir begehren und von dem wir träumen, vermutlich weil er unsere Identität auf komplexe Weise fesselt. Der leichte Fick ist nur ein Phantom, das wir sehen, wenn wir im Dunkeln allein sind.

Blößen

Schönheits- und Gesundheitsbehandlungen

»Herzlich willkommen«, begrüßt uns schwungvoll eine rosafarbene Frau, die in purpurroten Stoff gezwängt ist. »Zur Gesichtsbehandlung nehmen Sie bitte den Aufzug«, fährt sie fort. »Drücken Sie auf den Knopf mit dem C für ›Clinic‹.«
Ich betrachte prüfend ihre Poren. Sie sind rund und deutlich sichtbar, selbst auf ihrer Stirn, als würden sie regelmäßig unter Dampf geöffnet, um die Nährcreme aufzunehmen, die sie tagsüber verwendet. Der Aufzug kommt.
Etwas an Schönheits- und Gesundheitsbehandlungen weckt Verfolgungswahn in mir. Höchstwahrscheinlich ist das Madison Avenue Spa, das Schönheitsbehandlungen, Massagen, Bäder und ähnliches anbietet, nur eine Tarnung für eine Art geheimer Industrie der Schönheitschirurgie. Hier nimmt man radikale Operationen an Menschen vor, getarnt mit skandinavischen Schwestern, die mit Seetangwickeln bewaffnet sind. Nach Stunden sind die weichen Sessel im Wartezimmer und die beheizten Whirlpools des Bades mit bandagierten Körpern gefüllt. Hierher kommen die Ehefrauen der breiten Masse, wenn sie ein völlig neues Gesicht brauchen, und die ehemalige Mrs. Bellini legt sich vorsichtig in die heiße Wanne, damit der Mull an ihrem Kinn nicht naß wird. Sie hat zwar nicht die Adlernase bekommen, die sie sich erhofft hatte, aber ansonsten ist die Verwandlung durchaus zufriedenstellend. Im nächsten Monat fliegt sie nach Australien. Sie und ihre Mitpatientinnen – die meisten auf freiwilliger Basis hier, manche unfreiwillig – schlafen den größten Teil des Tages in Hinterzimmern und ermöglichen dem

Madison Avenue Spa hübsche Gewinne aus ihrer legitimen Inkarnation.
Als ich einige Stockwerke tiefer aus dem Aufzug in die Klinik trete, stehe ich zunächst dumm auf dem Flur herum und warte, daß mich jemand bemerkt. Das Licht ist gedämpft: Die Frauen in Weiß, die an einem Schalter einige Meter entfernt zusammenstehen, sehen aus wie Krankenschwestern der Nachtschicht. Endlich kommt eine Frau um die Fünfzig auf mich zu und nimmt meine Hand. Ihre Finger sind seltsam kalt und fettig. Sie betrachtet prüfend das Stück Papier, das ich ihr reiche, und zieht einen Flunsch. »Oh. Sie sind nicht bei mir.« Sie tut, als schmolle sie. Dann führt sie mich durch den Flur in einen winzigen Raum mit Schwingtür. Alles ist weiß, mit Spiegeln, einem verstellbaren Behandlungsstuhl und mehreren Lampen auf Schwenkarmen ausgestattet. Ich schlüpfe in einen Kittel und warte auf Helga.
Helga übernimmt meine Gesichtsbehandlung. Sie ist um die Vierzig, und ihre Haut wirkt feucht und weiß wie der Bauch eines Fisches. Ich vermute, das kommt vom ständigen Gebrauch von Sonnenschutzmitteln und den langen Tagen, die sie wie ein Maulwurf in den dunklen Gängen der Praxis verbringt. Sie fordert mich auf, mich in den Behandlungsstuhl zu setzen, und deckt mich mit einem Laken zu.
Ich habe ein feuchtes Papiertuch auf den Augen. Helga schaut sich mein Gesicht durch eine riesige Lupe an. »Trocken, trokken, fettig, ein paar Pickel. Mischhaut!« erklärt sie. »Ich mache Ihnen zwei Masken für Mischhaut.« Ihr offene Erwähnung meiner Pickel demütigt mich ein bißchen – darüber spricht niemand, den ich kenne. Es ist unhöflich, als ob man auf die kahle Stelle auf dem Kopf oder auf einen Bierbauch zeigen würde. Natürlich ist es Helgas Aufgabe, meine Haut zu analysieren, also bin ich vielleicht nur beleidigt über den Mangel an beschönigenden oder medizinischen Ausdrücken. Sie hätte auch sagen können, ich habe verstopfte Poren, Akne oder Problemzonen. Das

Wort *Pickel* ist so sehr mit talgigem, geschwollenen Teenagerleid befrachtet, daß ich wirklich glaube, sie wollte mich damit einschüchtern.

Helga geht und kommt mit einer Glasschüssel voll kochendem Wasser und Kräutern zurück. Sie stellt sie unter mein Kinn und umgibt meinen Kopf mit Handtüchern, die eine Art Zelt bilden. Der Dampf soll meine Poren öffnen. »Wenn es Ihnen zu heiß wird, machen sie ein Fenster in die Tücher«, rät sie mir. Sie öffnet die Tücher einen Spalt weit und lächelt mich an. Dann reibt sie meine Hände mit Creme ein und steckt sie in Plastiktüten, wie man sie beim Gemüseeinkauf verwendet. Jede eingefettete, eingewickelte Hand wird anschließend in einen großen, beheizten Topfhandschuh gesteckt, der in einer Steckdose in der Wand eingestöpselt ist. Das ist die »Handbehandlung«, ein sanftes Schmoren des Fleisches, nach dem sich meine Hände ganz genauso anfühlen wie vorher.

Sobald der Dampf meine Poren geöffnet hat, folgt die Gesichtsbehandlung. Ihr Zweck ist ziemlich mysteriös. Sie besteht aus Gesichtsmassage, Reinigung (eine Lotion wird aufgetragen und mit einem Wattebausch wieder abgewischt), Pickelausdrücken und zwei Gesichtsmasken von unbestimmter Funktion (Nährbehandlung oder etwas in dieser Art). Ich lasse alles blind über mich ergehen; noch immer liegt das feuchte Papiertuch auf meinen Augen.

Als es vorbei ist, schickt Helga mich wieder nach oben in den Empfangsbereich, und die Frau in dem engen roten Kleid bringt mich zu Bertram. Gemeinsam mit drei weiteren Angestellten, die an bunten Schaltern im Empfangsbereich arbeiten, ist Bertram dafür zuständig, meine Rechnung zu kassieren und mir Produkte aufzudrängen. Er ist ein Hering von einem Mann, feuchtglänzend wie alle anderen und weiß, weiß, weiß. Er trägt einen grauen Anzug und eine Brille mit einem dicken, schwarzen Gestell. Seine Nase sieht ein bißchen aus wie ein Rüssel. Wie er mir erklärt, hat Helga gewisse Produkte für mich empfohlen. Im

Schönheitssalon auf der Madison Avenue führen sie sechzig verschiedene Produkte, von denen ich ein bis vier brauche.
»Nein danke, ich bin eher ein Wasser-und-Seife-Typ«, erkläre ich lächelnd und hoffe, damit hinreichend angedeutet zu haben, daß die Kosten für die Gesichtsbehandlung schon hoch genug waren und ich mich weigere, weitere 18,99 Dollar für eine Sea Creature Cleansing Lotion auszugeben.
Bertram sieht mich entsetzt an. »Also, sehen Sie, Helga hat für Sie eine Reinigungsmilch empfohlen, weil Seife Alkalirückstände auf Ihrer Haut hinterläßt, die die Poren verstopfen können.« Er zeigt mir das Blatt, auf dem sie ein paar Kästchen angekreuzt hat. Mit Erleichterung stelle ich fest, daß mir Empfehlungen für Augen- und Halscremes, Sauerstoffbehandlung, Faltencreme, Kampfermasken und Collagenprodukte erspart geblieben sind. Bertram hält mir einen ausführlichen Vortrag über die Gefahren von Seife.
»Ich bin einfach zu faul, das alles zu machen«, sage ich so bestimmt, wie ich kann.
»Wir hier im Madison Avenue Spa glauben gar nicht, daß Sie eine langwierige Prozedur veranstalten müßten!« drängt er. »Sagen Sie einfach: ›Bertram, das und das bin ich bereit zu tun‹, und ich gebe Ihnen ein Produkt, das dafür geeignet ist.«
»Bertram, ich möchte kein Produkt«, erkläre ich und bezahle.
Ein Besuch in einer zweiten Einrichtung des Madison Avenue Spa (ebenfalls auf der Madison Avenue) erinnert eher an Ian Fleming. Ich bin hier wegen etwas, das in der Broschüre als »Körperbehandlung« beschrieben ist. Der rechteckige, weiße Raum ist von gelben Heizstrahlern erhellt, die auf eine Liege vor einem riesigen runden Spiegel gerichtet sind. Brigitta in weißer Schwesterntracht gibt mir Handtücher, um mich zu bedecken – eine ironische Geste an das Schamgefühl in diesem Miniaturtheater, das nur darauf abgestimmt ist, nackte Körper ins Licht zu rücken und zu reflektieren. Sie trägt eine stark riechende grüne Creme auf meine Gliedmaßen, meinen Unterleib und mei-

nen Rücken auf und reibt sie wieder ab. Sie fühlt sich an wie trockene Gummilösung und nennt sich »Body-Peeling«, wie Brigitta mir erklärt. Dann bittet sie mich, aufzustehen, während sie die Liege mit Plastikfolie und dampfenden roten Handtüchern abdeckt. Mir gibt sie nur das winzige Handtuch, das über meinem Hintern lag, um meine Blöße zu bedecken, und ich stehe verlegen da und versuche, damit alles zu bedecken, was ich gern bedeckt hätte. Plötzlich hat sich das Maß körperlicher Blöße ohne meine Zustimmung drastisch erhöht. In dem riesigen Spiegel sehe ich mich angesichts der unerwarteten Nacktheit zusammengekauert und gekrümmt dastehen. Die Illusion von Respekt gegenüber meinem Schamgefühl ist erschüttert.

Ich lege mich wieder auf die Liege und werde in heiße Tücher gewickelt, anschließend in Plastik und Decken und zu guter Letzt in eine geblümte Steppdecke. Brigitta legt mir etwas Feuchtes auf die Augen und läßt mich eingewickelt und schmorend liegen.

Ich bin sicher, daß hinter dem runden Spiegel Kameras versteckt sind. Die Spanner GmbH, Niederlassung Manhattan, macht Schwarzmarktvideos, die sie an zukünftige Massenmörder verkauft. Die Käufer sitzen zu Hause in ihren Freizeiträumen im Keller und lesen Bücher von J. D. Salinger, bis die Lieferung eintrifft. Dann machen sie es sich auf Sofas voller Zigarettenstummel bequem und holen sich einen runter, während sie sich ansehen, wie nackte Blondinen massiert werden. Videos von Marla Trump und Carolina Herrera sind teurer. Die Pediküre-Videos lassen sich nur auf einem Spezialmarkt verkaufen, aber die GmbH schaltet diskrete Anzeigen in gewissen Zeitschriften und sieht sich für ihre Mühen reich belohnt. Videos von Körperbehandlungen, wie ich sie gerade bekomme, beinhalten ein Mumifizierungsritual. Die Gesellschaft brüstet sich mit einem breiten Angebot.

Schließlich befreit Brigitta mich, wischt die letzten Reste der grünen Creme ab, reibt mich mit Feuchtigkeitscreme ein und besprüht mich mit Rosenwasser. Neunzig Dollar.

Als nächstes kommt die unterirdische Massagepraxis, in der eine bewußt gedämpfte Atmosphäre herrscht. Der dunstige Geruch von Räucherstäbchen liegt in der Luft, und neben der Empfangsdame steht ein Teller mit Wahrsagekärtchen. Die Wände sind braun gestrichen, das Licht ist gedämpft. Mir ist das alles suspekt. Es würde mich keineswegs überraschen, wenn sich herausstellte, daß hier die Indoktrinierung für einen Geheimkult erfolgte. Stammkunden werden von den benebelnden Düften und der öligen Berührung des Masseurs verführt und ganz allmählich von Drogen abhängig gemacht, die man ihnen in den erfrischenden Kräutertee mischt, den sie nach der Behandlung trinken. Wenn man sie erst einmal am Haken hat und sie jeden Morgen an die Tür gekrochen kommen, um sich ihre Dröhnung zu holen, fordert man sie diskret auf, den Gipfel der Entspannung zu erleben, und führt sie in die Anbetung der Affengöttin ein, die in Wahrheit ein vom Schlaganfall bedrohter Gorilla ist, der illegal in einem Lager auf dem Land gehalten wird. Um den heiteren Genuß sinnlicher Lust und die erstaunliche Gelenkigkeit der Affengöttin zu erreichen, müssen Neulinge ihr Loft in Soho der Obhut des Personals der Massagepraxis überlassen und in eine Gemeinschaftslehmhütte im Lager ziehen. Dort ernähren sie sich von erfrischendem Kräutertee, während die verschlagenen Masseure ihr Vermögen heimlich verkaufen.

Ich bin hier, um den höchsten Luxus zu erleben: eine Fußmassage. Mein »Koordinator« kommt, ein braungebrannter junger Mann mit Ohrring, der mir einen Gruß zuraunt. Er bringt mir ein Paar Sandalen in meiner Größe und führt mich durch einen unterirdischen Gang in ein Badezimmer. Ich soll mich umziehen und ein weites Gewand anlegen. Es gibt eine Dusche mit Seifen und Shampoos, aber man hat mich nicht aufgefordert, sie zu benutzen. Soll ich duschen? Oder nicht? Die Musik aus Vogelgezwitscher und Harfengeklimper soll meine angespann-

ten Nerven beruhigen, aber mich überfällt das ungute Gefühl, die Benimmregeln nicht zu kennen. Vielleicht wird von mir erwartet, aus Höflichkeit gegenüber jemandem, der an meinem Körper arbeitet, zu duschen, vielleicht wäre es aber auch eine Anmaßung, ein unerlaubtes Vordringen in einen Bereich der Einrichtung, der nicht für meinen Gebrauch gedacht ist. Außerdem bin ich unsicher, wieviel ich unter dem Kittel anbehalten soll, obwohl das für eine Fußmassage keine große Rolle spielen kann. Ist es ein Zeichen meiner Verklemmtheit, wenn ich die Unterwäsche anbehalte? Wenn ich sie ausziehe – würde das die Massage ungehörig sexualisieren und einen Kontakt erotisieren, der nur legal ist, solange er nicht erotisiert wird? Wie Sallie Tisdale in ihrem Buch *Talk Dirty To Me* aufzeigt, ist es legal, jemanden dafür zu bezahlen, daß er mir den Rücken massiert, aber nicht dafür, daß er mir die Genitalien massiert.
Der Koordinator führt mich zurück in einen zweiten dunklen Vorraum. Er hat keine Fenster und nur sanftes Dämmerlicht, aber auf dem Tisch liegen Selbsthilfebücher. Die meisten sind spiritueller Natur – die Kreativität im Inneren anzapfen, Verbindung zum wahren Ich herstellen und so weiter –, aber es gibt auch ein leuchtend gelbes Buch mit dem Titel *Get Organized.* Zufällig habe ich es mit dreizehn gelesen, als ich den Sommer in Omas Ferienhaus verbrachte und verzweifelt Unterhaltung suchte. Es besteht aus Ratschlägen, wie man ein persönliches Ablagesystem anlegt, sein Bücherregal am besten in eine alphabetische Ordnung bringt und ein Arzneischränkchen ordnet. Nachdem ich eine Weile in dämmriger Selbsterfahrung verbracht habe, kommt ein weiterer Kunde herein. Ich frage mich, ob er wohl geduscht hat und ob er unter dem Kittel nackt ist.
Als es soweit ist, finde ich die Massage irgendwie äußerst alltäglich. Die verkniffene kleine Person in Schwarz, die mich massiert, rät mir in leicht überheblichem Ton, ich solle mich wegen meiner Rückenschmerzen in Psychotherapie begeben. Sie tut mir leid, weil sie den ganzen Tag unter der Erde arbeiten und

den Duft der Räucherstäbchen einatmen muß und nie den Himmel sieht. An einem gewissen Punkt hört sie mit der Massage auf und fragt, was ich als nächstes gern hätte, als ob ihr die Ideen ausgegangen seien. Ich frage sie, welche Wahlmöglichkeiten ich habe.

»Shiatsu, schwedisch, Handreflexmassage.«

Ich finde es seltsam, daß sie mir die Verantwortung für mein eigenes Vergnügen aufbürdet, und bin überrascht, daß der Ablauf nicht festgelegt war, sobald ich einen Termin für eine Fußmassage gemacht hatte. Es ist beunruhigend, daß diese verkniffene Frau mir den Ablauf freistellt. Bezahle ich ihr nicht 75 Dollar pro Stunde, eben weil sie eine Fußmassage besser und länger zu gestalten versteht als mein Freund? Daß sie mich fragt, was ich als nächstes haben möchte, rückt unsere Beziehung (daß ich sie bezahle) auf eine Weise ins Licht, die ich völlig anders empfinden würde, wenn sie es nicht getan hätte. Als ich fast nackt auf der Liege lag, unsicher über das Protokoll, meine Kleidung und die Dusche, hatte ich das Gefühl, daß sie alles im Griff habe. Diese Verletzlichkeit war zwar unangenehm, aber immerhin doch mit ein Grund, weshalb ich hier war – um die Verantwortung abzugeben, mich passiv zu entspannen und zu akzeptieren, was ich bekäme. Und um von ihrer Erfahrung zu profitieren. Jetzt hat ihre Frage mir klargemacht, daß sie die Sache keineswegs im Griff hat. Vielleicht möchte sie mir das deutlich machen und mir vermitteln, daß es ihr zuwider ist.

Ich kehre auf demselben Weg in die Sonne zurück, auf dem ich gekommen bin: Selbsthilferaum, Koordinator, Umkleideraum, Koordinator, Räucherstäbchenempfang. Die Empfangsdame erinnert mich daran, ein Trinkgeld zu geben.

Warum wecken Schönheits- und Massagepraxen in mir einen solchen Verfolgungswahn? Warum wirken sie so sehr wie eine Tarnung von etwas anderem: geheime Schönheitschirurgie, die Spanner GmbH oder Kult der Affengöttin? Teils liegt es wohl daran, daß sie nichts Sichtbares produzieren. Welche Resultate zeitigen sie? Was genau bewirkt ein Moorbad? Es entgiftet? Glättet? Nährt? Um ehrlich zu sein, nach einer halben Stunde sehe oder spüre ich keinen Unterschied. Eine Massage entspannt mich zwar, aber noch vor dem Abendessen bin ich wieder verspannt. Eine Gesichtsbehandlung erscheint mir wie eine kunstvolle Verlängerung einer Gesichtswäsche, die höchstens drei Minuten dauern sollte. Der einzige Grund, sich diesen Behandlungen zu unterziehen, ist, daß der Prozeß Spaß macht: der Körperkontakt, die Gerüche, die Fürsorge.

Mein Unbehagen im Madison Avenue Spa und in der unterirdischen Massagepraxis beruhte auf der Tatsache, daß sie im Kern beide eine Dienstleistung anbieten: körperliche Lust. Die Einrichtungen sind bemerkenswert abgeschieden, und das Verhalten ist so ausgeprägt ritualisiert, daß das vornehme Dekor und die behutsamen, geflüsterten Kontakte eine Massage oder Gesichtsbehandlung als etwas Schmutziges und sogar Unnatürliches erscheinen lassen. Weshalb sollten sie sonst solche ausgeklügelten Vorrichtungen brauchen, um die Umgebung ganzheitlich natürlich, hypersteril und äußerst intim zu gestalten?

Seinen Körper vor einem Fremden zu entblößen, der dafür bezahlt wird, verletzt in gewisser Weise das Gebot der Intimität, das in unserer Kultur herrscht (laß dich nicht von Menschen anfassen, die du nicht kennst, laß dir in einem öffentlichen Gebäude keine Lust bereiten). Dieser Verstoß macht die übertriebene Abgeschiedenheit notwendig, die die abgedunkelten Korridore und fensterlosen Räume dieser Einrichtungen bieten. Der hohe Personalaufwand, Bertram und der Koordinator, dienen als Puffer zwischen dem normalen Leben eines Kunden und der merkwürdigen Transaktion, für Körperkontakt zu bezahlen. Bertram und seine Verkaufskollegen arbeiten in unmittelbarer Nähe der Eingangstür. Sie wirken wie ein Empfangsteam, und Kunden, die zum erstenmal kommen, brauchen ihre Hilfe, um die Frau im roten Kleid zu finden. Wenn es ans Bezahlen geht, bringt Bertram meine Kreditkarte an den Schreibtisch der roten

Frau, um den Betrag abzubuchen. Eigentlich wird er als Kassierer nicht gebraucht. Er soll mir lediglich ein paar greifbare Produkte verkaufen, seiner Firma Einnahmen bringen und mir das beruhigende Gefühl vermitteln, daß ich nicht nur für körperliche Lust bezahlt habe. Ich kann etwas für mein Geld vorweisen, eine Tube Sauerstoffreinigungsmilch. Auch für den Koordinator besteht kaum eine Notwendigkeit. Vielleicht ist manchmal so viel zu tun, daß er dringend benötigt wird, aber an dem Tag, als ich da war, wirkte dieses Verfahren durch und durch zeremoniell, vor allem, als ich hinterher auf ihn warten mußte, damit er mich zu meinen Kleidern zurückbrachte. In beiden Fällen hatten die kleinen Hindernisrennen, die mit dem Betreten und Verlassen der Praxisräume verbunden waren, die Funktion, die fast klaustrophobische Intimität der eigentlichen Dienstleistung zu zerstreuen.

Das Personal solcher Einrichtungen kann mich auf subtile Weise bestrafen, indem es mich mit den unappetitlichen Aspekten unseres Kontakts konfrontiert. Als die verkniffene Frau meine Massage unterbrach und mich fragte, was sie als nächstes machen solle, weckte sie in mir eine gewisse Unsicherheit, ob die Dienstleistung ihr Geld wert sei. Wichtiger ist, daß sie in mir Unbehagen über meine Position als zahlende Kundin auslöste, die eine Dienstleistung in Anspruch nahm, die möglicherweise für den Erbringer erniedrigend war. Ganz ähnlich ist es bei einer Pediküre, bei der die Fußpflegerin unter mir kniet und meine Füße mit Bimsstein bearbeitet. Ihre unterwürfige Position schafft ein wesentlich heikleres Klima für die Dienstleistung, als es bei der relativ gleichgestellten Situation der Maniküre der Fall ist. Eine einzige ehrerbietige Geste oder eine Andeutung von Unzufriedenheit ihrerseits bringt mich aus dem Gleichgewicht und erinnert mich, daß möglicherweise irgend etwas nicht ganz in Ordnung ist, wenn ich diese kleine Koreanerin dafür bezahle, daß sie vor mir kniet und an meinen Füßen fummelt. Ich verhalte mich unterwürfig, frage sie, wo ich mich hinsetzen soll, entschuldige mich dafür, daß ich so linkisch bin, bedanke mich mehrmals, stelle keinerlei Fragen über das Prozedere, nur um die Strafe zu vermeiden, daß sie mir ihre Unterwerfung deutlich macht.

Es drängt sich die Frage auf, weshalb es Menschen so unangenehm ist, für körperliche Lust zu bezahlen. Es muß ihnen unangenehm sein, weshalb sonst sollten Schönheitssalons, Massagepraxen und ähnliche Einrichtungen auf eine so sorgfältig zugeschnittene Atmosphäre und derart durchstrukturierte Interaktionen bedacht sein? Da ich persönlich nichts Unmoralisches in Sexarbeit sehe, außer den horrenden Bedingungen und Schikanen, denen viele der in diesem Bereich Arbeitenden ausgesetzt sind, überrascht mich mein Unbehagen, eine ganz ähnliche Dienstleistung zu nutzen, bei der der Erbringer gesund und gut bezahlt ist und nicht unter Zwang steht.

Sowohl meinem Unbehagen, Arbeiten an meinem Körper vornehmen zu lassen, als auch den prekären Pufferritualen und der hygienisch-natürlichen Atmosphäre in den Gesundheits- und Schönheitspraxen liegt die Annahme zugrunde, daß der Körper etwas Unangenehmes sei. Solche Dienstleistungen in Anspruch zu nehmen läßt eine körperliche Bedürftigkeit vermuten, die auf einem Mangel an Attraktivität beruht. Bei dem Mann, der zu Prostituierten geht, besteht immer die Möglichkeit, daß er auf andere Weise nicht zu Sex kommen kann: Er ist nicht attraktiv genug, daß eine gutaussehende Frau umsonst mit ihm schläft. Das muß natürlich durchaus nicht der Fall sein, möglicherweise genießt er den Nervenkitzel, die Unverbindlichkeit oder hat gewisse Vorlieben, die nicht leicht zufriedenzustellen sind. Doch auf jedem Kunden einer zur Ware erhobenen körperlichen Lust lastet wie ein Schatten das Image des anonymen Kerls: der Gestank eines ungewaschenen Körpers, die Scham über einen zu kleinen Penis, Mundgeruch oder schwächliche Arme. Wenn seine Frau ihm keinen blasen will, muß er schon etwas Anrüchiges haben. Sexarbeiterinnen dulden ihn nur gegen Bezahlung.

Das gleiche gilt für die Fußpflegerin. Ich kann nicht annehmen, daß es ihr Spaß macht, die Füße all dieser Menschen zu berühren. Vermutlich ist das sogar schlimmer als Fellatio gegen Bezahlung. Meiner Erfahrung nach ist es wesentlich schwieriger, einen Liebhaber zu bewegen, meine Füße zu reiben und meine Fußnägel zu schneiden, als ihn zum Oralsex zu verlocken. Und fast niemand ist bereit, einem anderen die Pickel auszudrücken, ganz gleich, wie sehr sie sich auch lieben. Selbst einen anderen zu massieren, was relativ angenehm ist, erfordert eine körperliche Großzügigkeit, die viele Menschen anderen Erwachsenen außerhalb eines sexuellen Kontexts nur selten erweisen, falls sie es überhaupt tun. In einen Schönheitssalon oder eine Massagepraxis zu gehen, um dort intimen Körperkontakt zu erfahren, so klinisch und in heiße Tücher verpackt er auch sein mag, kommt dem Eingeständnis sehr nahe, daß niemand, den man kennt, einen auf diese Weise berühren möchte. Und daß man sich wünscht, jemand täte es.

Meine Freundin Roxy wohnte früher in einer Wohnung, in der kleine Plastikschläuche an der Toilette befestigt waren. Als ich sie danach fragte, erklärte sie mir, die Vermieterin sei eine begeisterte Anhängerin von Darmspülungen und habe daher sämtliche Badezimmer entsprechend ausstatten lassen. Ich hatte meine eigene Meinung über diese Vermieterin wie auch über die Kundin in dem Badehaus, die sich eine Darmspülung hatte machen lassen, als ich dort den Isolationstank ausprobierte. Ich fand sie beide neurotisch pingelig und gleichzeitig seltsam anfällig für invasive Praktiken – ganz zu schweigen von einem perversen Interesse an den Vorgängen in ihren Eingeweiden.
Viele Bäder bieten Darmspülungen an, die sich zunehmender Beliebtheit erfreuen. Dahinter steckt die Vorstellung, daß der Darm mit einer Menge Scheiße verstopft sei, die die Aufnahme von Nährstoffen verhindere, Darmprobleme verursache und das Blut mit Giften überflute. Nach Ansicht mancher hat jeder

Mensch knapp zehn Pfund unerwünschtes »Material« in seinem Gedärm. Viele Kunden sind bereit, viel Geld zu bezahlen, um sich dieses Material mit Druckschläuchen herausspülen zu lassen.

Gleich vorweg sollte ich sagen, daß ich nicht vorhabe, mir um der Literatur willen einen Schlauch in den Hintern schieben zu lassen. Vor einer Darmspülung habe ich mehr Angst als vor Heroin, und zwar in einem Maße, daß ich durchaus bereit bin, darüber von einem Standpunkt völliger Unbelecktheit zu reden, ganz egal, wieviel das über meine Neurosen, meine Sexualpraktiken und meine allgemeine Feigheit aussagt. Ich bin bereit, jedem zuzugestehen, daß Darmspülungen in Maßen wohltuend sein mögen, aber ich habe mit dieser Praxis drei große Probleme: Zum einen stößt der Gedanke mich ab. Ich will ganz einfach nicht, daß man mir etwas in den Hintern schiebt, damit ich zuschauen kann, wie superkonzentrierte, toxische Scheiße durch einen Plastikschlauch aus mir herausfließt. Und noch viel weniger will ich das im Beisein eines Fremden erleben.

Zum anderen predigen die Verfechter der Darmspülung eine Lehre der Askese und Angst. Sie fasten halbwegs regelmäßig, um ihren Körper zu entschlacken und entgiften, und sehen in allen Nahrungsmitteln Gifte: in Nudeln, Fertigfruchtsäften und in komplexen Mischungen aus Kohlenhydraten mit Proteinen. Ich bin sicher, wenn sie von meinen Doppelkeksen, meinem Bier und meinem Kaffee wüßten, wären sie zutiefst entsetzt, da schon allein ein Brötchen sie schockiert. Dieses hyperwachsame Ernährungsbewußtsein ist in Begriffe gebettet, die dafür eintreten, das Gedärm als etwas wunderbar Funktionstüchtiges zu akzeptieren. Ein Informationsblatt über Darmtherapie, das ich gelesen habe, brachte die gesellschaftlichen Ängste, die wir mit dem Hintern und den Ausscheidungsprozessen verbinden, in Zusammenhang mit der Zunahme der Eßstörungen. Akzeptiere deinen Hintern und seine Innereien, vermittelte der Artikel implizit, dann ergeben sich ein gesunder Körper und Geist wie von selbst. Gleichzeitig bekommt die Person, die daran arbeitet, ihren Hintern zu akzeptieren, jedoch eine Entschlackungsdiät, die ihr einen Großteil der Freude am Essen versagt. Ich glaube nicht, daß es die Akzeptanz des eigenen Körpers fördert, sich alles zu verkneifen und die Nahrungsaufnahme rigide zu überwachen. Nach meinem Eindruck dürfte das häufige Fasten eher Patienten mit Eßstörungen anlocken und ihre Störungen mit einer Gesundheitsrhetorik nur fördern. Zudem feiern diese Leute einerseits den Darm und wollen seine optimale Funktion wiederherstellen, verstärken aber andererseits damit zugleich die Vorstellung, daß ihre inneren Organe schmutzig seien und einer regelmäßigen Spülung bedürften, um sauber zu bleiben. Nach meinem Dafürhalten sind wir schon genug von der Vorstellung durchdrungen, wie schmutzig unser Körper ist. Achseldeos, Vaginalduschen und Kaugummis oder Lutschpastillen gegen Mundgeruch reichen gerade schon, vielen Dank. Ich brauche mir nicht auch noch sagen zu lassen, daß meine Innereien ebenfalls schmutzig seien.

Zum dritten kaschiert die Sprache der alternativen Gesundheitsindustrie die schlichte Wahrheit, daß Menschen Arbeiterinnen des Sexgewerbes dafür bezahlen, ihnen Einläufe zu machen oder dabei zuzusehen. Darüber habe ich in Dan Savages Sexkolumne und im Internet gelesen. Der Erotikhandel bietet »heiße Klistiere« an. Frank E. Ball von der Fraternity of Enema Buddies schrieb ein Manifest über Analerotik mit dem Titel *The Eneman's Companion*. Es gibt eine »Einlauf-Gemeinde«, die durch Internet-Chats, Versandkataloge und E-Mail-Newsletters verbunden ist, und es existiert eine Gruppe, die sich Ladies' Enema Auxiliary nennt. Darmspülungen, die für manche eine Therapie darstellen, sind für andere eindeutig Sex – und zwar in einem Maße, daß das Verzeichnis der Darmtherapiezentren die Harmlosigkeit der Praxen, die es aufführt, mit einer Erklärung beweisen will, die bei allen anderen Gesundheitsdiensten völlig absurd wäre: »Es handelt sich um anerkannte medizinische Fachkräfte... Bringen Sie sich nicht in Verlegenheit, indem Sie sie wegen bezahlter sexueller Gefälligkeiten anrufen oder aufsuchen.«

Ebenso wie die Kunden anderer Schönheits- oder Gesundheitsbehandlungen – Gesichtsbehandlungen, Pediküren und Massagen – bezahlen auch jene, die eine Darmspülung erhalten, für eine körperliche Dienstleistung, die nur um Haaresbreite von der Bezahlung einer Prostituierten entfernt ist. Der Unterschied ist, wenn ich eine Massage bekomme, bezahle ich ganz offen für körperliche Lust. Wenn ich eine Gesichtsbehandlung bekomme, bezahle ich für Schönheit oder dafür, mich »verwöhnen« zu lassen, also für eine Dienstleistung, die als Luxus anerkannt ist. Dagegen erfolgt die Darmspülung in Bädern immer nur unter dem Deckmantel des Gesundheitsaspekts. Sie erfordert jedoch intimeren Körperkontakt als jede andere Dienstleistung und verleugnet diese Intimität und die Lust, die sie offenkundig vermittelt, wesentlich rigoroser.

Möglicherweise ist die extreme Bloßstellung des Körpers, die mit einer Darmspülung einhergeht, der Hauptgrund, weshalb ich mich nicht dazu durchringen kann. Selbst bei einer Rektaluntersuchung liegt man auf dem Rücken. Einem Fremden seinen After zu präsentieren ist, wie ich finde, unglaublich intim. Trotz des antiseptischen, alternativ-medizinischen Images kommt eine Darmspülung der Prostitution näher als jede andere Form der Körperbehandlung. Gerade diese Bloßstellung und die Nähe des Prozesses zur Prostitution ist vermutlich für Menschen, die in solchen Dingen nicht so zugeknöpft sind, eine Quelle der Lust, doch für mich stellen sie ein Problem dar. Teilweise hängt mein Widerstreben natürlich mit dem Umstand zusammen, daß eine Darmspülung mit einer Penetration verbunden ist, was beängstigend ist, wenn die Körperöffnung ungewohnt ist. Zu einem anderen Teil liegt es daran, daß die Darmspülung mit Kacke zu tun hat. Wenn ich schon die Kommentare über meine Poren von den Angestellten des Schönheitssalons in der Madison Avenue und der unterirdischen Massagepraxis nicht ertrage, kann ich eine kritische Analyse meines Hinterns bestimmt nicht aushalten.

Mit dem Körper verbindet sich sehr viel Schamgefühl. Es ist ein Bestandteil unseres alltäglichen Selbstverständnisses. Wenn wir einen Badeanzug aussuchen, unser Nasenhaar schneiden, duschen oder einen Tampon benutzen, konfrontieren wir uns mit unserem Unbehagen über den organischen Zustand unseres körperlichen Daseins. Kacken ist der Körpervorgang, der am stärksten mit Scham belegt ist, und die Darmspülung löst sehr viel Angst aus – bei mir, aber ich denke, auch bei anderen –, weil sie diese Scham über einen körperlichen Vorgang verkörpert, der einerseits sexuell (obwohl man uns beigebracht hat, daß er es nicht sein sollte) und andererseits einigend ist (was uns daran erinnert, daß wir schmutzig sind).

Die Behandlung in Schönheits- und Gesundheitszentren erfolgt einzeln in überaus abgeschiedenen Räumen, weil dort ein Tabu der öffentlichen Entblößung zu Zwecken der Lust gebrochen wird. Die Entblößung des Körpers – sei es der Poren, Schwielen oder Genitalien – entspricht unseren normalen sozialen und sexuellen Interaktionen so wenig, daß sie uns Unbehagen bereitet. Dieser Verfolgungswahn wird noch verstärkt durch die Urteile, die das Personal über die Kunden abgibt – Bertrams Kritik an meinen Reinigungsritualen, Helgas lauter Kommentar zu meinen Pickeln, der Rat der verkniffenen Frau, ich solle mich in Therapie begeben. Hier ist ein sicherer Ort, schreit die Umgebung; allerdings nur, weil die Dienstleistungen stillschweigend und subtil alles andere als sicher sind.

FKK-Strand

Mit Sonnenschutzfaktor 24 auf den Möpsen sauge ich die Sonne auf und habe vor allem das Gefühl, ein Eindringling zu sein. Um mich herum sind die echten Nackten. Ich täusche nur vor, dazuzugehören. Das ist natürlich lächerlich. Ich bin genauso nackt wie alle anderen, und die weißen Hintern vieler anderer belegen, daß sie dieses sandige Paradies nicht regelmäßig besuchen. Dennoch bleibt dieses Gefühl hartnäckig bestehen. Es ist gar nicht so, daß ich mich schäme, nackt zu sein. Eigentlich finde ich sogar, daß ich ohne Kleider besser aussehe als in meinem Badeanzug. Vielmehr ist mir diese öffentliche Nacktheit neu. Ich komme mir vor, als sei ich eine andere, wie eine Schauspielerin.

Dazuliegen und unter dem Rand meiner Baseballkappe hervorzulauern ist hier meine Lieblingsbeschäftigung. Ich bin eine Beobachterin. Doch als ich aufstehe und zum Wasser gehe, ändert sich das schlagartig. Ich höre auf, Eindringling und Beobachterin zu sein, sondern verwandele mich abrupt in eine gleichberechtigte Teilnehmerin der Nacktheit, die sich allen, die hinschauen möchten, zur Begutachtung anbietet. Guckt jemand? Nicht offensichtlich. Sie lesen Schmöker und essen Taco-Chips. Aber noch nie habe ich mich so nackt, so zur Schau gestellt gefühlt. Da das Wasser zum Schwimmen zu kalt ist, stolziere ich am Rand entlang und spüre eine seltsame Brise unter meinen Brüsten und zwischen den Beinen. Zwei zwölfjährige Jungen gehen vorbei, beide in Badehose, einer mit einem roten Haarschopf und der braungebrannten Haut eines Bauern. Sie drehen sorgfältig ihre Runden und sammeln Informationen.

Der Strand wurde Anfang der siebziger Jahre von Nacktbadenden besiedelt, und ein Teil des freizügigen Hippieflairs der Anfangszeit hat sich bis heute gehalten. Junge Männer mit langen Haaren und Bärten laufen spritzend in die Wellen oder sitzen, leicht posierend, auf uralten Felsen außerhalb der Reichweite der Gischt. Frauen liegen, wenn schon nicht mit Badeanzügen, so doch mit Sonnenhüten, Romanen und Sonnenschirmen beladen in Positionen, aus denen sie ihre nackten Kleinkinder im Auge behalten können. Menschen, denen nicht bewußt ist, wie ernstlich die Erosion an den Buntmergelklippen

frißt, schwelgen in natürlichen Gesichtsbehandlungen und bedecken ihre Haut mit kühlem Schlamm.
Ich kenne ein Paar, das den Sommer häufig hier verbringt. Ihn nennt man den Strandpräsidenten – er ist sehr klein, bärtig und strahlt jugendliche Energie aus. Mittlerweile ist er Professor an einem kleinen, ländlich-idyllischen College. In seiner Wohnung hängt sogar ein Gemälde von ihm, zumindest hat er mir das bei einer Party erzählt, und sein dröhnendes Gelächter klang deutlich nach Italien. Sie ist klein, immer sonnengebräunt und hat einen forsch-energischen Charakter. Sie haben eine schnatternde Schar Kinder und Enkelkinder, die als endlose Parade durch ihr Sommerhaus ziehen, aber dennoch schaffen es die DeCellos jeden Nachmittag, an den örtlichen Sandstrand zu gehen und sich ihrer Kleider zu entledigen.
Ich komme nur allein an den Nacktstrand. Wenn meine Familie gemeinsam ein Sonnenbad nimmt, ist keine Rede davon, daß wir uns nackt oder auch in Badezeug an den Nacktstrand legen. Statt dessen bringen wir Liegestühle mit, behalten die Textilien an und schauen in sonnendurchtränkter Benommenheit in den Horizont. Wenn die DeCellos unser Blickfeld kreuzen, winken wir ihnen zu.
Es war nicht immer so, daß wir alle Badesachen trugen. In den siebziger Jahren hüpfte auch meine Familie ausgezogen mit den Nacktesten der Nackten herum. Es gibt ein großes Foto, das Oma immer zu vernichten droht. Da das Alter es schon leicht hat vergilben lassen, herrschen darauf jene Orangebrauntöne vor, die in dieser unseligen Ära bei Kleidung und Wohnausstattung so beliebt waren. Es zeigt das allsommerliche Ritual: Wir hatten eine große Kühltasche mit Getränken und eisgekühltem Obst, und alle aus der Generation meiner Mutter (vielleicht vier Erwachsene) liefen bis auf eine große runde Sonnenbrille nackt herum. Auf dem Bild sind Mom und meine Tanten nahtlos braun und haben raffinierte Zottelfrisuren. Oma trägt ein Bikinihöschen, aber dennoch ist das Foto eine Momentaufnahme

aus der Geschichte unseres Landes, entstanden, als Menschen sich im Familienkreis nackt bewegten – und sogar ihre Instamatic-Kamera mitnahmen.
Der Anthropologe Jack Douglas und zwei seiner Kollegen veröffentlichten 1977 eine Studie über eine bestimmte Nudistengemeinde an einem Strand der kalifornischen Küste. Die Anthropologen »lebten unter den Eingeborenen«, wie man so sagt, verbrachten ihre Zeit weitgehend damit, sich bräunen zu lassen, und nannten das Arbeit. Douglas stellte fest, daß ein enormer Gruppenzwang herrschte, sich völlig nackt auszuziehen. Die weißen Spuren, die Badehosen und Badeanzüge hinterließen, nannte man dort »Kriegsgefangenenmanschetten«, weil sie das Gefangensein des Anzugträgers in gesellschaftlichen Zwängen verdeutlichten. Wer heimlich seinen Penis unter einem Handtuch versteckte, konnte öffentlich gehänselt werden. Der Angegriffene sagte dann vielleicht »mit piepsiger Stimme, ›ach, ich traue mich einfach nicht, der Welt mein Ding zu zeigen, weil ich Angst habe, daß es nicht so groß ist wie die anderen‹«. Wer sich zierte, sich ganz auszuziehen, wurde mit Aufforderungen, »ehrlich zu sein«, sanft beschämt. Douglas beobachtete sogar ein Ritual, das er »Nacktstrandvergewaltigung« nannte und bei dem einem Mann oder einer Frau die Kleider gewaltsam heruntergerissen wurden. »Alle bejubelten heiser« die Vergewaltigung, die nur stattfand, wenn das Opfer nicht allzu verklemmt wirkte. Wie Douglas uns erklärt, stellte sie eine Hilfestellung für jene dar, die nicht »genug moralisches Rückgrat besaßen, ehrlich zu werden«. In dieser Gemeinschaft schämte man sich der Scham und verurteilte nicht den Körper, sondern die Unsicherheiten der Menschen.
Der Zwang zur Nacktheit, der moralisch verbrämt war, ging mit der Verurteilung eines expliziten Voyeurismus einher. Einer der Slogans der Nacktkultur der siebziger Jahre lautete: »Nackt ist nicht obszön«, und zielte darauf ab, öffentliche Nacktheit von strafbaren Sexualverbrechen abzugrenzen. *Bare with us,* ein

Führer zu Nudistenparks der siebziger Jahre, behauptet, daß Nudisten keinen Teil des Körpers für vulgär oder obszön hielten. Obwohl Douglas eine Menge sexueller Aktivitäten beobachtete, die von öffentlicher Masturbation über (wie er betont, nicht gewaltsamen) Geschlechtsverkehr bis hin zu angezogenen Voyeuren reichten, die durch Ferngläser schauten, waren es diese letzteren, die nach vorherrschender Meinung die Gebote der Nudistenmoral verletzten, indem sie einem gesunden Verhalten den Makel der Perversität aufzwangen. Andere zu beäugen und sogar Erektionen galten als durchaus akzeptabel, solange sich niemand dadurch bedroht fühlte. Und in diesem Fall verurteilte man mit hoher Wahrscheinlichkeit eher den, der Anstoß nahm, als den Exhibitionisten. Zu öffentlicher Masturbation hatte man allgemein die Einstellung, daß sie natürlich sei, und wenn sie den Zuschauer störte, hatte er oder sie wohl einen Komplex.

Diese Zeiten sind vorbei. Niemand flitzt mehr nackt über den Harvard Square oder proklamiert lautstark das Recht auf eine textilfreie Umgebung. Anstelle der Idee, daß es gesund sei, seine unteren Regionen soviel Sonne und frischer Luft wie möglich auszusetzen (ein Gebot mancher früher Nudistenpublikationen), ist die Angst vor Hautkrebs getreten. Die Single-Szene, die einen Großteil der Nacktstrandaktivitäten der Siebziger fortgesetzt hat, ist in private Swinger-Clubs abgetaucht oder zu der konservativeren Form des Fleischmarkts der Happy Hour übergegangen. Doch die Nudistenkultur existiert weiter – am Strand, zu Hause und in bestimmten Freizeitanlagen und Gemeinschaften, die auf diesen Zweck zugeschnitten sind. Mittlerweile ist sie offenbar ruhiger und weniger sexuell aufgeladen, aber es gibt sie eindeutig noch. Laut Phil Vallack, der eine verrückte Abhandlung mit dem Titel *Nude as a Newt* im Eigenverlag veröffentlichte, gibt es in den Vereinigten Staaten neunzig fest angelegte Nudistenparks und fünfzig Clubs ohne eigene Anlage. Die Naturisten-Newsgroup im Internet wird erheblich öfter angewählt als der Woody-Allan-Fan-Club oder die Diskussionsrunde über Vampire und verwandte Themen. In *Time Out in New York* erschien kürzlich eine Titelstory mit dem Untertitel »All the Nude That's Fit to Print« (»Alles Nackte, was druckreif ist«), ein Artikel, der unter anderem über eine Vernissage in SoHo berichtete, bei der sämtliche Gäste völlig nackt waren.

Ich liege allein am Nacktstrand und lauere unter meinem Hut hervor. Der Bursche neben mir hat einen Bauch wie ein Strandball. Er ist der Typ schnaubender Stier, der von seiner Frau gezähmt wird. Er liegt ihr zu Füßen. Sittsam im geblümten Badeanzug mit kleinem Röckchen, widmet sie sich hingebungsvoll ihrer Strickerei. Er liest Gedichte und liegt auf dem Bauch, der ihn trägt wie ein Kissen. Eine Frau geht an mir vorbei, sie kommt vom Schwimmen. Sie ist um die Vierzig, sehr schlank und nahtlos braun. Sie erreicht ihre Decke, die nur ein kleines Stück weiter landeinwärts liegt als meine, und gesellt sich zu einem Mann, der in einem Liegestuhl Zeitung liest. Mit weit gespreizten Beinen kniet sie sich auf alle viere, legt die Decke zurecht, streift den Sand ab, holt etwas aus der Kühltasche, nimmt ihr Buch aus ihrer Einkaufstasche und hält sich so ausgiebig mit verschiedenen Tätigkeiten auf, die ganze Zeit Po und Vagina gen Himmel (und zu mir) gestreckt, daß ich mich frage, ob sie damit ihren Mann anmachen will. Er liest weiter Zeitung. Weitab von der Menge schmilzt ein dicker, teigiger Mann unter einem Sonnenschirm. Er hat einen Schauerroman und eine Tüte Erdnüsse und sitzt so, daß er aussieht, als könne ein größerer Windstoß ihn umwerfen. Ein Mann Ende Dreißig mit altmodischer Fischermütze liegt ein Stück weiter links von mir mit dem Gesicht nach oben zwischen seinen Freunden, die alle auf dem Bauch liegen. »Ich komme mir vor wie ein Model«, erklärt er stolz.

Jedesmal, wenn ich am Nacktstrand bin, fühle ich mich in den ersten paar Minuten versucht, die Leute zu beurteilen, zu vergleichen und ihre Schönheit abzuschätzen, aber dieses Bedürfnis verliert sich durch die Strandumgebung sehr bald. Trotz ihrer individuellen Eigenarten sind die Menschen sich erstaunlich ähnlich. Ich hätte, glaube ich, Schwierigkeiten, jemanden zu erkennen, vor allem, wenn ich nicht damit rechnen würde, ihn hier zu treffen. Niemand sieht besonders toll aus, und niemand besonders abstoßend.

Ich beobachte einige Ballspiele: Vater und Sohn, ein Pärchen, zwei fröhliche College-Studenten. Die Männer präsentieren eine völlig andere Silhouette als in den sackigen Badehosen, die derzeit modern sind. Es ist ziemlich erstaunlich, wie schmal ihre Hüften sind, und mich beschäftigt vor allem der Anblick ihrer Penisse, die sonnengebräunt und eingeschrumpelt herumbaumeln. Mehr als alles andere finde ich den Nacktstrand komisch. Hintern, Hoden und Brüste plumpsen ins Meer, pressen sich an Badetücher und recken sich stolz, aber schlaff in die Luft. Alle sehen auf nette Art leicht blöd aus.

Anfangs finde ich, daß Nacktheit nicht sexy ist, vielleicht weil es kein Geheimnis gibt, vielleicht weil es ein bißchen blöd aussieht, vielleicht auch weil die Grenzlinien der Sonnenbräune die Geschlechtsteile betonen, während eine nahtlose Bräune sie in Beine und Schultern übergehen läßt. Nach einer Weile fällt mir jedoch auf, daß der Nacktstrand meine Sicht der Männer verändert hat. Mittlerweile habe ich viele Menschen nackt gesehen. Große, kleine, weiße, schwarze, häßliche und schöne. Dann bemerke ich eines Tages einen attraktiven Mann in Shorts – nicht einmal in Badehose, sondern in Shorts mit Gürtel. Er ist hager, weiß und hat dunkles, lockiges Haar. Ich finde, er muß Töpfer, Maler oder vielleicht Küchenchef sein. Da steht er inmitten einer Gruppe nackter Männer, und es ist nur ein logischer Gedankengang, ihn im Geiste auszuziehen. Und so fange ich an, mich zu fragen – während ich auf der Schwelle des Lebensmittelladens in Strandnähe Limonade trinke oder auf dem Fischmarkt Austern kaufe –, wie alle Männer um mich herum wohl ohne Kleider aussehen mögen. Ich habe Männer sagen hören, daß sie das tun – sich Frauen nackt vorstellen –, aber bislang gehörte das gewiß nicht zu meinen alltäglichen Überlegungen, die ich über Verkäufer und Fischhändler anstellte. Und jetzt ist es so. Ich habe ein besseres Gefühl für die Möglichkeiten, als ich es bisher besaß. Ich kann mir alle Details wesentlich lebendiger vorstellen. Die öffentliche Nacktheit hat meine Fantasie sexualisiert. Wie komisch.

Wenn ich die DeCellos am Nacktstrand sehe, drehe ich mich auf den Bauch, damit sie mich nicht erkennen. Ich finde ihre Vorliebe für Nacktheit ausgesprochen reizend, aber am Strand herrscht eine Anonymität, die für mich eine Voraussetzung darstellt, mich dort wohl zu fühlen. Ich habe mich noch nie mit einem nackten Mann unterhalten, der nicht mein Liebhaber war, und ich habe keine Ahnung, welche Themen und Körpersprache in einer solchen Situation angemessen wären. Gebe ich Dr. DeCello einen Begrüßungskuß, wie ich es tue, wenn ich ihn sonst treffe? Sollte ich mir etwas überziehen oder so tun, als mache mir die Nacktheit nichts aus? Mich nackt mit den DeCellos zu unterhalten würde mir möglicherweise ihre Sexualität zu Bewußtsein bringen und umgekehrt. In einer vollkommenen Welt wäre ein solches Bewußtsein völlig in Ordnung, aber in dieser ist es das sicher nicht. Sie sind Freunde meiner Großmutter, und am nächsten Tag muß ich ihnen auf einer Cocktailparty gegenübertreten. Es ist ein bißchen so, als stünde man nackt vor seinem Chef oder seinen Studenten. Die gesellschaftliche Stellung, die wir gewöhnlich innehaben, gerät durcheinander, wenn wir uns ohne Kleider begegnen, die Status und Identität markieren.

Offenbar sehen die DeCellos mich nie. Vermutlich merken sie, daß ich nicht gesehen werden will. Sie verstehen, daß die meisten Menschen sich irgendwie unwohl fühlen, wenn sie in der Öffentlichkeit nackt sind, obwohl sie den Mut aufbringen, es am Strand zu versuchen. Die *New York Times* berichtete 1996 in einem Artikel, daß High-School-Schüler in den ganzen Vereinigten Staaten sich nach dem Sportunterricht nicht mehr duschen. Sie scheuen es, sich vor den anderen nackt zu zeigen. Ein Schulbezirk in Pennsylvania mußte die Duschpflicht aufheben, nachdem die American Civil Liberties Union mit einer Klage gedroht hatte. Der Anwalt, der ein übergewichtiges Mädchen vertrat, das sich durch die erzwungene öffentliche Nacktheit gedemütigt fühlte, erhielt eine Flut von Briefen von Menschen, die ihn unterstützten, weil sie sich an ihre eigene Scham in der Schuldusche erinnerten. Die *Times* bot zwei Hauptgründe für das Unbehagen über öffentliche Nacktheit an: ein schlechtes Körperimage, teils als Reaktion auf die Medien, die von perfekten Körpern überflutet sind, und die Angst vor Homosexuellen. Ich denke, ein weiterer Grund ist auch derselbe, weshalb ich mich am Strand vor den DeCellos verstecke: Die Menschen haben keine Ahnung, wie sie sich benehmen sollen. Welche Regeln gelten?

Im Titelbeitrag seines Bestsellers *Naked* schreibt David Sedaris, daß manche Nudisten, mit denen er sprach, nicht die richtigen Worte für die Genitalien verwenden, sondern Euphemismen wie »Dingelchen« benutzen. In der Freizeitanlage, die er besuchte, war es verboten, sich zu betrinken, sich auf eine Sitzfläche zu setzen, ohne sie mit einem Handtuch zu bedecken, und in bestimmten Bereichen der Anlage Kleider zu tragen. Sexuelle Zurückhaltung und Verhaltensregeln füllen die Lücke, die durch die Aufhebung des Verbots öffentlicher Nacktheit entsteht. Sedaris selbst versucht, sich zu entspannen, indem er sich vorstellt, er befinde sich nackt in einer Arztpraxis, wo er sich – meiner Auslegung nach – wohler fühlen würde, weil die Verhaltensregeln für nackte Menschen dort noch eindeutiger definiert sind als in der Nudistenkolonie.

Die kalifornischen Nudisten bei Douglas verurteilten Voyeure, und *Time Out* berichtet, daß es in der Nacktkörperkultur als ungehobelt gilt, allzu genau hinzuschauen. Wenn Blicke ausgesprochen sexuell werden, »umringen andere Nudisten das Objekt der Begierde und schirmen es vor den Blicken des Lüstlings ab«. Im Internet toben heftige Debatten über angemessenes Verhalten, wenn man nackt ist. Natürlich gibt es auch obszöne Beiträge (»Ich habe einen dicken Hintern und möchte ihn allen zeigen!« »Ich will nackte Weiber sehen!«), aber bei einem Großteil der Beiträge geht es um Etikette und Moral. Sind Piercings an Brust und Genitalien akzeptabel, oder lenken sie die Aufmerksamkeit auf Sexualität, obwohl es bei der Nacktkörperkultur nicht um Sex geht? Sind Menschen, die sich das Schamhaar rasieren oder trimmen, zu verurteilen, weil sie die Aufmerksamkeit auf ihre Genitalien lenken, wenn sie sich nackt in einer Familienumgebung aufhalten? Was ist im Fall einer Erektion zu tun? (Antwort: Leg dich auf den Bauch, und denk an Baseball.) Wie soll man Kinder in den Nudismus einführen? Sind Kämpfe um das Essen angemessen?

Außerhalb der Grenzen formalisierter Nudistengemeinschaften sind die Verhaltensregeln für Nacktheit schwerer zu entschlüsseln. Sie werden nie offen diskutiert, aber wenn jemand auf subtile Weise gegen sie verstößt, entsteht eine sehr gespannte Atmosphäre. Die Sauna in meinem Fitneßstudio ist eine Nacktkultur in Miniaturform. Es ist nicht gerade eine Gemeinschaft, da die Teilnehmer ständig wechseln, aber sie ist doch genügend etabliert, um einige unausgesprochene Verhaltensregeln entwikkelt zu haben, die ich mittlerweile gelernt habe – auch wenn ich mich nicht unbedingt daran halte. Vor einigen Wochen saß ich allein auf der obersten Bank des kleinen hölzernen Raumes. Ich saß auf einem Handtuch, wie es fast alle tun, da die meisten naß aus der Dusche in die Sauna kommen, aber auch weil die meisten das Gefühl haben, ihr Hintern könne etwas Abstoßendes haben, und daher sei es unangebracht, ihn nackt auf einer öffentlichen Sitzfläche zu plazieren. Ich war nackt. Durch das kleine Glasfenster in der Tür sah ich das Profil einer Frau, die meiner Freundin Sunshine aus der Grundschule so auffallend ähnlich sah, daß ich sie unverhohlen anstarrte und überlegte, ob sie es wohl sein könne.

Als die Frau meinen Blick erwiderte, bemerkte ich, daß ich mich geirrt hatte, aber sie öffnete die Tür, kam in die Sauna und setzte sich mir gegenüber. Sie trug einen Walkman und Sportkleidung: Laufschuhe, Trainingshose, Achselhemd. Sie hatte eine Zeitschrift bei sich und begann zu lesen. Aus ihrem Kopfhörer drang leise Tanzmusik. Es herrschte eine spürbare Spannung. Meine Nacktheit und die Tatsache, daß ich mir die Beine mit Lotion einrieb, kamen mir plötzlich äußerst unangemessen vor. Ich fühlte mich wie eine Exhibitionistin. Ich hatte die ungeschriebenen Regeln unseres Umkleideraums gebrochen: starre nackte Menschen nicht an, und starre niemanden an, wenn du selbst nackt bist. Wenn Nacktheit im Spiel ist, sind alle blind.

Die Frau, die nicht Sunshine war, verstieß ebenfalls gegen ungeschriebene Regeln der Sauna: Raschel nicht mit Papier, mache keinen Lärm, der über Reden hinausgeht, und betrete die Sauna nicht vollständig angezogen. Vor allem nicht mit Schuhen. Diese Regeln sorgen für die Sicherheit der Nackten. Wer Badezeug trägt oder sich ein Handtuch umschlingt, ist nur minimal bekleidet; der Kontrast zur Nacktheit ist nicht sonderlich groß. Aber neben vollständig angezogenen Menschen fühlen wir Nackten uns wesentlich stärker entblößt. Auch sollten uns keine lauten oder plötzlichen Geräusche aufschrecken, weil wir uns so verletzlich fühlen, und ein Minimum an Gesprächen gewährleistet eine relative Anonymität und das Ausbleiben unerwünschter Kommentare. An diesem Tag bestand das soziale Umfeld der Sauna jedoch nur aus zwei Personen. Das Eins-zu-eins-Verhältnis reduzierte die komplexe Etikette öffentlicher Nacktheit auf ihre wesentliche Komponente: die Person, die die meisten Kleider anhat, ist Königin. Die Frau war also weniger verwundbar, obwohl sie mehr Regeln brach als ich. Ich legte mir das Handtuch um und schlich hinaus in die Kälte.

Die stillschweigende Blindheit in der Umgebung von Nudisten

ist, wie mir auffällt, eine Regel, die zum einen ständig gebrochen wird und zum anderen auf der Scham nackter Menschen basiert. Man könnte meinen, nackte Menschen schämten sich ihrer Nacktheit nicht und es mache ihnen nichts aus, angeschaut zu werden. Aber warum verurteilen sie dann jene, die sie allzu genau ansehen? Vielleicht tun sie so, als schämten sie sich nicht, und stellen gewisse Verhaltensregeln auf, um zu verhindern, daß ihnen ihre Verlegenheit ins Bewußtsein dringt. Diese Verhaltensregeln bedeuten, daß nackte Menschen letzlich von anderen Nackten oder von Bekleideten eine gewisse Art von Verhalten verlangen und in diesem Sinne eine bestimmte Zensur ausüben: »Sieh mich nicht zu genau an«, »Faß mich nicht an«, »Sag nichts über meine Nacktheit« und so weiter. Blindheit ist angeblich eine überaus annehmbare Weise, mit Entblößung umzugehen, die zu erkennen gibt, daß der potentielle Betrachter so abgeklärt ist, daß eine riesige Erektion oder eine große Narbe von einer Brustamputation für sie oder ihn ein durchaus normaler Anblick und keiner Aufmerksamkeit wert sei. In Wirklichkeit soll sie jedoch das Unbehagen kompensieren, das Menschen empfinden, wenn man sie anschaut.

Öffentliche Bäder

Die Poseidon-Bäder gibt es schon seit 1892. Der Eingang liegt in einer etwas schäbigen Häuserzeile in einem alten Viertel mit osteuropäischen Einwanderern. Ein dicker Mann mit russischem Akzent sitzt hinter einer tollen Theke, die vollgestellt ist mit Eukalyptusöl, Schlamm aus dem Toten Meer und Einmalrasierklingen. Er schließt meine Wertsachen in eine Schatulle ein und gibt mir Handtücher und einen ziemlich abgetragenen Bademantel. An den Tagen, an denen Männer und Frauen gemeinsam schwimmen können, werden die braunen Filzvorhänge, die die Umkleideräume von der Eingangshalle trennen, zurückgezogen, und so sehe ich mich gleich beim Eintreten mit Penissen konfrontiert, die hastig aus Unterhosen schlüpfen, um in Badehosen zu verschwinden.[1] Frauen machen etwa 20 Prozent der Besucher aus, aber keine zieht sich in der Öffentlichkeit um, obwohl klar ist, daß man es von uns erwartet. In der ausgewiesenen Umkleidekabine lagern Papiervorräte, als sei es völlig unvorstellbar, daß jemand sie benutzen könnte. Ich ziehe mich auf der Toilette um. Sich vor anderen auszuziehen hat etwas Peinlicheres, als ihnen völlig nackt zu begegnen. Auch die Nähe bewirkt einen Unterschied. Am Nacktstrand sind die Penisse immer mindestens zehn Schritt entfernt. Hier sind sie in Reichweite.

Bei den hinteren Spinden, die weiter vom Eingang entfernt sind, lassen die Männer sich beim Umziehen Zeit. Sie wenden den anderen den Rücken zu. Blasse Hinterteile in verschiedenen unappetitlichen Formen starren mich an, während ihre Besitzer sich Umkleideraumgeschwätz zurufen. Ein Mann um die Sechzig, dessen Gesicht von weißem Haar eingerahmt ist, scherzt lautstark mit einem jungen, kleinen Latino mit Schnurrbart. »Ich rede da unten mit diesem Mädchen«, er deutet auf die Treppe zum Schwimmbad, »und schließlich frage ich sie nach ihrer Telefonnummer. Da stellt sich raus, daß sie eine Professionelle ist! Es war eine Neunhunderter-Nummer.« Er lacht schallend über seine eigene Gutgläubigkeit, und der Schnurrbärtige sagt ihm, daß sie beide eben nur verrückte Hunde sind. Ihr Geplänkel besteht darin, sich gegenseitig an ihre Exzentrizität und sogar ihr Elend zu erinnern: Wie sehr der eine seine Frau haßt, wie sehr der andere seinen Seelenklempner haßt. Das ist eine ungewöhnliche Variante des Klischees, nach dem sich Männer in Umkleideräumen über ihre Punkte auf dem Spielfeld und im Bett verbrüdern.

---

1 Mittlerweile hat man den Umkleideraum in eine Abteilung für Männer und eine für Frauen unterteilt. (Anm. d. Übers.)

Als ich hier oben Männer jeden Alters und jeder Größe beim Umziehen zusehe, fühle ich mich auf eine Weise unsichtbar, wie ich es unten im Bad gar nicht mehr empfinde. Dort herrscht keine Atmosphäre der Nacktheit mehr, sondern eine Umgebung der Badekleidung, in der ich einer weiblichen Minderheit angehöre. Es gibt vier beheizte Räume (zwei Saunas, ein Dampfbad und einen Raum für »Strahlungshitze«, der wie ein mittelalterliches Verlies wirkt) sowie Duschen und ein eiskaltes Schwimmbecken. Auf einem Plastikschild an der Wand steht: »Nirgendwo in der Nähe gibt es einen Ort wie diesen. Also muß das der richtige Ort sein.«

An den Tagen des Gemeinschaftsschwimmens sind hier keine älteren Frauen anzutreffen. Nur alte und junge Männer und Frauen unter vierzig. Die älteren sind laut, selbstbewußt und zum Flirten aufgelegt. Einige tragen nur ein Handtuch, obwohl Shorts angeboten werden und verlangt sind. Mehrere von ihnen sprechen Russisch. Zwei Männer um die Sechzig necken eine junge Amerikanerin koreanischer Abstammung in schwarzem Bikini. »Sie sieht nicht verheiratet aus, oder?... Koreanerin, Hawaiianerin, was macht das schon für einen Unterschied? Warum setzen Sie sich nicht neben uns?« Die Frau lacht und schaut sich nach ihrem Mann um. Er ist im Dampfbad.

Ein sehr alter Badegast trägt nur einen feuchten blauen Bademantel, der mit erstaunlicher Regelmäßigkeit aufklafft. So habe ich in der Sauna einen intensiven Ausblick auf seinen Schwanz, da wir beide auf der obersten Bank sitzen und unsere Zehen sich fast berühren. Wir sprechen über die Hitze. Ein Herr mit behaartem Rücken rasiert sich Gesicht und Kopf. Ein anderer Bursche brüllt hingebungsvoll unter der kalten Dusche. Er stöhnt und grunzt so heftig, daß es selbst im Schlafzimmer unangebracht wirken würde. Hier finde ich es ziemlich schokkierend. Die Männer in meinem Alter, weiße Indie-Rocker-Typen, bleiben ruhig und halten die Augen gesenkt. Sie sind ebenso nervös wie ich und mit der Tradition öffentlicher Bäder

und dem Verhalten, das man von ihnen erwartet, nicht vertraut.
Mittwochs ist der Zutritt nur Frauen erlaubt. Die Vorhänge, die den Eingang vom Umkleideraum trennen, sind zugezogen. Völlig nackt unter meinem Bademantel gehe ich hinunter zu den Baderäumen, gerate aber etwas in Verlegenheit, als ich beim Eintreten eine kleine, mausgraue Frau in Boxershorts und Sport-BH sehe. Sie hat ein Handtuch um ihr Haar geschlungen und liest einen Krimi. Vielleicht hätte ich mich doch nicht völlig ausziehen sollen, überlege ich. Aber bald werde ich beruhigt. Wie sich herausstellt, ist die mausgraue Frau ein Stammgast und hat immer die gleichen Sachen an. Fast alle anderen gehen mittwochs nackt ins Bad und bleiben auch so. Über einige Monate hinweg besuche ich das Bad jede zweite Woche, manchmal mit meiner Freundin Marnie.
Jenseits des Eingangs wirkt das Bad wie ein anderer Planet. Im Gegensatz zum prahlerischen Geplansche und Gestöhne, das das männliche Element beigetragen hatte, herrscht mittwochs eine gedämpfte Atmosphäre. Gespräche finden mit leiser Stimme statt und gehen im Rauschen der Fontaine im Schwimmbekken unter. Zwei Frauen Anfang Vierzig waschen sich gegenseitig den Oberkörper mit eingeseiften Luffaschwämmen. Eine ist weiß und faltig und hat lange graue Locken wie ein alternder Hippie. Die andere ist schwarz, hat frauliche Kurven und bunte Perlen um die Taille gebunden. Sie winken mir zu, obwohl sie mich noch nie zuvor gesehen haben. Sie möchten sich meine Tätowierung ansehen, halten dabei aber kaum mit dem gegenseitigen Abschrubben inne. Ob sie ein Paar sind? Anfangs denke ich, ja, später bin ich mir nicht mehr so sicher.
Vielleicht liegt ihre Berührung auf dem schmalen Grat zwischen sexuellem und rein körperlichem Kontakt, wie es bei so vielen Verhaltensweisen in diesem unterirdischen Sumpf der Fall ist. Ein große Frau mit langen Zöpfen sitzt breitbeinig da, den Unterleib voller Rasiercreme. Eine Hand hat sie an die Scham-

lippen gelegt, mit der anderen rasiert sie sich die Innenseite des Schenkels. Eine andere, eine europäisch wirkende Blondine, tut das gleiche, und während sie dasteht, und sich rasiert, plaudert sie mit ihren Freundinnen. Im Umkleideraum zwängt eine Achtzigjährige, die nur mit Hilfe ihrer jungen Begleiterin stehen kann, ihr Fleisch in eine schwarze Corsage, die von Frederick's in Hollywood stammen könnte. Unten schrubbt eine alte Russin, die in den Bädern arbeitet und deren Bikini-Oberteil ihr auf die Taille rutscht, eine Rubensche Dame mit einer eingeseiften Bürste aus nassen Blättern ab. Diese Behandlung heißt *Plotza* und erfolgt im Gegensatz zu den Massagen, die ebenfalls angeboten werden, in einem öffentlich zugänglichen Raum durch eine Angestellte, deren Status durch die Nacktheit nicht mehr deutlich hervorgehoben ist. Die Distanz zwischen ihr und ihrer Kundin scheint viel geringer zu sein als bei den Angestellten des Gesundheitszentrums, teils weil sie relativ unbekleidet ist, teils aber auch, weil sie die luxuriöse Hitze des Verlieses ebenso aufsaugt wie alle zahlenden Besucher. Ein Hauptmerkmal dieser Nacktkultur ist, daß die Grenzen zwischen Öffentlichkeit und Privatheit, Körperlichem und Sexuellem verwischen. Hier gibt es mehr Körperkontakt als am Strand oder in der Sauna meiner Sportanlage und mehr Unterhaltungen zwischen Fremden.

Eine sehr dünne, attraktive Frau steht vor einem Spiegel und trägt Chemikalien auf ihr Haar auf. »Färben Sie sich die Haare?« fragt Marnie sie fasziniert.

»Was?« Die Frau sieht irritiert auf.

»Färben Sie sich die Haare?«

»Ob ich mein Haar töne?« korrigiert sie. »Ja.« Dann wendet sie sich ab.

»Oh, das ist cool«, sagt Marnie. Wir schlendern in die Sauna und stören die Privatsphäre der grauen Maus, die sich mit ihrem Buch in dieses Loch verzogen hat. Ist es an sich schon grob, Kommentare zum Körper einer anderen abzugeben, wenn sie nackt ist? Oder ist es nur unhöflich festzustellen, daß jemand seine grauen Haare tönt? In die rein weibliche Kultur, die das Bad mittwochs prägt, kommen die Frauen mit Plastikkoffern voller Utensilien: Shampoo, Lotion, Bimsstein, Haarfestiger, Schlammpackungen, Nagelfeilen. Manche reiben sich den ganzen Körper dick mit schwarzem Schlamm ein. Oft färben sie sich die Haaransätze, rasieren sich, entfernen Schwielen von ihren Füßen. Marnie und ich reiben uns mit groben Tüchern die abgestorbene Haut von den Beinen. Solche Tätigkeiten erfolgen im stillschweigenden Einvernehmen, daß diese Rituale nach wie vor privat bleiben; in gemischter Gesellschaft oder in einem anderen sozialen Kontext würden sie wahrscheinlich nicht stattfinden, daher definiert das Wesen dieser Tätigkeiten den Zufluchtsort des Bades als Privatsphäre, obwohl es jedem Menschen mit der richtigen Ausstattung an Fortpflanzungsorganen offensteht, der 19 Dollar übrig hat. Auch das Schweigen, das diese Rituale umgibt, ist ein Weg, sie privat zu halten. So offensichtlich und sogar sexualisiert die Zurschaustellung auch sein mag, sie ist nicht dazu gedacht, Anlaß zu Kommentaren zu geben. Schönheitsgeheimnisse werden hier weniger geteilt, als offengelegt.

Im Poseidon-Bad finde ich ein Vergnügen an Nacktheit – und daran zu erleben, wie ich und andere sich allmählich daran gewöhnen –, das meiner Vorstellung nach auch die DeCellos am Nacktstrand empfinden dürften. Ich finde es natürlicher als den Sex, den ich hatte, natürlicher als die Dekorationen, die ich für meinen Körper aussuche, und natürlicher als mit meinem Freund in der Öffentlichkeit Händchen zu halten. Obwohl es nicht vollständig natürlich ist. Ich glaube, die unterirdische Anlage der Bäder macht es mir im Gegensatz zu der offenen Weite des Strandes leichter, mich wohl zu fühlen, weil sie eine gewisse Privatheit bietet, die wir gewöhnlich mit Nacktheit verbinden, und auch weil Frauen hier unter sich sind. Das Tabu gegen öffentliche Entblößung wird nur leicht in Frage gestellt. Andererseits schafft das relative Fehlen von Privatheit im Vergleich zur fast geheimnistuerischen Atmosphäre der Gesundheits- und Schönheitssalons einen Kontext, in dem Scham sich verflüchtigen kann – zumindest teilweise.

Ein etwa neunzehnjähriges Mädchen hispanischer Abstammung kommt mit ihrem Freund herein, beide tragen einteilige Badeanzüge. Während ihr Freund ins Verlies geht, setzt sie sich zu mir ins Dampfbad. Ich habe die Augen geschlossen, und als ich sie öffne, sehe ich, daß sie das Oberteil hinuntergeschoben hat und mit dem Gefühl experimentiert, in der Öffentlichkeit nackt zu sein. Kurze Zeit später kommt ihr Freund herein, unterhält sich auf spanisch mit ihr und bindet ihr das Haar zusammen. Schnell bedeckt sich das Mädchen wieder, wohl weil es seinen Körper nicht einem Menschen zeigen möchte, mit dem es wirklich intim ist. Ich denke, die Anonymität des Bades ist für sie ebenso wie für mich eine Voraussetzuung, sich nackt wohl zu fühlen. Omas Freunde tauchen nicht plötzlich hinter einer Düne auf, und die Menschen, mit denen ich mich unterhalte, stehen nie in einem überlegenen oder unterlegenen Verhältnis zu mir, wie es bei den Angestellten der Fall war, die Schönheitsbehandlungen oder Massagen vornahmen. Der einzige Mensch, zu dem ich in einer definierten Beziehung stehe, ist Marnie. Sie und ich kennen uns seit dem College und haben das Badewasser, Kissen, Limonade und Kleider miteinander geteilt. Anfangs schlangen wir uns das Handtuch fest um die Taille, doch als wir uns im Laufe der Wochen akklimatisierten, benutzten wir die Handtücher für andere Zwecke. Nach und nach fühlten wir uns ebenso wohl, wenn wir uns nackt unterhielten oder nackt vom Dampfbad unter die Dusche gingen, wie wir uns im Laufe der Jahre bei anderen kleinen körperlichen Intimitäten wohl gefühlt hatten.

Eines der Prinzipien, die dem Schwitzen in einer Sauna oder einem Dampfbad zugrunde liegen, ist die Entschlackung. Ebenso wie die Darmspülung soll der Vorgang, die Poren mit Wasser durchzuspülen, die Gifte wegschwemmen, die in das

Fleisch eingedrungen sind. Aber hier ist es ein langsamer, selbstregulierender Prozeß und kein plötzliches Ereignis, das von einem Mitarbeiter eines Gesundheitszentrums in Gummihandschuhen vollzogen wird. Es geschieht ganz öffentlich und nicht in demonstrativer Privatheit. Langsam, im Laufe einiger dampfgetränkter Stunden, entblößen sich die Körper der Badenden ebenso sicher wie ihnen Schweißperlen auf die Haut treten; wenn sie sich aus ihren Bademänteln und Badeanzügen pellen, ist die Seele gereinigt. Ein elfjähriges Mädchen führt eine ältere Russin die Treppe herunter. Beide verbergen ihren Körper in geblümtem Nylon. Die Großmutter trägt eine Baumwollkappe und hat ein Handtuch um den Kopf gebunden. Doch nachdem sie eine Stunde in der heißen Luft des Verlieses geschmort hat, ist sie wie verwandelt. Das Handtuch hat sie abgenommen, das Oberteil des Badeanzugs ist heruntergeschoben, und ihre Haut hat rote Flecken von der Hitze.
Eine Frau trägt eine Wollmütze, eine andere weiße Baumwollsocken. Als sie sie ausziehen, wirken sie plötzlich weniger entblößt, obwohl sie doch nackter sind. An meinem letzten Tag in diesem Bad nimmt die graue Maus ihren Sport-BH ab und taucht ins Schwimmbecken. Ebenso wie ich hat auch sie ihre Scham im schützenden Klima des Poseidon-Bades abgelegt.

Ich glaube tatsächlich, daß ein Zusammenhang zwischen körperlicher und emotionaler Blöße besteht. Deshalb zeigte Jeff mir seinen Bauch, als wir high waren. Deshalb zieht ThEnigma vor der Kamera seine Shorts nicht aus. Deshalb gehen Jessica, Marnie und ich gemeinsam Dessous kaufen. Allerdings würde ich mit den meisten meiner Freunde und Freundinnen nicht gern über längere Zeit nackt zusammensein. Die kurze Blöße, die ich mir beim raschen Umziehen gebe, ist vermutlich die Grenze. Manchen möchte ich mich gar nicht nackt zeigen oder umgekehrt. Viele meiner Bekannten kenne ich seit zehn Jahren, und sie haben noch nie meinen Bauch oder meine Schenkel gesehen oder ich ihre. Uns ist es recht so. Ich glaube dagegen nicht, daß es mir etwas ausmachen würde, wenn diese Leute Nacktfotos von mir sähen. Soweit es mich betrifft, können sie sie sich von mir aus an den Kühlschrank kleben, denn Fotos sind nicht intim. Ein Körper auf einem Foto ist statisch und unverwundbar. Sämtliche Unvollkommenheiten sind kleiner als im wahren Leben. Es gibt keine Bewegung des Fleisches oder der Muskeln, keine Gänsehaut, keine Unmittelbarkeit. Die Entblößung hat bereits stattgefunden. Sie ist vorbei.

Es ist also nicht die Blöße meines Körpers, die mir angst macht, sondern die Tatsache, dabeizusein und die Reaktionen darauf zu erleben, die ich nicht kontrollieren kann und die nicht durch eine klare Etikette strukturiert sind. Ich weiß nicht, wohin ich schauen, wie ich mich hinsetzen, was ich mit meinen Händen tun soll. Stundenlang ausgezogen zu sein, mich hinzufläzen und zu plaudern, wie ich es mit Marnie getan habe, erfordert ein hohes Maß an Vertrauen.

Körperliche Blöße kann befreiend oder erniedrigend sein. Sie kann sowohl zu Intimität als auch zu einer unerwünschten Unterstellung der Intimität einladen. In manchen Fällen wird sie als unmoralisch verurteilt, in anderen als moralisch überlegen, weil sie die Freiheit von Hemmungen demonstriert. Der soziale Kontext, in dem sie vorkommt – bezahlte körperliche Dienstleistungen, sexuelle Begegnungen, öffentliche Räume, die Nacktheit sanktionieren, oder Kontexte, in denen sie als anomal gilt –, prägen sehr stark, wie ein Mensch seine Blöße erlebt, und zwar vor allem durch die Art und Weise, wie die Räume Privatheit und Verhaltensregeln konstruieren oder nicht konstruieren. Ich denke auch, daß unsere Lust an körperlicher Blöße (im Gegensatz zur öffentlichen Zurschaustellung von Lust oder Zuneigung) sehr stark davon abhängt, wieviel Kontrolle wir darüber haben.

Ein Beispiel: In den siebziger Jahren, als meine Familie gemeinsam an den Nacktstrand ging, beschloß ich in einem Jahr, einen

Badeanzug zu tragen. Ich war etwa neun Jahre alt. Meine Freundin Sunshine und ich spielten in jenem Sommer, wir wären Meerjungfrauen. Immer wieder tauchten wir von einem bestimmten flachen Felsen ins Wasser und probierten aus, wie weit wir unter Wasser schwimmen konnten, wenn wir die Beine wie Fischflossen aneinanderlegten. Wir schlüpften mit den Armen aus den Trägern unserer einteiligen Badeanzüge und zogen die Anzüge über unsere nichtvorhandene Brust nach unten, um mehr nach Meerjungfrauen auszusehen. Zwangsläufig rutschten sie weiter hinunter, sobald wir vom Felsen ins Wasser tauchten, und manchmal schlotterten sie uns schließlich sogar um die Knie. »O Gott«, riefen wir uns zu und rieben uns das Salzwasser aus den Augen. »Diesmal habe ich meinen Badeanzug fast verloren!« Dann arrangierten wir ihn sorgfältig wieder über der Brust, bevor wir uns auf den Meerjungfrauenfelsen drapierten.

Meiner Ansicht nach lag in diesem halbwegs vollzogenen Wechsel zur gesellschaftlich sanktionierten Scham der Pubertät, in der kleine Mädchen und Jungen ihre Geschlechtsteile zu bedecken lernen und eine gewisse Befangenheit gegenüber ihrer körperlichen Veränderung entwickeln, zugleich Rebellion (gegen meine nackte Mutter und Tanten) und Konformität (mit der weiter verbreiteten Norm amerikanischer Badegäste, die weibliche Brust nicht zu entblößen). Darüber hinaus stellte es eine Möglichkeit dar, Kontrolle über unsere Nacktheit auszuüben. Jedesmal, wenn das Wasser uns den Badeanzug herunterzog, gaben wir diese Kontrolle auf, aber das geschah wohlverborgen unter Wasser, wo niemand es sehen konnte. Dann versicherten wir uns wieder unserer Kontrolle, indem wir den Badeanzug hochzogen und sorgfältig im Meerjungfrauenstil arrangierten. Das Risiko war gleich Null, der Kontext völlig sicher, denn selbst wenn meine unentwickelte Brust aus dem Wasser geschaut hätte, hätte das die nackten Leute am Strand nicht gekümmert. Der Spaß lag darin, so zu tun, als würden sie es mißbilligen, aber genau zu wissen, daß sie es in Wirklichkeit nicht taten.

Abgesehen vom Sex sind zwei der Hauptgründe, weshalb Menschen nackt miteinander umgehen, Luxus und medizinische Aspekte. Zu den medizinischen Kontexten, auf die ich später genauer eingehe, gehören eine praktische Agenda und ein Protokoll, das diesen Ablauf widerspiegelt. Der Patient zieht sich nackt aus, während der Arzt oder die Ärztin angezogen bleibt. Sie oder er berührt den Körper des Patienten, um Erkenntnisse zu gewinnen oder eine Behandlung durchzuführen, die eine hochspezifische Funktion hat. In Kontexten, die dem Luxus dienen, ist das Protokoll unklarer, weil der Zweck unklarer ist: Lust, Verjüngung, Entschlackung und Entgiftung, Erfrischung und Belebung, Schönheit, Feuchtigkeitsbehandlung der Haut, Entspannung. Der Kontext, den Schönheitssalons, Kurbäder und medizinische Praxen für die Entblößung des Körpers schaffen, besteht in hochprivatisierten Einzelkontakten. Öffentliche Kontexte wie Saunas, Umkleideräume, Nudistenkolonien und Nacktstrände heben das Gebot der Privatheit auf (in bezug auf Nacktheit, nicht auf sexuelle Handlungen) und stellen andere, ausgleichende Regeln auf.

Da ich die körperliche Scham verinnerlicht habe, die wir in der Pubertät lernen, und den Nacktstrand wegen seiner geringeren Anonymität als weniger sicher empfinde, schwimme ich heute nur noch heimlich nackt. Das ermöglicht es mir, der Sorge um Regeln, Etikette oder Blößen aus dem Weg zu gehen. Ich schwimme sicher in meinem Badeanzug bis ins tiefe Wasser, pelle mich paddelnd aus meiner zweiten Haut und begegne den Fischen in meinem Naturzustand. Das dünne Stück Nylon, das mich am Strand kleidet, treibt in einer Hand und bauscht sich im Meer. Nur die Meerjungfrauen sehen mich nackt.

Glatze

Im Interesse eines besseren Verständnisses körperlicher Blößen und ihrer Auswirkungen auf soziale Interaktionen habe ich beschlossen, mir eine Glatze schneiden zu lassen.

»Das können Sie nicht machen! Wenn Sie das tun, muß ich weinen. Warum wollen Sie sich das antun?« Fred ist mein Aerobic-Schüler. Früher war er ziemlich dick. Er spricht mit einer hohen, eindringlichen Stimme. Seit zwei Jahren besucht er meinen Kurs mehrmals wöchentlich. Wir haben uns noch nie über Persönliches unterhalten. »Ich rufe Roberta an und sage ihr, daß sie das nicht zulassen darf«, erklärt er.

Roberta ist ebenfalls in meinem Aerobic-Kurs. Sie und ich plaudern im Umkleideraum, teilen uns die Body Lotion und halten uns gegenseitig über unser Liebesleben auf dem laufenden. Sie ist mit einem Friseur verlobt. »Roberta hat jede Woche eine neue Frisur«, erwidere ich. »Ihr ist es egal, ob ich mir den Kopf rasiere.«

»Das können Sie nicht machen!« stöhnt Fred. Er steht neben der Stereoanlage, während ich die Musikkassette für meinen nächsten Kurs zurückspule. Ich hätte gar nichts davon erzählen sollen. Wir haben uns nur ganz beiläufig unterhalten. Warum macht es ihm soviel aus? Wie kommt er darauf, daß es ihm zusteht, beeinflussen zu wollen, wie ich aussehe? Wieso liegt ihm soviel an meinem Aussehen? Plötzlich wird mir klar, daß er wöchentlich drei Stunden und mehr damit zubringt, mir zuzusehen, wie ich in einem schwarzen Gymnastikanzug herumhüpfe. Er regt sich auf, weil ich ihm seine Varietévorstellung ruiniere. Oder, da sei Gott vor, seine abendliche Masturbation.

»Es wächst wieder nach«, erkläre ich und gehe.

Olivia besucht die Oberstufe der städtischen High-School. Einmal in der Woche gebe ich ihr Nachhilfeunterricht. »Die Bibel ist ein Buch, nach dem man leben kann«, erklärt sie mir.

»Sie sagt uns, wie wir uns verhalten, was wir anziehen, welches Make-up wir tragen sollen, alles. Frauen sollen sich nicht den Kopf rasieren.«

»Bei Männern ist das okay?« erkundige ich mich.

»Bei Männern ja«, lacht sie in ihrem warmen, französischen Akzent.

»Und was ist, wenn ich ein wirklich guter Mensch bin und alles richtig mache, mir aber den Kopf rasiere?« wende ich ein. Wir unterhalten uns leise in der schäbigen Bibliothek ihrer Schule. Unsere Stunde ist fast vorbei.

»Also, die Bibel sagt auch, daß Frauen keine Hosen tragen sollen, aber diesen Teil glaube ich nicht«, antwortet sie. »Ich glaube, für Gott zählt nicht, wie man außen, sondern wie man innen aussieht.«

»Das hoffe ich, weil ich es nämlich trotzdem tue.«

»Ich werde für Sie beten«, sagt sie mir, als sie aufsteht, um zu gehen.

»Ich muß Oma vorwarnen«, stöhnt mein Vater. Sie kommt zu Besuch, um ihren achtzigsten Geburtstag zu feiern.

»O nein!« schreit Oma am Telefon in Südflorida. »Versprich mir, daß du einen Hut trägst, wenn ich mit dir in *Show Boat* gehe. Versprich mir, daß du ihn aufbehältst!« Später ruft sie noch einmal zurück und sagt, sie habe nur Spaß gemacht und sei sicher, daß es schnell wieder nachwachse. »Aber könntest du es dir nicht einfach nur vorstellen, statt es wirklich zu machen?« fragt sie. »Wäre das nicht fast das gleiche?«

»Es kann sein, daß du dein Sexleben opferst«, warnt mich mein Freund Holden, der eine ganze Palette teurer Produkte benutzt, um zu verhindern, daß sein Haaransatz sich zurückzieht.

»Wenn wir ausgehen, mußt du eine Perücke tragen«, scherzt Jeff.

»Es wird dir gefallen«, glaubt Tom Comet, der Kettensägenjongleur und Feuerschlucker. Er hat schon seit drei Jahren keine Haare mehr. »Das macht süchtig«, erklärt er mir. »Ich wünschte, ich könnte ständig eine Glatze haben.« Irgendwie habe ich den Eindruck, daß Tom eine andere Vorstellung von Vergnügen hat als ich.

»Was ist daran so aufregend?« fragt Laura, die selbst herrliche Locken hat. »Ich kenne viele Frauen, die eine Glatze haben. Es ist unheimlich sexy.«

»Darf ich sie dir schneiden?« fragt Phyllis. Sie hat einen elektrischen Rasierapparat.

»Darf ich dich fotografieren?« erkundigt sich Marshall, ihr Freund, der Straßenszenen in grobkörnigen Schwarzweißaufnahmen festhält.

»Darf ich zugucken?« bittet Jessica.

»Kann ich dein Haar bekommen?« fragt Marnies Freund Harry. Er möchte es für ein Kunstprojekt haben.

Ich sage zu allem ja. Warum nicht? Indem ich mir den Kopf kahlrasiere, fordere ich dazu heraus, mich anzuschauen. Mich interessiert, was passiert, wenn ich die alltäglichen Zeichen entferne, die mich als ebenso normal ausweisen wie die übrige Bevölkerung. Was passiert, wenn ich mich meiner natürlichsten Schutzhülle entledige und meine Kopfhaut kahlrasiere? Werden die Menschen mich anders behandeln? Ich rechne damit, daß es vordergründig recht kalt werden wird. Regentropfen werden mir auf den nackten Kopf platschen, und Fremde werden mich anstarren. Wer wird mich mögen? Wer wird mit mir schlafen wollen?

»Ich spiele auch weiter mit dir«, erklärt Jessica. »Ich sorge dafür, daß die anderen Kids dich nicht aufziehen.«

An dem Tag, an dem das Haar fallen soll, trinken Phyllis, Marshall und ich zusammen Bier und schauen uns Rührstücke im Fernsehen an. Marshall will Fotos machen und Phyllis ein Video. Ich bin zu ihrem Kunstprojekt geworden. Phyllis verpaßt mir vier verschiedene Haarschnitte, bevor wir zur Kopfhaut vordringen – einen tollen Fransenschnitt, einen Zwanziger-Jahre-Bob, einen Audrey-Hepburn-Pony und einen Rosemary's-Baby-

Schnitt. Schließlich rasiert sie das verbliebene Haar ab. Sie muß mehrmals mit dem Rasierapparat drübergehen, bis es kurz genug ist, und selbst dann ist noch etwas da. Als ich mir über den Kopf streiche, habe ich die Hände voller Härchen, also stecke ich ihn im Badezimmer unter den Wasserhahn. Das warme Wasser piekst, und Tausende winziger Härchen verschwinden im Abfluß. Als ich mich aufrichte, habe ich eine Glatze. Wie ein Ring liegt ein bräunlicher Schatten um meinen Kopf, aber die Haut ist deutlich zu sehen. Ich fühle mich nackt.

In dem blaßblauen Top mit Perlenstickerei, das ich für Marschalls Aufnahmen trage, sehe ich aus wie von einem der Fotos, die Diane Arbus unmittelbar vor ihrem Selbstmord von Heiminsassen gemacht hat. Ob sie aus einem Heim für seelisch Gestörte oder geistig Behinderte waren, weiß ich nicht mehr, jedenfalls waren sie für den Kirchgang angezogen, vielleicht zu Ostern. Die Gesichter der Frauen wirken androgyn, sogar maskulin: kein Make-up, kein selbstbewußtes, gesellschaftlich akzeptables Lächeln. Ihr kurzgeschorenes Haar und ihre verlorenen Mienen wirken losgelöst von ihrer förmlichen Feiertagskleidung. So sehe ich mich nun im Spiegel: den Kopf losgelöst vom Körper, ungeschmückt und verletzlich über einem harten, glitzernden Kostüm.

Den ganzen nächsten Tag bleibe ich im Bett, eingemummelt in eine Wollmütze, einen dicken Pullover und einen Schal. Noch nie habe ich so gefroren. Wenn ich zu schlafen versuche, ist mein Kopf auf dem kalten Kissen so empfindlich, daß es mich ablenkt. Er wirkt viel zu klein für meinen Körper. Er ist ein kleiner nackter Ball über einem riesigen, schwerfälligen Körper, der vom Gewicht der schweren Winterkleidung erdrückt wird. Meine Kopfhaut ist trocken – schuppig von der Rasur, und Schuppen hatte ich noch nie zuvor bemerkt. Mehrmals täglich reibe ich mir den Schädel dick mit Feuchtigkeitscreme ein, und allmählich scheint es besser zu werden. An der linken Seite meines Kopfes habe ich ein Muttermal, das ganz farblos ist, vielleicht, weil es bislang noch nie der Sonne ausgesetzt war. Es ist nur ein weißer Höcker, wie eine Warze. Abstoßend, dieses unbedeckte Fleckchen Haut, das sich aufwirft. Ich schäme mich, daß ich etwas Häßliches an mir verborgen gehalten habe.

Dennoch versuche ich sofort, es abzudecken und mir eine neue Tarnung zuzulegen. Ich kann Tücher und Hüte tragen, aber die Leute werden mich auffordern, ihnen meinen Kopf zu zeigen. Das weiß ich genau. Ich grabe einen alten Augenbrauenstift aus dem Medizinschränkchen aus und versuche, das Muttermal zu färben. Auch im Gesicht und auf den Armen habe ich Muttermale – wenn dieses erst braun ist, wird es relativ normal aussehen. Aber der Stift funktioniert nicht, und wenn ich ihn in das Muttermal drücke, damit es etwas Farbe annimmt, tut es weh. Also versuche ich es mit schwarzem Eyeliner. Das funktioniert zwar, sieht aber künstlich aus – wie ein Muttermal, das zu einem Schönheitsfleck gefärbt ist, wie Kurtisanen im achtzehnten Jahrhundert sie trugen.

Ich zittere, während ich hektisch mit Kosmetika experimentiere. Ich weiß, daß das Muttermal eigentlich gar nicht so schlimm ist, aber ich habe die Kontrolle über mein Aussehen verloren und möchte sie auf jede erdenkliche Weise zurückgewinnen. Ich muß mein Gefühl der Nacktheit mildern. Ich schminke mir die Augen. Ohne Make-up habe ich das Gefühl, daß meine Gesichtszüge unsichtbar sind – winzige Gesten auf einer großen Hautfläche. Ich habe eine kleine Nase und blasse Wimpern. Meine Kinnlinie ist weich, und wenn ich meinen Wollhut aufsetze, um nach draußen zu gehen, läßt der kahle Kopf unter dem bunten Hutrand mein Gesicht kindlich wirken wie die verschwommenen Züge eines Riesenbabys. Also markiere ich mir die Lider mit dunkelbraunem Lidschatten, um meine Präsenz in dem großen Fleischball, der meinen Kopf ausmacht, zu bekräftigen.

Ich war immer ein braves Mädchen. Ich soll Menschen keine Angst einjagen, sie nicht abschrecken oder ihnen Anlaß zur Sorge um mein Wohlergehen geben. Das tue ich auch nicht. Ich sehe nie abscheulich oder unangenehm aus. Ich wasche mich regelmäßig, putze meine Zähne und benutze beim Essen eine Serviette. Ich sehe gesund aus; ich strahle Normalität, Kompetenz, körperliche Stabilität aus. All das gilt jetzt nicht mehr. Mit einem Tuch um den Kopf und mehreren Schichten Kleidern am Körper, um die Kälte abzuwehren, sehe ich aus wie eine Krebskranke. Meine Stiefmutter, eine Ärztin, meint, die Kopftücher, die ich trage, erinnerten sie an Patientinnen, die eine Strahlenbehandlung durchmachen. Als ich einem Mädchen, das ich aus den Aerobic-Kursen kenne, erzähle, daß ich mir das Haar selbst abrasiert habe, gesteht sie mir, sie habe gedacht, ich hätte es durch eine Chemotherapie verloren. Mein Chef im Sportzentrum erhält mehrere Anrufe von Leuten, die sich besorgt nach meiner Gesundheit erkundigen. Ein Drogendealer im Washington Square Park fragt mich, ob mit mir alles in Ordnung sei.

Doch wenn ich meinen kahlen Kopf zeige, sehe ich hart, ja sogar gemein aus. Mein stoppeliger Schädel sagt den Menschen, daß ich mich um die unausgesprochenen Regeln unserer Gesellschaft nicht kümmere. Mit einer habe ich schon gebrochen – Mädchen haben Haare, sehen hübsch aus –, und es kann durchaus sein, daß ich mich entschließe, noch weitere zu übertreten. Ich bin ein Skinhead und Nazisympathisant, ein Straßenpunk mit Sicherheitsnadeln in den Brustwarzen, eine entlaufene Lobotomiepatientin. Der kleine Mann mit dem büscheligen Schnurrbart, der mir jeden Morgen »Hallo, Schöne« oder »Schöne Augen« nachruft, wenn ich an seinem Doughnut-Stand vorbeigehe, ist verstummt. Ich muß mich nicht mehr in Erwartung seiner unerwünschten Komplimente ducken. Meine Glatze beinhaltet eine unausgesprochene Bedrohung. Ich finde, sie sieht abstoßend aus mit den kleinen Härchen, die nachwachsen, der ungleichmäßigen Krümmung meines Schädels, dem Babyflaum, der unmittelbar oberhalb meiner Schläfen geblieben ist.

Ich weiß, ich dürfte mir nicht selbst leid tun. Ich habe es so gewollt. Es sollte eine Abkehr von herkömmlichen Schönheitsbegriffen und ein Experiment mit körperlicher Blöße werden. Statt dessen erweist es sich als schmerzliche Begegnung mit dem Gefühl der Zerbrechlichkeit, das mich befällt, sobald ich meiner äußeren Erscheinung unsicher bin. Manche Menschen finden sich ständig häßlich, so schön sie jenen, die sie lieben, auch erscheinen mögen. Sie sehen bestimmte Mängel an sich, eine große Nase, dicke Beine oder auch eine beginnende Glatze. Andere müssen sich mit dem Mißfallen der Welt über ihr Aussehen auseinandersetzen, weil sie dick oder behindert sind oder schwere Verbrennungen oder Geburtsmale haben. Wieder andere stellen sich diesem Mißfallen aus eigenem Entschluß, die Konventionen über Bord zu werfen – Menschen mit Piercings im Gesicht, Irokesenhaarschnitt oder Transvestiten. Ich nehme an, die Transvestiten nehmen die Kritik, auf die sie stoßen, für die Lust in Kauf, die sie aus ihrem Aussehen beziehen, vielleicht auch für die politische Aussage, die es beinhaltet. Aber ich habe etwas getan, das meiner Ansicht nach ungewöhnlich ist. Ich habe mein äußeres Erscheinungsbild bewußt in einer Weise geändert, die ich kein bißchen attraktiv, cool oder angenehm finde. Es ist komisch, denn eigentlich habe ich mein Haar nie sonderlich gemocht. Und ganz sicher habe ich es nie als grundlegenden Bestandteil meiner Attraktivität oder Respektabilität empfunden. Aber jetzt merke ich, daß ich meinen strähnigen, splissigen, mausigen Mopp und den Schutz, den er mir gab, mochte. In seinen zippeligen Fransen steckte mein gesamtes Selbstwertgefühl.

Ich möchte nicht, daß meine Kollegen mich so sehen. Ich möchte auch nicht, daß mein Ex-Freund mich so sieht. Er spricht mir eine Nachricht auf den Anrufbeantworter, aber ich rufe ihn nicht zurück. In einer Mischung aus Abscheu und Mitleid wird er die guten Zeiten vergessen, die wir zusammen hatten. Ich möchte nicht, daß mich irgendwelche Männer ansehen.

Plötzlich wird mir bewußt, wie viele meiner Freundschaften auf einer unterschwelligen sexuellen Spannung beruhen, die sich mit Sicherheit verflüchtigt, wenn mein Kopf jetzt dem eines Aasgeiers gleicht. Trotzdem gehe ich aus und schleiche mich nervös, aber entschlossen in soziale Kontakte.
»Haben Sie es wirklich gemacht?« fragt Fred, der schon vor dem Aerobic-Saal wartet, als ich mit dem Schlüssel eintreffe.
»Wie sieht es aus?« frage ich.
»Ihr Haar, Ihr wunderschönes Haar!« stöhnt er. Mehr sagt er jedoch nicht. Die Realität meiner sichtbaren Kopfhaut scheint ihn verstummen zu lassen.
»Ich dachte, Sie wären bei den Hare Krishnas eingetreten«, meint eine Frau aus meinem Kurs später im Umkleideraum. Sie erklärt, daß Frauen sich in China, wo sie herkommt, den Kopf nur aus religiösen Gründen rasieren, daher hat sie angenommen, ich hätte eine spirituelle Bekehrung durchgemacht. Offenbar ist sie erleichtert, als sie hört, daß ich nur exzentrisch bin.
»Darf ich sie anfassen?« fragt mein Freund Barry aus der Graduate School. Er streicht mir über den Kopf.
»Ich habe Lotion drauf«, sage ich, weil ich befürchte, daß er meine Glatze fettig und abstoßend finden könnte. Er betrachtet seine Hände und wischt sie an einem Taschentuch ab. »Wirklich«, bekräftige ich und fange an zu erklären, daß meine Haut so trokken ist, aber das klingt noch abstoßender, als ein öliger Kopf sich anfühlt, also wechsele ich das Thema.
Ich esse mit Jeff zu Mittag. Er nennt mich »Kahlkopf«, scheint meine Glatze ansonsten aber nicht weiter wichtig zu finden. Als wir unsere Hüte aufsetzen, bevor wir in die kalte Luft hinausgehen, erzähle ich ihm, wie ich mein häßliches Muttermal in einen Schönheitsfleck verwandelt habe. Ich finde die Geschichte komisch – ich gebe meine Eitelkeit zu und lache über meine Versuche, sie zu retten. »Ach«, sagt er offensichtlich erleichtert, »das war es also!«
Ich wage mich auf die Geburtstagsparty eines Freundes in einer

Bar im Zentrum. Dort streichelt mir ein Herr aus der Literaturszene, der schon ein paar Bier intus hat, über den Kopf. Den ganzen Abend haben Menschen meinen Kopf angefaßt, aber dieser Mann hört gar nicht mehr auf. Er streichelt und streichelt und streichelt. »Genug jetzt!« sage ich schließlich.

»Es ist gut, daß Sie mich stoppen«, meint er und sieht verlegen in die Ferne. »Von allein hätte ich nicht aufhören können.«

»Ich muß dich was fragen«, sagt ein junger Mann, den ich vom College kenne. »Was ist das für ein Gefühl, dein Leben lang sexy zu sein und dann plötzlich eines Tages nicht mehr? Es sieht nämlich nicht gut aus. Wenn die Leute dir was anderes sagen, lügen sie.«

»Das dachte ich mir schon«, antworte ich.

»Sie lügen.« Später legt er den Arm um mich.

»Du flirtest nur mit mir, weil es dir leid tut, daß mein Kopf aussieht wie der eines Vogel Strauß«, sage ich lachend.

»Ja«, antwortet er. »Es ist ein Flirt aus Barmherzigkeit.« Trotzdem bin ich ihm dankbar.

»Sie sehen aus wie eine militante lesbische Feministin!« schreit ein Mann mit Handy. Komisch, denn ich trage ein hautenges Kleid und knalligen Lippenstift.

Oma B., die heldenhaft die Seitenblicke erträgt, die uns bei der Matineevorstellung von *Show Boat* treffen, geht anschließend mit mir ins Kaufhaus. Zwei Mädchen am Kosmetikstand fragen mich nach meinem Haar. »Das könnte ich nie!« sagt die eine. »Aber wissen Sie, mein Freund sagt immer, ›Wenn dir ein Mädchen gefällt und du sie hübsch findest, dann stell sie dir ohne Haare vor. Wenn du sie dann immer noch attraktiv findest, verabrede dich mit ihr‹.« Sie plaudern mit mir und Oma B. über Lippenstiftfarben und verlegen sich auf ein typisch weibliches Ritual: auf die Bestätigung des Aussehens. Sie loben meine Haut und meine Knochenstruktur und sagen mir, wie gut ich sie zur Geltung bringe. Sinéad O'Connor, Sinéad O'Connor. Aus ihren Komplimenten höre ich das wohlwollende Verständnis zweier junger Frauen heraus, die selbst Schönheitsprobleme haben, aber ich registriere auch den geschickten Jargon der Kosmetikverkäuferinnen. Oma B. hört anscheinend eine Wertschätzung meiner gesellschaftlichen Annehmbarkeit. Sie holt ihre Kreditkarte heraus und kauft mir etwas Make-up.

Die verschiedenen Interpretationen, die die Menschen meinem fehlenden Haar zuweisen, sind meiner Ansicht nach typisch für unser Verhalten, wenn wir uns mit der Blöße eines Körpers konfrontiert sehen, der nicht normal erscheint. Wir müssen eine Erklärung finden. Einen Sommer lang machte ich in einer Agentur Telefondienst, die auch den Schauspieler Evan Handler unter Vertrag hatte. Inzwischen hat Handler ein Buch über seinen erfolgreichen Kampf gegen die Leukämie geschrieben (durch den er sein Haar auf Dauer verloren hat), aber im Büro wurde über seine Krankheit nie gesprochen. Wenn er kam, sah er gesund und munter aus, aber glatzköpfig wie ein Billardball, und trug ein Stirnband um den Kopf. Ich erfand einige Geschichten, um mir sein Aussehen zu erklären, die größtenteils auf einer seltsamen Kombination von Klischees und Fehlinformationen beruhten. Meistens stellte ich mir vor, daß er intensiv in Tibet meditiert habe, aber ich überlegte auch, ob er vielleicht in der Sadomaso-Szene wäre. Bei ähnlichen Interpretationsversuchen habe ich mich auch im Umkleideraum in meinem Sportzentrum erwischt. Dort gibt es eine Bobybuilderin, die völlig flachbusig ist, eine Frau, die eine Brustamputation hinter sich hat, eine Frau, die magersüchtig ist, eine Frau mit Gesichtshaar und eine Frau mit zahlreichen Piercings am ganzen Körper. Während ich für alle anderen respektvoll blind bin, habe ich mir die Zeit genommen, mir diese anomalen Körper für mich zu erklären. Sie sind mir aufgefallen, und ich habe ihnen eine Bedeutung zugewiesen. Und jetzt gehöre ich selbst dazu.

Nachdem mein Haar eine Woche lang etwas nachgewachsen ist und ich einen wohltuenden Flaum spüre, laufe ich Roberta über den Weg, jener Frau aus dem Aerobic-Kurs, die Fred zu Rate ziehen wollte, um diese Katastrophe zu verhindern. »Mädchen!« schreit sie. »Ich habe von Ihrem Haar gehört. Lassen Sie mal sehen!« Ich ziehe mein Kopftuch herunter, und sie kreischt entzückt. »Ich habe mir auch eine Glatze rasiert!« Sie zieht den glatten Haarschopf herunter, den ich für ihren eigenen gehalten hatte. Unter der Perücke kommt ein ganz kurzer Afrolook zum Vorschein, den ein Haarband flachdrückt. Bestätigung! Kameradschaft! Noch eine glatzköpfige Frau! Ausgerechnet die Frau, die mich daran hindern sollte, mir das Haar abzurasieren, hat seit langem eine Glatze!

Wie sich herausstellt, hatte Roberta Probleme mit der Schilddrüse, die mittlerweile unter Kontrolle sind. Als es ihr gesundheitlich am schlechtesten ging, fiel ihr das Haar büschelweise aus. »Ein ganzer Zopf ging einfach so aus«, erzählt sie mir. »Ich hätte am liebsten geweint. Überall verlor ich ganze Büschel, da mußte ich es abrasieren. Ich trage aber immer eine Perücke. So kann ich jeden Tag die Frisur wechseln. Da ich nun mal schwarz bin, will ich keinen Afro tragen.« Sie beugt sich vor und zeigt mir ihren Kopf von oben. Ich sehe das Kunststoffgewebe der Perücke.

Wir essen zusammen zu Mittag. Roberta bringt Claire mit, die nur drei Millimeter lange Haare hat. Eine Party für gerupfte Hühner! Claire sieht eigentlich nicht glatzköpfig aus. Es wirkt mehr wie ein Pilzkopf. Sie fühlt sich auch nicht glatzköpfig, aber trotzdem sprechen die Leute sie ständig darauf an. Ihre Mutter findet es gräßlich. Ihr Bruder kann es nicht leiden. Sie muß viele Erklärungen abgeben, vor allem, wenn sie im Urlaub nach Hause auf die Inseln fährt. Aber sie bereut es nicht. »Früher saß ich drei Stunden täglich unter dem Trockner«, erklärt sie und hebt ungläubig die Augenbrauen. »Drei Stunden! Und das war, wenn ich die größten Wickler im Haar hatte. So viel Zeit habe ich einfach nicht mehr.«

Obwohl ich mich unter einem Kopftuch verstecke, sage ich Roberta, sie solle doch überlegen, ihr Haar offen zu tragen. Da Afro-Amerikanerinnen oft extrem kurze Haare tragen, kommt sie mir weniger entblößt vor als ich. Aber sie verneint. Sie mag die Perücken und trägt lieber eine, als dafür zu bezahlen, sich Zöpfchen machen zu lassen. »Aber es ist jetzt schon anders als früher, als ich Perücken nur zum Spaß getragen habe«, sagt sie. »Denn da ich jetzt eine Glatze habe, muß ich sie tragen. Andere sehen es nicht, aber ich weiß, daß ich nicht ohne gehen kann. Mein Verlobter wollte meinen Kopf gar nicht sehen. Er steht total auf Haar. ›Zeig's mir nicht‹, hat er gesagt, als ich es mir anfangs abrasiert habe. Und jetzt, wo es wieder etwas nachgewachsen ist, ist er neugierig und will es sehen, aber jetzt will ich nicht. Damals hat er es nicht sehen wollen, und jetzt zeige ich es ihm einfach nicht mehr.«

Ich glaube, das Quälende ist weniger unser Aussehen als vielmehr die Tatsache, daß wir die Kontrolle verloren haben. Es geht darum, daß wir uns unser Leben nicht von unserem Äußeren diktieren lassen, sondern den Kontext selbst wählen wollen, in dem wir uns eine körperliche Blöße geben. Roberta möchte nicht, daß ihre Gesundheitsprobleme ihr Aussehen beeinträchtigen, so bereitwillig sie auch darüber spricht. Sie möchte entscheiden, wie sie jeden Tag aussieht, und ist traurig, weil sie das Gefühl hat, nicht ohne Perücke gehen zu können. Claire hat sich für einen Haarschnitt entschieden, der einer Glatze nahekommt, um der Tyrannei endloser Haarpflege und den Konventionen weiblicher Schönheit zu entfliehen. Sie ist glücklich damit, weil es für sie um die Kontrolle über ihre Zeit geht (keine Lockenwickler, kein Haartrockner) – und um ihr Image, ohne Rücksicht auf soziale Zwänge.

Und obwohl auch ich mich für die Glatze entschieden habe, habe ich doch genau die Kontrolle aufgegeben, die Claire gewonnen hat. Ich verbringe sehr viel Zeit damit, mit Kopftüchern, Lotion und Augen-Make-up herumzubasteln. Der blondierte Zottelkopf, den ich im letzten Sommer hatte, erscheint mir heute wie eine glorreiche Fantasie. Statt meine Abkehr von konventionellen Schönheitsidealen zu feiern, versuche ich ständig, sie zurückzubekommen. Und schaffe es nicht. Kein Haargel, keine Gummibänder oder Haarklammern können meine Kopfform ändern, und mein fehlendes Haar ist zum auffallendsten Merkmal meines Aussehens geworden. Statt meine körperliche Blöße zu feiern wie die fröhlichen Nudisten am Strand oder in den Schwimmbädern, akzeptiere ich sie von Tag zu Tag weniger. Sie ist nicht mehr freiwillig, und die Urteile über meinen Körper sind wesentlich umfassender als die der Angestellten im Schönheitssalon oder der Massagepraxis. Ganz gleich, was ich anziehe, die Interpretationen, die die Menschen mit einer glatzköpfigen Frau verbinden – krebskrank, rebellisch, lesbisch, hyperreligiös –, haften mir an. Ich wünschte, es würde mir nichts ausmachen, aber das ist nicht so.

Als mein Haar wächst, fängt der Doughnut-Mann wieder an, mir nachzurufen. Ich schäme mich zuzugeben, daß ich diese leichte Belästigung zum erstenmal als Zeichen meiner Attraktivität genieße. Das ist etwas völlig anderes als die nervösen, inquisitorischen Fragen, denen ich als glatzköpfige Frau ausgesetzt war.

Ich war während dieser Zeit lächerlich eitel. Allerdings handelte es sich um eine frustrierte Eitelkeit. In den Augen der Mehrheit relativ hübsch zu sein bringt gewisse Probleme mit sich – man unterstellt mir, ich sei dumm, Männer rufen mir auf der Straße nach wie einem Hund, lüsterne Aerobic-Schüler wollen unbedingt meine Aufmerksamkeit erregen –, aber bevor ich mir den Kopf kahlrasierte, war mir nicht klar, wie leicht es für mich war, mich selbst und meinen Körper zu akzeptieren. Es brauchte nicht viel, um meine Lust an meinem Körper zunichte zu machen, mich beschämt die Augen niederschlagen zu lassen, sobald ich auf der Straße einem Bekannten begegnete, mir zweimal zu überlegen, ob ich zu einer Party gehe, weil ich mich so häßlich fühlte, mir Kleider auszusuchen, die mich unscheinbar machten. Es brauchte nicht viel, um mich tagtäglich aufgrund meiner unfreiwilligen körperlichen Blöße gedemütigt zu fühlen. Überhaupt nicht viel. Nur einen Haarschnitt.

Heilen

New-Age-Bewegung

Anfang der siebziger Jahre, als ich in den Kindergarten kam, trat meine Mutter ins New Age ein. Schon vorher mag sie bei einigen jugendlichen LSD-Trips mit dem Gedanken gespielt haben, aber ab 1971 war sie völlig davon eingenommen. Sie bemalte die Decke ihres Arbeitszimmers dunkelrot und zündete schon frühmorgens Kerzen an. Während ich mir also sehnlichst Barbies Strandhaus und einen bestimmten Miniaturofen wünschte, mit dem ich echte Kuchen backen konnte, aß Mom Müsli und schluckte Seetangtabletten. Während ich lernte, mir allein die Schuhe anzuziehen, zog Mom ihren BH aus. Als ich ein Dreirad bekam, bekam sie ein Mantra.

Schon bald gaben wir die Wohnung mit der roten Decke auf, um in eine Wohngemeinschaft voller Hippies zu ziehen. Sie wohnten in einem vierstöckigen Haus mit ausgebautem Dachgeschoß, und jedes Stockwerk war mit Teppichboden in bunten Farben ausgelegt. Im Haus trug niemand Schuhe; in der Diele standen Holzregale an den Wänden, die sich unter der Last der Arbeitsschuhe, Birkenstock-Sandalen und meiner schmutzigblauen Turnschuhe bogen. Manchmal vergaßen die Bewohner, Kleider anzuziehen, und viele rauchten täglich Marihuana. »Das macht ein gutes Gefühl«, erklärte mir einmal eine freundliche Frau in einem weiten afrikanischen Gewand. »Es macht ein gutes Gefühl, aber der Präsident möchte nicht, daß wir es nehmen.« In der Speisekammer standen riesige Kisten mit Äpfeln und Orangen auf dem Boden. Auf einem Plan stand, wer jeden Abend für das Kochen verantwortlich war, und der Eßtisch bot zwanzig Leuten Platz. Ein großer Raum im Erdgeschoß war das Musikzimmer. Dort stand nichts weiter als ein Stapel Donovan-Platten und ein altes Klavier, auf dem ich Unterricht bekam. Die Hausbewohner setzten sich abends hier zusammen und machten auf der Basis von Yoga Übungen mit runden Meditationskissen und viel Gesang. Ihr *Om* hallte durch das ganze Haus und brachte mich manchmal von den *Waltons* in ihre Wirklichkeit zurück.

Auch vor dem Essen sangen die Hausbewohner. Zwanzig Leute saßen um den Tisch, faßten sich bei den Händen und omten statt eines Dankgebets. Das Essen war auf eine mittlerweile überholte Weise gesund – brauner Reis und Tofu, Honig statt Zucker, Haferflocken, die statt mit Milch mit Apfelsaft gekocht wurden. Die gesunde New-Age-Lebensweise bedeutete, daß man wenig Wert auf Geschmack, Farbe und Geruch legte – man gab die Sinne zugunsten einer inneren Orientierung auf. Das Interesse an Nährstoffen trat an die Stelle gieriger Gaumenfreuden. Manche fasteten, und andere hielten Regeln ein, die ich nicht verstand: Sie tranken nichts zu den Mahlzeiten; sie kombinierten Proteine, aßen keine Milchprodukte und so weiter. Meine Mutter zwang mich nicht, etwas zu essen, was ich wirklich nicht mochte. Ich durfte Obst oder Quark statt Cashew-Spaghetti oder Gemüse in japanischer Sojasauce essen. Mein Taschengeld gab ich für Süßigkeiten aus.

Als ich zum Teenager heranwuchs, stellte mich das Hippieleben meiner Mutter vor ein Problem. Sie rauchte Pot, hatte Freunde, die bei ihr schliefen, und meditierte jeden Morgen zwei Stunden lang. Wogegen sollte ich rebellieren?

Ich wurde zur Fleischfresserin. Hingebungsvoll schickte ich mich an, so viele Schweine und Rinder zu essen, wie ich nur verschlingen konnte: Steaks, Wurst, Speck und Schinken. Ich ließ mir das Fleisch von meinem Vater kaufen, wenn ich ihn an Wochenenden sah, und hatte in meinem Rucksack einen geheimen Vorrat an Trockenfleisch und würzigen Pepperonisalamis aus dem Laden an der Ecke. Ich besuchte auch eine Privatschule zur Vorbereitung auf das College und strebte ernstlich nach kariertem Wollstoff und verschiedenen anderen Lockungen, die konservative Demokraten mit viel Geld zu bieten hatten. Ich las das *Preppy Handbook* und träumte von Shirts mit kleinen Krokodilen. Ich träumte sogar davon, eine Schuluniform zu tragen und auf ein Internat zu gehen, wo die Lehrer sehr streng wären und wir abends beim Klingelzeichen zu Bett gehen müßten. Schließlich wurde ich fernsehsüchtig, soweit das mit nur fünf Programmen und einem Zehn-Zoll-Bildschirm überhaupt möglich war. Ich sah mir in meinem Schlafzimmer die Spätfilme mit abgedrehtem Ton an, kannte *Tiger Beat* in- und auswendig und wurde eine Expertin für Pac-Man in der Video-Spielhalle unseres Viertels.

Nichts wirkte. Meine Mutter hatte viel Verständnis für sämtliche Verrücktheiten, die ich mir ausdachte. Ich glaube, sie fand Trokkenfleisch nicht sonderlich rebellisch, wo die Nachrichten voll waren von Meldungen über Jugendliche, die sich unter der Einwirkung der Droge PCP umbrachten. Und falls sie sich vielleicht Sorgen machte, daß meine derzeitige Vorliebe für Krokodile und Robby Benson meinem ästhetischen Empfinden dauerhaft schaden könnte, behielt sie es für sich. Was ihr jedoch im Laufe der Jahre zu schaffen gemacht hat, ist, glaube ich, die Tatsache, daß ich Spiritualität und alternative Heilmethoden immer abgelehnt habe. Ständig bot sie mir auf sanfte, großzügige Weise an, mich mit verschiedenen Therapien und Techniken bekannt zu machen, die sie nützlich findet. Möchte ich zu ihrem Chiropraktiker gehen? Ein Selbstfindungsseminar besuchen? Mir mein Geburtshoroskop stellen lassen? Eine Therapie machen? Meine Aura ins Gleichgewicht bringen? Der Meditationsgruppe beitreten? Seetangpillen oder Vitamin E einnehmen?

»Nein danke«, habe ich immer gesagt. Und ich meinte: »Ich bin nicht so wie du, Mom.«

Heute, nachdem ich seit zehn Jahren allein lebe, lehne ich nach wie vor alle New-Age-Praktiken ab, die darauf abzielen, Körper und Seele in Einklang zu bringen: Yoga, Shiatsu, Meditation, Rolfing, Akupunktur, Chiropraktik, Biofeedback, Ayurveda, Aromatherapie. Nein, nein, nein und nochmals nein. All diese Harmonie und Energie, Einklang und Erneuerung sind nichts für mich.

Es gibt Gründe für meine Ablehnung. Ich habe darüber nachgedacht. Ich glaube, die Reinigungsrhetorik, die die Darmspülung umgibt, fördert Selbstverleugnung und sogar Abscheu vor sich selbst. Fanatische Anhänger einer gesunden Ernährung schränken ihre Gaumenfreuden rigide ein. Schönheitssalons und Gesundheitsbehandlungen verstärken das Schamgefühl, das in unserer Kultur ohnehin vorherrscht. Und der Grat, der spirituelle Erleuchtung wie die von Samuel Brandon von völligem Irrsinn trennt, ist allzu schmal, um sich wohl zu fühlen. Außerdem nehme ich die Aura eines Menschen einfach nicht wahr, und meine Horoskope in der Zeitung bewahrheiten sich nicht. Aber der Hauptgrund ist, daß ich nach wie vor gegen meine Mutter rebelliere.

Sie sieht, glaube ich, eine tiefe Verbindung zwischen Körper und Seele. Meditation, Diät, Akupunktur und eine ausgewogene Aura stellen ihre Art dar, diese Verbindung zu fördern und zu artikulieren. Und obwohl mich dieser Zusammenhang sehr interessiert – er ist schließlich das Thema dieses Buches –, ist ihre Art nicht meine. Meine Vorstellung von Meditation besteht darin, ein paar Bier zu trinken und am Strand zu liegen.

Die Arztpraxis

Dann streikt mein Rücken. Jahrelanges intensives Aerobic und modische Stöckelschuhe haben meinen oberen Rücken in ein verkrampftes Muskelknäuel verwandelt. Täglich habe ich Schmerzen.

Jeden Morgen mache ich Dehnübungen. Ich lege mich flach auf den Boden, schiebe einen großen Holzball unter meinen Rükken und presse meine Muskeln dagegen, bis sie sich entspannen. Ich bade heiß und ausgiebig in Epsomer Bittersalz. Keine Veränderung. Ich stelle das Gewichtheben ein. Im Bett lege ich mir eine heiße Wärmflasche unter den Rücken. Selbst im Sommer. Meine Wirbel sind Kandiszuckerbrocken, die aneinandereiben, wenn ich versuche, meinen Rücken nach hinten zu beugen. Ich kann mein gesamtes Rückgrat in einer Abfolge kleiner innerer Explosionen knacken lassen, indem ich nur die Arme über den Kopf hebe.

Ich beschließe, mit meinem Rücken ins Krankenhaus zu gehen. Für mich bitte westliche Medizin: weiße Kittel, jahrelange Ausbildung, sterile Handschuhe und Schilder an den Wänden. Vielleicht kann ich ja ein paar Schmerztabletten bekommen.

Mein Arzt, ein Mann mit kräftigen kurzen Wurstfingern und beginnender Glatze, hat einen Terrier zu Hause, der im Sterben liegt. Während ich auf seinem Untersuchungstisch sitze, ruft seine Frau an, und er spricht zehn Minuten lang mit ihr, ob sie den Hund einschläfern oder leben lassen sollen, wo er doch so leidet. Sie kommen zu keinem Entschluß. Als er auflegt, ist er sichtlich mitgenommen und kommt an den Untersuchungstisch zurück, ohne genau wissen, weshalb ich ihn aufgesucht habe. Es ist mir ein bißchen peinlich, ihn an meine Wehwehchen zu erinnern, während ein treuer Terrier seinem Ende so nah ist, aber ich erzähle ihm noch einmal von meinen Rückenschmerzen. Er drückt hier und da auf meine Schultern. Sie haben den Hund schon fast dreizehn Jahre. Er heißt Manilow. Tut es weh, wenn er hier drückt? Ja.

»Sie haben Triggerpunkte«, erklärt er mir. »Möchten Sie eine Behandlung dagegen?«

»Ja, bitte«, antworte ich. Was sind Triggerpunkte? Ich komme nicht dazu zu fragen. Ich werde hinauskomplimentiert, damit der Doktor sich um seinen Terrier kümmern kann.

Die Krankengymnastin ist eine zierliche Französin namens Jeanne-Marie. Um zu ihr zu kommen, folge ich einer grünen Linie durch die Krankenhausflure, bis ich vor dem richtigen Aufzug stehe. Das Wartezimmer steht voller Rollstühle, und in jedem sitzt ein Krankenhauspatient, der anscheinend starke Schmerzen hat.

Jeanne-Marie nimmt mich mit in eine mit Vorhängen abgetrennte Kabine, in der eine gepolsterte Liege steht, und läßt mich allein, während ich mir einen Krankenhauskittel anziehe, dann macht sie mir eine Massage. Ich mag sie; sie ist nervös und freundlich. Während der Massage möchte sie nicht allzu fest drücken und auch den Teil meines Rückens, der schmerzt, nicht speziell behandeln. Sie sagt, es hängt ohnehin alles zusammen und sie muß die gesamte Rückgratmuskulatur entspannen. Ich bin nicht sicher, ob sie meint, daß es überhaupt keine Rolle spielt, wo es weh tut, aber ich sage es ihr ohnehin jedesmal. »Ja, ja«, erwidert sie, »aber wenn ich meine Massage mache, muß ich den ganzen Rücken massieren.« Sie massiert meine Schultern auch mit einem Elektrogerät. Ihre Haupttechnik besteht jedoch darin, mir feuchte heiße Packungen auf den Rücken zu legen und mich liegen zu lassen. Ich atme den Krankenhausgeruch ein und lausche dem Stöhnen und Schreien der Patienten in den angrenzenden Kabinen. Ein alter Mann mit Whiskeystimme ist krankgeschrieben. Er hat schwer gehoben und kann plötzlich seinen rechten Arm nicht mehr bewegen. Andere machen einen Wahrnehmungstest, um eine Dyslexie zu messen, die es ihnen unmöglich macht, Formen und Farben zu unterscheiden. »Wo ist der Kreis?« fragt die Schwester ständig. »Wo ist das Quadrat?« Die Therapeutin rechts von mir hat eine laute, schallende Stimme. »Ich bin Sandy«, erklärt sie jedem Patienten fröhlich. »Erinnern Sie sich an mich? Wir arbeiten gemeinsam an Ihrer Gelenkigkeit.« Hinter den mintfarbenen Vorhängen döse ich jeden Dienstag und Donnerstag ein.

Nach dreimonatiger Behandlung erklärt Jeanne-Marie mich für

geheilt und will mich nicht weiter behandeln. »Es geht Ihnen viel besser«, sagt sie.
»Aber ich habe immer noch Schmerzen«, wende ich ein und fühle mich ein bißchen im Stich gelassen. »Ich fühle mich nicht besser.«
»Es ist aber viel besser«, wiederholt sie.
In der Arztpraxis – in der Kabine der Krankengymnastin, auf dem Zahnarztstuhl oder dem Untersuchungsstuhl des Gynäkologen – herrscht die stillschweigende Annahme, daß die körperliche und die seelische Verfassung nichts miteinander zu tun haben. Ich meine weder, daß die westliche Medizin den Zusammenhang von Körper und Seele nie in Betracht gezogen hätte, noch daß gewisse Ärzte nicht mit ihren Patienten sprechen oder ihnen zuhören würden. Vielmehr meine ich, daß der Manilow-Arzt sich nur für meine Triggerpunkte interessiert, der Zahnarzt nur für meine Zähne, der Gynäkologe nur für die Zellen in meinem Abstrich. Um meine Seele kümmern sie sich nicht.
Ich liege in einem hygienisch weißen Behandlungsstuhl, den Mund mit einer Plastikvorrichtung weit geöffnet, eine Bleischürze auf dem Leib, und kann mich nicht rühren. Zahntechniker röntgen meine Zähne, ein ziemlich normaler Vorgang, aber die Plastikvorrichtung tut verflixt weh und dringt auf äußerst vereinnahmende Weise in meine Lieblingskörperöffnung ein. Ich begreife nicht, warum die Bleischürze auf meinem Bauch liegt, während sie mir nichts auf das Hirn gelegt haben. Ich habe den Eindruck, daß man das Gehirn nun wirklich und wahrhaftig vor Strahlen schützen sollte, vor allem vor Strahlen, die auf den Kopf gerichtet sind. Jerry Seinfelds Grinsen ermahnt mich, jeden Tag Zahnseide zu benutzen, und ein Poster mit wuscheligen Kätzchen sagt mir »Laß dich einfach hängen«. Die Zahnhygienikerin hat unter ihren Gummihandschuhen falsche Fingernägel und versäumt es, mir zu sagen, wie ich den kleinen Becher mit Mundspülung nachfüllen kann, bis ich mich kläglich bemüht habe, mit einem einzigen Becher für die ganze blutige

Zahnreinigung auszukommen. Weniger feindselig stehe ich dem graumelierten Zahnarzt mit seinem Bohrer und seiner Zahnpasta mit Kirschgeschmack gegenüber, weil er mich aus den Händen der beängstigenden Hygienikerin rettet und mir viele Komplimente macht, vermischt mit Belehrungen, wie man zu Hause seine Backenzähne pflegt. Er verleitet mich zu dem Geständnis, daß ich keine Zahnseide benutze, und gratuliert mir zum Können meines Kieferorthopäden, eines immer zum Flirten aufgelegten Mannes mit einem selbstbewußt-sexy Schnurrbart, der mir meine frühen Jugendjahre zur Qual machte, indem er regelmäßig Gipsabdrücke von meinem Mund nahm und mir eine ständig zu tragende Zahnspange verschrieb, ohne Rücksicht darauf zu nehmen, daß die Gipsabdrücke mir Würgereize verursachten und die Zahnspange so weh tat, daß ich nicht schlafen konnte. Der Zahnarzt erklärt mir, ich könne von Glück sagen, so gute Zähne zu haben.

Wenn etwas körperlich mit dir nicht stimmt, suchen Ärzte nach einer physischen Ursache. Sie wollen nicht wissen, wie du deine Krankheit empfindest oder was du über ihre Ursachen denkst. Sie ziehen auch nicht in Betracht, daß dein Gemütszustand Auswirkungen auf deine Gesundheit hat, bis auf die allgemeine Vorstellung, daß du »streßfrei« sein solltest. Auch wenn geistig oder seelisch etwas mit dir nicht stimmt, mögen Ärzte eine physiologische Ursache wie eine chemische Störung oder Alzheimer in Betracht ziehen. Wenn du eine lebensbedrohende Krankheit hast, schlagen sie vielleicht vor, daß du es mit Visualisierungstechniken versuchst. Aber die Erfahrung, zu einer Routineuntersuchung oder wegen relativ geringfügiger körperlicher Beschwerden zum Arzt zu gehen, bedeutet in der Regel eine seelische Kapitulation, bei der die Seele unterdrückt wird, weil sie in diesem Kontext unwichtig ist.

Ein Beispiel: Als ich sieben Jahre alt war, fiel ich von der leuchtend grünen Treppe im großen Gemeindehaus und schlug mir den Kopf auf. Ich blutete auf die weiße Bluse meiner Mutter, und in meine tränenreiche Panik mischte sich Freude, weil ich an diesem Morgen nicht in die Schule mußte, bei meinen Mitschülern der zweiten Klasse durch meinen Unfall eine gewisse Berühmtheit erlangen würde und wegen meiner Krankheit sicher eine größere Menge Ginger Ale bekommen würde. Der Arzt, der mich behandelte, sagte freundlich: »Ich wasche die Wunde aus. Es tut gleich ein bißchen weh.« Er machte etwas, und es tat wirklich weh, dann verband er die Wunde und verabschiedete sich. Man hatte mir gesagt, daß die Wunde genäht werden müßte, und ich war ziemlich beunruhigt, als er mich ohne zu nähen nach Hause schickte – vor allem weil eine Wunde, die nicht genäht war, bei Sunshine und meinen anderen Freundinnen in der Schule wenig hermachen würde. Ich brachte den Mut auf, ihn zu fragen, und er gab zu, daß er mich angelogen hatte. Er hatte die Wunde genäht, als er vorgab, nur das Blut abzuwaschen.

Ein weiteres Beispiel: Als ich achtzehn war, bekam ich Bauchschmerzen, nachdem mich jemand in ein Vollwertrestaurant mitgenommen hatte, der nicht wußte, daß ich davon seltsame kindliche Rückfälle bekam. Ich landete im Krankenhaus, wo Schwestern wie Ärzte gleichermaßen darauf insistierten, daß ich vermutlich schwanger sei. »Ich nehme die Pille«, erklärte ich ihnen. »Schon seit über einem Jahr. Ich habe meine Periode und schon seit zwei Monaten keinen Sex mehr gehabt.«

»Trotzdem«, sagten sie. »Es ist sehr wahrscheinlich. Wir machen ein paar Tests.« Mir wäre es lieber gewesen, sie hätten mir gesagt, ich habe Darmkrebs, als ich sei schwanger – und obwohl ich es eigentlich kaum für möglich hielt, fing ich allmählich an zu glauben, daß ich wohl trotzdem schwanger sei, weil diese Leute mir einfach nicht glauben wollten, daß ich es nicht war. Sollte ich abtreiben lassen? Sollte ich es dem Vater sagen? Was sollte ich machen? Schreckliche Ängste. Schließlich diagnostizierten sie Bauchschmerzen und schickten mich nach Hause. Ich kam mir etwas albern vor, weil ich eigentlich nichts hatte, und hatte gelernt, daß es dumm ist zu glauben, ich könne nicht schwanger werden, nur weil ich mit niemandem Sex hatte.

In beiden Fällen waren die Ärzte nett. Vermutlich wußten sie genau, was sie taten. Dennoch setzten sie stillschweigend voraus, daß ich das Denken ihnen überließ und mich der Situation, wie sie sie darstellten, völlig unterwarf, obwohl ihre Sicht meinem Verständnis zu Geschichte und Bedürfnissen meines Körper widersprach. Ihre Informationen bezogen sie von meinem Körper (mit einem Schwangerschaftstest) und nicht von meinem Geist. Oder sie versuchten, meinen Geist in Unwissenheit zu lassen (mit Lügen über die Stiche), damit er sich nicht in das einmischte, was sie mit meinem Körper machten.

Mit seiner Sprache versucht das westliche Gesundheitswesen häufig, Schmerzen zu leugnen oder zu minimieren, was etwas anderes ist, als sie zu verhindern. Anästhesisten und Schmerzmittel verhindern Schmerzen, und das ist gut. Es gibt aber auch Situationen, in denen der Patient Schmerzen empfinden wird, es aber nicht vorher wissen soll, und hinterher wollen die Ärzte auch nichts davon hören. Sie nennen es »ein bißchen unangenehm«. Man sagt uns, die Spritze sei in zwei Sekunden vorbei. Man schabe »nur eben« ein paar Zellen vom Muttermund, was vielleicht ein bißchen »unangenehm« sein könne. Die scharfe Metallspitze, die in deinem Zahnfleisch herumpokelt, mache »nur« die Zähne ein bißchen sauber. Du spürst gar nichts. Oder der Arzt ätzt mit Flüssigstickstoff eine Warze weg und erklärt dem Patienten, die Haut könne sich etwas pellen, sagt aber nichts von den pochenden Schmerzen, die das mit sich bringt. Sie schweigen beharrlich.

Die Schmerzen, die diese Prozeduren mit sich bringen, sind recht gering. Keineswegs sind sie so schlimm, daß sie den Patienten in Angst und Schrecken versetzen müßten. Allerdings sind sie schlimm genug, daß die Patientin sich fragt, ob die Schmerzen, die sie empfindet, wohl normal sind, da der Arzt nichts davon erwähnt hat.

Als Patientin bekomme ich eine Zahnbürste und manchmal Kondome umsonst, aber man läßt mich über meine Beziehung zum Arzt und seinen Helferinnen im unklaren. Allem Anschein nach bin ich für sie nur ein fügsames kleines Mädchen, eine zahlende Kundin, ein Problem, das es zu lösen gilt, eine lästige Fragestellerin oder eine Zeitverschwendung. Es ist sehr schwierig, jemandem Fragen zu stellen – über die Mundspülung oder die Bleischürze zum Beispiel. Das geschäftige Treiben, das zu verstehen gibt, wie schwer alle für mich arbeiten, um die Sache zum Abschluß zu bringen (was ja nur in meinem Sinne sein kann), macht jede Unterbrechung zu einer Störung, die die Autorität des Gesundheitspersonals untergräbt und meinen unterstellten Wünschen zuwiderläuft. Wenn sie mir sagen, daß ich völlig wiederhergestellt sei, wie Jeanne-Marie es tat, erwartet man von mir Erleichterung, daß die Prozedur abgeschlossen ist. Und das soll sich gewissermaßen auf eine körperliche Linderung übertragen. Ich kann nicht darauf bestehen, daß es mir nicht besser geht, weil das erstens bedeutet, daß ich weiterhin ins Krankenhaus kommen muß, was unangenehm ist. Zweitens hat mir eine Autoritätsperson erklärt, es gehe mir besser, und ihr Urteil in Frage zu stellen ist beängstigend, zumal ich so viel Zeit damit verbracht habe, nackt und verwundbar vor ihr zu liegen. Drittens will das Krankenhaus mich nicht mehr haben, und es ist viel größer als ich. Es ist alles sehr kompliziert und schwierig zu handhaben – und ich kann von Glück sagen, daß ich bislang nie ernstlich krank war.

Die Unterstellung, daß die körperliche und die seelische Verfassung nicht miteinander verbunden seien, schlägt sich darüber hinaus in der Annahme nieder, daß körperliche Intimität keinerlei emotionale Komponente besitzt. Wenn man sich in einem Untersuchungszimmer befindet, bietet diese Annahme eine gewisse Sicherheit. Auch wenn dein Körper entblößt ist, wirst du selbst nicht bloßgestellt. Zeige der Frau im weißen Kittel ruhig deine Genitalien, deine Zunge, deinen Hintern.

Sie wird kein Urteil über deine Schönheit abgeben. Dein Anblick berührt sie gar nicht – deine Titten erregen sie nicht, deine Pickel stoßen sie nicht ab, nicht einmal deine Muttermale, Narben und Falten machen sie neugierig. Die emotionale Intimität, die normalerweise mit einem erzwungenen Körperkontakt einhergeht, gibt es hier nicht, weil niemand zugibt, daß beides miteinander verbunden ist. Das macht die körperliche Blöße in der Arztpraxis auf eine Weise sicher, wie es die lustvollen Dienstleistungen in Schönheitssalons und Massagepraxen niemals sind. Es bedeutet aber auch, daß die Gesundheitsversorgung, die die westliche Medizin bietet, Lücken aufweist, die zu schließen ich mich bemüht habe, seit Jeanne-Marie nicht imstande war, meine Rückenschmerzen zu erklären oder zu lindern.

Yoga

An einem Samstagmorgen gehe ich zu einem Yogakurs für Anfänger, einen verschlafenen, deprimierten Exfreund in Khakishorts im Schlepptau. Ein Bekannter von uns namens Bart war als Pin-up-Idol der Preparatory School nach Indien gegangen und als messianischer Yogaanhänger zurückgekommen. Er ist ziemlich faszinierend, zeigt noch immer jenes strahlende Lächeln, das die Mädchen an ihm so mochten, und bewegt sich auf Parties mit einem sandfarbenen Bart und einer neuen, geschmeidigen Anmut. Er kann im Spagat seine Brust auf den Boden legen. Außerdem haben mir fünf meiner Bekannten erzählt, daß Yoga ihre Rückenschmerzen geheilt habe.
In einem dämmrigen, blaßrosa gestrichenen Raum, der vom Duft nach Räucherstäbchen erfüllt und mit rosa Teppichboden ausgelegt ist, dankt uns eine sanfte Frau in Weiß, daß wir ihr erlauben, uns zu dienen. Auf einem kleinen Altar steht das Foto eines berühmten Yogi. An der Wand lehnen dicke Kissen. Die

Lehrerin stimmt einen Singsang an. *Om. Hari Om. Om shantih shantih shantih.* Ich fühle mich, als wäre ich in den Mutterleib zurückgekehrt, und finde es erstickend. Erinnerungen an Gesänge meiner frühen Kindheit blitzen auf, Menschen, die sich am Eßtisch die Hände reichen, brauner Reis und Möhren. Einheit mit Menschen, deren Namen ich nicht kenne. Gemeinsamkeit. Auch Fragmente aus T.S. Eliots *Das wüste Land* flakkern auf. Für Eliot ist die letzte Zeile, »Shantih shantih shantih«, ein bewußt gezwungener und fremdartig friedlicher Abschluß, den er den Fragmenten des Gedichts in dem vergeblichen Bemühen aufzwingt, das Chaos der »unwirklichen Stadt« zu beruhigen.

O Gott. Mein Exfreund und ich haben ein schlechtes Karma. Wir hätten lieber Rückenschmerzen, als den Duft von Räucherstäbchen zu riechen und den Wunsch nach Frieden und Licht in der ganzen Welt nachzubeten. Ich möchte nicht, daß Stille meine Bitterkeit niederzwingt und heitere Gelassenheit meinen Sinn für Ironie ablöst. Ich möchte nicht die Energie und Harmonie der Welt spüren, während unmittelbar vor dem Fenster die unwirkliche Stadt Manhattan in zügellosem Schrecken wütet. Mein Exfreund, der dringend einen schwarzen Kaffee und eine Xanax braucht, möchte es ebensowenig. In Panik laufen wir weg, und ich beschließe, nie wieder hinzugehen.

Aber meine Unbeweglichkeit bekommt mir nicht. Der Krampf in der Nähe meines Schulterblattes hält sich über zwei neue Freunde, eine neue Wohnung, ein paar Kapitel meiner Dissertation und die Anschaffung meiner Katzen hinweg. Ich höre auf, ihn als fremde Geißel zu sehen, die es mit allen nur möglichen Mitteln auszurotten gilt, und fange an, ihn als Teil von mir zu empfinden.

Dann ruft eines Tages im August mein Freund Holden an, ein degenerierter Drogengegner, der mittlerweile Firmenanwalt, Drehbuchautor von Actionfilmen und ein hoffnungsloser

Romantiker ist, und sagt, er überlege, mit Yoga anzufangen. Da Holdens Milieu eher die Disko morgens um vier als das Morgengebet ist, bin ich ziemlich überrascht. Aber auch er hat Rükkenschmerzen. »Mein Körper ist wie aus Krokant«, erklärt er. »Ich bin der Mann mit Muskeln aus sprödem Ton. Ich muß was unternehmen, sonst breche ich durch.« Er verspricht mir, daß wir nach dem Yogakurs zum Brunch gehen und gegen die Wildreisvibrationen mit einem Stapel Pfannkuchen rebellieren. Es reizt mich, es noch einmal zu versuchen, und sei es auch nur, um über Holden zu lachen, wenn er versucht, seine Zehenspitzen zu berühren.

Also ziehen wir eines Samstagsmorgens mit unseren eingerosteten Kandiszuckerrücken und einem Kater los. Der Kurs beginnt mit Gesang und Augenübungen. Zu meinem Erstaunen hat Holden keinerlei Angst zu singen. Seine Männlichkeit ist nicht bedroht. Er singt und dehnt sich und hat das volle Yogaerlebnis, während ich die ganzen Oms und Hari-oms hindurch in einem ironischen Zustand befangener Distanz dasitze. »Das macht mir nichts«, sagt er nachher über den Gesang. »Es gefällt mir sogar irgendwie.«

Bei den Augenübungen schaut man mehrmals nach rechts und links, indem man nur die Augäpfel bewegt. Dann rollt man sie nach oben und unten, im Uhrzeigersinn rundherum und umgekehrt. »Diese Übung dehnt und spannt die Augenmuskeln«, erklärt der Lehrer, »und bei regelmäßigem Training kann sie sogar die Sehfähigkeit verbessern.« Ich versuche, meine Augen in gespieltem Widerwillen Richtung Holden zu rollen, aber er konzentriert sich darauf, sie gegen den Uhrzeigersinn zu rollen. Ich bemühe mich, eine gute Schülerin zu sein, aber die Übungen sind langweilig, und meine Sehkraft ist hervorragend.

Die Definition eines guten Schülers wird im Yogastudio auf äußerst subtile Weise konstruiert, wie mir im Laufe der nächsten Monate klar wird. Holden und ich gehen an jedem Wochenende hin. Jeder Schüler legt ein Handtuch auf den Boden, um seinen

Platz zu markieren, aber immer bleibt in der Mitte des Raumes Platz frei, angeblich damit der Lehrer hin und her gehen kann. Ich habe jedoch den Eindruck, daß in Wirklichkeit ein Gang zum Altar frei bleiben soll, der in jedem Unterrichtsraum steht. Von diesem Altar und dem freien Zugang wird nie gesprochen, aber jeder Schüler, der sich unabsichtlich in diesen Gang setzt, weil er mit der Etikette der Handtuchplazierung nicht vertraut ist, wird freundlich gebeten, sich einen anderen Platz zu suchen.

Auf die Augenübungen folgen die Asanas oder Körperhaltungen, die mit ehrfürchtigem Respekt vor den individuellen körperlichen Grenzen eines jeden vorgestellt werden. Die Anweisungen des Lehrers, jederzeit in der »Entspannungshaltung« zu bleiben oder die Stellungen dem eigenen Körper anzupassen, erlauben es jedem Schüler, in der ihm angemessenen Geschwindigkeit vorzugehen, aber sie beugen auch etwaigen Fragen während der Unterrichtsstunde vor. Es gibt keine offensichtlich »richtige« Art, etwas zu machen, daher besteht auch nicht die Notwendigkeit, zu fragen, wie man etwas machen soll. So bleiben denn häufig das Ziel einer Asana und die Technik, die sie erfordert, über mehrere Kursstunden hinweg im dunkeln. Ich frage mich, ob ich beim Bogen die Knie gespreizt oder geschlossen halten soll. Sollte mein Kinn beim Kaninchen nach unten geschoben sein oder nicht? Und welchen Körperteil würde ich dehnen, wenn ich es richtig mache?

Mein Lehrer hat mir gesagt, ich solle nicht mit mir oder meinem Nachbarn konkurrieren, sondern die Grenzen meines Körpers so akzeptieren, wie sie von Tag zu Tag sind. Deshalb ist es mir unangenehm, ihm in der Stille des Unterrichtsraums meine Fragen zu stellen, wo es doch angeblich kein »Du-sollst« gibt. Aber ich weiß, daß er meint, ich solle mir keine Gedanken darüber machen, was mit meinen Knien ist, und daß im Unterrichtsraum die unausgesprochene Regel gilt, nicht zu sprechen. Nach der Stunde stehen die Lehrer zur Beantwortung von Fragen zur Verfügung. Die wenigen Male, als Kursteilnehmer während des Unterrichts Fragen stellten, wurde die meditative Stimmung sichtlich gestört, und der Lehrer war fast spürbar verärgert.

Gegen Ende jeder Kursstunde machen wir drei verschiedene Atemübungen: Wir atmen in drei Stufen tief ein, atmen in einer Reihe kurzer Stöße durch die Nase aus und atmen abwechselnd durch die Nasenlöcher. Bei dieser letzten Übung muß man die rechte Hand verrenken, sich das linke Nasenloch zuhalten und durch das rechte ausatmen, einatmen und die Nasenlöcher wechseln. Wie man uns sagt, hilft das, die linke und rechte Gehirnhälfte in ein Gleichgewicht zu bringen. Ich sträube mich. Die anderen Atemtechniken scheinen recht klar umrissene Mittel zu sein, mehr Luft in die Lungen und wieder heraus zu bringen. Die abwechselnde Nasenatmung nimmt extravagante Ziele für sich in Anspruch und erfordert nicht nur eine unbequeme Handhaltung, die keinen erkennbaren Zusammenhang mit meinen Lungen hat, sondern verlangt auch noch, daß ich die Länge meiner Atmung zähle (om eins, om zwei, om drei), so daß ich doppelt solange ausatme, wie ich eingeatmet habe. Ich möchte mein Gehirn nicht ins Gleichgewicht bringen. Ich möchte meine Rückenschmerzen loswerden. Beides hat nichts miteinander zu tun, oder?

Ebenfalls gegen Ende der Kursstunde kommt der Yogaschlaf. Wir legen uns auf den Rücken, den Kopf zur Mitte des Raumes gewandt. Wieder wird unter dem Deckmantel einer Rückkehr zu einer natürlichen Lebensweise und der Akzeptanz der Individualität Uniformität erzwungen. »Dieses friedliche, offene Gefühl ist euer wahres Ich«, behauptet der Lehrer. Liegt jedoch jemand in der falschen Position, korrigiert er ihn sanft. Unter Anleitung machen wir Übungen zur Anspannung und Entspannung jedes Körperteils. Dann konzentrieren wir uns auf unsere Atmung. Es mögen uns zwar Gedanken durch den Kopf gehen, aber wir sollen sie nicht verfolgen, sondern nur zur Kenntnis nehmen und ziehen lassen. Wenn es uns juckt, sollen wir uns nicht kratzen. Wir sollen das Jucken bemerken und unsere Gedanken wieder auf die Atmung richten.

Den Yogaschlaf finde ich zwar angenehm, bin aber argwöhnisch. Sagt man mir unter dem Vorwand, mich von meinen Gedanken zu befreien, was und wie ich denken soll? Bin ich meinem wahren Ich wirklich treu, wenn ich meine neurotischen kognitiven Zuckungen zum Schweigen bringe und dem Jucken an meinem Ellbogen nicht nachkomme? Vielleicht wäre es nötig, meine ängstlichen Gedanken zum Ausdruck zu bringen und weiterzuentwickeln, statt sie zu unterdrücken oder auch nur aufzugeben. Ist das mein wahres Ich, hier still und ruhig in einer ordentlichen Reihe auf meinem ordentlichen Handtuch zu liegen, den Kopf in die richtige Richtung gewandt? Es hat ein bißchen Ähnlichkeit mit der Mittagsruhe in einem überaus autoritären Kindergarten. Vielleicht ist mein wahres Ich gar nicht so friedlich und entspannt. Vielleicht bin ich ein bißchen albern, ein bißchen laut, ein bißchen verdreht, ein bißchen wütend. Ist das nicht in Ordnung?

Die ausgesprochenen und unausgesprochenen Regeln meines Yogastudios zielen darauf ab, eine besänftigende Umgebung zu schaffen. Aber sie unterdrücken auch bestimmte Bedürfnisse (den Lehrer gut zu sehen, Fragen zu stellen, mit anderen Kursteilnehmern zu reden, sich zu kratzen oder pinkeln zu gehen) unter dem Deckmantel, sich selbst zu akzeptieren. Diese Unterdrückung hat Ähnlichkeit mit den restriktiven Ernährungsvorschriften, die mir in meiner Wohngemeinschaft zu Hause und in den Informationsblättern zur Darmspülung nicht gefallen haben. Auch der künstlich konstruierten Stille der unterirdischen Badehäuser kommt sie recht nahe. Ich habe viele Einwände gegen das, was hier vorgeht. Aber warum fühle ich mich dann hinterher so gut?

Die Körperhaltungen haben mir rückhaltlos gefallen, was mir bei meinem ersten Besuch kaum aufgefallen ist, obwohl sie im Mittelpunkt des Kurses standen. Die meisten sind nach einem

Tier oder Gegenstand benannt: Leichnam, Kobra, Berg, Bogen, Boot, Fisch, Kaninchen, Taube. Wenn ich mir vorstelle, dieses Tier oder Ding zu sein, und seine Eigenschaften nachahme – die gespannte Sehne des Bogens, den nackten Bauch des Fisches, den erhobenen Kopf der Schlange –, bedeutet das gleichzeitig eine Aufhebung und eine Wiedereinsetzung meines Körpers. Einer Körperhaltung folgt häufig eine Gegendehnung, die in die entgegengesetzte Richtung geht. Der Beugung nach vorn folgt die Beugung nach hinten. Mir wird bewußt, daß mein Rücken sich bei fast jeder Anstrengung eines anderen Körperteils ebenfalls dehnt. Es ist erstaunlich, bewußt zu spüren, in wie viele Richtungen ich mich beugen oder drehen kann, und zu merken, wo meine Steifheit meine Bewegungen einschränkt. Holden fallen Körperhaltungen ganz leicht, die mir schwerfallen, und umgekehrt. Es stimmt, daß er nicht an seine Zehen kommt.

Komisch, die Vorschriften, die bei den Anweisungen für die Asanas ganz offensichtlich sind, machen mir nicht solche Bedenken wie der Gesang und die angeleiteten Gedanken. Ich höre es gern, wenn jeder Lehrer die gleichen Phrasen benutzt wie der vorige. Ich mag auch die immer gleichbleibende Reihenfolge der Körperhaltungen. Die Muskeln entlang meines Rückgrats lernen, die nächste Körperhaltung vorauszuahnen und zucken schon in ihrer Vorbereitung.

Holden und ich besuchen den Yogakurs mittlerweile seit drei Monaten. Wir haben uns Trainingshosen gekauft und bringen jeder ein altes Handtuch mit, auf dem wir während des Kurses sitzen. Allmählich kennen wir auch die anderen Teilnehmer: eine ältere Dame, deren Gesicht vor Alter und Schönheitsoperationen ganz knubbelig ist, kommt regelmäßig samstagsmorgens. Sie hat sich die Augenbrauen gezupft, und die dicke Grundierung ihres Make-ups schwimmt weg, sobald sie schwitzt. Sie hat hörbar tiefsitzende Atembeschwerden. Über ihrem knubbeligen runden Leib spannt sich ein glänzend schwarzer Gymnastikanzug. Sie ist halb Diva, halb Walroß. Zu den regelmäßigen Teilnehmern gehört auch ein großer Mann mit Brooklyn-Akzent und dickem braunen Schnurrbart. Er rasiert sich die Achselhöhlen, die gut zu sehen sind, weil er ein Achselhemd trägt. Er kennt die Sanskritgesänge besser als wir übrigen. Ich glaube, er ist ein Yogalehrer in der Ausbildung. Eine sanfte, osteuropäisch wirkende Frau mit buschigen Augenbrauen und einem Rosenknospenmündchen sitzt mir in einem Batikhemd gegenüber. Sie verwechselt rechts und links. Holden hockt zusammengekauert über seinen Beinen, sieht verdutzt aus, weil er offenbar unfähig ist, gerade zu sitzen, und wirkt ohne Brille ziemlich nackt. Ich kann mein Handtuch nie dazu bringen, glatt zu liegen, und stehe zwischendurch oft auf, um Wasser zu trinken, ausgetrocknet von der Hitze im Raum, aber auch aus Rebellion gegen die unausgesprochene Regel, daß wir stillsitzen und die meditative Stimmung nicht stören sollen.

Normalerweise ist ein junger Mann mit langen Locken, hübschem Gesicht und weißer Kleidung unser Lehrer. Nach drei Jahren in Indien ist er ein Teenagerschwarm. Er singt mit schallender Begeisterung. Wir singen nach: »Führe uns vom Unwirklichen zum Wirklichen. Führe uns aus der Dunkelheit ins Licht. Führe uns aus der Todesangst zum Wissen um die Unsterblichkeit. Om shantih shantih shantih.« Ich bin nicht ganz sicher, was diese Worte bedeuten, aber es ist nett, zusammen ein vertrautes Lied zu singen.

Die Augenübungen sind zwar immer noch langweilig, erfüllen aber mittlerweile für mich einen gewissen Zweck, wenn auch nicht den erwarteten. Wenn ich ein paar Minuten auf die Peripherie meines Blickfeldes geschaut habe, ohne etwas Bestimmtes zu sehen, und bewußt etwas bewege, das ich ansonsten nur instinktiv bewege, rückt es meine Perspektive zurecht. Ich erinnere mich, daß ich mir aussuche, was ich anschaue und wohin ich meinen Blick richte. Normalerweise richte ich meinen Blick etwa dreißig Zentimeter vor meinem Gesicht auf einen Computermonitor, ein Buch oder mein Frühstück. Wie ein Pferd mit

Scheuklappen schaue ich nicht nach rechts oder links und achte nicht auf das Leben und die Möglichkeiten, die abseits meines ausgetretenen Pfades liegen. Die Augenübungen erinnern mich buchstäblich, mich umzusehen, im Uhrzeigersinn und gegen den Uhrzeigersinn.

Nach fünf Monaten Yogakurs fühle ich mich gelenkig. Ich kann mit dem Kopf meine ausgestreckten Knie berühren und meine Schultern auf eine Weise rollen, die früher unmöglich war. Mitsamt meiner Anspannung habe ich die ironische Distanz aufgegeben, die mich während der Kurse hat kichern lassen, und ich habe die Kindheitserinnerungen hinter mir gelassen, die der Gesang heraufbeschworen hat.

Die Verhaltensregeln, die hier gelten, gefallen mir nicht alle. Nicht alle Übungen empfinde ich als wohltuend. Der Gesang und die Nüsternatmung haben für mich immer noch keinen Sinn. Aber sie zu probieren, bedeutete nicht, daß sie mich in fötaler Harmonie mit den Ansichten meiner Mutter erstickt hätten. Ich wurde nicht verschlungen, als ich in die mütterliche Umarmung des Gesangs und der Meditation zurückkehrte. Tatsächlich war ich sogar imstande, körperliches Wohlbehagen und neue Kraft zu finden. Ich engagiere mich voll und ganz bei allem, was mir richtig erscheint, und halte Distanz zu allem, was mir nicht entspricht. Und mit der körperlichen geht eine emotionale Flexibilität einher.

Mom ruft mich an, wie sie es jede Woche tut. Noch immer schluckt sie Seetangtabletten und ißt Müsli. Sie hat nach wie vor ihr Mantra, soviel ich weiß. Aber sie trägt wieder einen BH. Nach einer langen Pause macht sie nun auch wieder Yoga. Sie macht kein großes Aufhebens darum, aber ich glaube, es freut sie, daß ich ein bißchen Om in meinem Leben habe. Wir unterhalten uns zwanglos. Sie mag den Handstand. Mir gefällt der nach unten schauende Hund. Ihr Lehrer läßt sie keine Nüsternatmung machen. Goldie Hawn ist in ihrem Kurs. Sie lacht, als ich sie frage, was Goldie anzieht.

Ein paar Tage später sagt Mom: »Ich frage mich, ob du es vielleicht mal mit Rolfing versuchen möchtest.« Ich denke über ihren Vorschlag nach. Sie hat mir so viele Jahre lang so viele ähnliche Vorschläge gemacht, und ich habe so oft aus unterschiedlichen Gründen abgelehnt. Jetzt sage ich zum erstenmal ja zu einem Vorschlag meiner Mutter.

Rolfing

»Du läßt dich rolfen?« schreit mein Freund Barry und räkelt sich in der Nachmittagssonne. Barry ist Literaturkritiker und Paartänzer. Er hat einen offenen Charme, mag Frauen und schläft mit Männern. »Über Rolfing habe ich schon einiges gehört«, fügt er hinzu, und es klingt, als sei es eine der fleischlichsten Obszönitäten. »Stimmt das alles?«

»Heute war meine sechste Sitzung«, gestehe ich. »Die Frau hat anderthalb Stunden lang meinen Hintern befühlt. Es ging nur um den Hintern.«

»Genau!« grölt Barry. »Das habe ich befürchtet. Ich will nicht, daß jemand meinen Hintern anpackt. Ich bin ein ganz schlechter Schwuler.«

»Also, sie ist nicht reingegangen oder so was.«

»Ich weiß, ich weiß«, erwidert er. »Das ist es nicht. Ich will nur einfach nicht, daß jemand mich da anfaßt. Mit meinem Hintern bin ich eigen.«

Ich nicht mehr. Nach allem, was ich gemacht habe, habe ich das Gefühl, daß er öffentliches Eigentum ist.

Rolfing ist das schwarze Schaf der Massagewelt. Rolfer sind keine anerkannten Masseure, obwohl sie eine langwierige Ausbildung erfahren. Rolfing tut weh. Es ist körperlich invasiv, wie Barry befürchtet hat, und man weiß, daß es unterdrückte Erinnerungen weckt. Manche nennen es sogar gewaltsam.

Dr. Ida P. Rolf wurde 1896 geboren und erlangte in den siebziger

Jahren am Esalen Institute Berühmtheit. Sie war eine auf traditionelle westliche Weise ausgebildete Biochemikerin, die sich eingehend mit spirituellen Heilmethoden, Yoga, Homöopathie und Osteopathie befaßte. Der Legende nach traf sie in den vierziger Jahren eine Frau namens Ethel, eine Musiklehrerin, die an Händen und Armen so schwere Verletzungen erlitten hatte, daß sie nicht mehr Klavier spielen oder sich auch nur das Haar kämmen konnte. Rolf sah sie an und behauptete kühn, sie könne ihr Problem beheben. »Trauen Sie mir zu, es zu versuchen?« fragte sie. »Schlechter kann es Ihnen eh nicht mehr gehen.«

Ethel erklärte sich bereit, Rolfs Kindern Musikunterricht zu geben, falls Rolf sie wieder so weit brächte, daß sie Stunden geben konnte. Sie begannen mit Übungen, die auf Yoga basierten. Nach nur vier Sitzungen ging es Ethel wesentlich besser, und Rolfs Kinder bekamen ihre Musikstunden. Damit begann die Entwicklung der Rolfschen Technik, die später unter der Bezeichnung »strukturelle Integration« bekannt wurde. Von dieser Zeit an strömten Menschen, deren körperliche Beschwerden niemand sonst hatte heilen können, zu Rolf. Grace war durch einen Tauchunfall in ihrer Kindheit verkrüppelt. Sie war ständig auf Hilfe angewiesen, weil sie nicht einmal die grundlegendsten Bewegungen, wie etwas vom Boden aufzuheben, allein ausführen konnte. Rolf arbeitete einige Jahre mit ihr, bearbeitete die Weichteile ihres Körpers und streckte sie. Am Ende zog Grace allein nach Kalifornien. Es folgten weitere dramatische Heilungen, und in den fünfziger Jahren begann Rolf, andere in ihren Lehren zu unterweisen.

Nach Rolfs Theorie gerät das Bindegewebe (Kollagen) des Körpers durch Streß, Schwerkraft oder emotionale Traumata aus dem Gleichgewicht und wird komprimiert, was die Muskelfunktion und die Beweglichkeit der Gelenke beeinträchtigt. Zehn Sitzungen in Folge, bei denen jeweils ein anderer Teil des Körpers bearbeitet wird, können das Gleichgewicht wiederherstellen, indem sie das Gewebe lockern und eine gute Haltung ermöglichen. Rolf erklärte einmal: »Das ist das Evangelium des Rolfing: Wenn der Körper richtig arbeitet, kann die Schwerkraft hindurchfließen. Dann heilt der Körper sich spontan selbst.« Sobald ein Körper richtig ausgerichtet ist, belastet die Schwerkraft seine Struktur nicht mehr, sondern stärkt sie.

Im Jahr 1970 gab es in den Vereinigten Staaten 40 Rolfer. Bis 1976 waren es bereits 180, und die *New York Times* und die Zeitschrift *Time* hatten Artikel über das Verfahren veröffentlicht. Mittlerweile gibt es in Boulder, Colorado, ein Rolf Institute. Die Popularität des Rolfing hat etwas mit dem Zusammenhang zur Psychotherapie zu tun. »Körperliche und seelische Gesundheit sind ein und dasselbe«, verkündete Rolf. Rosemary Feitis, eine der Schülerinnen Rolfs, erklärt: »Wenn chronische körperliche Spannung oder Schwäche sich in emotionale Gereiztheit oder Abhängigkeit übersetzen, ermöglicht die Befreiung der körperlichen Komponente eine Befreiung durch das System als Ganzes. Das kann sich im Zutagetreten einer vergrabenen Erinnerung manifestieren. Häufig zeigt es sich auch als Einsicht in gewohnheitsmäßige Verhaltensmuster. In dem Maße, wie die körperliche Verankerung nachgibt, können sich emotionale Reaktionen ändern, über die man hinausgewachsen ist.«

Ein Kapitel in Rolfs Manifest trägt die Überschrift »Many People Refer to This Drama As Pain« (Viele bezeichnen dieses Drama als Schmerz). Darin schreibt sie, daß Schmerz durch den Widerstand gegen ein Erlebnis erzeugt wird. Ebenso wie die Pawlowschen Hunde aufhörten, Schmerz zu empfinden, sobald sie gelernt hatten, daß auf körperliche Strafe durchgängig das Angebot von Fressen folgte, spüren die Rolfing-Patienten während der Behandlung keinen Schmerz mehr, sobald sie die positiven Resultate erleben. Gerade die kompromißlose körperliche Aggressivität und sogar Invasivität ermöglichen die emotionalen Durchbrüche, die Menschen erleben, und bilden daher ein wesentliches Moment für die Popularität dieser Methode. In den siebziger Jahren war Rolfing anscheinend eine

Art von Schikane, die die Hippie-Gemeinde als Übergangsritus durchmachte.

Meine Mutter blieb davon nicht verschont. Sie ließ sich 1971 rolfen und fand es gleichzeitig quälend und erhebend. Eine Sitzung war, wie sie erzählt, so bedrängend, daß sie einer Vergewaltigung gleichkam: Eine volle Stunde lang bearbeitete der Rolfer ihren inneren Oberschenkelmuskel quälend tiefgreifend. Nach wie vor unverzagt in ihrem Age-of-Aquarius-Streben nach körperlichem Wohlbefinden und spiritueller Erleuchtung, wechselte meine Mutter den Rolfer und setzte die Behandlung fort. Nach einer dieser Sitzungen hatte sie das Gefühl, Flügel zu haben. In der siebten erlebte sie einen Durchbruch. »Der Bursche bearbeitete meine Knie«, erzählt sie, »und plötzlich blitzte eine unglaubliche Erinnerung auf. Ich erinnerte mich an alles und verstand es schlagartig. Meine Schwester und ich saßen hinten im Auto und meine Eltern vorn. Meine Mutter beugte sich nach hinten, kitzelte mich am Knie und sagte den Kinderreim: ›Kille, kille unterm Knie! Wenn du lachst, liebst du mich nicht!‹«

Meine Mutter und ihre kleine Schwester brachen in Tränen aus. Ihre Eltern wußten gar nicht, weshalb sie weinten. Den Grund begriff meine Mutter in einem plötzlichen Moment der Erleuchtung, als der Rolfer das Bindegewebe ihrer Kniescheibe vierundzwanzig Jahre später bearbeitete: Ihr Vater, der im allgemeinen sehr reserviert war, tobte gern mit den Kindern herum. Diese Spiele waren fast die einzigen Gelegenheiten, bei denen er seine strenge Maske aufgab, und die Kinder genossen seine Aufmerksamkeit. »Aber er kniff uns sehr fest oberhalb vom Knie, wo der Musikantenknöchel sitzt«, erzählt meine Mutter. »Dieses Gefühl schoß dir sofort die Beine hinauf. Aber wenn wir weinten, wurde er wütend. Er hatte keine Geduld mit Heulsusen. Also lernten meine Schwester und ich, zu lachen statt zu weinen, wenn wir diesen Schmerz spürten, weil wir nicht wollten, daß er wütend wurde und aufhörte, mit uns zu toben.« Der Kinderreim ihrer Mutter verbot das Lachen, das die einzige Reaktion darstellte, die meine Mutter selbst auf ein schmerzhaftes Kitzeln zu geben vermochte. Die widersprüchliche Botschaft bedeutete für ein so kleines Kind eine unglaubliche Belastung.

John Lilly, der begeisterte Anhänger von Isolationstanks, ließ sich von Ida Rolf persönlich rolfen. »Sie bearbeitete meine linke Schulter. Plötzlich sah ich mich mit zweieinhalb Jahren, wie mein Lieblingscollie sich in meine linke Schulter verbissen hatte und mich über den Rasen schleifte. Ich war völlig entsetzt und wütend und fühlte mich von meinem Lieblingshund betrogen. Als Erwachsener sah ich plötzlich noch mehr von dieser Szene und erkannte, daß der Hund mich von einer Mauer wegzerrte, von der ich beinahe heruntergefallen wäre ... als sie weiter meine Schulter bearbeitete, hatte ich keine Schmerzen mehr.«

Wie Brian Anson, ein Rolfer aus Kansas City und Autor eines Buches über Rolfing und persönliche Befähigung, erklärt, bildet dieses Verfahren eine Möglichkeit, die in unserem Körper gespeicherte Geschichte freizusetzen. Viele von Ansons Patienten schildern dramatische emotionale Durchbrüche und beschreiben ihre Erfahrungen mit erstaunlicher Offenheit. Manche hatten prophetische Visionen, die ihnen halfen, sich besser zu verstehen. Manche erinnerten sich an Inzesttraumata und stellten sich wiederkehrenden Alpträumen. Manche durchlebten ihre eigene Geburt noch einmal.

Die Ernsthaftigkeit dieser Aussagen ist ein wenig entnervend, vielleicht, weil die Sprache von Rolfing-Konvertiten etwas von religiösem Eifer hat. Die Übertreibung ihrer Behauptungen steht in krassem Gegensatz zu den einschränkenden Vorbehalten, die mit vielen Behandlungsmethoden der traditionellen westlichen Medizin einhergehen. Dort gehört die Rate der Heilerfolge (und Mißerfolge) oft als fester Bestandteil zu den Kenntnissen, die der Patient über ein Verfahren hat, und strikte Anweisungen zur Einnahme von Arzneimitteln machen deutlich, daß die Wirkung des Medikaments nicht garantiert wird.

Menschliche Fehler – Fehler des Patienten – können es wirkungslos machen, und viele andere Faktoren können bewirken, daß eine Krankheit auf eine bestimmte Behandlung nicht anspricht. Die Symptome variieren, so daß zwei Menschen mit der gleichen Krankheit zwei verschiedene Arten von Schmerzmitteln verschrieben bekommen. Es gibt immer Ausnahmen von der Regel. Dagegen legt Rolfing den Zusammenhang zwischen Körper und Seele so explizit offen, daß seine Erfolgsansprüche universell werden. Körper speichern Erinnerungen, die sich über das Bindegewebe freisetzen und verarbeiten lassen. Die verordnete Behandlungsmenge ist bei allen Patienten gleich: zehn Sitzungen. Etwas an dieser Universalität und der Intensität des Glaubens, mit der Therapeuten und Patienten auf das Rolfing setzen, macht mich stutzig, obwohl mir klar ist, daß die meisten Menschen die Grundlehren der westlichen Medizin mit gleichem Eifer glauben, auch wenn es weniger ins Auge fällt, weil sie komplexer und allgemeiner verbreitet sind.

Meine Rolferin Carmen erinnert mich an meine Mutter: Sie hat die gleiche Größe, die gleiche Kurzhaarfrisur, die gleichen rosigen Wangen und den New-Age-Sprachrhythmus. Noch bevor wir auch nur die erste Sitzung hinter uns haben, befinde ich mich in einer psychoanalytischen Übertragungssituation. In einer Praxis in Greenwich Village, die nur einen Raum mit niedriger Massageliege, Garderobenständer und einem Schreibtisch voller Bücher und Plastikwirbel umfaßt, erklärt Carmen mir die Prinzipien des Rolfing. Dann fordert sie mich auf, mich bis auf die Unterwäsche auszuziehen, und läßt mich im Zimmer herumstolzieren. Kein Wunder, daß Rolfing eine emotionale Katharsis bewirkt, denke ich. Diese Frau zwingt mich, die Alpträume auszuleben, die man darüber hat, von Fremden in Unterwäsche gesehen zu werden.
Sie fotografiert mich mit einer Sofortbildkamera. Die Bilder sind alles andere als schmeichelhaft, und meine Schenkel sind so

groß wie die Insel Nantucket. Ich beschließe, diese häßliche blaue Unterwäsche wegzuwerfen, sobald ich nach Hause komme. Dann fordert Carmen mich auf, mich zu ihr an den Schreibtisch zu setzen, und analysiert anhand der Fotos meine Körperhaltung. Während wir uns die Bilder gemeinsam ansehen, zeigt sie mir, daß ich mich beim Gehen nach hinten lehne und meine Füße wie eine Ente auswärts drehe. An der Korrektur dieser Fehlhaltungen will sie arbeiten.

Diese Untersuchung und Einschätzung unterscheidet sich von jeder anderen körperlichen Bloßstellung, die ich erlebt habe. In Arztpraxen und anderen Einrichtungen verläßt der Behandelnde den Raum, während die Patientin oder der Patient sich auszieht. Carmen sitzt einfach an ihrem Schreibtisch und wartet. In medizinischen und luxuriösen Kontexten vermied man völlige Nacktheit aus Respekt vor der Intimsphäre des Patienten oder Klienten, oder um der Erfahrung bezahlter Lust die sexuelle Komponente zu nehmen. Hier behalte ich zwar meine Unterwäsche an, aber die Fotos machen jegliche Vorstellung von Intimsphäre zunichte. Auch wenn Carmen mir versichert, daß niemand anders sie je zu sehen bekommt, weiß ich doch, daß sie da sind und nur darauf warten, mich in Verlegenheit zu bringen, wenn ich alt und respektabel bin. Die Bilder verlagern aber auch Carmens Beurteilung von meinem Körper weg, da ihre Kommentare sich auf die Fotos beziehen. Irgendwie umgeht das die Welle der Scham, die ich verspürt habe, als das Personal der verschiedenen Bäder Urteile über mich abgab, und es gibt mir die Chance, Fragen zu stellen. Bei diesem Gespräch war ich immer noch in Unterwäsche, während typische medizinische Gespräche über den Körper eines Patienten gewöhnlich geführt werden, wenn dieser Körper vollständig angezogen ist. Allmählich fange ich an, mich ausgezogen vor Carmen wohl zu fühlen, bevor sie mich auch nur angefaßt hat.

Ich lege mich auf die Massageliege. Carmen preßt mir ihre Finger in die Zwischenräume zwischen meinen Rippen und um die

Hüftknochen, was kleine rote Flecken hinterläßt. Manche Stellen sind unglaublich kitzlig, aber sie ist behutsam und erklärt mir, oft hätten Leute das Gefühl, in ihrem Inneren ginge ein Reißverschluß auf, wenn sie mit dem Daumennagel an ihren Rippen entlangfahre. Das ist eine ziemlich treffende Beschreibung. Überrascht stelle ich fest, daß es gar nicht weh tut, obwohl es auch nicht gerade angenehm ist. Es kommt einem Schmerz nahe, tut aber gerade noch nicht weh.

In der zweiten Sitzung bearbeitet Carmen über eine Stunde lang meine Füße und Knöchel und »lockert« mein Bindegewebe. Ich habe neue Sandalen getragen und rote, nässende Blasen an den Füßen, für die ich mich schäme. Ich rechne damit, daß sie mir sagt, ich solle keine hohen Absätze tragen, weil sie meine Zehen verkrampfen und meine Haltung verderben, aber sie sagt gar nichts. Sie befaßt sich eingehend mit meinen Knöcheln und Knien und mit der Oberseite meiner Füße, die mehr aus harten, knochigen Bereichen und Gelenken bestehen als aus Muskeln. Die Massage ist entschieden nicht entspannend: Ich muß mich häufig aufsetzen, gegen Carmens Hand drücken oder mich vorbeugen, damit sie sich mein Rückgrat ansehen kann. Als sie mit einem Bein fertig ist, läßt sie mich aufstehen und im Zimmer herumgehen. Es fühlt sich völlig anders an, ganz schief.

In der dritten Sitzung liege ich auf der Seite, und Carmen bearbeitet die Außenseiten meiner Beine. Sie spricht davon, Schulter, Rippen und Becken gleichmäßig auszurichten und Platz zwischen ihnen zu schaffen. Dieser zusätzliche Platz soll eine freiere Atmung und ein weniger schmerzhaftes Gedränge der Strukturen ermöglichen. An die Möglichkeit zusätzlichen Platzes in meinem Körper habe ich noch nie gedacht. Sicher, die Lungen weiten sich, Muskeln dehnen sich, aber die Gewebe rund um mein Becken und meine Schultern habe ich immer für relativ festgelegt in ihrem Verhältnis zueinander gehalten.

Die Sitzung an den inneren Oberschenkeln sprengte selbst die Freizügigkeit meiner Mutter. Wie sich herausstellt, ist mit

»innerem Oberschenkel« ein Teil von mir gemeint, der sehr weit innen und sehr weit oben liegt und nicht immer zu dem gehört, was ich überhaupt als »Schenkel« bezeichnen würde. Nun wird mir erst richtig klar, wie sehr sich Rolfing von herkömmlicher Massage unterscheidet. Alle Masseure, die ich bislang hatte, mieden peinlich genau jeden Bereich des Körpers, den man als sexuell betrachten könnte. Sämtliche empfindlichen Intimbereiche ließen sie in Ruhe. Carmen dagegen bleibt zwar außerhalb meiner Unterwäsche, aber abgesehen davon dringen ihre Finger in Bereiche vor, die selbst meine abenteuerlustigsten Liebhaber nicht so gründlich erforscht haben.

Ihrer erklärenden Broschüre entnehme ich, daß wir nun die oberflächlichen Muskelhüllen des Körpers verlassen haben, um uns mit dem aktiven Kern zu befassen, der dem Zentrum am nächsten liegt. Neben den inneren Oberschenkeln gehören zu diesem aktiven Kern noch die Unterleibsmuskeln. Psoas, der große Lendenmuskel, der im vorderen Hüftbereich liegt und bis hinauf zu den Rippen reicht, muß gelockert werden, damit er arbeiten kann, wenn ich gehe. Dann wird das Gehen zu einer natürlicheren Bewegung, die den Rumpf ebenso einbezieht wie die Beine. Die Unterleibsbehandlung soll zudem auch Menstruationskrämpfe und Blähungen lindern. Und nun gräbt Carmen ihre Finger unter meinen obersten Bauchmuskel, der über die Mitte des Bauches läuft, und hebt ihn buchstäblich von sämtlichen Eingeweiden und Organen ab, auf denen er normalerweise liegt. So etwas habe ich noch nie erlebt, daß ein Muskel von seiner Umgebung gelöst wird. Ich verspüre eine tiefe Verwandtschaft zu allen Hähnchen, deren Fleisch ich je zernagt habe. Ich denke an Jack the Ripper, der chirurgische Kenntnisse über die Anatomie des menschlichen Körpers besaß.

»Wir sind alle nur große Trommeln«, erklärt Carmen stolz, als sie meine Muskeln in ihre übliche Position zurückfallen läßt, und macht sich an meinen Brustkasten.

In der sechsten Sitzung lockert Carmen meine Beckenmuskulatur von – hinten. Ich liege auf dem Bauch, und sie macht sich über diese fleischigen Teile her. Es ist erstaunlich asexuell, wie eine Untersuchung beim Arzt, nur dauert es viel länger, und wir plaudern die ganze Zeit dabei. Das sind, glaube ich, entscheidende Unterschiede. Der Kontakt ist nicht als Eingriff gedacht, den man so schnell wie möglich hinter sich bringen muß. Er ist auch nicht als sexuell lustvoll gedacht, so daß man ihn vermeiden müßte. Das Gespräch beschränkt sich nicht auf die Behandlung, die ich erfahre, wie es bei den meisten Arztbesuchen ist. Es dreht sich vielmehr um unsere Gemeinsamkeiten, um Themen, die die Kluft zwischen mir als Klientin und Carmen als Erbringerin einer Dienstleistung überbrücken. Ihre Katze greift ihren Mann an, meine will nicht unter dem Bett hervorkommen. Sie färbt sich das Haar selbst, ich schneide meins ab und an vor dem Badezimmerspiegel. Trotzdem wünsche ich, es wäre vorbei.

In Carmens Broschüre klingt Sitzung sieben einfach traumhaft: »Der Therapeut bearbeitet die Muskulatur des Nackens, öffnet das Bindegwebe um Schädel und Gesicht und hilft, die Atmung zu verbessern, indem er verstopfte Nasendurchgänge öffnet.« Wie sich herausstellt, habe ich diesen letzten Teil nicht aufmerksam genug gelesen. Ich komme in die Praxis und erwarte eine Stunde entspannender Arbeit an den verhärteten Teilen meines Nackens und oberen Rückenbereichs. Zu meinem Entsetzen zieht Carmen sich fröhlich Gummihandschuhe über. »Heute arbeite ich in Ihrem Mund und im oberen Nasenbereich«, erklärt sie. Wenn ich es recht verstehe, vertritt Dr. Rolf die Theorie, daß das Bindegewebe rund um die oberen Wirbel am besten über die verschiedenen Körperöffnungen zu erreichen sei. Plötzlich wird mir klar, daß die inneren Bereiche meiner Schenkel eine Sache sind, mein Hintern eine andere, aber das Innere meiner Nase hat noch kein anderer je berührt. Diesen Teil meines Körpers möchte ich weder mit Carmen noch mit sonst jemandem teilen. Die anderen Bereiche meines Körpers, die sie berührt hat, waren relativ wenig peinlich, auch wenn sie kitzlig oder empfindlich waren, und da ich vor jeder Sitzung dusche, ist sie nie auf besonders starke Körperflüssigkeiten oder Gerüche gestoßen. Aber jetzt kann ich nichts mehr an den Essensresten zwischen meinen Zähnen ändern und auch nichts an meiner Nase. Darauf war ich nicht vorbereitet. Sie ist voller Schnodder und weiß Gott was noch. Ich brauche ein Taschentuch.

Die Angst in dieser Situation kommt meiner Angst vor einer Darmspülung sehr nahe, obwohl die Umgebung meinen Verfolgungswahn nicht fördert. Ich habe Angst, daß sich Körperteile, die ich unangenehm zu finden gelernt habe, tatsächlich als unangenehm herausstellen und verurteilt werden, und daß man meine erheblich scheußlicher findet als die anderer Menschen. Dann bin ich, wenn vielleicht auch nur in meinem Kopf, genau das, was ich immer befürchtet habe: eine Produzentin von Schleim und Speichel, ein angeschwollener Sack, aus dem ungesunde Flüssigkeiten sickern.

Als Carmen mir in die Nase fährt, ist es gar nicht so schlimm. Sie erzählt mir, wie unangenehm es ihr war, als sie das zum erstenmal bei jemandem machen mußte, aber wie komisch es in Wirklichkeit ist. Die ganze Zeit pokelt sie mit ihrem behandschuhten Finger in meiner Nasenhöhle herum. Es macht ihr nichts aus, ebensowenig wie ihr die Blasen an meinen Füßen etwas ausgemacht haben. Sie findet, daß es den Aufwand lohnt.

»Carmen?« frage ich ein anderes Mal. Ich ziehe mich aus, während wir uns unterhalten.

»Oh, der BH gefällt mir.« Mittlerweile sind wir wie alte Freundinnen.

»Ich warte ständig, daß dieser emotionale Durchbruch endlich kommt.«

»Dieses emotionale Ding passiert nicht jedem«, erwidert sie. »Bei mir war es auch nicht so. Obwohl ich bei einer meiner ersten Sitzungen Visionen hatte. Es war besser als ... also, in den Sechzigern habe ich ein paarmal LSD geschluckt, und es war besser als die Trips. Mein Therapeut arbeitete an meinem Brustkasten, und ich fing an, vor einem unglaublich leuchtenden purpurfarbenen Hintergrund kleine grüne Amöben schweben zu sehen. Es war so real! Ich mußte meine Augen aufschlagen und mich daran erinnern, daß ich immer noch in diesem Raum war und Arlo an mir arbeitete. Aber sobald ich die Augen schloß, kam es wieder!«

Ich finde diese Geschichte nicht sonderlich überzeugend. Vielleicht hatte Carmen zu lange in eine Glühbirne geschaut. Vielleicht waren ihre Augen müde. Ich sehe alles mögliche verrückte Zeug, wenn ich die Augen schließe, und das heißt nicht, daß ich eine intensive geistig-körperliche Erscheinung hätte. Trotzdem frage ich mich, ob ich blockiert bin oder so. Im Isolationstank hatte ich keine guten Halluzinationen, und jetzt habe ich keinen emotionalen Durchbruch, wo andere ihre Geburt noch einmal erleben oder zumindest in Tränen ausbrechen. Ich fühle mich wie die einzige in einer Gruppe für Bewußtseinssteigerung, die noch nie einen Orgasmus hatte.

Carmen sagt mir, daß sie meinen Körper stärker stabilisieren, zentrieren wird und daß sich das auch psychisch auswirkt, auch wenn ich nie einen Durchbruch erlebe. Ich werde das Gefühl haben, fester mit beiden Beinen auf dem Boden zu stehen.

In Sitzung neun kommen wir endlich zum oberen Teil meines Rückens. Ich bin begeistert. Der traurigste Teil meines Körpers, der ständig klagende, jammernde Bereich der Schulterblätter, soll schließlich Aufmerksamkeit erfahren. Carmen arbeitet fast die ganze Stunde daran. Ich fühle mich wie ein bedürftiger Hund, der auf dem Rücken liegt und ständig eine Pfote hebt in der Hoffnung, daß ihm jemand den Bauch krault. Jemand krault, und meine metaphorische Pfote hüpft auf und ab. Es ist erstaunlich, wie anders es ist, wenn sie einen Körperteil bearbeitet, der an Berührung gewöhnt ist: Mir den Rücken reiben zu lassen gehört zum Repertoire meiner Körperkontakte, während mir nur wenige Dinge, die Carmen ansonsten gemacht hat, so vertraut waren.

Im Laufe unserer Sitzungen hat Carmen mir von ihrem ersten Mann erzählt (ein Reinfall) und von ihrem jetzigen Mann (fantastisch, hat nur leider zwei linke Hände). Sie hat mir von ihrer manischen Katze Gypsy erzählt und von dem Landhaus, das sie sich gern kaufen möchte. Sie hat mir von ihrer Rolfing-Ausbildung erzählt, von ihrer Schwester mit der schlechten Haltung und von dem Tag, an dem sie sich versehentlich die Haare rot gefärbt hat. In dieser Sitzung, als meine elenden Schultern sich unter ihrer Berührung entspannen, erzählt sie mir, daß sie nicht zweimal verheiratet war, wie ich angenommen hatte, sondern dreimal, und daß sie mit diesem ersten schlechten Ehemann einen gemeinsamen Sohn hat, der etwa in meinem Alter ist. Zum erstenmal kommt mir in den Sinn, daß Rolfing eine wechselseitige Erfahrung ist. Carmen hat sie mit mir gemeinsam durchgemacht.

An unserem letzten Tag erklärt Carmen mir, daß mein Körper noch nicht fertig ist. Die Veränderungen, die diese zehn Sitzungen bewirkt haben, werden sich über Monate oder gar Jahre halten. Sie bearbeitet meine Schultern und meinen Nacken noch weiter, und wir machen erneut Haltungsfotos. Ich erkenne die Resultate: Meine Füße spreizen sich nicht mehr außen und ich lehne mich nicht mehr nach hinten. Carmen weist mich auf einige weniger offensichtliche Veränderungen hin, subtile Anpassungen des Gleichgewichts und der Haltung.

Für mich war der wichtigste Teil dieser Erfahrung, mich von jemandem in einem Kontext intim berühren zu lassen, der weder sexuell noch sozial oder medizinisch im engeren Sinne war. In gewisser Weise war es, als verlöre ich meine Unschuld und akzeptierte allmählich ein Eindringen in meinen Körper. Andere Eingriffe, die Menschen in unserer Kultur erleben, basieren nicht auf etablierten Beziehungen, und daher empfinde zumindest ich sie nie als angenehm. Auch wenn Menschen in einem sexuellen Kontext eingreifende Berührungen akzeptieren, machen sie uns in einem sozialen oder medizinischen Rahmen weiterhin angst.

In einem medizinischen Zusammenhang bleibt der Kontakt unpersönlich. Ich kann mich zum Beispiel nicht erinnern, denselben Arzt mehr als zweimal aufgesucht zu haben. Ein Zungenlöffel in der Hand einer Arzthelferin treibt mir das Wasser in die Augen. Jedes Jahr nimmt mir eine andere Arzthelferin Blut ab; meine Zahnhygienikerin ist eine böse, feindselige Frau mit falscher Sonnenbräune. All diese Kontakte verstärken meine körperlichen Grenzen und erinnern mich daran, wie unangenehm es ist, wenn sie überschritten werden. Und was die sozialen Zusammenhänge angeht, so besitzen selbst langjährige Freundschaften nur selten ein Element körperlicher Blöße. Freunde und Freundinnen küssen sich auf die Wange und umarmen sich flüchtig, sie schütteln sich die Hand, flüstern sich etwas ins Ohr, aber das ist auch schon alles. Am Strand oder in der Sporthalle, wo nacktes Fleisch herausschaut, fassen sie sich nicht an. Sie klopfen sich nur auf die Schulter, die Hände oder gelegentlich aufs Knie. Daß ein Freund oder eine Freundin mich an den Zehen faßt, an meinem Nacken riecht, mir über den Bauch streicht oder mir die Nase putzt, würde ich im Rahmen meiner Beziehungen, wie sie derzeit beschaffen sind, als aufdringlich intim empfinden. Selbst mit Marnie, meiner Freundin, mit der ich nackt im Schwimmbad zusammen bin, wäre ein solcher Kontakt ziemlich unvorstellbar.

»Rühr mich nicht an« – was bedeutet das? Etwas Emotionales und zugleich Körperliches. Auch wenn dem Rolfing das Feuerwerk einer Wiedergeburtserfahrung oder auch nur einer Amöbenhalluzination fehlte, bedeutete es, eine Beziehung zu einem Menschen zu entwickeln, dem an meinem Körper lag und der meine Grenzen überschritt. Es war ein allmählicher Durchbruch. Die Blasen an meinen Füßen und meine Rotznase wurden ohne Verurteilung berührt und irgendwie als Bereiche neu definiert, denen solche Ängste nicht mehr anhafteten. Aus meinem Unbehagen über häßliche Fotos wurde eine Plauderei über meinen BH und eine Analyse meiner Körperhaltung, und

mein anfängliches Bedürfnis nach Erhaltung meiner Intimsphäre verschwand fast völlig. Mein Hintern und meine inneren Oberschenkel – die außerhalb einer sexuellen Beziehung nie jemand ausgiebig berührt hatte –, werden jetzt offenbar durch den Kontext und die Art der Berührung sexualisiert, die sie erfahren, und nicht mehr, weil sie verbotene oder besonders intime Stellen wären. Ich denke nicht mehr: »Rühr mich nicht an.«
Nun scheint klar zu sein, daß Barrys leichter Analangst, der Erinnerung meiner Mutter an das Kneifen ins Knie und den Inzesterinnerungen bei Ansons Patienten jene Angst gemeinsam ist, die ungewohnte Berührungen des Körpers auslösen. Ich habe nicht gelernt, mit dem Schmerz umzugehen, den Rolf beschreibt, sondern vielmehr mit etwas, was ich als Unbehagen bezeichnen möchte. Es ist leicht zu erkennen, warum es beunruhigend ist, an bestimmten Stellen berührt zu werden, und ebenso leicht ist nun zu sehen, daß dieses Unbehagen gesellschaftlich konstruiert ist. Es läßt sich überwinden.
Carmen sprach davon, daß Rolfing im Inneren Platz schaffe, als brauche man nicht nur Platz, um freier zu atmen und sich ungezwungener zu bewegen, sondern auch um andere hineinzulassen. Ich habe auf einen großen emotionalen Durchbruch gewartet, auf eine intensive Freisetzung von Schmerz, statt dessen habe ich in meinem Inneren Platz geschaffen, meine körperlichen Grenzen gelockert und bis zum Ende nicht gesehen, was Rolf die ganze Zeit über vertrat: daß körperliche und seelische Gesundheit ein und dasselbe sind.

Akupunktur

Es ist schwer, in New York einen Termin bei einem Akupunkteur zu bekommen. Vielleicht liegt es an der neuen Lust am Piercing, jedenfalls haben die Menschen in dieser Stadt eine erstaunliche Vorliebe, sich pieksen zu lassen. Man setzt mich auf mehrere Wartelisten und verweist mich mehrfach an andere Adressen, bis ich schließlich jemanden finde, der bereit ist, mir einen Termin zu geben. Vermutlich fehlt mir nichts so Interessantes, daß jemand, der Nadeln in Woody Allen steckt, mich in seinem vollen Terminkalender noch unterbringen könnte. Ich habe nur ein paar schlechte Schlafgewohnheiten, eine Neigung zu Bauchschmerzen und diese blöden Rückenschmerzen. Irritationen nennt man das vermutlich, Symptome des Lebens in einer Stadt, wo ein Anruf in einer Arztpraxis einem das Gefühl vermittelt, als suche man Anschluß an populäre Berühmtheiten.

Schließlich lande ich bei Edna, die Akupunktur, Kräutermedizin und Schröpfen praktiziert. Akupunktur ist das bekannteste Element der traditionellen chinesischen Medizin. Winzige Nadeln werden zu einem Viertel in die Haut eingeführt, oft entlang der Meridiane – der Energiebahnen im Körper. Dahinter steht die Vorstellung, daß die Nadeln den Energiefluß oder Chi anregen und Blockaden aufheben, so daß die Energie ungehindert durch den Körper strömen kann. Die Meridiantheorie ist jedoch nur eines von zahlreichen geheimnisvoll poetischen Konzepten, die sich überlagern wie die Schichten beim Blätterteig und sich gegenseitig berühren. Theorien über die fünf Elemente, Yin und Yang, die Grundsubstanzen, den Puls – sie alle und noch weitere, die mein Verständnis übersteigen, kommen ins Spiel, wenn der Therapeut über die Behandlung eines Patienten entscheidet.

Edna ist eine Frau mit rotem Gesicht. Ihr gehört eine Praxis mit drei Räumen. Sie hat weich wirkendes schlaffes Haar und eine gemütliche, prosaische Art. Ich hatte gehofft, einen Akupunkteur mit dramatischerem Flair zu finden: vielleicht einen uralten Mann mit runzeligen Wangen in einer dunklen Kammer in einem Erdgeschoß in Chinatown. Oder eine große Frau in wallenden Gewändern, die ihre Abende über alten Manuskripten verbringt. Dennoch hat Ednas rundliche, solide Präsenz etwas Beruhigendes. Sie notiert sich eine Menge Standardinformationen über meine Gesundheit und betrachtet ungewöhnlich lange meine Zunge. Sie ist ein bißchen zu rot, meint sie, was auf eine Blockade der Leber hindeuten könnte. Sie fühlt meinen Puls an beiden Handgelenken und erklärt mir, daß sie meine empfängnisverhütende Pille und mein Aerobic mißbilligt. Das eine blockiert den gesamten Unterleib, was schlecht ist, ganz egal, ob es unerwünschte Schwangerschaften verhindert; das andere schleudert die gesamte Energie aus dem Körper heraus, statt sie im Boden zu verankern.

Ebenso wie die Ermahnungen der Ärzte, nicht zu rauchen und keinen ungeschützten Sex zu haben, gilt auch Ednas Verdammung der Pille und des Aerobic für jeden Körper, den sie sieht. Ich erkläre ihr, daß ich den Eindruck habe, beides sei gesund und zeige, daß ich mich um mich kümmere. Sie ist überzeugt, daß ich unrecht habe, als wolle ich ihr klarmachen, daß es gesund sei, zwei Päckchen Zigaretten am Tag zu rauchen, oder daß der Trost, den meine üblichen sechs Martinis mir böten, weit wichtiger sei als jeder Schaden, den sie anrichten könnten. Der Unterschied zwischen Edna und einem Arzt, der einem Patienten rät, schlechte Angewohnheiten abzulegen, besteht darin, daß Edna keine Krankheiten androht und nicht von Krebsrisiko, Leberzirrhose oder HIV spricht. Sie spricht lediglich davon, den Energiefluß zu erleichtern.

Im Behandlungsraum hängt ein ominöses Bündel Kabel mit Clips an den Enden an einem Haken hinter der Tür. Es läuft besänftigende Musik. Ich liege in Unterwäsche mit dem Gesicht nach unten auf einer Massageliege und kann nicht sehen, was Edna macht, aber sie sagt mir, daß sie die Energie in meiner Herzzone beruhigen und in meiner Leberzone die Blockade des Chi beseitigen und abkühlen wird. Mein Oberkörper sei angespannt und müsse gelockert und mit Energie versorgt werden, und meine Verdauungsorgane seien gereizt und müßten beru-

higt werden. Die Akupunktur bewirke im Ergebnis insgesamt einen besseren Energiefluß, wodurch ich mich nicht mehr so müde und abgespannt fühlen werde.
Die Nadeln sind winzig, haben etwa die Länge von Nähnadeln, nur dünner. Für mich sind es eigentlich gar keine Nadeln, weil das Wesen der Nadel darin besteht, einen anderen Stoff zu transportieren. Sie enthalten Flüssigkeit, ziehen einen Faden oder stricken Garn. Die Akupunkturnadeln sind eher wie Stecknadeln. Ihr Zweck besteht darin, die Haut zu perforieren; sie transportieren nichts außer ihrem eigenen Metallkern. Edna setzt die Nadeln mit Hilfe von Führungsröhrchen, winzigen Zylindern, die auf das Fleisch gesetzt werden und die Nadel halten. Ihre Technik verstärkt den Eindruck, daß der wesentliche Stoff hier das Metall ist; es ist kein Mittler, sondern das Vermittelte.
Ein kleiner Nadelstich, und der Druck von Ednas Fingern ist das einzige, was ich spüre. Nadeln stecken in meinem Rücken, meinem Nacken, meinen Knöcheln; sehen kann ich nur die in meinen Handgelenken. Danach kommen die Schröpfköpfe. Für mich besitzt das Schröpfen eine gewisse Faszination, weil ich darüber gelesen habe, daß es eine alte europäische und östliche Praxis ist. Es ist verwandt mit dem Aderlaß, der bis ins neunzehnte Jahrhundert hinein recht verbreitet war, und wird eingesetzt, um Unreinheiten aus der Haut zu saugen. In der chinesischen Medizin soll es den Chi-Fluß in blockierten Körperregionen anregen. In früheren Jahrhunderten schuf man die Saugwirkung nach einem physikalischen Prinzip, das zu verstehen mich nicht interessiert, durch Hitze. Heutzutage benutzt man statt dessen eher Schröpfköpfe, aber dahinter steht die gleiche allgemeine Vorstellung: produziere einen riesigen kreisrunden Knutschfleck, dann wird schon etwas Gutes dabei herauskommen. Eine Ärztin aus meinem Bekanntenkreis erzählte, daß alte Italienerinnen, die früher in ihre Notfallambulanz kamen, manchmal Schröpfmale hatten. Mir gefällt die Vorstellung, daß zwei alte Frauen, eine Chinesin und eine Italienerin, die sich

nicht verständigen können, auf ihrem Rücken die gleichen runden Male tragen als sichtbares, wenn auch vorübergehendes Zeichen ihrer gemeinsamen Überzeugungen.
Die Schröpfköpfe bestehen aus vier runden Gläsern in der Form von Taschenlampen. Der Griff läßt sich drehen, um die Saugwirkung zu erzielen. Edna setzt zwei auf die rechte Seite meines Rückens und zwei auf die linke, wo mein Schmerz sitzt. Als sich das Fleisch nach oben zieht, spüre ich, wie sich Haut und Fett von den Muskeln und Knochen heben.
»Oh«, meint Edna überrascht. »Sie haben viel blockierte Energie im oberen Teil Ihres Rückens. Es ist stagnierendes Chi in der Herzzone. Es wird richtig rot da unten.« Sie geht an den Schrank und holt einige Kleinigkeiten, die ich nicht sehen kann. »Oje!« sagt sie, als sie zurückkommt. »Sie sind richtig dunkelrot, vor allem links.« Ihre Kommentare wirken eher wie ein Ausdruck des Erstaunens über die Güte ihrer eigenen Verfahren, nicht wie ein Urteil über meine stagnierende Energie. Und die Schröpfköpfe fühlen sich auf der linken Seite tatsächlich anders an als rechts, und zwar so deutlich, daß ich mich frage, ob die Saugwirkung auf beiden Seiten gleich stark ist.
Edna legt mir ein Stück Karton auf den Rücken und zeigt mir ein kleines Glas mit getrockneten Kräutern. »Das ist Artemisia (Beifuß) und Hanf«, erklärt sie. »Ich stelle das Glas auf die Pappe und verbrenne die Kräuter. Die Hitze wärmt die Nadel, die in Ihren Rücken führt. Nicht alle Akupunkteure haben diese Gläser. Ich mußte sie extra kommen lassen. Manche legen die Kräuter direkt auf die Haut, aber das gibt Verbrennungen. Jedenfalls ist hier Hanf drin, wenn es brennt, riecht es also ein bißchen wie Pot.« Als ich in einem Heilkräuterbuch nachschlage, erfahre ich, daß Artemisia zu verbrennen das Immunsystem anregt und besonders bei allen Fällen empfohlen wird, die mit Kälte und Schwäche einhergehen. Über die Eigenschaften von Hanf sagt mein Buch nichts, aber gegen ein Kontakthigh habe ich nichts einzuwenden.

Edna zündet ihr Feuerzeug an und hält es knapp über die Haut meines Rückens. Als die Kräuter brennen, verläßt sie für zwanzig Minuten den Raum. Ich kann mich nicht rühren. Die Schröpfköpfe bieten erheblichen Widerstand, sobald ich versuche, meine Arme zu bewegen, und erinnern mich daran, daß die Bewegungsfreiheit der Muskeln von der Freiheit der Haut abhängt, sich über ihnen zu verlagern. Selbst wenn ich aufstehen und die Schröpfköpfe mit einem widerlichen Plopp abwerfen könnte, stecken überall in meinem Rücken winzige Nadeln, und die brennenden Kräuter könnten meine Haut versengen. Es tut nichts weh, aber abgesehen von dieser Kleinigkeit fühle ich mich wie eine Masochistin, die eine Domina dafür bezahlt, sie zu züchtigen. Edna hat mich paralysiert, und ich bezahle die Rechnung.

Mir fällt auf, daß die fast völlige Ohnmacht, die ich als Patientin erlebe, in einem Zusammenhang zu der hyperorganisierten Philosophie des Körpers steht, die der traditionellen chinesischen Medizin zugrundeliegt, zumindest in der Form, wie sie in Amerika praktiziert und beschrieben wird. Eines der Grundprinzipien ist die Vorstellung von Yin und Yang, den Gegensätzen, die sich gegenseitig enthalten und schaffen. So definiert kalt zum Beispiel heiß, hoch definiert tief, passiv definiert aktiv. Das Obere des Körpers ist Yin, das Untere Yang; vorne ist Yin, hinten ist Yang; rechts ist Yin, links ist Yang. Das bedeutet jedoch nicht, daß die Vorderseite meines rechten Armes mehr Yin ist als alles andere. Jeder Gegensatz funktioniert in sich. Ein umfassendes Verständnis des Prinzips von Yin und Yang ist komplexer, als ich es hier beschreiben kann, das Entscheidende ist jedoch, daß der Gegensatz von Stärke und Schwäche, die sich gegenseitig definieren, das grundlegendste Prinzip der traditionellen chinesischen Medizin ausmacht. Daher kann es auch nicht verwundern, daß es das Verhältnis von Arzt und Patient durchdringt.

Auf dem Behandlungsstuhl beim Zahnarzt oder mit einem eingegipsten Knochenbruch mag ich zwar ebenso in meiner Bewegungsfähigkeit eingeschränkt sein, aber es gibt keine Philosophie, die die Situation erklärt. Meine mißliche Lage ist eine unglückselige Folge der Behandlung, kein integraler Bestandteil des Verfahrens. Bei der Akupunktur und dem Schröpfen ist meine Position klar – Yin gegenüber Ednas Yang – und wird als selbstverständlich vorausgesetzt. Irgendwie macht das die Lage akzeptabel. Bei einem späteren Besuch sagt sie mir sogar, daß viele chinesische Patienten es vorziehen, wenn die Nadeln besonders weh tun, während amerikanischen Patienten und Therapeuten an möglichst geringen Schmerzen gelegen ist. Moxibustion, die Wärmetherapie, die sie mit den brennenden Kräutern in einem Glas auf meinem Rücken durchführte, erfolgt traditionell unmittelbar auf der Haut und ruft dort Blasen hervor. In der Akupunktur wie auch beim Rolfing entbindet das Interesse des Patienten am Schmerz – oder zumindest sein Akzeptieren – den Arzt vom westlichen Gebot, ihm nicht weh zu tun oder zumindest so zu tun, als täte er ihm nicht weh, wie mein Zahnarzt oder mein Gynäkologe es gewöhnlich machen. Statt dessen akzeptieren und erwarten beide den Schmerz und entlasten das Arzt-Patienten-Verhältnis von einem Gutteil seiner Falschheit.

Ein weiterer wichtiger Unterschied, der mir bei der Behandlung mit Verfahren der traditionellen chinesischen Medizin aufgefallen ist, liegt im Medium der Herangehensweise. Ednas Plan für mein Verdauungssystem sieht teilweise den Einsatz von Akupunktur vor, die durch die Haut wirkt. Die Kräuter, die sie mir gibt, um sie später einzunehmen, sollen zur Stärkung meines Systems beitragen und dadurch die Rückenschmerzen lindern. Sie glaubt, daß Muskeln und Skelett mit den Verdauungsorganen verbunden sind und entsprechend behandelt werden sollten. Westliche Mediziner haben mir dagegen Massage für den Rücken verschrieben und Pepto-Bismol oder ein anderes Medikament gegen die Bauchschmerzen. Fast jedes westliche Heilmittel, das ich gegen gängige Beschwerden kenne, die nicht gerade Hautreizungen oder Muskelschmerzen sind, besteht darin, etwas einzunehmen: heißen Tee gegen Halsschmerzen, Hustensaft gegen Erkältungen, Aspirin gegen Kopfschmerzen, Antidepressiva gegen Depressionen, Schlaftabletten gegen Schlaflosigkeit.

In der chinesischen Medizin ist nicht der Bauch, sondern die Haut das Hauptvehikel der Heilung. Sie wird mit Nadeln punktiert und mit Schröpfköpfen angesaugt. Die Haut ist die einzig greifbare Schicht zwischen dem, was wir als unser »Innen« und »Außen« wahrnehmen. Die Haut zu manipulieren ist somit eine Möglichkeit, das Äußere nach innen zu bringen und umgekehrt.

Bei meinem zweiten Besuch behandelt Edna mich von vorn. Das ist irgendwie besser, da ich sehe, was passiert, und aus diesem Grund auch wieder schlimmer. Sie will meine Milzschwäche beheben, die über die Knöchel mit meinen Rückenschmerzen in Zusammenhang steht. Heute kommen die Nadeln nicht einmal in die Nähe meines Rückens, sie stecken in meinen Beinen, am Hals, an den Handgelenken, an der Brust und eine mitten in meiner Stirn. Ich gebe mit der Nadel, die mir schlaff zwischen den Augenbrauen hängt, ein jämmerliches Einhorn ab.

Während Edna arbeitet, erzählt sie mir von einer ehemaligen Strafgefangenen, die sie in einer Klinik behandelt hat. Man hatte der Frau das Gesicht weggeschnitten, um ein Krebsgeschwür zu entfernen. Ihr Körper war mit Narben von Hauttransplantationen bedeckt, und an der Hand, genau auf dem Akupunkturpunkt, hatte sie ein Hakenkreuz eintätowiert. In der Klinik hat Edna dem Personal beigebracht, wie sie den Patienten als Behandlung gegen Drogensucht und Alkoholismus fünf Nadeln in die Ohren stecken müssen. Sie erzählt mir von einem AIDS-Patienten mit chronischem Durchfall, der in den letzten Monaten durch Akupunktur Linderung dieses Symptoms fand. Die Beschreibung ihrer Arbeit überrascht mich, da ich dachte,

Akupunktur sei eine Alternativmedizin nur für solche, die sie sich leisten können, und werde nur gegen kleinere Beschwerden eingesetzt. Ein alternder Schlemmer wird von seinen Blähungen befreit; eine Hausfrau aus der Park Avenue schwört, es habe ihre Kopfschmerzen geheilt; ein Filmschauspieler erklärt, es verringere seinen Streß. Ted Kaptchuk befaßt sich in seinem Buch über Akupunktur, *The Web That Has No Weaver*, vorwiegend mit Symptomen, die die westliche Medizin mit Grippe und Erkältungskrankheiten in Verbindung bringt: Kopfschmerzen, Fieber, Durst, Schwindelgefühl, Erbrechen, Husten und ähnliches. Ich bin demnach einem, wie Dr. Stephen Thomas Chang behauptet, verbreiteten Mißverständnis über Akupunktur aufgesessen: daß sie nämlich nur vorübergehende Linderung, aber keine Heilung biete. Nach meiner Ansicht war sie bestenfalls ein potentes Schmerzmittel, vielleicht ein Instrument für Anästhesisten, aber gewiß keine Medikation in Krisen wie Drogensucht, AIDS oder Krebs. Vielleicht habe ich mich ja geirrt.

Der auffallendste Aspekt der Akupunktur ist die Theorie, die dahintersteht. Es ist eine unglaublich beruhigende Sicht des Universums. Der Gedanke, das Gleichgewicht des Körpers wiederherzustellen, statt eine Krankheit anzugreifen, ist zugleich der Grund, weshalb es scheint, als könne die Akupunktur selbst die schlimmsten Krankheiten heilen, und auch der Grund, weshalb ich sie mit kleineren Beschwerden in Verbindung bringe. In der Akupunktur existieren die Welt und jeder einzelne menschliche Körper gemeinsam in schöner Harmonie, einer Harmonie, die den Schwerkranken ebenso hegt und pflegt wie den überreizten Hypochonder.

Das Gleichgewicht von Yin und Yang wird durch die fünf Elemente oder Phasen ergänzt: Holz, Feuer, Erde, Metall und Wasser. Ihr Verhältnis zueinander läßt sich als fünfzackiger Stern innerhalb eines Pentagramms oder Drudenfußes darstellen. Die Welt und der Körper bilden darin eine klare Einheit. Jede Komponente des Universums besitzt wiederum fünf Elemente. Fünf

Emotionen: Zorn, Freude, Sorge, Kummer und Angst. Fünf Haustiere, wenn man Katzen nicht mag: Huhn, Hund, Ochse, Pferd und Schwein. Fünf Öffnungen, obwohl es in Wirklichkeit mehr sind, zumal bei Mädchen: Augen, Ohren, Mund, Nase und Blasen- und Darmausgang. Oder man läßt den Unterleib völlig außer acht und zählt Mund und Zunge separat. Fünf Richtungen (die Mitte eingerechnet) und fünf Jahreszeiten (mit dem Spätsommer). Fünf Farben, fünf Getreidesorten, fünf Arten von Energie, fünf Arten körperlicher Anstrengung, fünf Klänge, fünf Körperflüssigkeiten.

Das Konzept der fünf Elemente unterscheidet sich drastisch vom grundlegenden Glauben unserer Kultur an die Unordnung des menschlichen Körpers und des physikalischen Universums. Ich kann jederzeit ein sechstes Element finden oder sie auf vier reduzieren. »Was ist mit Kätzchen oder der Vagina?« möchte ich wissen. Seit meiner Kindheit hat man mich gelehrt, die Unordnung des Universums zu sehen. In Bilderbüchern und im Kindergarten lernen wir, was »grundlegend« ist – für mich Katzen und Hunde, die drei Grundfarben, vier Gruppen von Nahrungsmitteln, zahllose Getreidearten. Der Ochse ist für mich ebensowenig ein Grundbestandteil des häuslichen Lebens wie Fido und Felix in den Vorstädten es für ein Vorschulkind in China sind.

Die Menschen westlicher Kulturen sehen vier Himmelsrichtungen, vier Jahreszeiten nach dem Lauf der Erde um die Sonne, und jedes vierte Jahr ist ein Schaltjahr, aber das bringen wir nie in einen Zusammenhang zu unseren vier Gliedmaßen oder unseren vier Herzkammern. Statt dessen scheint unser Körper mit der Welt auf eine Weise in Verbindung zu stehen, die sich nicht so leicht darstellen läßt. Unsichtbare Keime, Viren oder Bakterien tummeln sich in der Luft, an Gläsern oder auf Toilettensitzen. Wenn sie in unseren Körper gelangen, müssen wir sie abtöten, indem wir schlecht schmeckende Flüssigkeiten trinken. Wir sollten auch Vitamine essen, die so etwas ähnliches sind wie

Mineralien, aber nicht ganz. Und Kalzium nehmen. O nein, wenn man über dreißig ist, braucht man das nicht mehr. Und Haferschleim essen. Also das ist nicht unbedingt nötig. Und Margarine statt Butter. Aber auch die macht fett, also lieber ganz weglassen. Und Honig statt Zucker. Nein, Moment, besser Süßstoff statt Zucker. Und Chemikalien meiden. Westliche Körper sind anscheinend chaotische, ständig wechselnde Rätsel, die unablässig verstanden und sofort wieder mystifiziert werden. Ihr Verhältnis zur Welt ist undurchsichtig. Wir Menschen des Westens sehen uns und unsere Bedürfnisse fortwährend anders und halten die Umwelt im allgemeinen für feindlich. Früher verschrieb man Menschen mit schwacher Konstitution Seeluft und Bäder im Meer, heute fürchten wir die Sonne, das Salz, die Kälte, die Chemikalien im Wasser, Haie und Zecken im Strandhafer. Kein Wunder, daß wir uns nicht im Einklang mit der Welt fühlen.

Bauchschmerzen, Rückenschmerzen und übermäßiges Schlafbedürfnis sind Symptome für einen Aufruhr, einen Kampf mit meiner Umgebung. Ich gehe zu Parties voller Schauspieler, radele selbstmörderisch durch die Straßen der Großstadt, schubse alte Damen, um einen Sitzplatz in der U-Bahn zu ergattern, und wundere mich dann, warum ich morgens nicht aus dem Bett komme. Den größten Teil des Tages sitze ich zu Hause wie angewurzelt vor dem Computer, im Dienste meines Ehrgeizes an meine Arbeit gefesselt. Kein Wunder, daß manche Teile meines Körpers stagnieren. Mein Leben hat eindeutig etwas Unbewegliches und dennoch Hyperaktives. Auch wenn man diese Beschwerden als trivial bezeichnen mag, gilt das für die Heilmittel, die die chinesische Medizin anbietet, nicht.

Obwohl sie in Theorie und Praxis überaus komplex sind, besitzen sie eine Stabilität, die der westlichen Medizin fehlt. In der traditionellen chinesischen Sicht des Körpers im Universum liegt eine Ordnung, die trotz der neuesten Forschungsergebnisse oder experimentellen Techniken unverändert bleibt. Kaptchuk erklärt, daß die Theorien ihren Ursprung in sehr alten Schriften haben, von denen man annimmt, daß sie den Samen allen Wissens enthalten. Die chinesische Medizin ist ein umfassendes, in sich geschlossenes System, das sich nur innerhalb seines konzeptionellen Rahmens entwickelt, der immer gleich bleibt. Ich glaube, gerade in dieser Stabilität liegt möglicherweise der Reiz, den Akupunktur für die Menschen des Westens besitzt – zumindest für mich. Ein echtes Gefühl, als Teil einer uralten, ausgewogenen Struktur in die Welt zu gehören, würde erheblich dazu beitragen, das zu heilen, was mir fehlt.

Ich bin keine Konvertitin, lediglich Amateurin. Ich bin mir keineswegs sicher, ob mein wahres Ich friedlich, harmonisch oder flexibel ist. Ruhig ist es gewiß nicht. Ich halte an der empfängnisverhütenden Pille ebenso fest wie an meiner albernen Zappelei und meinen vergrabenen Kindheitserinnerungen. Und obwohl ich für meinen Arzt nicht allzuviel Achtung übrig habe, bringe ich auch berühmten Yogis, Ida Rolf oder den chinesischen Kräuterheilkundigen keine sonderliche Ehrfurcht entgegen.

Vielleicht mangelt es mir an Ehrfurcht, weil niemand mich von meinen Rückenschmerzen geheilt hat. Körperlich geht es mir eigentlich nicht wesentlich anders als an dem Tag, als ich zum erstenmal den Terrier-Besitzer aufgesucht habe. Zwei Jahre Yoga haben die Schmerzen vielleicht verringert, aber die Unausgewogenheit ist nach wie vor da. Der eigentliche Unterschied liegt darin, daß ich es mittlerweile als Unausgewogenheit sehe und als emotionales Trauma, das in meinem Körper gespeichert ist, als blockierten Energiepfad, als Steifheit, die die Kaninchenhaltung zur Herausforderung macht. Vorher habe ich es lediglich als Schmerz empfunden. Nicht, daß ich diese Vorstellung aufgegeben hätte – ich hänge sehr an der Idee des Schmerzes –, es ist nur so, daß ich einige andere Sichtweisen derselben Sache entdeckt habe.

Darüber hinaus habe ich, wenn schon keine Heilung, so doch einige Kontexte gefunden, in denen das Streben nach Heilung nicht das einzig Wichtige ist – und in denen man daher auch nicht darauf besteht (»Es geht Ihnen viel besser«) oder die Behandlung ohne mein Wissen durchführt (»Ich wasche nur die Wunde aus«). Einige der Lücken, die ich in der Art der Versorgung sehe, wie die westliche Medizin sie bietet, konnte ich füllen. Es ist möglich, den mit einer Behandlung verbundenen Schmerz anzuerkennen, ja sogar anzustreben und anzunehmen. Bereiche des Körpers, die normalerweise ohne Metallinstrumente wie Spekulum oder Zahnarztbohrer unberührbar sind, können sich an eine andere Art von Kontakt gewöhnen. Es wird von der Seele nicht verlangt, sich zu unterwerfen, sondern mitzuarbeiten. Der Körper, dessen Diagramme ich im Biologieunterricht der High School zu zeichnen gelernt habe, der Körper der westlichen Medizin, läßt sich neu definieren als eine Reihe von Tieren, als eine Bindegewebsmasse, als Ort, in dem sich Platz schaffen läßt, als Energieleiter, als Gleichgewicht von Yin und Yang.

Rebellion

Fitneß

Am vergangenen Wochenende fuhr ich mit dem Fahrrad am Fluß entlang und wich Skatern, Radfahrern, Joggern und Walkern aus. Ein paar Leute warfen dankbaren Hunden Frisbees zu oder saßen auf der Mole, aber die meisten von uns waren eifrig damit beschäftigt, ihren Puls in den Zielbereich zu treiben, und nahmen unbekümmert an, wir täten etwas völlig Natürliches: nämlich Bewegung nicht zum Spaß, um irgendwo hinzukommen, um etwas zu bauen oder auch nur, um ein Spiel zu gewinnen. Menschen verbringen ihre Freizeit damit, sich fit zu halten und sich etwas »Gutes zu tun«, ohne zu merken, daß die Popularität körperlicher Anstrengung, die weder Sport, Spiel noch Produktivität ist, ein überaus charakteristisches gesellschaftliches Phänomen ist.

Ich wundere mich, wie sehr wir körperliche Fitneß lieben – zum Teufel, wir gehen mit ihr ins Bett und kaufen ihr am nächsten Tag Blumen –, ohne uns den Gegenstand unserer Zuneigung jemals anzuschauen. Acht Jahre habe ich Aerobic-Kurse gegeben, aber erst vor kurzem ist mir klargeworden, was für eine skurrile Welt die Fitneßindustrie ist. Sie spiegelt die Ängste unserer Gesellschaft vor rebellierenden Körpern wider – vor Körpern, die anomal, krank oder alt sind. Und diese Angst ist sehr eng mit unseren kollektiven Vorstellungen von Sexualität und öffentlicher Blöße verknüpft.

Mit Phyllis freundete ich mich im Aerobic-Kurs unseres Colleges an. Ihre Zöpfe reichten ihr bis auf die Hüften, und sie trug bei der Gymnastik geblümte Hosen, wie man sie einem Baby anziehen könnte. Nach dem Unterricht machte sie Saltos, und es war leicht, sich mit ihr zu unterhalten. Ich trug das Mannschaftstrikot meines Freundes und Wandershorts. Das war noch vor der Erfindung hautenger Leggings und Bodys. Viele von uns trugen zwei BHs übereinander, weil wir Sport-BHs nicht kannten. Wir ließen lautstark Diskomusik laufen und hüpften in einem tapezierten Salon herum, der ursprünglich für junge Damen in Reifröcken gedacht war, und das machten wir drei Jahre lang jeden Nachmittag, bis Phyllis und ich uns Sport-BHs, High-Tech-Schuhe und jede Menge elastische Gymnastikanzüge kauften. Dann machte Phyll ihren Abschluß und wurde es leid, und ich machte meinen Abschluß und machte es von nun an in Fitneßzentren in Chicago und New York gegen Bezahlung. Nur wurde mir irgendwann sehr viel später klar, daß man mich nicht für das bezahlte, was mir immer Spaß gemacht hatte – nämlich zu lauter Musik mit Phyllis herumzutanzen und über die hyperaktive Frau in dem hautengen Body zu lachen. Man bezahlte mich vielmehr für etwas ganz anderes, wesentlich Komplexeres, und ich glaube nicht, daß die Leute, die Fitneßclubs betreiben oder meine Kurse besuchen, je sonderlich darüber nachgedacht haben, was dort vorgeht.

Menschen gehen viermal wöchentlich ins Fitneßzentrum, ohne sich zu sagen, daß sie bewußt in eine Kultur mit gewissen Überzeugungen und Glaubenslehren eintreten. Wenn sie einem Schachclub, einer Straßenbande oder den Anonymen Alkoholikern beiträten, würden sie über ihre Mitgliedschaft nachdenken. Sie würden sich fragen: »Was bedeutet es, daß ich dieser Gruppe angehöre? Welches Verhalten erwartet man von mir, und möchte ich diesen Erwartungen nachkommen? Mit welcher Art von Menschen werde ich Kontakt haben? Was glauben sie, und woran haben sie Spaß?« Wenn Menschen in einen Fitneßclub gehen, denken sie viel weniger darüber nach. Sicher, ein Mann mag sich überlegen, was ihm wichtiger ist, ein Schwimmbecken oder eine große Freifläche zum Gewichtheben; oder er lehnt ein

Fitneßzentrum als zu yuppiehaft ab, ein anderes, weil dort zu viele Bodybuilder sind, aber er fragt sich fast nie, welche Wertvorstellungen die Kultur der Fitneßzentren fördert und welches Verhalten man dort von ihm verlangt, wie er es täte, wenn er in eine andere Institution einträte.

Eine der rhetorischen Hilfen der Fitneßindustrie ist die Floskel »gegen das Altern«. Gewichte zu stemmen, Aerobic zu machen und seine Muskeln zu dehnen kann tatsächlich »gegen das Altern helfen«. Aber in Wirklichkeit bedeutet diese Floskel natürlich, daß die körperlichen Auswirkungen des Alterns – Falten, Schlaffheit, Bauchansatz und gekrümmte Haltung – sich hinauszögern lassen. Die Sprache setzt jedoch anstelle des chronologischen Alterungsprozesses, der unausweichlich ist, seine kosmetischen Auswirkungen, und das halte ich für bezeichnend. Altern wird als unerwünschter körperlicher Prozeß gesehen statt als Bewegung in der Zeit. Das Ziel der Fitneß – zur Geltung gebracht durch die Umgebung des Fitneßstudios, des Fahrradwegs oder des Aerobicstudios – ist es, Kontrolle über die körperliche Rebellion zu erlangen. Fitneß versucht, den Körper soweit wie möglich von seinem pickligen, haarigen, klumpigen, faltigen Wesen wegzutreiben, zu perfektionieren und ihn damit zugleich zu würdigen und zu verleugnen.

Die historischen Wurzeln der gegenwärtigen Fitneßmanie liegen teilweise in der Gesundheitsbewegung des neunzehnten Jahrhunderts. Anfang des neunzehnten Jahrhunderts bezeichnete der Begriff Athletik lediglich sportliche Übungen im Freien, doch bis Mitte des Jahrhunderts begannen die Menschen, auch Gymnastik zu treiben, und es bildete sich eine Bewegung heraus, die sich *Muscular Christianity* nannte, was im Grunde auf die Vorstellung hinauslief, daß nur die ledrig Zähen in den Himmel kämen. Die Anhänger dieses »muskulösen Christentums« waren der Ansicht, daß sich die Form des Körpers vervollkommnen ließe und die Vermeidung körperlichen Verfalls die spirituelle Reinheit für das Nachleben erhalte. Zudem glaubten die Menschen, daß strenge körperliche Ertüchtigung unbotmäßige sexuelle Energie im Zaum halte, Selbstbeherrschung fördere und die Moral des Menschen stärke. Nach Darstellung von Harvey Green, der sich eingehend mit der Geschichte der Fitneß befaßt hat, hatten die Turnhallen in den Städten große Ähnlichkeit mit Kirchen: Ihre Mission war es, den Mitgliedern zu helfen, gegen die gesundheitlichen und moralischen Gefahren des Großstadtlebens anzukämpfen.

Die Tendenz zur Körperertüchtigung fiel zeitlich mit der industriellen Revolution zusammen, und mit ihr tauchte die Metapher vom menschlichen Körper als Maschine oder »Apparat« auf, wie manche Verfechter dieser Bewegung es nannten. Dahinter stand die Vorstellung, daß sich die Leistung des Körpers verbessern ließe wie die einer Maschine, wenn man seine Einzelteile überholte. Zu diesem Zweck erfand man diverse abstruse Apparaturen. In Zeitungen warben Annoncen für große Gummigeräte wie das »Wohnzimmerturngerät« (ein riesiges Gummiband mit Griffen) oder eine Art Flaschenzug, den man am Boden befestigte. Männer turnten zu Hause mit Holzkeulen, die sie über dem Kopf schwangen.

Bodybuilding, erstmals in den sechziger Jahren des vorigen Jahrhunderts unter der Bezeichnung »Körperkultur« betrieben, wurde um die Jahrhundertwende von Bernarr McFadden gefördert, der selbst ein recht ansehnliches Exemplar war. Im Gegensatz zur Muscular Christianity betonte die Körperkultur die sexuelle Kraft. McFadden gab eine Zeitschrift heraus, verkaufte Bilder von sexy Frauen, die in fleischfarbenen Trikots trainierten, und verlieh seinen Vorträgen eine voyeuristische Note, indem er seinen spärlich bekleideten Körper als Musterbeispiel der Männlichkeit zur Schau stellte.

Die Ideale der Muscular Christianity fanden ihre Ergänzung in der Bewegung für richtige Ernährung, die einen Vorläufer der Gesundheitsbewegung und der eifrigen Darmspülungen der New-Age-Bewegung darstellte. John Harvey Kellogg und

C. W. Post warben für Cornflakes, Grape-Nuts und viele andere wenig schmackhafte Produkte, die der Hausfrau das Leben erleichtern und den Dünndarm regenerieren sollten. Kelloggs fast schon besessenes Interesse an der Darmtätigkeit und anderen Verdauungsprozessen verknüpfte innere Sauberkeit mit Göttlichkeit. Im Jahr 1899 startete der Ernährungsexperte Horace Fletcher eine Kampagne für langsames Kauen mit einer entsprechenden Agenda. Er widmete sein Leben der Aufgabe, jedermann zum systematischen Kauen zu bewegen, was das Verdauungssystem rein halten sollte. Wie die Historikerin Hillel Schwartz aufzeigt, war das ausgehende neunzehnte Jahrhundert eine Zeit wie die unsere, in der das »Protokoll der Schlankheitskuren« als »Protokoll der gesellschaftlichen und spirituellen Erneuerung« galt.

Nach einer relativen Flaute, die die Fitneß während der Badewannen-Gin-Exzesse und der Entbehrungen der beiden Weltkriege erlebte, gewann sie erneut an Popularität. Ende der sechziger Jahre begann Jack Lalanne, Gymnastikkurse zu leiten, und hatte die größte landesweit ausgestrahlte Fernsehsendung des Tagesprogramms. Vierzigtausend verzweifelte Hausfrauen bestellten Lalannes *Glamour Stretcher*, »eine ganze Turnhalle in einem Gummiband«. Als Reaktion auf den Babyboom erlebten familienorientierte Freizeiteinrichtungen wie der YMCA und der JCC eine Hochblüte. Der Gesundheitsclub wurde zum Ziel von Wochenendaktivitäten, und als Dr. Kenneth Cooper 1969 *Aerobics* veröffentlichte, erfuhr die körperliche Betätigung als Selbstzweck in der amerikanischen Kultur eine umfassende Wiedergeburt. Cooper brachte die Menschen auf die Idee, zwanzig Minuten oder länger herumzuzappeln, um Herz und Kreislauf zu stärken. Im gleichen Jahre entwickelte Jackie Sorensen einen Aerobic-Tanz als Übungsprogramm für Ehefrauen von Air-Force-Angehörigen. Als Jane Fonda Anfang der achtziger Jahre ihr Banner übernahm, gab es kein Halten mehr. Ebenso soll angeblich der Olympiasieg des bis dahin unbekannten amerikanischen Marathonläufers Frank Shorter 1972 als zündender Funke für den Lauftrend gewirkt haben: Unmengen von Menschen fingen an, in Kniestrümpfen und kurzen Hosen zu joggen. Und obwohl unser Outfit sich geändert hat, tun wir das zwanzig Jahre später immer noch.

Wovon handelt diese Geschichte? Von Sex, Technologie, Werbung, dem Kampf gegen körperlichen Verfall. Es ist aber auch eine Geschichte der Moral: Sowohl die Fitneßbegeisterung des ausgehenden viktorianischen Zeitalters als auch die der Zeit nach der sexuellen Revolution könnte man als Reaktion auf religiöse Umwälzungen bezeichnen. Die Körperkultur der viktorianischen Zeit bildete sich heraus, als viele Menschen sich von der Kirche und der von ihr vertretenen Moral abwandten. Das Streben nach körperlicher Vervollkommnung und einem sauberen Verdauungstrakt trat anstelle des Strebens nach spiritueller Erkenntnis. Die *Drei-Engel-für-Charlie*-Generation war sowohl der verstaubten christlichen Moral der fünfziger Jahre als auch des Sechziger-Jahre-Glaubens an Frieden, Liebe und John Lennon beraubt. Die neuen Gurus hießen Jim Fixx und Arnold Schwarzenegger, später Jane Fonda und Richard Simmons. Mittlerweile hat der pflichtgemäße Fünf-Meilen-Lauf am Sonntagmorgen – zumindest für viele von uns – den Kirchgang ersetzt. Und was noch wichtiger ist, wir halten körperliche Bewegung für tugendhaft.

Die Menschen sprechen nicht davon, wieviel Spaß es ihnen macht, Eisenstangen zu hieven oder Runden zu schwimmen, wie sie es beim Segeln oder Basketballspielen tun würden. Sie sprechen von Disziplin und Moral: »Heute war ich gut«, sagt mir eine Freundin. »Ich bin sechs Meilen gelaufen und habe richtig gesund gegessen.« Oder: »Ich habe ein ganz schlechtes Gewissen! Ich habe die ganze Woche noch nicht trainiert!« Warum hat sie ein schlechtes Gewissen wegen etwas, das niemandem schadet, nicht einmal ihr selbst? Eine Woche der Untätigkeit wird sie weder dicker machen noch ihr Herz schwächen.

Und wie definiert meine Freundin *gut*? Ihre Gebote drehen sich nicht um Freundlichkeit oder Großzügigkeit. Das »Gute« der Fitneß besteht vielmehr darin, der Versuchung zu widerstehen und gegen die Trägheit anzukämpfen. Wie die Bewahrung der Jungfräulichkeit sind auch körperliche Betätigung und richtige Ernährung »gut«, weil eine äußere Institution (die Kirche oder die Fitneßindustrie) es den Menschen sagt und weil sie Abstinenz von etwas Lustvollem erfordern, sei es nun Geschlechtsverkehr oder Eiscreme. Damit will ich gar nicht sagen, daß körperliche Bewegung und fettarme Ernährung nicht gesund seien. Ich glaube lediglich, daß die Menschen sich nicht eingestehen, daß sie über beides in Moralbegriffen reden, und daß sie sich nicht klarmachen, was das über die Funktion der Fitneß in ihrem Leben besagt.

Muscular Christianity und die Förderer der Körperkultur vermittelten im neunzehnten Jahrhundert unterschiedliche Botschaften über Sex und körperliche Ertüchtigung: Dämpfte Fitneß den Sexualtrieb eines Menschen, oder machte sie ihn begehrenswerter und potenter? Förderte sie Disziplin und Selbstbeherrschung, oder war sie unkontrollierbar sexuell? Dieser Konflikt hat sich bis heute gehalten und kristallisiert sich in der verschwitzten Atmosphäre der Fitneßstudios heraus, wo so viele Menschen trainieren. Dort verschmilzt die moralische Selbstdisziplin der Übungsroutine und der verzweifelte Kampf gegen das Altern mit dem erotischen Reiz spärlich bekleideter Körper und einem Klima sexueller Verfügbarkeit.

»Gewichtheben ist wie Kommen, aber wie ständig zu kommen«, erklärt Arnold Schwarzenegger. Fitneß mit Sex gleichzusetzen, wie er es hier tut, war typisch für die Zeit Ende der siebziger, Anfang der achtziger Jahre. Fitneßstudios waren die »neuen Single-Bars« (sagte *Mademoiselle*), und sie begannen, Veranstaltungen anzubieten, die Bekanntschaften und Romanzen förderten: Poolparties, alkoholfreie Bars, gemischte Doppel im Tennis. Der Film *Perfect*, der 1981 mit Jamie Lee Curtis und John

Travolta in den Hauptrollen entstand, verarbeitete einige Artikel, die der *Rolling Stone* über die kalifornische Fitneßclubszene veröffentlicht hatte. In diesem Film kommt eine Fitneßfanatikerin vor, gespielt von Marilu Henner, die mit ihrem Liebhaber trainiert, der jede ihrer Brustübungen zählt, während ihr der Schweiß über das Gesicht läuft: Sie arbeitet daran, ihre Brüste zu vergrößern. Travolta kann mit seinen Beckenstößen Curtis, eine Rattenfängerin von Hameln der Aerobic-Szene mit fast ebenso vielen männlichen wie weiblichen Anhängern, für sich gewinnen. Die männerjagenden, lebenslustigen Mädchen, die das Fitneßstudio frequentieren, sind verletzt über einen Zeitschriftenartikel, der sie als Flittchen darstellt, die das Studio lediglich benutzen, um Männer abzuschleppen – was im Grunde der Wahrheit entspricht.

Ein anderer Aerobic-Film, *Himmelskörper (Heavenly Bodies)*, erzählt die Geschichte einer alleinerziehenden Mutter, die Liebe und Fernsehruhm findet, als sie ein Aerobic-Studio eröffnet. Mit ihrem knackigen Körper und ihren sexy Bewegungen gewinnt sie einen gutaussehenden Burschen und macht ihren Fitneßclub zum gesellschaftlichen Phänomen. Olivia Newton-Johns Video »Let's Get Physical« zeigt sie, wie sie mit einem Schwarm von Muskelmännern herumtanzt, die ihre Körper zucken lassen.

Dieses Medienimage der Fitneßstudios als Single-Bars hatte bleibende Auswirkungen auf die Fitneßindustrie. Zwar ist die offenkundige Aufreißerszene von vor fünfzehn Jahren mittlerweile untergegangen, aber ihre Essenz hat sich gehalten und ist so vollständig mit der Architektur der Fitneßclubs und der Technologie der Trainingsgeräte verschmolzen, daß die Clubmitglieder ihr Vorhandensein als selbstverständlich nehmen. Die Metapher vom Körper als Maschine, die mit der industriellen Revolution aufkam, erleichtert heute Voyeurismus und wehrt körperliche Rebellion ab.

Der im Fitneßstudio gestählte Körper ist auf einen Blick zu

erkennen: entwickelte Brustmuskulatur, Waschbrettbauch, kräftiger Trizeps. So sieht niemand aus, der läuft, schwimmt oder mit den Händen arbeitet. Einen solchen Körper bekommt man nur von Geräten, die dazu gemacht sind, jeweils einen bestimmten Muskel zu trainieren, und die wesentlich spezifischer sind als Lalannes *Glamour Stretcher* oder das *Parlour Gymnasium.* Es ist ein Fließbandkörper: drei Durchgänge mit zwölfmaliger Wiederholung jeder Übung. Um das Herz zu trainieren, begibt man sich für zwanzig Minuten oder länger auf ein großes Gerät: Laufband, Fahrrad, Treppentrainer, Rudergerät. Das Ziel besteht darin, den Körper in kleine, unzusammenhängende Teile zu zerlegen und jeden einzelnen auf ein Höchstmaß sexueller Attraktivität zu trimmen. Dabei geht es durchweg um eine Bestätigung der Normalität: Sorge dafür, daß du gesellschaftlich sanktionierten Standards entsprichst, verhindere jeglichen körperlichen Verfall oder erkennbare Abweichungen, und verschaffe dir damit das Recht, deinen Körper zur Schau zu stellen und andere zu begutachten.

Die Geräte selbst haben mehr Ähnlichkeit mit den Sadomaso-Apparaturen aus Pornoromanen von Anne Rice als alles, was ich im realen Leben je gesehen habe. Jedenfalls in der Öffentlichkeit. Menschen spreizen und schließen die Beine, pressen die Schenkel gegen Metallplatten, die Druck auf sie ausüben. Sie legen sich in gigantische Geräte, die Gravitron heißen, und quälen sich durch militärisch anmutende Klimmzüge. Sie begeben sich in die Gefangenschaft von Bauchtrainern, schauen zwischen einem Gewirr von Eisenstangen durch und verrenken stöhnend ihren Leib wie sexhungrige jugendliche Strafgefangene in einem Gefängnisfilm. Es ist schon toll, und die Architektur der Fitneßstudios ist darauf angelegt, optimale Möglichkeiten zu bieten, diese schweißtriefenden Szenen der Techno-Disziplin zu beobachten. Ganz unverhohlen bedient sie den Voyeur. Viele Clubs haben Fenster zur Straße und Glaswände in ihren Aerobic-Studios. In dem Fitneßzentrum, in dem ich arbeite, können die

Athleten im Raum für Gewichtheber und die Läufer auf ihrem Band meinen wackelnden Hintern durch eine Glasscheibe bewundern. Ich bin natürlich so sehr damit beschäftigt, mich selbst im Auge zu behalten, daß ich kaum merke, wenn ihnen die Spucke im Mund zusammenläuft oder sie mit offenem Mund gaffen oder sonst etwas machen. Was wäre ein Aerobic-Kurs ohne Spiegel? Nichts weiter als Gymnastik.

Mir geht es darum, daß Menschen, die Fitneßstudios besuchen, jede Woche wie ich mehrere Stunden in einer Umgebung verbringen, die darauf angelegt ist, die kritische Betrachtung anderer wie auch seiner selbst zu fördern. In keiner anderen Umgebung, die ich mir vorstellen kann, habe ich je eine volle Stunde damit verbracht, mich neben anderen Menschen im Spiegel anzuschauen. Ich kann nicht anders, ich muß mir anschauen, wie sie aussehen, sich bewegen, wie ihre Nähe sich auf mich auswirkt und wie ihre Körper im Vergleich zu meinem wirken. Und an keinem anderen Ort der Stadt kann ich mir zwanzig Minuten lang fast nackte schweißtriefende und keuchende Männer ansehen, ohne dafür dreißig Dollar zahlen oder etwas Illegales tun zu müssen. College-Sportler beim Training außerhalb der Spielzeit, gut gebaute junge Männer in engen weißen T-Shirts, hagere, ernste Typen in sackigen karierten Shorts, alternde Artisten mit vortretenden Venen an den Armen, Jungs mit breiter, rasierter Brust in Gymnastikanzügen. Es ist besser als bei Chippendales. Ich mag sie alle. Wenn ich mir ihre Oberschenkelmuskeln anschaue, die sich unter dem Druck der Maschinen anspannen, komme ich mir nicht schmutzig vor. Da der Zuschnitt des Fitneßclubs den Voyeurismus legitimiert, kann ich meine voyeuristische Betrachtung skulpturenhafter Körper in Metallapparaturen ohne weiteres akzeptieren.

Die Werbung für Fitneßprodukte stellt Fitneß als Verkörperung einer demokratischen Philosophie dar: Du bist frei. Mach es einfach. Keine Beurteilung. Jeder, der es sich leisten kann, hat die Möglichkeit zur Leistung. In seinem Buch *Muscle: Con-*

fessions of an Unlikely Bodybuilder schildert der zum Steroidsüchtigen bekehrte Wissenschaftler Sam Fussel das Image des Fitneßstudios, wie es Muskelmagazine darstellen: »Fitneßstudios sind tatsächlich ein sicherer Hafen in einer Welt voller Krankheiten, Armut und Vorurteile. Sie sind das Bollwerk der Demokratie, sagten sie, wo jeder Gewichtheber ungeachtet seiner Hautfarbe oder Religionszugehörigkeit die Freiheit hat, seine persönlichen körperlichen Fortschritte zu verfolgen. Bringen Sie nur eine ›positive Einstellung‹ mit, dann sind Sie im Fitneßstudio unter Gleichgesinnten.«

Die demokratische Philosophie und die Vorstellung vom Fitneßstudio als sicherem Hafen unterscheiden die Fitneßbewegung von wettbewerbsorientierten Sportarten. Christopher Lasch argumentierte 1978 in einem Essay, Fitneßverfechter verspürten ein »vages Unbehagen über die emotionale Reaktion, die wettbewerbsorientierte Sportarten hervorrufen«. Wie Lasch erklärt, verwischt Sport unser Bewußtsein für die Alltagsrealität, indem er sie nachahmt und unsere Konflikterfahrung dramatisiert. Wenn Menschen Sport lediglich als Unterhaltung für die Spieler sehen (improvisierte Basketballspiele oder Frisbee innerhalb geschlossener Mauern) oder wenn sie ihn allein aus Gesundheitsgründen ausüben, hört der Sport auf, diese emotionale Entlastung zu bieten. Anders ausgedrückt: Das Fehlen von Spielen und Wettkämpfen im Fitneßstudio ist überaus bezeichnend. Die folgenden Sportarten sind Bestandteil der Fitneßindustrie: Runden schwimmen, auf dem Laufband gehen, sich gegen den Druck von Geräten stemmen. Hier spielt niemand. Sie arbeiten – an sich. Die Teilnehmer meiner Aerobic-Kurse isolieren ihre Unterleibsmuskulatur und tanzen komplexe Abläufe vor einem Spiegel. Riesige Apparaturen helfen Menschen, endlose Treppen hinaufzusteigen und meilenweit nach nirgendwo skizulaufen und dabei die Nachrichten anzuschauen. Abgesehen von Freds Entsetzen über meinen kahlgeschorenen Kopf ist in den acht Jahren, in denen ich Aerobic-Kurse gebe,

nichts passiert. Die blechernen Klänge des Achtziger-Jahre-Pop wurden von House abgelöst und später wieder von der Diskomusik der Siebziger ersetzt. Hautenge Gymnastikanzüge kamen in Mode. Step-Aerobic wurde erfunden. Aber das ist auch schon alles. Ich hatte keine Gewinne und keine Verluste. Keine Punkte in letzter Minute, keine Beinahe-Niederlagen, keine plötzlichen Verletzungen, innovativen Spielstrategien oder Most Improved Players. Ich hatte keine emotionalen Erlebnisse irgendeiner Art. Nur ein Gefühl, meinen Körper zu beherrschen, was letztlich wohl eine Illusion ist.
Amerikaner fühlen sich unwohl mit ihrer Körperlichkeit, so sehr sie darauf konzentriert sind. Die Menschen kontrollieren ständig ihre Körper, indem sie sie in Apparate zwängen, ihren Kalorienverbrauch regulieren, ihre Glieder in Bewegung halten. Die Disziplin hält das Fleisch vor Exzessen zurück und entbindet die Menschen von der Notwendigkeit, bewußt ein Ventil für voyeuristische Vergnügungen zu suchen. Sie hält die protestantische Ethik des Arbeitsbereichs auch während der wenigen Stunden Freizeit aufrecht. Sie verspricht zu verhindern, daß wir fett, krank oder auf sonst eine Weise abweichend werden. Sie »verhindert das Altern« und bietet den Menschen Sicherheit vor den Gefahren der Kontaktsportarten, vor dem Nervenkitzel des Sieges, der Qual der Niederlage. Indem wir sexuelle Bedürfnisse und den Drang nach Konkurrenz in Fitneßübungen umlenken, erreichen wir eine verschrobene Erleichterung von der Tyrannei der Wut, der Begierde, der Krankheit, des Verfalls, des Andersseins, des Schmerzes und des Ruhms.

Die Fitneßindustrie verkörpert viele der kulturellen Phänomene, von denen hier die Rede ist: offene Szenarien für halbsexuelle Befriedigung und körperliche Zurschaustellung; die Verwendung des Wortes *natürlich,* um etwas zu rechtfertigen und zu erklären, was in Wirklichkeit ein extremes, kulturspezifisches Verhalten ist; und die Veränderung des Körpers als Möglichkeit, mit gesellschaftlich sanktionierten Normen des äußeren Erscheinungsbildes umzugehen. Ich denke auch, daß die Praktiken der Fitneßindustrie ein gewisses Mißtrauen gegenüber dem Körper offenbaren. Er könnte rebellieren und uns auf eine von drei möglichen Weisen verraten. Erstens durch Entstellung. Menschen fürchten, einen anomalen Körper zu haben, einen Körper wie jene Menschen, die unter Behinderungen leiden; oder einen Körper wie jene, die ich im Umkleideraum meines Fitneßstudios gesehen habe, und wie ich ihn hatte, als ich mir die Glatze rasieren ließ: einen fetten Körper, einen behaarten Körper, einen Körper mit zu großen oder zu kleinen Körperteilen. Zweitens durch Schmutz, und damit meine ich Krankheit und körperliche Veränderungen, die damit einhergehen, aber auch die alltäglicheren Zeichen für unsere körperliche Scheußlichkeit – den Schnodder und die Kacke, die Rolfing und Darmspülungen potentiell so demütigend machen, und das Erbrochene, den Eiter und den Schweiß, die in uns lauern, ständig bereit, auf die geringste Provokation hin herauszuspritzen. Drittens durch das Alter, den Feind der Fitneßindustrie, das die Bedrohung durch Funktionsstörungen in sich birgt. Seine jugendliche Schönheit mit den Jahren zu verlieren kann einen ernsthaften Verrat des Körpers an der Seele darstellen. Wichtiger ist jedoch meiner Ansicht nach, daß die Menschen Angst vor den Veränderungen der Gewohnheiten und des Temperaments haben, die mit der geringeren Mobilität des Alters einherzugehen scheinen. Aus diesen Ängsten geht nicht nur die perverse Lust an Heimtrainern und Step-Aerobic hervor, sondern auch eine Vielzahl anderer winziger Verhaltensmuster und Rituale, die von unserem Bedürfnis nach Kontrolle über unseren rebellischen Körper zeugen.

Ekel

Pickel sind auf eine ganz eigenwillige Weise ärgerlich und beschämend. Ich erinnere mich, wie ich mich als Teenager im Badezimmer einschloß und mit einer sterilisierten Sicherheitsnadel meine Haut malträtierte. In dem verzweifelten Bemühen, mich von diesen schmerzhaften roten Wucherungen zu befreien, war ich fest entschlossen, sie auszugraben wie Zwiebeln aus der Erde. Ich hätte ganze Fleischwürfel mit einem Messer herausgeschnitten, wenn ich es fertiggebracht hätte. In Wirklichkeit hatte ich nie sonderlich schlechte Haut, aber ich hatte Angst davor. Ich brachte meine Mutter dazu, mir ein rotierendes Gerät zu kaufen, dessen Existenz mich davon überzeugt, daß ich mit meinem Wahn nicht allein dastand. Es hatte sechs verschiedene Aufsätze, um das Gesicht zu reinigen und von abgestorbenen Hautpartikeln zu befreien. Es gab eine weiche Bürste, eine harte Bürste, einen Schwamm, und ich weiß nicht, was noch alles. Ich benutzte es zusammen mit Unmengen Gesichtswasser, Adstringenzien, Aknemitteln und Feuchtigkeitscremes und fand meine Zeit und das Geld meiner Mutter gut angelegt. Ich kämpfte gegen eine körperliche Revolte.

Akne ist bösartiges Fett, das sich einen Weg durch die Epidermis zu bahnen sucht. Es ist die miese Öligkeit meiner Seele, die an die Oberfläche tritt. Austrocknende Arzneimittel und Adstringenzien helfen da nicht viel. Wenn ich sie auftrage, bevor die Pustel sich durch die Haut drückt, bewirken sie nur, daß die Stelle sich rötet und pellt. Wenn ich sie auf einen triefenden Pickel mit weißem Kopf auftrage, erinnert das Brennen mich daran, daß sich mein nässendes Fleisch von selbst geöffnet und auf einer unerwünschten Bloßstellung bestanden hat. Aknemittel heilen nicht; sie bestrafen den rebellischen Körper. Wer unter Pickeln leidet, empfindet Scham, obwohl allgemein bekannt ist, daß schlechte Haut nur selten von mangelnder Hygiene herrührt. Es ist die Scham über eine unfreiwillige Blöße.

Die panische Angst, einen Körper zu besitzen, der zu derart schmutzigem Verhalten neigt, ist das Thema der Kinderbuchreihe »Barf-O-Rama«, die sich an Kinder vor der Pubertät wendet. Der erste Band *The Great Puke-off* schildert die Geschichte zweier rivalisierender Cliquen von Fünftkläßlern. Eine Gruppe steckt in der Schule Küchenschaben in die gefüllten Tortillas, woraufhin die gesamte Cafeteria durchdreht und »würgt, bricht und gewaltige Mengen an Mageninhalt ausspuckt«. Es entspinnt sich ein Ekel-Krieg, der mit mächtigen Fürzen und »Windelsoße« als Waffen geführt wird und in dem ein Opfer »einen milchigen Strom Kotze« erbricht. Schließlich treten die beiden Kinder mit der höchsten Toleranz im Zweikampf gegeneinander an, stopfen sich auf dem Rummel mit Zuckerwatte, Schnodder und Pickelsaft voll und fahren dann auf der Achterbahn. Keinem von beiden wird schlecht, bis sie sich küssen, woraufhin beide so viel erbrechen, daß sie den vollbesetzten Schulbus überschwemmen. Das zweite Buch, *Garbage Time,* erzählt die Geschichte eines Jungen, der bei seinen Bemühungen, ein hübsches Mädchen zu vergraulen, das in seinem Football-Team als Quarterback spielt, einen ganzen »Helm voller Kotze« über seinen eigenen Kopf ausgießt, der allen Spielern im Umkleideraum das Mittagessen aus dem Gesicht fallen läßt. Und so erbricht sich die Serie weiter.

Erbrechen ist eher ein Ereignis als ein Zustand, ähnlich einem Orgasmus oder einem Niesen. Aber die Pubertät ist ein Zustand, der sich über Jahre hinzieht. Daher ist es wohl kaum erstaunlich, daß elfjährige Bücherkäufer, die kurz vor einer rätselhaften körperlichen Veränderung stehen, gern über das Kotzen lesen möchten. Ebensowenig erstaunlich ist, daß die Momente sexueller Spannung in den Büchern (der Kuß im Ekel-Krieg und die seltsame Erregung, die der weibliche Quarterback auslöst) durch Erbrechen gelöst werden. Wenn der eigene Körper droht, Kids mit Pickeln, Schamhaaren und komischen sexuellen Bedürfnissen zu ekeln, ist es vermutlich eine große Erleichterung, sich statt dessen vor Durchfall und Erbrechen zu ekeln. Diese entsetzlichen körperlichen Revolten sind in ein paar Minuten vorbei. Erbrechen ist zudem eine Rückkehr zu einer kindlichen Körperlichkeit und den einfacheren Sorgen des Kleinkindalters. Kleinkinder spucken ständig, und bis zu einem Alter von fünf Jahren ist es durchaus nicht ungewöhnlich, sich mit einer gewissen Regelmäßigkeit zu übergeben.

Als Sunshine und ich acht Jahre alt waren, brachte sie mir einen Trick bei, sich selbst Ekel einzujagen, der mich zutiefst beeindruckt hat. Zuerst krümmt man seine Finger so weit es geht, ohne eine Faust zu machen. Dann hält man die Hand weit vom Körper weg und blinzelt auf den Handrücken. Schließlich sieht es aus, als seien die eigenen Finger nur noch kleine Stummel, die am ersten Fingergelenk aufhören. Eine mutierte Hand. Gruselig, was?

Natürlich hätten wir auch wesentlich ekligere Sachen machen können. Haben wir auch. Charity, die immer blauen Rotz aus der Nase hängen hatte, konnte mühelos einen ganzen Mittagstisch ekeln, ohne es zu wollen. Es gab Jungen, die während der naturwissenschaftlichen Arbeitsgemeinschaften immer wieder Auszeiten nehmen mußten, weil sie ständig die Bakterien aßen. Barf-O-Rama war noch nicht erfunden, aber Gläser mit falschem Schnodder und Bücher mit Tips, wie man gebratene Würmer ißt, konnte jeder kaufen, der sein Taschengeld sparte, und wir stürzten uns gierig darauf. Das Theaterspiel unserer Klasse, das ich allein geschrieben hatte, wie ich stolz behaupten darf, gipfelte darin, daß sechs der Darsteller in einer gigantischen Toilette verschwanden. Das war 1976, und sie ließen es uns vor der ganzen Schule aufführen.

Wie meine dramatischen Versuche zeigen, beschäftigte ich mich ebensoviel mit Exkrementen und anderen abstoßenden Dingen wie alle anderen Kinder. Aber die mutierte Hand fand ich eigentlich interessanter. Selbst heute verursacht sie noch ein komisches Gefühl in meiner Magengegend. Das hat etwas damit zu tun, meinen eigenen Körper als Fremdkörper zu sehen. Es ist zwar meine Hand, aber sie sieht nicht so aus. Sie sieht aus, als sei sie von Geburt an mißgebildet und nicht sonderlich brauchbar, wie die Hand eines Menschen, der ein völlig anderes Leben führt als ich.

Während Pickel auszudrücken die Fantasie birgt, Schmutz zu vernichten und rebellierendes Fleisch zu disziplinieren, liegt in der mutierten Hand die Fantasie, einen einzigartigen, mißgebildeten Körper zu haben. Die Vorstellung bezieht sich also auf einen dauerhaften Zustand und nicht auf ein plötzliches Ereignis wie das Erbrechen. Das wichtigste ist jedoch, daß die mutierte Hand die Vorstellung einer äußeren Deformation beinhaltet statt die eines inneren Übels.

In der benachbarten Klasse gab es einen Jungen namens Mink, der eine eingefallene Brust hatte. Oft hob er in der Pause sein Hemd hoch, und wir wurden es nie müde, ihn anzuschauen. Eine unserer Lehrerinnen hatte Häute zwischen den Zehen, und wenn wir sie inständig baten, zeigte sie sie uns. Den Jungen, der an Kinderlähmung erkrankt war, hätte ich nie gebeten, ob ich mir seine Beine ansehen dürfe (mit acht Jahren fand ich Behinderte traurig und ein bißchen beängstigend), aber Mink und meine Lehrerin waren völlig gesund. Ihre körperlichen Anomalien waren faszinierend: rührend, aber nicht ganz geheuer. Die mutierte Hand bot mir die Möglichkeit, das gleiche an mir auszuprobieren und mich vorübergehend in Körper einzufühlen, die von der Norm abwichen.

Freaks

Extreme Anomalien anderer Menschen besaßen für mich immer einen gewissen Reiz, den ich nicht unbedingt als Lust bezeichnen kann. Es ist vielmehr eine Art Grauen, vermengt mit heftiger Neugier und einem leichten Schuldgefühl. Ich will nicht grausam sein, aber wenn ich mich mit einem Menschen konfrontiert sehe, der verstümmelt oder mißgebildet ist, kann ich nicht anders, ich muß einfach hinsehen. Und ich kann ihn nicht ansehen, ohne eine innere Reaktion zu verspüren, einen Anflug von Abscheu, gemischt mit Interesse oder Mitleid.

Es ist nicht schwer, Bildbände mit sensationellen Titeln zu finden, die Fotos von Monstrositätenschauen und den schreienden Plakaten zeigen, die für sie warben. Viele dieser Aufnahmen entstanden vor gut hundert Jahren, zu einer Zeit, als Fotosammlungen den Blickfang viktorianischer Salons ausmachten. Damals führten Monstrositätenschauen neben Menschen, deren Abstrusität selbstgemacht war (tätowierte Frauen, Gecken und Schwertschlucker), und kulturellen Kuriositäten (Angehörige farbiger Stammeskulturen) auch Menschen mit körperlichen Behinderungen oder Mißbildungen vor. Viele dieser Anomalien sind erstaunlich und mitleiderregend: Myrtle Cobin hatte einen doppelten Unterleib und brachte fünf Kinder zur Welt, drei mit dem einen, zwei mit dem anderen; Sepentia, das Schlangenmädchen, behauptete, sie habe außer ihrem Schädel keine Knochen im Leib; Mignon, das Pinguinmädchen, hatte kurze, verstümmelte Gliedmaßen. Gegen ein geringes Eintrittsgeld konnten die Zuschauer Flip, den Froschjungen, Ella Harper, das Kamelmädchen, oder den Elefantenmann anstarren. Ich fühle mich allerdings stärker zu Menschen hingezogen, deren Körper meinem ein bißchen ähnlicher ist: Toney, der Junge mit der Alligatorhaut, war völlig normal bis auf den schaurigen Zustand seiner Haut. Grady Stiles, bekannt als Austernmann, hatte Finger und Zehen, die zu scherenartigen Klauen verwachsen waren. Er hatte Austernkinder und schlug seine Ehefrauen. Der Mann mit den doppelten Daumen, dessen Gesicht verschwommen hinter den Händen im Vordergrund zu sehen ist, wird als »der beste Baumwollpflücker der Gegend« bezeichnet. Die Körper dieser Menschen wirken im Grunde völlig normal, nur daß irgendeine unsichtbare Kraft sie außer Kontrolle gebracht hat. Vielleicht rebellieren sie aber auch von innen.

Monstrositätenschauen stellen anders als Fitneßstudios einen expliziten Kontext für die Zurschaustellung von Körpern dar. Somit sind sie ein schuldbewußtes Vergnügen wie der Stiptease bei Chippendales und im Blue Angel. Das Vergnügen, sich Monstrositätenschauen anzusehen, ist mit so viel Schuldgefühlen behaftet, daß sie mittlerweile aus unserer Kultur so gut wie verschwunden sind, angeblich weil es die Mitwirkenden entwürdigt, öffentlich zur Schau gestellt zu werden. Vielleicht ist der Grund aber auch, daß die Menschen sich ihres Abscheus noch mehr schämen als ihrer Lust. Vielleicht nehmen wir aber auch an, daß es schlimmer sei, einen halb bekleideten abweichenden Körper zu zeigen als einen nackten, den der Manager eines Strip-Clubs als schön zertifiziert hat. In Wirklichkeit liegen Monstrositätenschauen und Striptease gar nicht so weit auseinander. Wir halten es in beiden Situationen für erniedrigend, sich zur Schau zu stellen. Es bereitet uns Vergnügen, diese erniedrigende Selbstdarstellung anzuschauen, zugleich empfinden wir aber auch leise Scham über dieses Vergnügen. Ist es die Geldtransaktion, die wir so beschämend finden? Ist es der offen exhibitionistische Charakter? Oder ist es die innere Reaktion von Lust oder Abscheu, die diese Darbietungen auslösen? Vielleicht liegt es an der Nähe der beiden Darbietungen zueinander.

Auf Coney Island lockt ein Marktschreier eine Menge an eine Schaustellerbühne. Neben ihm steht ein Mann mit einer riesigen Boa Constrictor, einem Albino. Familien und Pärchen starren die beiden mit nervöser Faszination an. Schaustellerbühnen an der Küste sind traditionell eine Veranstaltung, bei der man »zehn zum Preis von einem« bekommt. Wenn man seinen Eintritt entrichtet hat, geht man hinein und kann sich eine Reihe wechselnder Vorstellungen anschauen. In den letzten sieben oder acht Jahren, in denen ich sie mir angesehen habe, bestanden sie in unregelmäßigem Wechsel aus einem Schlangenmenschen, einem illustrierten Mann, einem Schwertschlukker, einem Schlangenbeschwörer, einem Entfesselungskünstler und einem Mann, der sich Nägel ins Gesicht schlug. Ebenso wie ThEnigma, Tom Comet, der Kettensägenjongleur und alle anderen Künstler bei Jim Rose waren auch die Darsteller der Wanderbühne in Coney Island Kuriositäten aus eigener Kraft. Sie legten eine ungewöhnliche Körperbeherrschung an den Tag. Sie konnten Schmerzen aushalten oder waren ungewöhnlich biegsam und geschmeidig. Keiner der Darsteller wurde mit einer Mißbildung geboren. Keiner erlitt eine Verstümmelung durch einen Unfall, bis auf den Teenager lateinamerikanischer Abstammung, der sich wegen einer ausgekugelten Schulter aus einer Zwangsjacke befreien konnte, während er mit dem Kopf nach unten hing.

Seit kurzem tritt in dieser Wanderbühne jedoch eine bärtige Dame (oder »Frau mit Bart«, wie sie sich nennt) auf, die so echt ist, wie sie nur sein kann. Ihr Name ist Zenobia, im zivilen Leben Jennifer Miller. Sie ist jung und zornig, und als ich ihre Vorstellung sah, jonglierte sie und machte witzige Bemerkungen, bis das Publikum sie so sehr hänselte, daß sie von der Bühne stürmte. »Die Welt ist voller Frauen mit Bärten«, lautet ihr Spruch. »Zumindest besitzen sie das Potential zu einem Bart... statt Zeit und Geld darauf zu verwenden, sich mit Wachs, Rasieren, Elektrolyse und Zupfen das Haar zu entfernen. Wir kennen alle eine Frau, die sich die Haare zupft. Zupf, zupf, zupf, zupf, als ob sie Hühner wären!« Sie behauptet, im Haar liege Kraft – deshalb wollten Männer auch nicht, daß Frauen zuviel davon besäßen. Und sie besteht darauf, daß sie durchaus keine Monstrosität ist, obwohl sie sich als solche präsentiert. »Zehnmal am Tag spreche ich in stärkster, offenster Weise feministische Fragen des Aussehens und der Kleidung an«, sagte sie der *New York Times*. »Ich nutze die Wanderbühne als Plattform, dem Monströsen das Monströse zu nehmen.«

Die Betreiber der Bühne erzählen mir von der dicken Dame, die vor ein paar Jahren dort aufgetreten ist. »Helen Melon«, auch bekannt als Performance-Künstlerin Katie Dierlan, hatte insofern eine ganz ähnliche Nummer wie Miller, als sie ganz offen einen feministischen Monolog über ihr Gewicht hielt, der sich unverhohlen gegen die morbide Neugier der Menschen wandte. Sie zeigte dem Publikum auch ihren nackten Hintern. Die Betreiber der Wanderbühne machen mich darauf aufmerksam, wie sehr sich solche Darbietungen von der passiven Zurschaustellung des Howard Huge unterscheidet, eines dicken Mannes, der sich in einer Wanderbühne in Florida schweigend mit Essen vollstopft, während eine Stimme über Lautsprecher dem Publikum sein Frühstück aufzählt: sechzehn Eier, vier Pfund Speck und so weiter.

Ein Kurzfilm über Miller, *Juggling Gender*, bewegt sich ebenso wie ihre Auftritte als Zenobia auf dem schmalen Grat zwischen feministischer Selbstbehauptung und Monstrosität. Eine lange Zeitlupenszene in der Badewanne beantwortet alle Fragen, die der Zuschauer über Millers Geschlecht, die Menge ihres Körperhaares (recht viel an den Beinen, ansonsten keine ungewöhnlich starke Behaarung) oder über ihre Körbchengröße (ich schätze B) haben mag. Die Einstellung endet mit einer Großaufnahme von Millers Brust. Der Film lädt zu ausgiebigen Betrachtungen über diesen entblößten, abweichenden Körper ein, und zwar mehr noch als die Bühnenshow, in der Miller barbusig auf einem Nagelbett liegt. Andererseits bietet er eine alternative Ästhetik zu den kulturellen Schönheitsbegriffen, und Millers analytischer Kommentar und ihre emotionale Verletzlichkeit lassen sie im Film wesentlich weniger monströs erscheinen als in ihrer stärker auf Effekte angelegten Bühnenshow.

Ich sah Miller als Königin bei der jährlichen Mermaid Parade auf Coney Island wieder; sie hatte das Haar zu einem kunstvollen Knoten aufgesteckt, falsche blaue Wimpern und eine passende blaue Federboa. Sie trug kein Kleid, wie ich es normalerweise bei bärtigen Frauen auf Fotos gesehen habe, aber die Konzessionen, die sie am Tag der Parade an die gesellschaftlichen Schönheitsnormen machte, wirkten auf mich noch mutiger als ihr Bart. Es ist einfacher, solche Normen völlig abzulehnen, als ihren Reiz zuzugeben, obwohl man sie nie erreichen kann. Indem sie sich so anzog und ihre Selbstdarstellung offen und mutwillig betrieb, machte sie sich stärker zum Freak, als sie es in anderen Kontexten war.

Ein Paar Blocks weiter komme ich an einer Frau vorbei, die mit einem älteren Mann in der Nähe des Kinderkarussells steht und auf Wange und Kinn viele lockige Härchen hat. Sie hat sie erst vor kurzem rasiert oder mit Wachs entfernt, aber sie wachsen nach. Sie trägt ein weißes Minikleid und schwarze Kniestrümpfe. Ihr glattgeföntes Haar legt sich in dicken Strähnen in ihre Stirn, und sie führt gerade schwierige Verhandlungen mit den Kindern über Eishörnchen. Ich frage mich, ob sie Miller als Königin der Mermaid Parade gesehen hat. Und ob sie die bärtige Dame für eine Königin oder eine Monstrosität hält.

Die Schaustellerbühne hat in diesem Jahr einen neuen kleinwüchsigen Darsteller. Koko der Killerclown ist »Der Zwerg, der's getan hat«. Nach der Parade sehe ich ihn ohne Hemd auf dem Podium des Marktschreiers, wie er sich in einer Haltung zur Begutachtung anbietet, die halbwegs zwischen Bühnenvorstellung und Alltagsleben liegt. Er ist nicht für die Bühne angezogen und tut auch nichts besonderes; er trinkt Wasser und ruht sich aus. Aber er ist auf der Bühne und zeigt mehr von seinem Zwergenkörper, als die meisten Menschen je gesehen haben. Ein Mann in Coney-Island-T-Shirt fährt ihn an: »Hast du dein Kostüm an? Die Show beginnt gleich.« Koko verschwindet hinter der Bühne. Später sehe ich, wie derselbe Mann ihm den Kopf tätschelt.

Quer über die Hauptstraße ist ein Plakat gespannt: KLEIN-GLORIA, DIE KLEINSTE FRAU DER WELT: 29 ZOLL GROSS; SCHUHGRÖSSE 2: 10.000 DOLLAR BELOHNUNG, FALLS SIE NICHT ECHT UND LEBENDIG IST. Ein magerer Teenager und ich sind die einzigen Besucher in der Nähe der Bude, die ziemlich verloren auf dem schwarzen

Asphalt steht. Ein Mann spritzt die bemalte Fassade mit einem Gartenschlauch ab. Wir bezahlen unseren Eintritt und gehen hinein.

Klein-Gloria ist eine zwergwüchsige Jamaikanerin, die fernsieht. Sie trägt ein kurzes Blümchenkleid und ein Haarnetz über einem graumelierten Afrolook. Sie sitzt auf einem großen, schmuddeligen Kissen und trinkt Diät-Limonade.

»Hallo!« sagt sie und schaut auf. Ihre Stimme ist kraftvoll, als bemühe sie sich darum, uns die Spannung zu nehmen. »Ich bin Gloria. Wie geht's?« Sie reicht dem Jungen die Hand, mir aber nicht. Keiner von uns stellt sich vor, vielleicht weil wir ein schlechtes Gewissen haben, uns diese winzige alte Frau anzugucken, und deshalb nicht unseren Namen sagen wollen, vielleicht aber auch, weil keiner von uns damit gerechnet hatte, daß diese Vorstellung interaktiv verlaufen würde. Neben dem Fernsehapparat steht ein Plastikgefäß: »Trinkgelder für Medizin«, lautet die Aufschrift. Ich werfe einen Dollar hinein und frage Gloria, ob sie schon vorher in solchen Shows aufgetreten ist.

»O ja, mein Leben lang«, antwortet sie. »Vorher in Jamaika.«

»Sie kann doch nicht arbeiten!« unterbricht uns eine Frau mit blaßrosa Lippenstift, die in der Nähe des Ausgangs steht. Ob sie eine Freundin von Gloria oder nur eine überinteressierte Besucherin ist, vermag ich nicht zu sagen. »Schauen Sie sie doch an! Sie ist nicht wie Sie. Wenn Sie einen großen, reichen Mann hätten, würden Sie sie dann als Putzfrau einstellen?«

»Sicher ...«, setze ich an.

»Das kann sie nicht! Sie schafft die Arbeit nicht!« bellt die Frau. »Sie kommt damit nicht klar! Deshalb muß sie so was hier machen!«

Draußen stehen ein paar Familien zusammen. »Ist sie echt?« fragt mich eine Frau mit Kinderwagen.

»Ja, sie ist echt«, antworte ich. »Ich habe mit ihr gesprochen.«

Die Frau läßt den Sportwagen bei ihrem Mann und geht mit ihrem Vierjährigen hinein.

Im vorigen Jahr gab es auf der Hauptstraße ein Baby mit zwei Köpfen zu sehen. ZUM LEBEN GEBOREN! Stand auf dem Plakat. In diesem Jahr schaue ich mich danach um, finde es aber nicht. An seiner Stelle steht eine Schaubude mit dem Plakat einer sexy Blondine im Badeanzug: DIE KOPFLOSE FRAU: TOPMODEL ENTHAUPTET. ZUM LEBENDIGEN TOD VERURTEILT... SEHEN SIE SIE ATMEN! Ich bezahle meinen Dollar, um mir die Vorspiegelung einer plumpen Afro-Amerikanerin in T-Shirt und Radlerhosen anzusehen. Später erkundige ich mich bei einem der Schausteller nach dem Baby mit den zwei Köpfen. Er ist schlank, trotz der Hitze schwarz gekleidet, hat langes Haar und einen spärlichen Bart. Ob er mir sagen kann, was in der Bude zu sehen war? Ja, Yvonne und Yvette, zwei Köpfe, ein Körper, drei Arme. Sie lebten ein paar Wochen, vor hundert Jahren, dann starben sie. Seitdem hat man sie in Formaldehyd oder etwas ähnlichem konserviert.

»Diese Kinder sind mein Erbe«, erklärt er mir, denn der Betreiber dieser Schaustellerbühne ist ein Verwandter von ihm. Derzeit sind Yvonne und Yvette in Kalifornien. Es gibt noch ein solches Paar, erzählt der Mann mir. Jungen mit einem völlig intakten Körper und zwei Köpfen. Ihre Namen verstehe ich nicht. »Zu Weihnachten holen wir sie raus und setzen sie unter den Baum. Die Kinder müssen doch Weihnachten haben!« Er lacht.

Im Gegensatz zu den selbstgemachten Kuriositäten dieser Wanderbühnen stellen Jennifer Miller, Helen Melon, Koko der Killerclown und Klein-Gloria Abnormitäten zur Schau, die auf einem *Mangel* an Kontrolle über ihren Körper beruht und nicht auf einer ungewöhnlichen Körperbeherrschung. Die »geborenen« Freaks werden auch weiter angestarrt, wenn ihr Arbeitstag vorüber ist. Sie haben sich ihre seltsamen Körper auch nicht ausgesucht wie der illustrierte Mann. Mir vorzustellen, wie unwohl sie sich in ihrer Haut fühlen müssen (was vielleicht nur eine Projektion meiner eigenen Ängste sein mag), macht mir ein schlechtes Gewissen, wenn ich mir ihre Vorstellung ansehe oder – wie bei Klein-Gloria und ähnlichen Darbietungen – sie nur anschaue. Ist es falsch, sich diese Menschen anzusehen? Ist es eine größere Ausbeutung, sie mir auf der Bühne anzusehen als in der U-Bahn? Oder ist es weniger ausbeuterisch, weil sie auf der Bühne Zuschauer anlocken und dafür bezahlt werden? Warum möchten ich und andere sie sich überhaupt ansehen?

Die Literaturkritikerin Rosemarie Garland Thomson hat aufgezeigt, daß Monstrositätenschauen die Zuschauer »im Vergleich angenehm normal und beruhigend standardgemäß« wirken lassen – mit anderen Worten, sie bestätigen unsere Normalität. Ich glaube, damit hat sie recht, aber zumindest für mich liegt der Reiz, mir Freaks anzuschauen, teilweise auch in einem Gefühl des Wiedererkennens. Man überlege nur, das konservierte zweiköpfige Baby wurde mit dem Plakat angekündigt: ZUM LEBEN GEBOREN. Wieso? Weil Menschen sich lieber einen lebendigen Freak ansehen als einen toten. Ganz egal, wie echt es ist, das Baby ist enttäuschend, weil ein wesentlicher Bestandteil des seltsamen Vergnügens, sich einen abweichenden Körper anzusehen, in dem verstümmelten, ängstlichen Mitgefühl besteht. Yvonne und Yvette spüren seit fast einem Jahrhundert nichts mehr, und wir können weder unsere Gefühle auf sie projizieren noch auf sie mit dem selbstsüchtigen inneren Schmerz reagieren, den ein lebendiger, atmender Freak uns einflößt.

Wie Jennifer Miller erklärt, reagieren Männer auf sie wesentlich besser als Frauen, und der Haß, der ihr in Lesbenkneipen entgegenschlägt, frustriert sie. Diese Klage hilft mir, meine eigene Reaktion auf sie und andere Menschen mit körperlichen Abweichungen zu verstehen, die ebenso wie sie in der Normalität verwurzelt erscheinen. Ich – und nach dem, was Miller sagt, auch andere Frauen – fühle mich bedroht, auch wenn ich gleichzeitig fasziniert bin, weil ich mich mit ihrem rebellierenden Körper identifizieren kann. Sie zeigt mir, was passieren könnte, wenn ich die Kontrolle verliere.

Mir geht es darum zu zeigen, daß meine Neugier in bezug auf Freaks mit jenen Momenten verknüpft ist, in denen mein Körper mir fremd ist. Ich spreche gar nicht so sehr über das Gefühl, häßlich zu sein, obwohl es damit verwandt ist, sondern über jene Gelegenheiten, wenn eine kurze Woge des Entsetzens über meinen eigenen Körper mich erfaßt und ich mich vor mir selbst ekele. Zeiten wie jene Jugendtage, als ich die Pickel aus meinem Gesicht ausgrub, oder wenn ich mir zu lang meine Zehen anschaue und einfach nicht glauben kann, daß diese stummeligen, haarigen Dinger an meinem Körper sind; wenn ich mein Fleisch zusammenpresse und sich unter der Haut unsägliche Formen bilden; wenn ich mir mein Gesicht in einem Vergrößerungsspiegel anschaue; wenn ich mich übergebe und merke, daß in meinem Inneren eine entsetzliche, verschmolzene Landschaft existiert. Die mutierte Hand. Das sind Augenblicke, in denen mein Körper rebelliert, meine Erwartungen an sein Verhalten zunichte macht und mich ihm entfremdet.

Auch meine Glatze schuf, sobald ich sie hatte und nichts mehr daran ändern konnte, ein Gefühl, als gehöre mein Körper nicht zu mir und verhalte sich ohne Zustimmung meines Geistes. Das hat Ähnlichkeit mit dem Gefühl, das Freaks meiner Vorstellung nach haben müssen. Aber warum ist das eigentlich so entsetzlich, ob die Ursache nun in einer Mißbildung, in Krankheit oder Alter liegt? Vielleicht neckt mich der Tod, sobald mein Körper rebelliert und mich mit einer immanenten Fäulnis verspottet, die ich nicht verhindern kann. Oder habe ich Angst vor dem Alter, vor den fast unmerklichen Veränderungen, die mir meinen Körper eines Tages mit Inkontinenz und einer von den Jahren gebeugten Haltung entfremden werden? Vielleicht wurzelt dieses Entsetzen ja auch in dem vordringlichen Interesse unserer Kultur, den Körper zu allen Zeiten unter Kontrolle zu halten, Rülpser und Fürze zu unterdrücken, die Sauberkeitserziehung so früh wie möglich abzuschließen, Brüste zu heben, Genitalien zu bedecken, mit geschlossenem Mund zu kauen. Der rebellische Körper ist eine gesellschaftliche Sünde. Wenn mein Körper sich behauptet, sein Inneres durch Mund oder Haut nach außen speit oder sich unwillkürlich bewegt, verstoße ich gegen die frühesten Regeln, die ich je gelernt habe.

Mir wird klar, wie sehr sich das Gefühl des Losgelöstseins von meinem Körper, das ich als glatzköpfige Frau hatte, von dem Gefühl einer leichten Monstrosität unterscheidet, das mir geblieben ist, nachdem mein Haar nachwuchs. Meine Tätowierung macht mir nur Spaß an der Dekoration meines Körpers. Andere mögen sie als monströse Kuriosität sehen, wie eine Frau in einem Süßwarenladen in Florida, die mir sagte, ich werde einmal ein langärmeliges Hochzeitskleid brauchen, oder ein früherer Schwarm von mir, der über nichts anderes reden konnte, als ich ihm zufällig auf einer Party über den Weg lief, aber ich empfinde es nicht so. Körper, die auf eigene Initiative von der Norm abweichen – wie ThEnigma, der illustrierte Mann von Coney Island (der verstorbene Mike Wilson), Junkies mit purpurrotem Irokesenschnitt und Sicherheitsnadeln in der Nase, der Mann aus meiner Nachbarschaft, der sich den Bart in den Regenbogenfarben färbt, oder auch die Bodybuilder in meinem Fitneßstudio – sehe ich mit einer Faszination, in der eine gewisse Sehnsucht nach Erfahrung liegt. Diese Menschen gehen mit ihrem Körper und ihrer Identität ein Risiko ein, das für die meisten völlig unvorstellbar wäre.

Körperliche Anomalien sehe ich dagegen nicht mit einer sehnsuchtsvollen, sondern mit einer leicht verängstigten Faszination, die mein eigenes Gefühl des Losgelöstseins und der körperlichen Rebellion heraufbeschwört. Freaks bestätigen nicht unbedingt meine Normalität, wie Thomson behauptet. Sie erinnern mich an unsere Verwandtschaft.

Kurz vor dem Einschlafen zuckt der Körper bei vielen Menschen. Manchmal bin ich noch wach genug, mein eigenes Zukken zu spüren, die Zuckungen der Beine und Arme, die mich ins Unbekannte befördern. Die mutierte Hand übernimmt meine normale Hand, die Stummelfinger zucken, als sie meinem bewußten Einfluß entfliehen. Mein Körper hat ein Eigenleben, das sich mehr und mehr durchsetzt, wenn ich an den Rand des Unbewußten rücke. Er unterliegt nicht meiner Kontrolle, und wird ihr niemals unterliegen.

Achtzigjährige

Im lauwarmen Pool schwimmen fünf Menschen, von denen zwei jene rundum abschließenden Sonnenbrillen tragen, die man nach Staroperationen verschrieben bekommt. Sie schwimmen behutsam, den Kopf mit Tüchern oder Baseballkappen vor der Sonne geschützt, das Kinn aus dem Wasser. Manchmal stellen sie sich hin, schwenken die Arme sanft durch das Chlorwasser und tauschen die Neuigkeiten der Woche aus. Der hat dies gemacht, die hat jenes getan. Ein alter Mann liegt auf einem Liegestuhl, von Kopf bis zu den Knien mit einem gelben Badetuch zugedeckt, und ruht sich nach dem Schwimmen aus. Seine Frau kommt in grellbuntem Hauskleid und Pantoffeln an den Pool geschluffelt und weckt ihn sanft. »Soll ich dir den Hut geben?« fragt sie und hilft ihm, sich aufzusetzen. Er antwortet nicht.

Ich bin verdächtig in meinem Liegestuhl am Schwimmbeckenrand, trage einen Bikini und trinke Mineralwasser. »Ist das eine Tätowierung?« höre ich eine winzige Frau mit schneeweißem Haar ihre Gesellschafterin fragen.

»Ja«, antwortet sie. »Aber das ist heutzutage okay. Das haben alle.«

»Ach, dann ist es ja gut«, antwortet die Frau, offenbar zufrieden.

Oma B. lebt hier in der Pondside Retreat. Es ist eine Altenwohnsiedlung mit neunzehn weißen Apartmenthäusern, drei oder vier Swimmingpools, einer Bibliothek, Shuffleboard und

Bowlingbahn und einem Gemeindezentrum, in dem Clinton einmal gesprochen hat. Es gibt Wohltätigkeitsessen an Hanukkah[1] und Gruppenreisen nach Las Vegas. Einmal in der Woche kann man im benachbarten Indianerreservat an Spielautomaten spielen. Fast jeden Nachmittag gibt es Gewitter. Pondside ist eine Kultur der Alten, ein Florida-Mikrokosmos, dessen Rituale und Beziehungen zutiefst in den körperlichen Gegebenheiten der Bewohner verwurzelt sind: Was können sie schaffen, woran haben sie Spaß, was ist mit über achtzig wichtig. Der Rhythmus des geselligen Lebens, der Mode und der Freundschaften erwächst aus Rücksicht auf einen uralten Rahmen. Hier sehen die Menschen zu, wie ihre Ängste vor dem Verfall wahr werden, und gestalten ihre sozialen Einrichtungen entsprechend.

Pondside ist in der Hand der Amazonen. Frauen betreiben die Bibliothek, koordinieren Wohltätigkeitsveranstaltungen, leisten ehrenamtliche Arbeit, beherrschen das Gespräch am Pool. Die Männer sterben relativ jung, vielleicht desillusioniert über die Realität des langersehnten Ruhestandes. Fast alle Frauen sind anscheinend verwitwet, manche sogar zweimal. Wenn ein Mann zu sehen ist – in Golfhosen joggt, eine braune Papiertüte hält, mit leichter Schlagseite über den Flur schlurft, schüchtern an einer Tür klingelt, um einer Nachbarin ihre widerspenstige Klimaanlage zu reparieren –, benimmt er sich still und passiv. Er nimmt und bietet Dienste an und fühlt sich wohl mit der Geschlechterteilung in Arbeit und Vergnügen.

Als ich mit Oma B. spazierengehe, kommen wir an einem runzeligen Mann vorbei, der stark vornübergebeugt geht und sich auf einen Stock stützt. Oma umklammert meinen Arm. »Komm, ich erzähle dir, was da am Peyton Place vorgeht«, sagt sie, als er außer Hörweite ist. Und nun erfahre ich folgendes: Mr. Greenbaum ist sechsundneunzig. Eines Tages vor nicht allzulanger Zeit kam eine Frau in das Sicherheitsbüro von Pondside und erklärte, sie

1 Hanukkah oder Chanukka: jüdisches Tempelweihfest. (Anm. d. Übers.)

mache sich Sorgen um ihn. Wie sie erklärte, sei sie bei ihm zu Besuch angemeldet gewesen, aber auf ihr Klingeln habe er nicht geöffnet. Sie habe gerufen, geklingelt und geklopft, aber keine Antwort erhalten. Sie mache sich Sorgen, ob er wohl krank sei, im Sterben liege oder sonst etwas. Die Sicherheitskräfte öffneten Mr. Greenbaums Apartment und fanden ihn bei bester Gesundheit nackt auf dem Bett liegen, wo er auf die Prostituierte wartete, deren Rufen und Klingeln er wegen seiner Taubheit nicht gehört hatte. »Immer wenn ich traurig bin, brauche ich ihn mir nur vorzustellen, wie er auf dem Bett liegt und alle viere von sich streckt«, gesteht Oma B. »Du hast ja gesehen, wie klein er ist. So stelle ihn mir vor und muß dann einfach lachen.«

Wenn ich mit Omas Freundinnen zusammen bin, von denen sie die meisten schon seit über zwanzig Jahren kennt, wundere ich mich immer wieder über ihre Einstellung zu Beziehungen und über ihre ironische Haltung zur Geschichte und habe den Eindruck, daß beides aus der kollektiven Gebrechlichkeit dieser Gemeinschaft resultiert.

Diane ist Raucherin, und ihre Reibeisenstimme, die sie sich mit wohl sechzig Jahren Rauchen erworben hat, steht in krassem Gegensatz zu ihrem hochgekämmten blonden Haar und ihren großen Augen. Sie schiebt mich an ihrem Mann Ira vorbei, der in ihrem Wohnzimmer fernsieht. Sie haben geheiratet, als Diane achtzehn war. Ira war früher Konditor. Er ist ganz in Rosa gekleidet. Heute setzt er sich nicht zu uns, er hat Alzheimer. Diane und ich gehen hinaus auf die Veranda, wo sie sich auf einen Schaukelstuhl fallen läßt. »Das ist was, worauf du dich freuen kannst«, sagt sie lachend. »Schaukeln.«

Dianes Tante Maudie ist im vergangenen April im Alter von sechsundachtzig Jahren gestorben, erzählt sie mir, sie war nur ein paar Jahre älter, als Diane jetzt ist. Maudie war bis zu ihrem Ende ständig auf der Suche nach Liebe, die sie allem Anschein nach auch fand. Mit vierzehn war sie von zu Hause weggelaufen und ist dreimal verheiratet gewesen, bevor sie nach Pondside kam, zweimal mit Männern, die ihr sämtliche Knochen brachen. »All ihre Ehemänner waren Nichtjuden«, sagt Diane mit einem Ausdruck leichter Verwunderung. Herman, Maudies dritter Mann, war beim Militär, als sie ihn kennenlernte. »Als er entlassen wurde, zogen sie zu seiner Familie«, erzählt Diane. »Das waren richtige Hinterwäldler. Sie hatten nichts zu beißen. Hermans Vater war gewalttätig. Er schlug seine Frau, und Maudie hat er die Nase gebrochen. Daraufhin hob sie den Fuß und trat ihm direkt in den Schritt. Er konnte vier Wochen nicht laufen.«

Herman war Klempner, und Maudie arbeitete als Kellnerin. In den siebenundzwanzig Jahren ihrer Ehe zogen sie häufig um und ließen sich schließlich in Pensacola, Florida, nieder. Als Maudie um die Siebzig war, stand sie jeden Morgen auf, stieg ins Auto und fuhr ins Einkaufszentrum, um bei Albertson's ihren kostenlosen Kaffee zu trinken. Jeder kannte sie. »Aber ihre ganze Ehe hindurch ist sie verprügelt worden«, erzählt Diane und konzentriert sich wieder auf Maudies schmerzliche Geschichte. »Sie hatte keinen Knochen im Leib, der nicht gebrochen war. Als sie hierherkam [nachdem er gestorben war], war sie sehr krank... Wenn sie überhaupt ausging, dann zur Bank und zu Eckerts [dem Drugstore]. Aber sie ging nicht aus dem Haus, ohne ihre Perücke richtig aufgesetzt und sich geschminkt zu haben. Purpurrot und Pink waren ihre Lieblingsfarben. Sogar ihr Auto war pupurrot... Alles war bei ihr farblich genau abgestimmt. Alles mußte lange Ärmel haben. Sie hatte magere Arme und wollte die Narben an den Armen nicht zeigen... Vor elf, zwölf, ein Uhr brauchtest du ihr gar nicht erst zu sagen, daß du ausgehen wolltest, weil sie ihre Augenbrauen und ihren blauen Lidschatten auflegen mußte. Sogar ihre Brille war rosa.

Sie war eine sehr, sehr kranke Frau, aber so alt sie auch war, sie hielt ständig Ausschau nach einem Mann. Drei Dinge mußte er haben: Er mußte Haare auf dem Kopf haben, er durfte nicht dick sein, und er mußte nett aussehen. Aber keinen Sex. An Sex hatte sie kein Interesse, sie wollte nur jemanden zur Gesellschaft. Sie kochte auch nicht. Sie sagte ihnen rundheraus: ›Ich koche nicht; und keinen Sex‹.«

»Und was ist mit Küssen?« frage ich.

»Das habe ich sie nie gefragt!« lacht Diane. »Ob sie wollte, daß man sie auf die Probe stellt, oder ... Drei Wochen vor ihrem Tod kam sie her und erzählte mir, daß sie bei Publix [dem Supermarkt] jemanden kennengelernt hatte. Einen jungen Mann. ›Er ist einfach umwerfend!‹ sagte sie. Danach wurde sie sehr krank. Sie wollte nicht, daß ich den Krankenwagen rief, und als sie kamen, war sie schon von uns gegangen.«

Maudies Interesse an Liebe, ihre Bedingungen dafür und die Bedeutung, die sie für sie besaß, sind in Pondside nichts Ungewöhnliches. Ich hatte nie erwartet, daß es in Gesprächen mit alten Menschen über ihre Körper – mit Menschen, die sich mit dem körperlichen Verfall konfrontiert sehen, den jeder in unserer Kultur dringend vermeiden will – unweigerlich auch um Sexualität gehen würde. So ist es aber, obwohl das nicht bedeutet, daß sich diese Gespräche ums Vögeln drehen. Die Romanzen scheinen sich hier vielmehr auf etwas anderes als Sex zu stützen, denn mehrfach beteuert man mir, daß das Fehlen von Sex eine wichtige Bedingung für eine Beziehung ist. Körperliche Attraktivität ist wichtig, der sexuelle Kontakt ist es nicht, zumindest nicht für die Frauen, mit denen ich gesprochen habe. Mr. Greenbaum gilt als wenig begehrenswert, weil er ein alter Lüstling ist, und ein Einundneunzigjähriger aus Dianes Haus bekommt kein Rendezvous, weil er zu »sexbesessen« ist. Diane erzählt mir auch von einem Alzheimer-Patienten (nicht Ira), der sexbesessen wurde. »Ständig will er [mit seiner Frau] ins Bett. Sie sagt: ›Wer braucht das schon?‹ Er will fünf-, sechsmal am Tag. Mir wäre einmal in sieben Monaten schon genug!«

Marty, eine überschäumende Frau, die etwas von einem Vögelchen hat, ist zweimal verwitwet. Ihr zweiter Mann ist vor fast zwanzig Jahren gestorben, und seitdem hatte sie ab und an einen

Freund. Ihre letzte Freundschaft liegt einige Jahre zurück. »Von mir aus hätten wir weiter Freunde bleiben können«, meint Marty, »aber er wollte, daß wir heiraten, und das wollte ich einfach nicht.«
»Aber es war eine Liebesbeziehung?« frage ich sie.
»Es war nicht das, was Sie romantisch nennen würden, aber wir haben uns beieinander wohl gefühlt.«
»Haben Sie sich geküßt?«
»O ja, sicher. Natürlich.«
»Haben Sie die Nacht miteinander verbracht und so?«
»O nein, nein. So was nicht.« Behutsam wechselt Marty das Thema.
Natürlich haben in Pondside auch manche Frauen Interesse an Sex. Trotzdem kommen die Beziehungen, von denen ich höre, auf eine praktische, effiziente Weise zustande, die bemerkenswert frei ist von romantischen Idealen. Martys Exfreund ging sofort in die Fänge einer Frau, die ihre Wohnung aufgeben mußte und eine neue Unterkunft brauchte.
Frisch verwitwete Männer sind zur Jagd freigegeben. »Wenn einem Mann hier die Frau stirbt, klopfen sofort Frauen an seine Tür ... Sie müssen die Todesanzeigen lesen!« grummelt Diane.
Oma B. erzählt mir die Geschichte von zwei Bewohnern ihres Hauses. Die Frau, Ann, protzte mit einer Perlenkette, die der gerade erst verwitwete Isaac ihr geschenkt hatte. Die Kette hatte seiner Frau gehört, die kaum kalt war in ihrem Grab. Aber »zehn Tage später war alles kaputt ... Jetzt hat Ann einen anderen, mit dem sie geht. Sie sieht gemütlich aus, aber diesen Fishkin hat sie im Griff. Nach seinem Aussehen zu urteilen, ist er gerade mal siebzig.«
Violet ist eine entfernte Verwandte von mir, so entfernt, daß ich dafür keine Bezeichnung weiß. Sie setzt mich in einen Sessel und stellt sich mit weit ausgebreiteten Armen mitten in ihr Wohnzimmer. »Schau dich um«, strahlt sie und deutet auf die gestickten Bilder an den Wänden. »Hobby, Hobby, Hobby,

Hobby.« Violet, eine sinnliche Frau mit leuchtend rotem Haarschopf, hat ein Stück transplantierter Haut an der Kopfhaut, das zu Schwellungen neigt. Nachts schläft sie in einem Ruhesessel, um den Kopf erhöht zu halten. »Es ist sehr bequem«, erklärt sie mir. »Und ein zusätzlicher Vorteil ist, daß alle mich anschauen und fragen: ›Wann haben Sie sich zuletzt die Haare machen lassen?‹ Hinten ist es zwar ganz verlegen, aber von vorn sieht es immer aus, als käme ich frisch vom Friseur. Sie glauben, meine Friseuse sei wunderbar, aber sie sagt ihnen, daß sie nur gut ist, weil ich im Sessel schlafe!«

Violet erzählt mir von einem Mann aus Pondside, der eine leicht romanhaft aufbereitete Geschichte über die Vorgänge in der Altensiedlung geschrieben hat. Er vervielfältigte sie und verteilte sie an all seine Freunde. Sie beruhte auf den wohlbekannten promiskuösen Abenteuern von Sylvia, einer Bekannten von Violet. Sylvia lernte bei einer Tanzveranstaltung Joe kennen. Joes Frau ging nie aus: nicht ins Kino, nicht zum Tanzen und auch sonst nicht. Nach Violets Schilderung brachte die Abenteurerin ihn geschickt dazu, »sich von seiner Frau scheiden zu lassen ... er muß dreißig, vierzig Jahre verheiratet gewesen sein. Alle Nachbarn im Haus wandten sich von ihm ab, weil er das tat.« Joe und Sylvia heirateten und zogen in eine andere Wohnung in Pondside. Neun Monate später machten sie eine Kreuzfahrt nach Skandinavien. Dort starb er an einem Herzinfarkt. Sie mußten seine Leiche zurückbringen.

Violet stattete Sylvia einen Beileidsbesuch ab. »Ich denke, er verdient dreißig Tage Trauer«, sagte Sylvia. »Aber dann gehe ich wieder tanzen.«

»Also ging sie tanzen und lernte einen richtigen Mistkerl kennen«, erzählt Violet weiter. »Ich sagte zu ihr: ›Wie kannst du einfach so von einem zum anderen hüpfen?‹ Aber sie sagte: ›Diesen liebe ich wirklich.‹ Aber kaum hatte Sylvia sich's versehen, da versuchte ihr neuer Freund auch schon, Joes Flitterwochenapartment auf seinen Namen überschreiben zu lassen. Als sie

sich weigerte, verließ er sie. Aber sie blieb nicht lang allein. Sie traf Arthur, einen netten nichtjüdischen Mann, und zog mit ihm in eine andere Eigentumswohnung in Pondside. Alles war geregelt, er kaufte einen neuen Wagen, und dann verließ Sylvia ihn und zog allein in eine Wohnung im selben Haus. Sie fand einen anderen, Saul, aber Arthur kümmert sich nach wie vor um ihr Auto, wäscht es und sorgt für die Reparaturen.«
»Saul hat keine Familie, kein Geld, aber sie waren sich sehr, sehr nah«, erzählt Violet. »Sie sagte zu mir: ›Es ist mir egal, daß er es sich nicht leisten kann, mich in ein hübsches Restaurant einzuladen. Es ist mir egal, wenn er nur fünffünfundneunzig für ein Abendessen ausgibt. Ich gehe mit ihm.‹ Jetzt mußte Saul sich operieren lassen, eine Prostata-Operation, und sie will ihn nicht mehr... So ist das Leben im Apartmenthaus. Und das steht alles in dem Buch von diesem Mann!« Violet lehnt sich in ihrem Sessel zurück und hebt die Hände.
Hätte eine jüngere Frau mir diese Geschichten erzählt, hätte ich sie möglicherweise für abgestumpft und gefühllos gehalten. Da sie von Achtzigjährigen kamen, frage ich mich, ob sie nicht einfach nur realistisch sind. Mit nur einer Ausnahme hatten die Frauen, mit denen ich sprach, jede Hoffnung auf Liebe im Alter aufgegeben. Sie alle verachteten Frauen, die aktiv auf der Suche nach Liebe waren. Sie waren der Ansicht, diese Frauen fühlten sich ohne Mann unvollständig und seien bereit, sich unterzuordnen. Ihre Einstellungen entsprangen offenbar einer Frustration über die Geschlechterrollen, die selbstverständlich gewesen sein mögen, als sie noch jünger waren. Ich hatte den Eindruck, daß sie sexuelle Kontakte mit Haushaltspflichten gleichsetzen und der Reiz des einen sich für sie in den Unannehmlichkeiten des anderen verliert. Allem Anschein nach ist Gesundheit – die Fähigkeit zu tanzen, essen zu gehen, »wunderbar zurechtzukommen« und keine Pflege zu benötigen – ein Hauptfaktor für die Attraktivität eines Menschen, der Persönlichkeit, Bildung oder gemeinsame Interessen fast ersetzt.

Violet zeigt mir ein altes Foto, das 1939 am Strand entstand. Sie bezaubert in einem nassen schwarzen Badeanzug, kurvig und selbstbewußt – die klassische Zurschaustellung weiblicher Reize. Sie hat ihren Mann an der See kennengelernt, kurz vor dem Krieg. »Abends ging er oft mit mir spazieren, und dann landeten wir immer im Reisebüro.« Die beiden haben Reisen in die ganze Welt unternommen, nur die kommunistischen Länder haben sie ausgelassen. Er träumte immer davon, nach Israel zu fahren. Als sie schließlich hinfuhren, wurde er während der Reise krank und starb kurze Zeit später. Das ist mittlerweile neun Jahre her.
Seitdem hatte Violet einige Freunde. Aber wie sie sagt: »Keine Schlafzimmergeschichten oder so was. Ich habe immer von Anfang an klargemacht, daß ich nur Freundschaft wollte.« Da sie mir erzählt hat, daß sie bis zu ihrer Ehe Jungfrau war, frage ich mich, ob es sie nicht interessiert hätte, mit einem anderen Mann zusammenzusein, nachdem sie ihr ganzes Leben nur einen Mann hatte. »Nein«, antwortet sie. »Kein Interesse ... die Frauen kommen zusammen und reden über diese Dinge. Es geht immer nur darum, dafür zu sorgen, daß die Wäsche gewaschen, alles versorgt und das Abendessen, das Frühstück und das Mittagessen gemacht ist. Das ist für mich Vergangenheit.«
»Ein Mann sucht nur eine Frau, die für ihn kocht und saubermacht«, bestätigt Diane.
»Die Männer wollen nur eine, die die halbe Miete zahlt, die Wäsche wäscht und so weiter«, sagt auch Oma B.
Viele der Frauen mußten sich nie um Geldangelegenheiten, die Wartung des Autos, Versicherungen und ähnliches kümmern. Sie tauschen Haushaltspflichten gegen finanzielle Sicherheit und Sachkenntnis im Umgang mit einem Vergaser. Wenn der Ehemann oder Freund mehr als die übliche Pflege verlangt, verläßt die Frau ihn häufig, als sei der Makel des Verfalls ansteckend. Und da ihnen so wenig Zeit und körperliche Kraft übrig bleibt, um mit den Belastungen einer Pflege fertig zu werden, ist er es in gewisser Weise auch. Marty erklärt ganz einfach und

ohne Bitterkeit den Grund, weshalb sie nicht ein drittes Mal heiraten wollte. »Ich wollte einfach keine Krankenschwester mehr sein.«

Gesundheit ist die dominierende Sorge der Bewohner von Pondside. Und sie ist alles andere als trivial. Sie prägt das Leben dieser Menschen auf eine Weise, wie Bildung, Freundschaften und Berufe es nicht getan haben. »Ich bin nur froh, daß es mir gut genug geht, die Dinge zu machen, die ich mache«, sagt eine Frau dankbar. Viele in ihrem Alter sind durchaus nicht mehr rüstig genug oder sehen sich in ihren alltäglichen Aktivitäten durch gesundheitliche Probleme eingeschränkt – ihre eigenen oder die ihrer nächsten Angehörigen. Ira, der schüchterne Konditor, der vor Überraschung fast tot umfiel, als Diane ihm bei ihrer zweiten Verabredung auf den Schoß hüpfte, verfällt im dreiundsechzigsten Jahr ihrer Ehe mehr und mehr durch die Auswirkungen der Alzheimerschen Krankheit. Diane würde gern reisen und einige der Ersparnisse ausgeben, die sie so lange Jahre beiseitegelegt haben. Obwohl Iras körperliche Verfassung nicht dagegenspricht, macht seine Krankheit ihn ängstlich um Geld besorgt, und er möchte nichts ausgeben. »Er ist plötzlich wie ein Dreijähriger.«

Dianes Mutter war in einem Pflegeheim, bis sie vor zwei Jahren starb, und Diane besuchte sie jeden Tag. Tante Maudie brauchte fast ebensoviel Pflege. »Sie hatte Probleme mit der Lunge, sie hatte einen Herzschrittmacher, und ihr Magen war nicht in Ordnung. Ich brachte sie zu sieben der besten Ärzte hier in Florida, aber keiner konnte ihr helfen. Aber sie war so munter. Nie sagte sie, daß sie nicht gehen könnte. Willst du gehen? Dann geh. Die Ballen an ihren Füßen waren von der Gicht so schlimm, daß sie wirklich nicht gehen konnte. In sämtliche Schuhe mußte sie Löcher schneiden. Und sie mußten passen!«

Violet hat zwei Operationen wegen grauen Stars hinter sich und hat seit kurzem eine ungewöhnliche Kalkablagerung auf der Hornhaut. Viele ihrer Freundinnen liefen gleich zum Augenarzt und ließen untersuchen, ob sie das gleiche Problem hatten. Natürlich hatte keine es. Keine von ihnen hatte auch nur die Symptome, die Violet dazu veranlaßten, ihre Augen untersuchen zu lassen. So verrückt das klingen mag, das ist keine Gemeinschaft von Hypochondern. Vielmehr ist es eine Kultur, in der Gesundheit den Schlüssel zum Glück darstellt. Ein kranker oder alter Körper kann zum Gefängnis werden. Eine operative Entfernung der Gebärmutter in jungen Jahren, das schwache Herz des Ehemanns, die Gebrechlichkeit der Mutter, eine Staroperation, Hautkrebs: Das sind die Dinge, die den Lebensrhythmus in Pondside bestimmen. Sie entscheiden über sexuelle und soziale Beziehungen. Die kürzere Lebenserwartung der Männer ist der entscheidendste Faktor, aber auch die körperliche Geschichte dieser Menschen spielt in ihren persönlichen Interaktionen eine erhebliche Rolle: Tante Maudies gebrochene Knochen, der sexbesessene Mann mit Alzheimer, die schwindende Kraft von Joes Frau, Violet in ihrem Sessel. Die Gesundheit bestimmt, wer im Pool schwimmt, über wen geklatscht wird, wer freitagabends Canasta spielt, wie früh das Abendessen stattfindet. Sie bestimmt, was die Menschen essen und wen sie sehen. Die Tage sind angefüllt mit Besuchen beim Fußarzt, Zahnarzt, Augenarzt und im Pflegeheim.

»Vor Jahren wußte niemand was über all diese Krankheiten. Wenn du im Sterben lagst, bist du eben gestorben. Wenn du krank warst, warst du krank. Das hatte keinen Namen. Heute ist es Diabetes, Krebs, Osteoporose, es ist zu hoher oder zu niedriger Blutdruck oder Gicht. Plötzlich hat alles einen Namen... Dann hast du Arthritis und kannst dich nicht bewegen, und dann hast du es an der Bandscheibe, und der Rücken tut es nicht mehr so gut, und die Nieren tun es nicht mehr so gut. An all das denkst du nicht, wenn du jung bist.«

Ich bin mittlerweile aus Florida zurück. Ich bin braun geworden. Wenn ich in der Sonne liege und Licht und Wärme tanke, sagen mir all meine Sinne, daß es gut für mich ist. Mein ganzer Körper schreit es heraus. Ich spüre es. Ich kann einfach nicht glauben, daß ich mich mit Krebs umbringe, obwohl alle es mir sagen. Der erhobene Zeigefinger der Mediziner tadelt mich. Hinter jedem Liegestuhl am Strand lauert der Hautkrebs.

Ich weiß nicht, wem ich trauen soll: meinen Sinnen oder meinen Ärzten. Tarnt sich der Verfall als Stärkung? Wovor muß ich genau Angst haben? Ich vermute, selbst wenn es keinen Hautkrebs gäbe, würde die Tatsache, daß wir Falten mit Verfall und Krankheit gleichsetzen, bewirken, daß die Leute mir sagen, ich sollte mich nicht in die Sonne legen – die Sonne zu meiden »verhindert das Altern«, würden sie mir erklären, und meinem Körper das Vergnügen eines Sonnenbades zu verweigern würde der Rebellion des Körpers vorbeugen. Möglich. Später würde ich ihnen noch dankbar sein, behaupten sie. Ich gehe den Kompromiß ein, Sunblocker aufzutragen. Aber ich erzähle meinen Lieben auch Lügen darüber, wieviel und wie oft ich ihn auftrage. Und ich frage mich, was dieses Laster mir einbringen mag.

Im Spiegel sieht meine Haut toll aus: goldbraun mit einem rosa Schimmer auf Nase und Wangen. Aus der Nähe betrachtet, wirkt sie jedoch merkwürdig. Sie schrumpelt entlang den Bauchfalten, wenn ich mich vorbeuge, und sieht aus wie der Rand eines halbgaren Steaks. Auf den Schultern bricht sie in winzige Bläschen auf; in den Kniebeugen hat sie sich zusammengezogen, und auf den Hüften fängt sie an, sich zu pellen.

Als ich mit Oma B. das Abendessen der Frühaufsteher aß und munter durch die Einkaufszentren und Bingo-Hallen ihrer Wohnanlage schlenderte, küßte ich viele von Falten zerfurchte Gesichter. Weiche Wangen, kreuz und quer durchzogen von Runzeln. Die Haut ist nicht ledrig, eher wie zerknittertes Leinen, das noch warm ist vom Trockner. »Ich habe mir diese Falten verdient!« erklärte mir Diane. »Die haben sie mir nicht umsonst gegeben!« Der Stolz auf ihr Alter geht einher mit ihrer Frustration über die Krankheiten, die ihre Freunde und Familienangehörigen plagen. Ihr Körper rebelliert langsam – weigert sich, Schritt zu halten und die jugendliche Erscheinung beizubehalten –, aber obwohl sie seine Rebellion verabscheut, kann Diane sie auch mögen, weil ihr Körper der Spiegel ihrer Seele und ihrer Geschichte ist.

Mein eigenes junges Fleisch zeigt unverdiente Falten, Produkte meiner Mußestunden am Pool von Pondside. Die noch so leichte Spannung der Haut schränkt meine Bewegungen ein und hindert meine Glieder, sich so geschmeidig wie sonst zu dehnen. Die unsichtbaren Narben, die die Sonne verursacht, erinnern mich mit anhaltendem Jucken an ihre Präsenz. Das ist ein Vorgeschmack auf die Veränderungen, die mit dem Alter eintreten werden. Meine Sonnenbräune sagt mir die Zukunft voraus.

Bibliographie

Die nachfolgende Bibliographie enthält eine Auswahl der Bücher und Zeitschriftenartikel, die ich für die Recherchen zum vorliegenden Buch verwendet habe. Die meisten sind im Text angeführt oder zitiert, einige dienten mir jedoch lediglich zur Inspiration oder als Ausgangspunkt für die Beschäftigung mit bestimmten Themen. Nicht angeführt sind Websites, E-Mail-Listen, Newsgroups, Broschüren, CD-ROMs, Filme, Bühneninszenierungen und persönliche Gespräche, die mir als Quellen dienten.

Abramsky, Sasha, und Kristan Schiller, »Decent Exposure«, *Time Out New York,* 10. 4. 1996, S. 6–9.

American Sunbathing Association, *Bare With Us: Nudist Park Guide,* Orlando, FL, ASA, 1975.

Anand, Margot, *The Art of Sexual Ecstasy: The Path of Sacred Sexuality for Western Lovers,* New York, Putnam, 1989; dt.: *Tantra oder die Kunst der sexuellen Ekstase,* München, Goldmann, 1990.

Dieselbe, *The Art of Sexual Magic,* New York, Putnam, 1995; dt.: *Tantra, Weg der Ekstase. Die Sexualität des neuen Menschen,* Berlin, Simon und Leutner, 1996.

Anson, Briah, *Rolfing: Stories of Personal Empowerment,* Kansas City, MO, Heartland Personal Growth Press, 1991.

Arbus, Diane, *Untitled,* New York, Aperture, 1991; dt.: *Ohne Titel,* Frankfurt/M, 2001, 1995.

Baker, Roger, *Drag: A History of Female Impersonation in the Performing Arts,* London, Cassell, 1994.

Bakos, Susan Crain, *Kink: The Hidden Sex Lives of Americans,* New York, St. Martin's Press, 1995; dt.: *Sex-Geheimnisse. Für den ultimativen Lust-Trip,* Niedernhausen, Falken, 1998.

Bogdan, Robert, *Freak Show: Presenting Human Oddities for Amusement and Profit,* Chicago, University Press of Chicago, 1988.

Bordo, Susan, *Unbearable Weight: Feminism, Western Culture and the Body,* Berkeley, CA, University of California Press, 1993.

Brain, Robert, *The Decorated Body,* New York, Harper & Row, 1979.

Bright, Susan, *Sexwise,* Pittsburgh, PA, Cleis, 1995.

Cahn, Susan, *Coming On Strong: Gender and Sexuality in Twentieth-Century Women's Sport,* New York, Free Press, 1994.

Califia, Pat, *Public Sex: The Culture of Radical Sex,* Pittsburgh, PA, Cleis, 1994.

Carskadon, Mary A., Hg., *The Encyclopedia of Sleep and Dreaming,* New York, Macmillan, 1993.

Chang, Stephen Thomas, *The Complete Book of Acupuncture,* Berkeley, CA, Celestial Arts, 1976.

Chermayeff, Catherine, Jonathan David und Nan Richardson, *Drag Diaries,* San Francisco, CA, Chronicle Books, 1995.

Coleridge, Samuel Taylor, »The Rime of the Ancient Mariner« in: *The Norton Anthology of English Literature,* Bd. 2, Hg. M.H. Abrams, New York, Norton, 1979; dt.: *Der alte Seefahrer,* Frankfurt/M, Insel Verlag, 1963.

Comfort, Alex, *The New Joy of Sex. A Gourmet Guide for Lovemaking in the Nineties,* New York, Pocket Books, 1991; dt.: *New Joy of Sex,* Berlin, Ullstein, 1994.

Conrad, Barnaby, *The Martini,* San Francisco, CA, Chronicle Books, 1995.

Cotton, Leo, Hg., *Old Mr. Boston DeLuxe Official Bartender's Guide,* Boston, MA, Mr. Boston, 1935.

DeMello, Margaret, »The Carnivalesque Body: Women and Tattoos«, in: *Pierced Hearts and True Love: A Century of Drawings for Tattoos,* New York und Honolulu, The Drawing Center and Hardy Marks, 1995, S. 73–79.

DeQuincey, Thomas, *Confessions of an English Opium-Eater,* 1822, Reprint London, Penguin, 1971.

DeVoto, Bernard, *The Hour,* Cambridge, MA, Riverside, 1951.

Doyle, Arthur Conan, *Sherlock Holmes: The Complete Novels and Stories,*

New York, Bantam, 1986; dt.: u. a. *Sämtliche Sherlock-Holmes-Romane und Geschichten,* Zürich, Haffmans, 1996.

Feitis, Rosemary, Hg., *Ida Rolf Talks About Rolfing and Physical Reality,* Boulder, CO, Rolf Institute, 1978.

Fleisher, Julian, *The Drag Queens of New York: An Illustrated Field Guide,* New York, Riverhead Books, 1996.

Foster, Patricia, Hg., *Minding the Body: Women Writers on Body and Soul,* New York, Anchor/Doubleday, 1994; dt.: *Spiegelbilder. Essays über den weiblichen Körper,* Reinbek b. Hamburg, Rowohlt, 1995.

Friday, Nancy, *My Secret Garden: Women's Sexual Fantasies,* New York, Trident, 1973; dt.: *Verbotene Früchte. Die geheimen Fantasien der Frauen,* München, Goldmann, 1994.

Fussell, Samuel Wilson, *Muscle: Confessions of an Unlikely Bodybuilder,* New York, Avon, 1991.

Garber, Marjorie, *Vested Interests: Cross Dressing and Cultural Anxiety,* New York, Harper Perennial, 1993; dt.: *Verhüllte Interessen. Transvestismus und kulturelle Angst,* Frankfurt/M, Fischer, 1993.

Gimmy, Arthur, und Brian B. Woodworth, *Fitness, Racquet Sports and Spa Projects,* Chicago, American Institute of Real Estate Appraisers, 1989.

Gray, John, *I Love Mom: An Irreverent History of the Tattoo,* Toronto, Key Porter, 1994.

Green, Harvey, *Fit For America,* New York, Pantheon Books, 1986.

Handler, Evan, *Time on Fire: My Comedy of Terrors,* New York, Henry Holt, 1996.

Heimel, Cynthia, *Sex Tips for Girls,* New York, Simon & Schuster/Fireside, 1983; dt.: *Sex Tips für Girls,* München, Goldmann, 1987.

Hite, Shire, *The Hite Report. A Nationwide Study on Female Sexuality,* New York, Macmillan, 1976; dt.: *Hite Report. Das sexuelle Erleben der Frau,* München, Goldmann, o. J.

Janus, Samuel S., und Cynthia L. Janus, *The Janus Report on Sexual Behaviour,* New York, John Wiley & Sons, 1993.

Johnson, Dirk, »Gym Students Still Sweat, They Just Don't Shower«, *The New York Times,* 22. 4. 1996, S. 1.

Kaptchuk, Ted J., *The Web That Has No Weaver: Understanding Chinese*

Medicine, Chicago, Congdon and Weed, 1983; dt.: *Das große Buch der chinesischen Medizin,* München, Wilhelm Heyne, 1994.

Klein, Alan M., *Little Big Men: Bodybuilding Subculture and Gender Construction,* Albany, NY, State University of New York Press, 1993.

Lasch, Christopher, *The Culture of Narcissism: American Life in an Age of Diminishing Expectations,* New York, Norton, 1978; dt.: *Das Zeitalter des Narzißmus,* Hamburg, Hoffmann und Campe, 1995.

Levenson, Randal, *In Search of the Monkey Girl,* Millertown, NY, Aperture, 1982.

Lifson, Robert, *Enter the Sideshow,* Bala Cynwyd, England, Mason, 1983.

Lilly, John, C., *The Center of the Cyclone: An Autobiography of Inner Space,* New York, Julian, 1972; dt.: *Im Zentrum des Zyklons,* Frankfurt/M, Fischer, 1978.

Macy, Marianne, *Working Sex: An Odyssey into Our Cultural Underworld,* New York, Carroll & Graf, 1996.

Mayle, Peter, *Acquired Tastes,* New York, Bantam, 1992.

Nelson, Mariah Burton, *The Stronger Women Get, The More Men Love Football: Sexism and The American Culture of Sports,* New York, Harcourt Brace, 1994.

Polhemus, Ted, *Body Styles,* Luton, Lennard, 1988.

Pollari, Pat, *Garbage Time,* New York, Bantam, 1996.

Diess., *The Great Puke-off,* New York, Bantam, 1996.

Rand, Erica, *Barbie's Queer Accessories,* Durham, NC, Duke University Press, 1995.

Rice, Anne, (unter dem Pseudonym A.N. Roquelaure), *Beauty's Punishment,* New York, Plume/Penguin, 1984; dt.: *Dornröschen-Trilogie: Erotische Abenteuer einer Prinzessin,* München, Goldmann, o. J.

Rolf, Ida P., *Rolfing: Reestablishing the Natural Alignment and Structural Integration of the Human Body for Vitality and Well-Being,* Rochester, VT, Healing Arts, 1977; dt.: *Rolfing in Aktion. Physische Wirklichkeit und der Weg zu innerem Gleichgewicht,* Hg. R. Feitis, Paderborn, Jungfermann, 1993.

Rose, Jim, *Freak Like Me: Inside The Jim Rose Circus Sideshow,* New York, Dell, 1995.

RuPaul, *Lettin' It All Hang Out: An Autobiography,* New York, Hyperion, 1995.

Rusid, Max, *Sideshow: Photo Album of Human Oddities,* New York, Amijon, 1975.

Sanders, Clinton R., *Customizing the Body: The Art and Culture of Tattooing,* Philadelphia, PA, Temple University Press, 1989.

Schumann, Charles, *American Bar: The Artistry of Mixing Drinks,* New York, Abbeville Press, 1995; dt.: *American Bar. The Artistry of Mixing Drinks,* München, Wilh. Heyne, 1991.

Schwartz, Hillel, *Never Satisfied: A Cultural History of Diets, Fantasies and Fat,* New York, Free Press, 1986.

Sedaris, David, *Naked,* New York, Little, Brown, 1997.

Siman, Ken, *The Beauty Trip,* New York, Pocket Books, 1995.

Smith, Dinita, »Step Right Up! See the Bearded Person!«, *The New York Times,* 9. 6. 1995, S. C1.

Solomon, Philip, et al., Hg., *Sensory Deprivation: A Symposium Held at Harvard Medical Scholl,* Cambridge, MA, Harvard University Press, 1961.

Steele, Valerie, *Fetish: Fashion, Sex and Power,* New York, Oxford University Press, 1996; dt.: *Fetisch: Mode, Sex und Macht,* Berlin, Berlin Verlag, 1996.

Suedfeld, Peter, *Restricted Environmental Stimulation: Research and Clinical Applications,* New York, John Wiley & Sons, 1980.

Tennyson, Alfred, »The Lady of Shalott«, in *The Norton Anthology of English Literature,* Bd. 2, Hg. M.H. Abrams, New York, Norton, 1979; dt.: *Das Fräulein von Shalott,* Hanau, Peters, 1976.

Thevoz, Michel, *Le corps paint,* Genf, Skira, 1984; dt.: *Der bemalte Körper,* Zürich, ABC, 1985.

Thomson, Rosemarie Garland, Hg., *Freakery: Cultural Spectacles of the Extraordinary Body,* New York, New York University Press, 1996.

Thorpy, Michael J., und Jan Yager, *The Encyclopedia of Sleep and Sleep Disorders,* New York, Facts on File, 1991.

Tierra, Michael, *The Way of Herbs,* New York, Pocket Books, 1990.

Tisdale, Sallie, *Talk Dirty To Me: an Intimate Philosophy of Sex,* New

York, Anchor, 1994; dt.: *Talk dirty to me: eine intime Philosophie des Sex,* Berlin, Berlin-Verlag, 1995.

Vale, V., und Andrea Juno, Hg., *Modern Primitives,* San Francisco, CA, Re/Search, 1989.

Vallack, Phil, *Nude As a Newt: A Sideways Look into Naturism,* Selbstverlag, Hastings, England, 1991.

Vernon, Jack A. *Inside the Black Room,* New York, Clarkson N. Potter, 1963.

Westheimer, Ruth, *Dr. Ruth's Guide to Good Sex,* New York, Warner Books, 1983; dt.: *Sprechen wir mal drüber: Sexualität und Erotik,* München, Goldmann, 1983.

Dies., *Dr. Ruth's Guide for Married Lovers,* New York, Warner Books, 1986; dt.: *Liebe in der Ehe. Ratgeber für ein glückliches Zusammenleben,* Berlin, Ullstein, 1988.

Wilde, Oscar, *The Portable Oscar Wilde,* Hg. Richard Aldington und Stanley Weintraub, Middlesex, England, Penguin, 1946; dt.: *Aphorismen,* Frankfurt/M, Insel, 1987.

Wolf, Naomi, *The Beauty Myth: How Images of Beauty Are Used Against Women,* New York, Anchor, 1991; dt.: *Der Mythos Schönheit,* Reinbek b. Hamburg, Rowohlt, 1992.

Wroblewski, Chris, *Tattoed Women,* London, Virgin, 1992; dt.: *Tattoo. Kunst auf nackter Haut,* Rastatt, Pabel/Moewig, 1996.